后浪

On Secret Service East *of* Constantinople

新大博弈

一战中亚争霸记

[英] 彼得·霍普柯克 著　邓财英 译

民主与建设出版社
·北京·

PETER HOPKIRK
THE PLOT TO BRING DOWN THE BRITISH EMPIRE

致 谢

就像我以前叙述中亚帝国主义争霸时一样，我主要应当感谢那些为这些动荡事件留下第一手资料的人。因为没有他们，这本书就写不出来。他们包括亨利·摩根索大使、奥斯卡·冯·尼德迈尔上尉、沃纳·奥托·冯·亨提格上尉、哈尔·达雅尔、拉贾·马亨德拉·普拉塔普上尉、弗雷德里克·奥康纳爵士、爱德华·诺埃尔上尉、兰纳德·麦克唐纳少校、雷金纳德·蒂格–琼斯上尉、威尔弗雷德·马勒森将军、莱昂内尔·邓斯特维尔将军、珀西·塞克斯爵士和《曼彻斯特卫报》的摩根·菲利普·普赖斯。他们现在都已经不在世上。在我的参考文献中，可以找到他们对君士坦丁堡以东战事的描述。

我要感谢的人也有尚在人世的，包括俄罗斯学者和历史学家布莱恩·皮尔斯，他慷慨地把自己多年来收集的资料交给我使用，内容涉及 26 位巴库政委的离奇事件，以及蒂格–琼斯上尉被声称在他们被害中扮演的角色。我也要感谢英国空军准将 A.R.D. 麦克唐纳，他提供了他父亲兰纳德·麦克唐纳的画像，以及其他跟他父亲相关的信息。我还要感谢基督徒杜瓦·杜丽，她让我阅读和引用她祖母关于 1918 年巴库穆斯林大屠杀的极具画面感的描述。我要格外感谢塔尼娅·罗茜，她是战地记者摩根·菲利普·普赖斯的女儿，她提供了有关她父亲的信息，我也同样感谢多伦多的彼得·埃利斯，他提供了关于他父亲 C.H. 埃利斯上校的信息，还有他拍的照片。

我还要感谢 H.W. 冯・亨提格博士提供了材料，包括他已故父亲沃纳・奥托・冯・亨提格的照片，感谢他与我就其父亲在德国喀布尔特派团中所起的作用进行了极其有趣的讨论。瑞士的阿富汗图书馆馆长保罗・巴克耳–狄先生友好地澄清了关于特派团领导权的重要问题。我也非常感谢安杰莉卡・克扬为我翻译了尼德迈尔上尉对德国特派团的描述，也非常感谢法哈德・迪巴在编纂他所研究的不朽的波斯历史文献时，让我关注了他所收集的材料。

作为一名叙述历史学家，我发现某些历史学家关于这一时期的作品非常有用。他们包括弗里茨・费舍尔、乌尔里希・格尔克、雷纳特・沃格尔、弗兰克・韦伯、乌尔里希・特朗普纳、乔治・安东尼奥斯、费鲁斯・卡泽姆–扎德、罗纳德・苏尼、威廉・奥尔森、布拉德福德・马丁、路德维希・阿达梅克，以及英国官方的美索不达米亚和波斯战区战争历史学家 F. J. 莫伯利中将。我的参考文献中列出了他们的作品。

我再次有幸请到前香港大学教授盖尔・皮基斯担任我的编辑，她对中亚历史很感兴趣，而且受过历史学家的训练。一如既往，我非常感谢我的妻子凯丝——她本人现在也写了一本关于中亚的书——她一个字一个字地读完了我的叙述，并提出了宝贵的批评和建议。她还非常热心地准备了索引和地图草稿，制图师丹尼斯・贝克根据这些草稿制作了完整的版本——就像他为我之前的四本书所做的那样。

关于名称和拼写的注释

在这些事件发生后的 80 多年里，许多地理名称和拼写都发生了变化，而且这种变化还在继续。因此，为了简单起见，我保留了那些在当时很熟悉的写法——君士坦丁堡而不是伊斯坦布尔，梯弗里斯而不是第比利斯，埃尔斯伦而不是埃尔祖鲁姆，波斯而不是伊朗，美索不达米亚而不是伊拉克，特兰斯卡斯皮亚而不是土库曼斯坦。

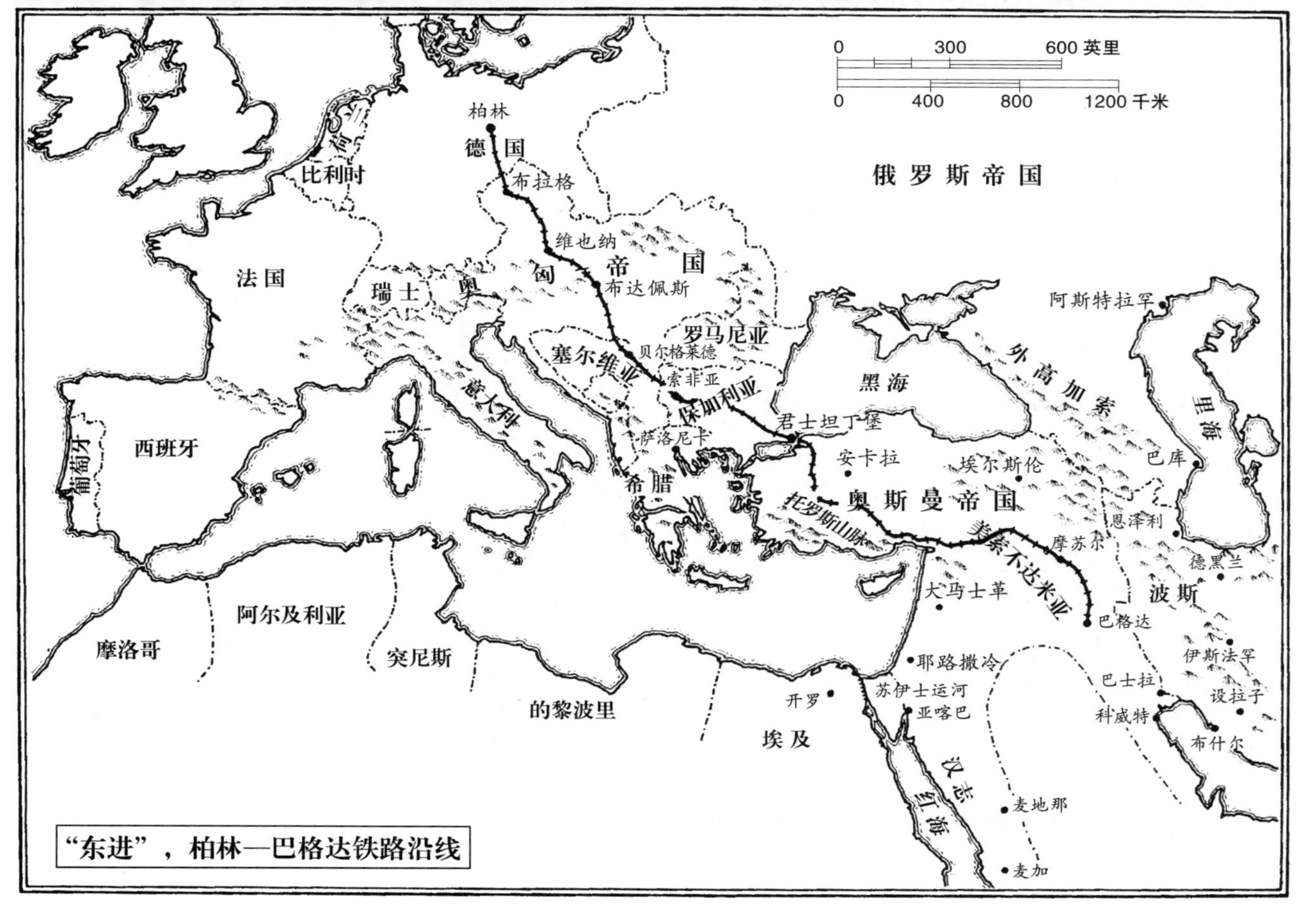

“东进”，柏林—巴格达铁路沿线

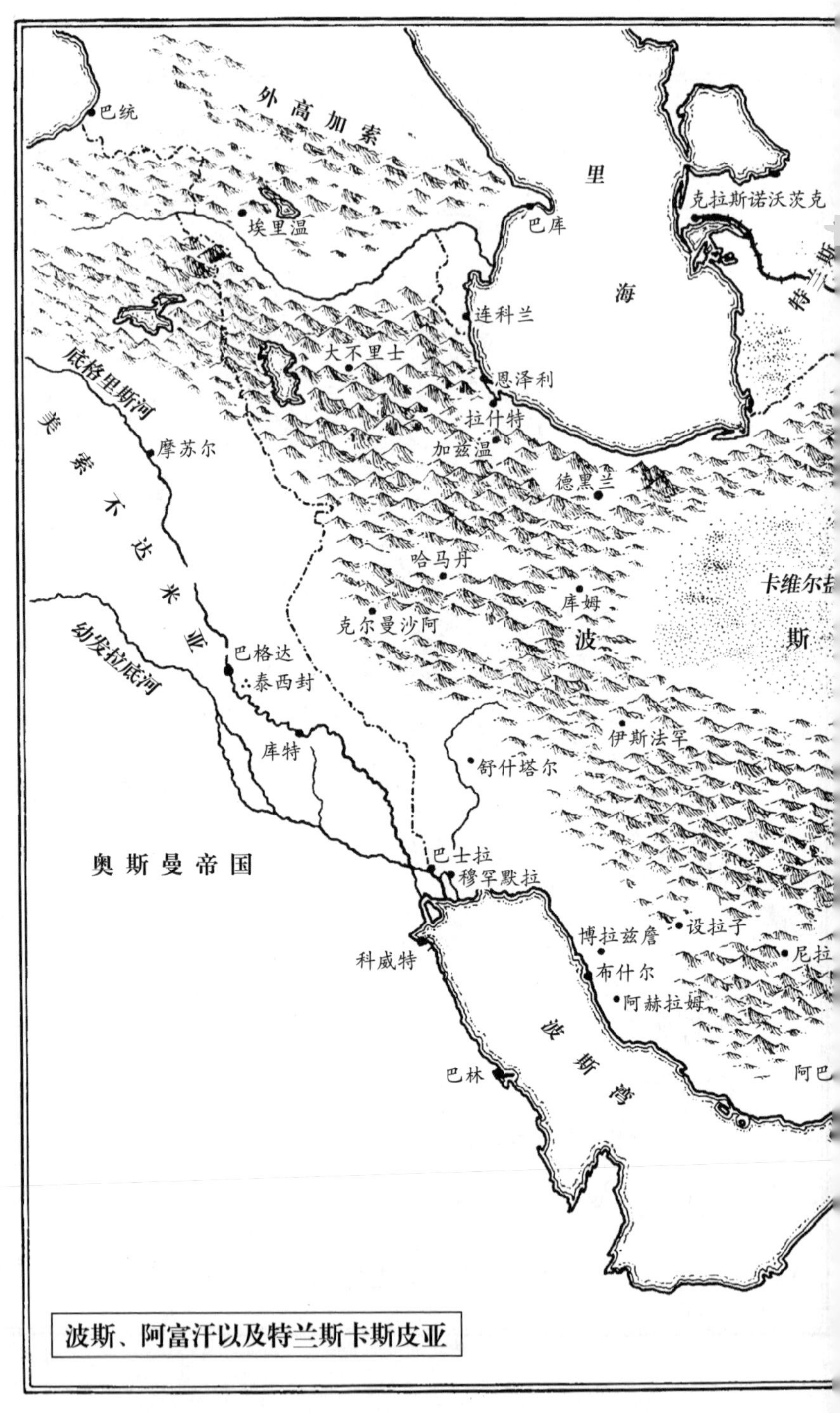

波斯、阿富汗以及特兰斯卡斯皮亚

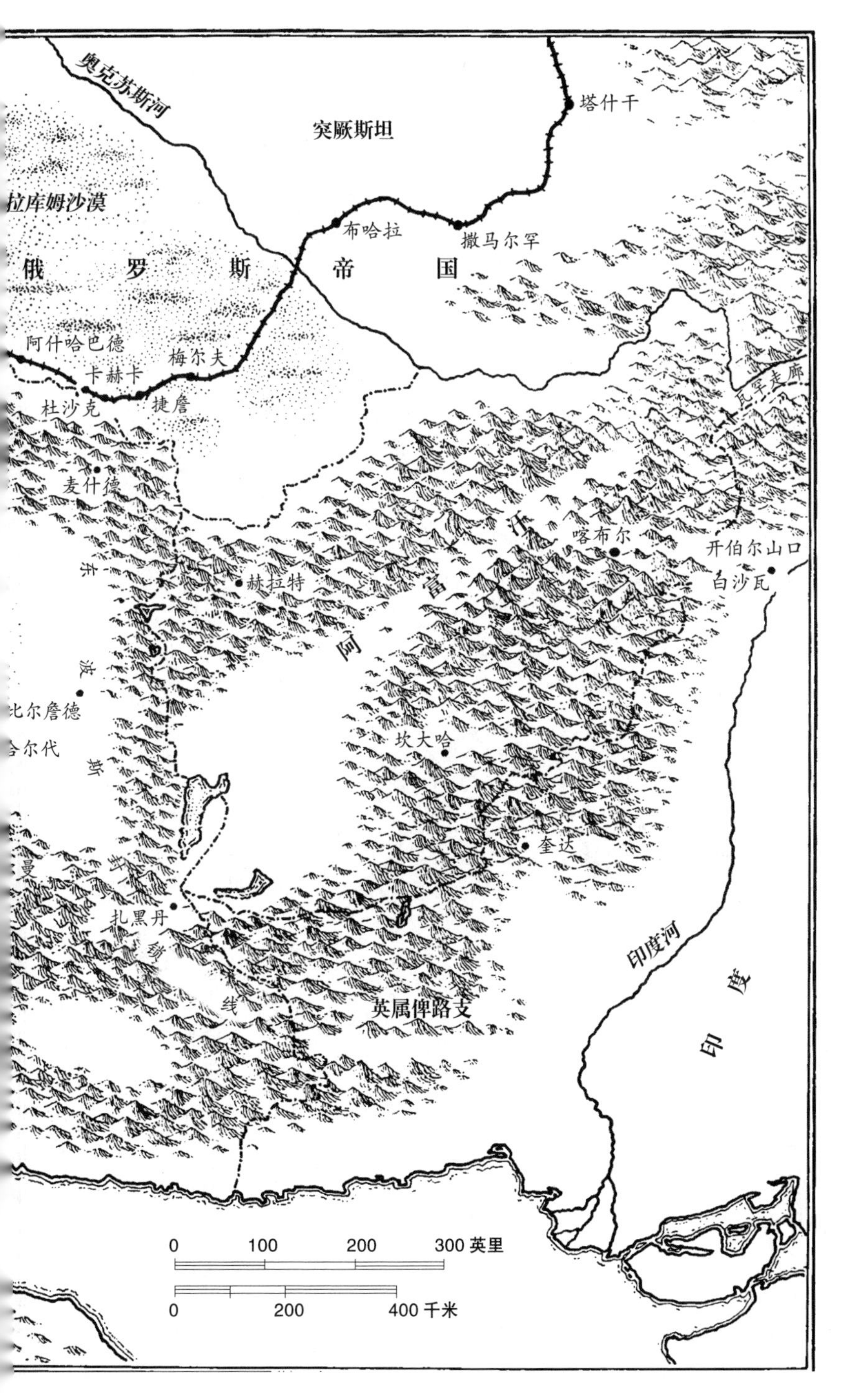
奥克苏斯河
突厥斯坦
塔什干
拉库姆沙漠
布哈拉
撒马尔罕
俄　罗　斯　帝　国
阿什哈巴德
梅尔夫
卡赫卡
杜沙克
捷詹
瓦罕走廊
麦什德
喀布尔
开伯尔山口
白沙瓦
赫拉特
阿　富　汗
东
波
斯
北尔詹德
合尔代
坎大哈
奎达
曼
扎黑丹
锁
线
英属俾路支
印度河
印
度
0　100　200　300 英里
0　200　400 千米

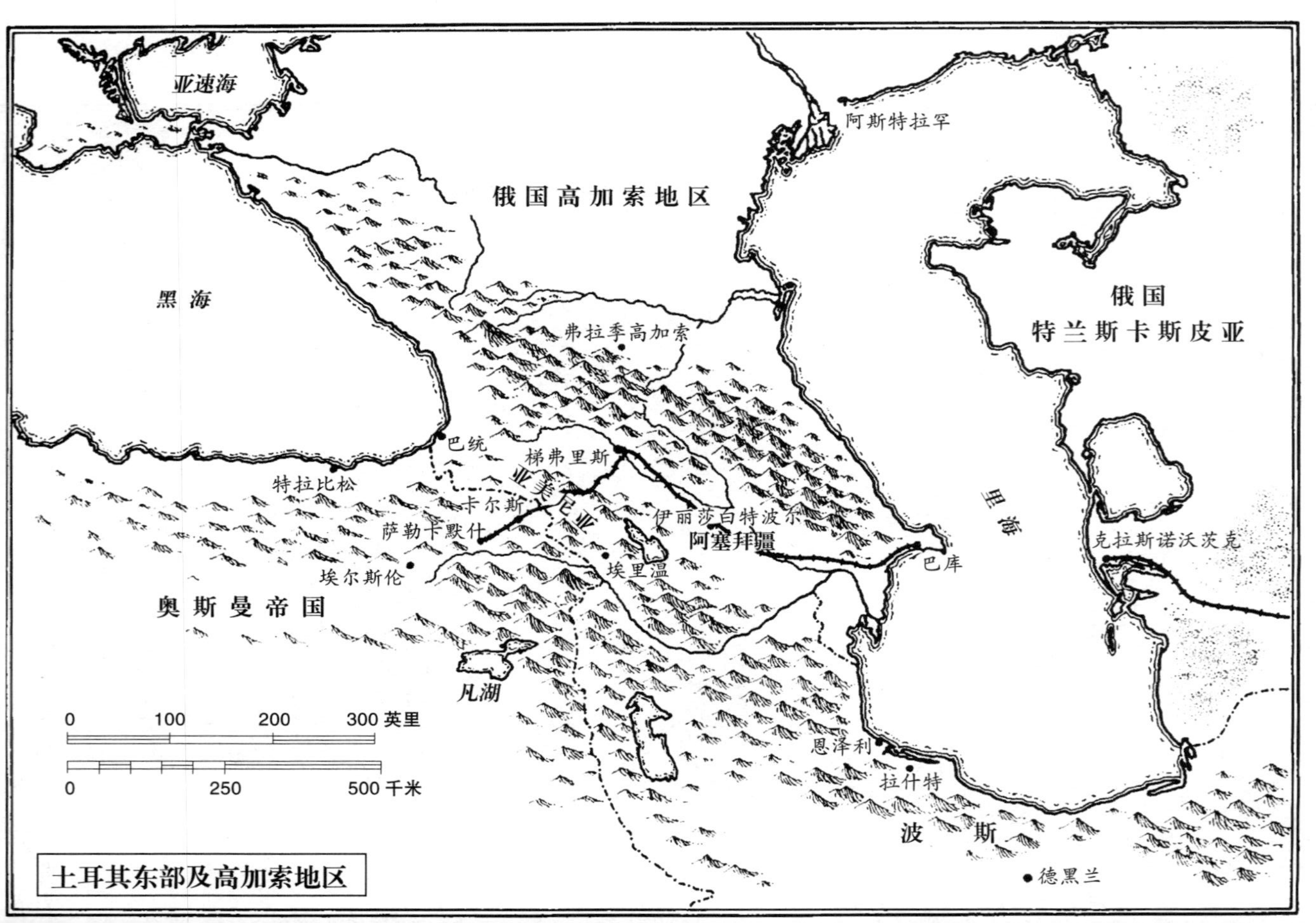

土耳其东部及高加索地区

目 录

第三部　彻底垮台

序 言

1914 年夏天，德国皇帝威廉意识到自己严重计算错误了，德国与英国的血腥决战已然不可避免，于是他发誓要发动一场圣战，彻底摧毁英国在东方的力量。他下令：“我们的领事和特工，必须激怒整个伊斯兰世界，来对抗这个可恶的、满嘴谎言且寡廉鲜耻的国家。”如果他必须发动战争，那么现在就是打倒整个大英帝国的机会。他将把奥斯曼帝国、高加索、波斯和阿富汗的人民团结起来，反对英国在遥远地区的帝国利益。他们将一起点燃引向印度的导火索，因为印度是这些地区中最大、最脆弱的。如果能从英国手中把印度夺过来，那么英国这个摇摇欲坠的帝国的其他地区很快就会崩溃，因为这个帝国在很大程度上是靠恫吓和虚张声势团结维系着的。德皇威廉的顾问向他保证，印度本身就是一个充满怨怒的火药桶，只要革命的火把轻轻一点，就能引爆它。如果这种情况真的发生了，那么印度的王冠，连同这个国家的巨额财富，可能都会从威廉厌恶的那个英国表兄乔治五世国王那里转到威廉的手上。

威廉甚至从登上王位时就开始梦想着把德国变成世界上最强大的国家，让德国的武装部队取代英国的武装部队，成为世界的守护者。他曾希望依靠军事和海军的力量，通过经济优势和外交渗透来实现这一宏伟目标，而不是与他的英国表亲和对手开战。在德国强大的银行机构的大力支持下，威廉的外交官和实业家们密谋策划，扩大他们国家在世界各地的政治和商业利益以及影响力。但是只有在东方，他们才实际集中起了力量。因为他们在日薄西山的奥斯曼帝国看到了自己的机会。当时的苏丹没有朋友，因为他对待基督教少数群体的野蛮行为激怒了欧洲人。德国将与苏丹交好，并不遗余力地争夺在土耳其阳光下的一席之地。威廉拿定主意，由柏林来控制不堪一击的土耳其，将其变成经济和政治基地，一个扩张的德国将会从土耳其开始，然后把势力和影响力的矛头向东插入亚洲。然而，很不幸，他的这个宏伟计划最终出现了灾难性的错误，反而把欧洲拖进了战争的黑暗深渊，连同着世界上其他国家和地区亦不能幸免。

这本书首次讲述这个离奇的历史故事：德国在其盟友土耳其的帮助下，如何在那场战争中，设法利用伊斯兰的武装力量，来实现德国的目标。威廉和他的鹰派顾问发动了一场针对英俄的圣战，他们计划把英国人驱赶出印度，并且把俄国人赶出高加索和中亚地区。这是一个大胆而冒险的战略，因为现代战争中没有圣战的先例。然而，正如德国历史学家弗里茨·费舍尔（Fritz Fischer）指出的，自 19 世纪 90 年代以来，威廉推行了咄咄逼人的东方政策，而圣战只不过是这个政策“使用其他手段的延续”。普鲁士曾经是一个很小的内陆国家，很多地方都被其他国家的土地分割开来。然而，后来这个国家取得了长足的进步，这很大程度上要归功于俾斯麦的天赋。威廉确信，现在就是德国的机会，在东方开拓出一个伟大的新帝国。

这场圣战由柏林策划，但是由君士坦丁堡发动，圣战是延续旧的大博弈的一种更阴险的新形式。在其中，英王、德皇、苏丹和沙皇的情报机构相互斗争，他们的战场从西边的君士坦丁堡延伸到了东边的喀布尔。战场将蔓延到波斯、高加索和俄国的中亚地区。整个英属印度和缅甸将被拖进战争，柏林方面希望借助走私的武器和资金，煽动心怀不满的当地人暴力革命起义，无论他们是穆斯林、锡克教徒还是印度教徒。但是这个阴谋的触角错综复杂，甚至延伸到了亚洲边界以外更远的地方。柏林的宏伟计划包括了美国的军火商、墨西哥太平洋海岸外的一个偏远岛屿会合点，以及位于伦敦繁华的托特纳姆大街上的一个左轮手枪靶场，暗杀行动就是在这个靶场里计划和演练的。计划还将包括那些装有足够的武器来发动第二次印度叛乱的纵帆船，以及一箱箱的革命文学作品，这些文学作品的护封被印成了无害的英国经典文学作品，通过走私进入了印度。

然而，圣战的主要目标是，从君士坦丁堡向东推进，穿过中立的波斯和阿富汗，最后通过关隘进入印度。因此，柏林的首要目标是赢得波斯沙赫和阿富汗埃米尔的支持。如果这一目标能够实现，那么他们那些由德国和土耳其军官统领的军队在令人眼花缭乱的战利品的驱动下可能会转而对抗印度。因此，除了少数精心挑选的军官和军士,这场圣战几乎不需要再花费其他人力物力。它所需要的是战后兑现的承诺以及黄金，而其中大部分的黄金可以从英国在波斯的银行金库中掠得。如果与此同时，能够说服印度数百万持不同政见的人起义，那么英国人就会发现自己同时受到内外部的夹攻。与此同时，土耳其人将设法联合高加索和中亚的穆斯林同胞，一起加入土耳其和德国的圣战。柏林和君士坦丁堡的战略家们为他们特工传回的报告深感鼓舞,他们可以想象到，整个亚洲都燃烧着熊熊烈火，而他们的英国和俄国敌人正被燃烧殆尽。

作为一名异教徒，德皇当然没有权力号召穆斯林发动一场圣战。这需要的不仅仅是黄金、武器和战后的承诺。事实上，只有奥斯曼苏丹本人以他的伊斯兰哈里发的身份才有权力下达这样一个令人敬畏的命令。因此，让土耳其不顾其人民的最大利益而与德国结盟，才是这一计划至关重要的一环。威廉战前与土耳其及其不受欢迎的君主交好的做法虽然有些不顾道义却不可谓不深谋远虑，因为这确实为他带来了丰厚的回报。战争爆发后的 3 个月里，土耳其把自己的命运与德国和奥匈帝国连在一起。一周后苏丹号召各地的穆斯林奋起，杀死压迫他们的基督教徒，“无论你们是在哪里找到他们的”。

这些基督教徒首当其冲指的是在印度的英国人，圣战本来就是想针对他们的。英国人在印度统治着迄今为止最大的穆斯林帝国，人数超过世界上任何其他的国家和地区。事实上，国王乔治五世的穆斯林臣民数量，远远超过了苏丹哈里发本人的穆斯林臣民，比俄国和法国的穆斯林臣民多很多倍。巧的是，德皇没有一个穆斯林殖民地或穆斯林臣民，他多年来一直宣称自己是世界各地穆斯林的保护人，这让英国人、俄国人和法国人极为恼火。苏丹的号召引起了在印度和其他地区的英国人的极大恐慌，在这些地区居住的协约国臣民们周围都有穆斯林。在近代以前，从来没有发生过针对欧洲强国的圣战，没有人知道会发生什么。

但是这场圣战也给德国人提出了一个棘手的问题，这个问题必须加以解答，以免破坏整个计划。许多穆斯林会问，一个基督教的君主煽动以及资助一场圣战，旨在杀死与他自己同信仰的人，他到底想要做什么？威廉的顾问们已经为这一问题做好了解答的准备，其中一些顾问是著名的德国东方主义者和学者。整个东方的清真寺和市集里都有传闻，说德国皇帝已经秘密地皈依伊斯兰教了。据说德皇现在自称为“哈吉”·威廉·穆罕默德，他甚至偷偷地去过麦加朝圣。支持这一计划的穆斯林学者在《古兰经》中找到了一些神秘的片段，声称威廉是由真主任命的，他将把信徒从异教徒统治中解放出来。之后，有消息称，所有德国国民都跟随德皇威廉集体皈依了伊斯兰教。最后，有关伟大的土耳其和德国不断取得胜利的虚假报道将会流传开来，在那些虔诚的人看来，能够取得这些胜利当然是因为土耳其和德国的事业是正义的。所有这一切，都是为了让德国在普通穆斯林心中的角色合法化。

与此同时，柏林招募了一小群精心挑选的德国军官来执行任务，他们要用圣战这个令人振奋的信息，来点燃东方，一直烧到英国的印度。他们带了充足的黄金、武器和各种各样的煽动性文学作品，将从君士坦丁堡这个新大博弈的总部向东进发，然后小心谨慎地进入中立的波斯。他们在穿过波斯的沙漠和山脉向阿富汗行进时，会向沿途的部落成员和村民散播圣战的消息，并试图争取他们的大力支持。但是他们最关键的任务是在阿富汗的首都，他们要说服强大的埃米尔加入他们的事业，并发动他的部落军队，去进攻印度守卫不严的边境。与此同时，他们也将在德黑兰对年轻的沙赫施加类似的压力，试图将他和他的穆斯林臣民拖入圣战。在印度境内，他们会试图迫使重要的王公们加入这项土德两国的大业中，这些王公中有些被英国人允许保有自己的私人军队。德皇威廉的私人信件用皮革奢华地装订着，他在信中向王公们保证，如果他们改变立场，就可以得到想要的一切，等到一切都准备就绪的时候就走私到印度给他们。

这就是我要讲述的故事。这个故事是从参与者被遗忘已久的回忆录、日记以及当时的秘密情报报告中整理出来的。这个地区的大博弈从未停止过，考虑到现在正在这片动荡的土地上发生的一切，这个故事可谓极具争议性。而对一些人来说，对俄国和德国复兴的恐惧，可能会给这个故事增添额外的意味。但最重要的是，无论所属何方，这是那些勇敢且多谋的人们谱写而成的传奇，在其中神秘的事件层出不穷，他们发现自己深陷漩涡。而我则已经尽可能地通过他们的冒险历程以及经历的灾难来讲述这个故事。

约翰·巴肯（John Buchan）正是围绕着这个巨大的阴谋，创作了他那本著名的情报惊悚小说《绿斗篷》（*Greenmantle*）。《绿斗篷》在那个年代的销量甚至超过了《三十九级台阶》（*The Thirty-Nine Steps*）。我的上一本书《大博弈》（*The Great Game*）揭露了吉卜林经典的间谍故事《金》（*Kim*）的真实世界，而这本书则揭露了同样离奇的事件，这些事件激发了巴肯的战时畅销书的写作灵感。读者将会发现，很容易就能从此书中找到《绿斗篷》中人物的原型。这也许并不令人惊讶，因为巴肯当时自己也在密切地参与情报工作，能很方便地接触到有关德国人东方行动的秘密报告。巴肯的朋友 T.E. 劳伦斯（T. E. Lawrence）在战后说道："《绿斗篷》有一种超越事实的味道。"

正是这些人勇敢的壮举在这个新的大博弈鲜为人知的篇章中构成了大部分的情节，增添了许多令人兴奋的故事。大部分的故事都是在波斯、阿富汗和高加索地区的神秘战场上演的，然而，在跟随他们进入这些战场之前，我们必须先暂时回到这个故事真正开始的地方。因为虽然德皇威廉以近乎救世主般的热情，支持德国的“东进”计划，但他并不是第一个想到这个计划的人。“东进”这个概念可以追溯到上个世纪（19 世纪）中期，在威廉出生之前，在俾斯麦把普鲁士和其他日耳曼国家联合起来建立我们今天所知的统一的德国之前。就在那个时候，一些有远见的人——主要是军人、政治经济学家和实业家——最先开始在苏丹那个日渐衰落的帝国中那些人口稀少的地区，看到他们祈祷的回应，以及众多问题的解决办法。因此，“东进”对德国人的想象施加了致命的、令人陶醉的魔力——也带来了灾难性的后果，正如我们将看到的那样。

第一部

“东进”

东方在等待一个人……

——德皇威廉二世

德国的未来在哪里？德国的未来在东方——在土耳其……在美索不达米亚……在叙利亚……

——保罗·罗尔巴赫（Paul Rohrbach）博士

德国扩张主义的主要宣传者

1

阳光下的土地

如果有人在1838年春季经过土耳其东部，他会惊讶地看到一位年轻的普鲁士军官正坐在偏远的山坡上，认真地画着一座土耳其堡垒。然而，对于注定会成为德国最优秀军人之一的赫尔穆特·冯·毛奇（Helmuth von Moltke）上尉来说，现在可不是假日写生的时候。他正在底格里斯河的上游，严肃且专业地执行着自己的公务。3年前，他被派往苏丹的宫廷担任军事顾问，负责帮助土耳其军队按照普鲁士军方的最新标准实现现代化。但他很快就发现，自己的建议没被采纳，因此他转而考虑起更宏大的问题。他花了好几个月的时间，穿越帝国辽阔的疆域、绘制草图、进行测量和记录，年轻的毛奇确信奥斯曼帝国已经日薄西山。由于极度腐败且抵制改革，它最终必定会四分五裂，到时候其他大国会为了争夺其最好的土地而展开混战。

毛奇并不是第一个得出这个结论的人，因为奥斯曼帝国的命运，也就是所谓的“东方问题”一直困扰着欧洲政治家们。但这位未来的陆军元帅确信自己已经找到这个问题的答案了。他拥有卓越的军事技能，很快就会得到俾斯麦的赏识。1839年，他在任务结束返回柏林后，敦促他的长官密切留意土耳其。他认为德意志人渗透的时机成熟了。他认为可以绕过英国控制的海上通道修建一条贯穿巴尔干半岛的铁路，使之成为通往东方最短、最快的路线，从而可以将土耳其和柏林在经济和军事上都连接起来。此外，他还圈出两个地区——底格里斯河与幼发拉底河之间的美索不达米亚肥沃地带，以及巴勒斯坦——并且称它们是理想之地，是德意志在阳光下的土地，适合干劲十足的德意志人民前去殖民和改良环境，给子孙后代造福。但时间紧迫。他提醒，其他欧洲大国已经开始像秃鹰一样在苏丹分裂的帝国上空盘旋，而德意志却还毫无动静。

然而，不止毛奇一个人在即将分裂的奥斯曼领土里，看到了德意志移民的未来。1846 年，政治经济学家弗里德里希 · 李斯特（Friedrich List）写道，多瑙河下游、黑海西岸和土耳其北半部，可以为德意志殖民者提供大量无人居住的、天然肥沃的土地。他跟毛奇一样，呼吁修建一条从柏林到巴格达的铁路。他认为这些都可以通过“和平渗透”实现，并将成为全球范围内更大的德意志扩张中的一部分，这场扩张将由探险家、医生、外交官和商人作为先锋。因为这些扩张主义的观点，李斯特后来被称为“第一位德意志帝国主义者”。持类似观点的人还有莱比锡大学的威廉·罗雪尔（Wilhelm Roscher）教授，他认为，在奥斯曼帝国最终解体时，其在亚洲的领土是德意志人民应得的战利品。

扩张主义运动在知识分子和学术界人士中迅速发展，哥廷根的东方语言学教授保罗 · 拉加德（Paul Lagarde）也赞同毛奇、李斯特和罗雪尔的观点。拉加德是沙文主义泛德运动之父，他认为向东扩张疆域是德语民族的历史命运。他声称，土耳其人、犹太人和马扎尔人等民族已经“堕落”，成为“历史的负担”，不过他们会成为更高贵民族——当然是德意志人——的垫脚石。他补充说："他们知道我们的生存就是他们的死亡，所以他们恨我们、害怕我们。"拉加德也认为巴尔干半岛和土耳其在亚洲的领土是进行殖民和经济剥削的理想之地。

当然，这些想法在当时只不过是梦想。那时候，欧洲德语民族仍然四分五裂，分散在许多小王国、公国和独立的城市中。首先这个德意志拼图必须拼合起来以形成统一的德国。直到1871年，在普鲁士对丹麦、奥地利和法国的战争胜利之后，德国的统一才终于实现了——这要归功于俾斯麦的远见卓识以及军队统帅毛奇的军事天赋。一个主要由普鲁士领导的新国家在欧洲诞生了，它洋溢着年轻的活力，满怀雄心壮志。这个国家将让邻国如坐针毡。

呼吁德国扩张的声音不再局限于少数有远见的人和学者。现在每个人都明白，如果这个新国家要与英国、法国、俄国以及其他国家竞争，那么它就必须想办法获得原材料和海外市场。各种各样的沙文主义社团开始涌现，一些颂扬日耳曼文化的优越性，另一些则争取他们心目中德国应有的历史权利。其中最突出的是呼声响亮、影响力大的泛德联盟（Pan-German League），它发动了一场运动，旨在建立一个伟大的新日耳曼帝国，这个帝国将会从柏林延伸到巴格达，甚至更远的地方。一本名为《德国对土耳其的继承主张》（*Germany's Claim to the Turkish Inheritance*）的小册子详细阐明了它的目的，它自信地宣称："一旦种种事件导致奥斯曼帝国解体，如果德国宣布加入对其瓜分，没有国家会正式提出异议。"它认为，新德国对生存空间的需求，或者说额外生存空间的需求，比其他欧洲国家更大、更迫切，因为很多其他欧洲国家早已拥有海外领土。

不可否认，泛德主义者拥有强有力的理由。英国拥有世界上最大的帝国，俄国拥有西伯利亚和中亚，法国拥有大片非洲土地，而德国较晚加入争夺帝国主义奖品的竞争，几乎没有殖民地。然而，在19世纪80年代和90年代，德国还是赶上了对非洲的争夺，在仅仅12个月的时间里，就抢到了喀麦隆、非洲西南部和东非的部分地区。但是很少有德国人愿意移民到这些又热又不卫生的地方——包括新几内亚和萨摩亚群岛。尽管在非洲和太平洋殖民地的土地总面积是德国本土的好几倍，但居住在这些地区的德国人加起来却不超过2万。事实上，不久之后每年移民到这些地区的德国人都不到50人了。德国人移民最多的是美国，这让泛德主义者懊恼不已，他们认为随着移民获得美国国籍，这个国家的生命力会逐渐流失。

他们指出，这种跨大西洋的移民潮会继续下去，直到德国能为其过剩的人口提供更多宜人的地方，而不是非洲潮湿的丛林或者太平洋偏远的角落。德国人将在那些环境较好的新地方开始新生活，同时也不必放弃他们的德国国籍。充满活力的新德国与英国和法国不同，英国和法国的人口仍然停滞不前或只是小幅上升，而德国的新生人口每年以50万的速度增长。早在19世纪70年代，德国就发现他们无法自己养活其迅速增长的人口，而进口食品的数量也不断增加。德国在海外的领土也没能帮上忙，自从获得这些土地以来，它们一直入不敷出。

因此，越来越多德国人开始接受泛德联盟和其他爱国组织的观点，相信德国人的经济未来就在幅员辽阔、人烟稀少的奥斯曼帝国的领土里，这不足为奇。曾经孕育了辉煌文明的富饶的美索不达米亚平原在勤劳的德国人手中，可以成为大德国的粮仓。对于想要移民的人来说，这一地区的前景要比疟疾肆虐的西非和太平洋更具吸引力。尽管如此，扩张主义者对于这些领土的准确地位以及如何将这些领土并入大德国，持分歧意见。比较极端的评论家想要一个真正的领土帝国，像大不列颠帝国一样的帝国，而土耳其君主和人民最终将成为德国皇帝的臣民，就像印度人民成为维多利亚女王的臣民一样。也有比较温和的声音主张建立一个纯粹的经济帝国，因为可能这样才不会导致德国与其他欧洲大国对抗，并且可以悄悄地实现，即通过所谓的“和平渗透”来实现。但有一件事是所有人都认同的。那就是，即使最终苏丹仍然在名义上拥有其主权，但是“德国的印度”也可以在奥斯曼帝国的废墟中产生。

然而，俾斯麦本人并不参与这些宏伟的计划，也几乎不鼓励和帮助这些扩张主义者。他认为他建立的新德国已经达到了最佳的规模，并认为他的职责是巩固边界，避免德国与欧洲其他大国发生冲突。他后悔付出了巨额的代价，获取了德国在非洲和太平洋的殖民地，甚至一度考虑要将这些殖民地拱手让给英国。但这并不意味着他不愿意将德国的影响力扩大到欧洲以外的地区，或者不愿意维护德国似乎正受到威胁的利益。因此，尽管俾斯麦小心谨慎，公开声称不干涉奥斯曼帝国，但德国发现自己还是逐渐卷入了奥斯曼事务的流沙之中。

对待俾斯麦公平点来说，是苏丹自己先找上门来的。奥斯曼苏丹阿卜杜勒·哈米德（Abdul Hamid）最近失去了对抗沙皇俄国的传统盟友英国的庇护，他现在正急切地寻找可以替代英国的国家。1882 年埃及发生了反欧骚乱，当时埃及还是奥斯曼帝国的合法领土，之后奥斯曼与英国开始反目成仇。后来英国派兵占领了埃及，本已紧张的英奥关系陷入新低谷。奥斯曼与其强大的邻国俄国的关系更糟，它刚刚与俄国打了一场灾难性的战争。俾斯麦充满活力的新德国拥有强大的军事武器，对阿卜杜勒·哈米德的领土没有明显的企图，似乎是奥斯曼在欧洲列强中可以寻求保护和建议的最显著的力量。尽管如此，俾斯麦还是一如既往地保持小心翼翼的态度，他不想拿德国跟英俄两国建立的友好关系冒险。他同意派顾问去君士坦丁堡，但必须是在某些严格的条件下。首先，这些顾问必须切断与本国政府的一切联系。其次，苏丹必须把他们纳入自己的政府部门工作。如有必要，他将完全放手，不再过问他们。

在被派往君士坦丁堡的人员中，有一支普鲁士公务员队伍，他们肩负重任，试图以欧洲的标准实现奥斯曼帝国的行政现代化。随后，一支普鲁士军事代表团也过去了，他们由杰出的科尔马尔·冯·德·戈尔茨（Kolmar von der Goltz）将军统领。他的任务类似于实现土耳其军队的现代化，但这可不容易完成，因为苏丹有个令人困扰的坏习惯，他会时不时地故意去破坏戈尔茨将军的努力。一直害怕被暗杀或被推翻的苏丹是个偏执狂，他一直犹豫是否应当建立一支由受过欧洲教育的军官统领的现代化军队。尽管如此，戈尔茨将军还是在君士坦丁堡待了十多年，在这期间他取得了相当大的成就，在很大程度上使苏丹数量庞大但缺乏训练和装备的军队实现了现代化。

尽管这个代表团官方上是服务于奥斯曼帝国政府部门的，但柏林还是从冯·德·戈尔茨将军在君士坦丁堡的就职中获益。他不仅能够从奥斯曼帝国各处收集到详细的情报，并将这些情报传送到柏林，而且他和他的军官们也成功地为德国制造商争取到了宝贵的武器合同。埃森的克虏伯公司向土耳其供应重型火炮，柏林的洛伊公司供应步枪和机关枪，而基尔的日耳曼尼亚公司则供应最新的鱼雷以装备土耳其的海军。与此同时，在强大的德意志银行的带领下，许多德国金融机构开始在土耳其首都站稳脚跟，它们以远低于英国和其他欧洲竞争对手的利率，来吸引大臣们和其他高层人士贷款。德国出口商也迅速行动，他们训练有素、干劲十足的推销员远远胜过那些比他们更绅士的竞争对手。《泰晤士报》驻君士坦丁堡的记者指出，德国出口贸易的成功，归功于德国实业家们的冷静和不懈努力，他们模仿德国总参谋部使用的方法，在他们的竞争计划中不忽略任何细节，无论这些细节是多么微不足道。

一些有远见的德国人已经开始把眼光转向土耳其边界以东地区，以便开拓新市场、获取原材料或者寻求其他机会。在那里，波斯沙赫的国度日渐衰颓，长期以来英俄一直将其视为竞夺的目标，他们都想将另一方驱逐出去。和苏丹一样，沙赫现在也将这个强大的新德国视为与英俄抗衡的平衡力量。因此，他非常渴望激起德国人对波斯的兴趣。他不仅请求俾斯麦向他派遣军事和民事顾问，而且还主动提出对德国移民开放波斯土地。尽管俾斯麦小心提防，不愿卷入英俄之间的大博弈，但他还是同意向沙赫派遣一些退休的普鲁士军官作为顾问，不过他们要跟那些被派往土耳其的人一样，绝对以私人的身份过去。沙赫还对德国进行了国事访问，德国与波斯正式建立了外交关系。随后德国向波斯小规模地销售了武器，但是因为担心在这个高度敏感的地区踩到英国或俄国的雷，所以也没什么其他的动作了。

只要还是俾斯麦掌管德国的外交政策，这种状态就不会改变，这让扩张主义者感到沮丧。但是，在 1888 年的夏天，好运突然降临到他们的身上。那年 6 月，德皇威廉二世继承他的父亲，成为德国的皇帝。这位新君主很快就表明自己是一位热切的扩张主义者，这让泛德主义者以及那些竭力主张采取更加大胆的外交政策的人欢欣鼓舞。年仅 29 岁的威廉跟小心谨慎的宰相不同，他确信不用冒着与其他欧洲大国产生隔阂的风险，他的国家也能找到一片在阳光下的土地。俾斯麦统治时谨小慎微的日子已经一去不复返。

这位年轻的皇帝很不幸，他出生时脖子里就有一根神经被压住了。尽管欧洲最好的医生都尽力医治，但最终他的左臂还是没能正常发育，那条萎缩无力的左臂还比他的右臂短几英寸。他渴望驰骋战场胜过一切，因此这对他来说是个极其残酷的打击。威廉感到失望和挫败，这在情感上给他留下了终身的创伤。他变得自负、冲动、浮夸，对不管是真实存在还是幻想出来的忽视，都变得极其敏感。意识到父母不喜欢自己之后，他变得野心勃勃，渴望得到赞美，沉湎于夸张的话语。他下定决心要向他的家人证明他们错了。如果他没有被命运选中去统治一个军事强国，这也没什么大不了的。但他性格中的这些缺陷，加上他坚信自己是个天才领袖，将为整个世界带来灾难性的后果。

更糟糕的是，还有其他的家庭问题给他施加了更多的压力，要他去证明自己。他不仅是维多利亚女王的外孙，而且也是俄国沙皇亚历山大三世的远亲。威廉总觉得他的那些亲戚君主一点都不重视他，而且这种感觉一直萦绕在他的心头。既然现在他已经登上皇位，他就下定决心要赢得他们的尊敬。他将要把德国从一个大陆强国变成一个伟大的世界强国，甚至要比英国更加强大，而他自己也会变成一个举足轻重的人物。俾斯麦迟迟没能弄明白这位年轻的皇帝心里在想些什么，他将要为此吃苦头。俾斯麦对威廉的态度有些傲慢，在外交事务上很少跟他商量，每当威廉提出自己的想法时，俾斯麦总是坚决反对他，拒绝考虑他的想法，认为他的想法是愚蠢的，甚至是危险的。很快威廉就怒火中烧，他满怀怨恨，觉得自己受辱了，他下定决心要摆脱这位碍手碍脚的宰相，这样他就能独自决定自己国家的命运了。

两人的意志较量开始了。这场斗争暗中持续了长达 18 个月的时间，到了 1890 年 3 月，一场激烈的争吵把斗争推到了白热化的阶段。在争吵过程中，俾斯麦气急败坏，一怒之下就把自己的文件袋往地板上砸，结果一些机密的文件撒了出来。威廉一把抓起这些文件，他一边读一边恼羞成怒（也许俾斯麦这位经验丰富的老政治家是故意让他读到的），他的亲戚君主沙皇亚历山大竟说他是“一个卑微的人，不值得信任”。现在局面已经无法挽回。俾斯麦在欧洲外交界纵横 20 余年的生涯终于落幕，而扳倒他的是个被他不明智地视为无足轻重的小人物。他递交的辞职申请马上就通过了，现在只剩这位刚愎自用的年轻皇帝独自掌控着德国的未来。这位年轻的皇帝得意扬扬地对全国人民说：“驾驶国家这艘船的任务现在落在我身上了……机会的浪潮正拍打着我们的海岸。路线保持不变。全速前进！”

说好路线要一直保持不变，但这很快就成了空话。威廉要废除俾斯麦推行的一系列政策，第一项就是不干涉近东地区，俾斯麦过去一直警告着，激怒英俄两国的危险远远超过任何可能获取的利益。但是，威廉在保罗·哈兹菲尔德（Paul Hatzfeldt）伯爵的劝说下心动了。伯爵曾在德国驻君士坦丁堡大使馆担任了 14 年的大使，他让威廉相信，在土耳其辽阔的未开发土地上，丰厚的回报正等着德国企业。很幸运，英国在奥斯曼帝国宫廷的影响力瓦解了，这个空缺显然就留出来给其他国家了。恰好此时俾斯麦又不挡道了，哈兹菲尔德伯爵就敦促他的君主不要再浪费时间，要赶紧坐上英国还留有余温的位置。

虽然威廉知道自己应当谨慎，但他已经得到足够的鼓舞了。德国外交部（位于威廉大街）接到了慎重的指示，今后德国将要在东方推行更加积极的政策。其他欧洲大国都在等待奥斯曼帝国最终分裂，然后再加入瓜分最好土地的狂潮，而德国却致力于取代英国的传统角色，在背后支持这个帝国。1894 年夏天，外交部起草了一份高度机密的备忘录，阐述了德国在东方的扩张计划，以及土耳其将在计划中所扮演的角色。今后土耳其将成为德国商品的销售市场、珍贵原材料的来源地以及长期投资的地区。

我们知道，早在 19 世纪 80 年代德国公司就开始对土耳其进行商业渗透，但渗透的规模并不大，因为当时还受制于俾斯麦的外交部从未大力支持过。然而，今后威廉皇帝会庇护和全力支持这项事务，而且现在的时机是最成熟的。自 19 世纪 80 年代以来，德国的工业发生了翻天覆地的变化。在短短 10 年里，德国已经从农业国完全转变成了现代化的工业国。在 19 世纪 80 年代早期，德国的钢铁年产量只有 50 万吨。到 1895 年，钢铁年产量增长到了 300 万吨，此后每 5 年翻一番，到 1907 年德国已取代了英国，成为欧洲最大的钢铁生产国。德国所有工业领域基本都是这样，特别是化学行业和电气行业。

对威廉来说，国家的经济奇迹发生的时机太恰当了，这为他的扩张主义梦想提供了必要的动力、资金和政治理由。不可否认，为了保持这种惊人的增长速度，德国工业需要想办法开拓新的海外市场和寻找新的原材料来源地。因此，这就不难理解为什么它对土耳其虎视眈眈了。1895 年，英国政府针对奥斯曼帝国可预期的崩溃提出瓜分预案，在其中也慷慨地分了一份给德国。然而德国政府方面却表现得兴致索然，这着实让人大吃一惊。事实上威廉确实想分得一份，但他确信通过商业渗透和外交手段的巧妙结合，他最终也能得到它。

由于以前俾斯麦对奥斯曼不上心，所以德国人对这个帝国的经济潜力了解得不全面。这必须马上加以补救。因此，在征得苏丹的同意之后，德国派出一组专家去探索奥斯曼的内陆腹地并汇总一份资源清单。他们花了 4 年的时间，最后整理成一份名为《小亚细亚自然资源》（*The Nature Resources of Asia Minor*）的大规模官方调研报告。与此同时，也有一些调研在苏丹未许可或者不知情的情况下，于帝国的一些偏远省份展开。

德国的旅行者和探险家打着研究考古学和人类学的旗号，开始对那些尚未探索的地区展现出浓厚的兴趣。其中最热衷于此的一位是马克斯·冯·奥本海姆（Max von Oppenheim），他是一名东方主义者，坚信自己国家的应许之地就在东方。他穿越过广袤的美索不达米亚和叙利亚（当时仍受奥斯曼的控制），绘制地图并且做着详细的记录，从地形地貌到每一个部落和村庄所拥有的帐篷和房屋的数量，全都不放过。不久之后，英国人猜测他和其他德国学者在为德皇的情报部门工作。事实上，很快奥本海姆就成了英国人所熟知的“间谍”了。

于是，1896 年 9 月，德皇威廉使用无耻的机会主义手法，打出了自己的王牌，以智取胜击败了其他欧洲对手。那时，奥斯曼苏丹引起了欧洲公愤，因为他血腥地粉碎了亚美尼亚人宣称自己作为奥斯曼帝国公民理应享有权利的企图。亚美尼亚人误以为俄国和其他基督教国家会援助他们，所以他们在土耳其东部地区发动武装起义，反抗奥斯曼帝国政府。在 1894 年的夏天和随后的几年里，土耳其对亚美尼亚人进行了野蛮的报复，期间有 5 万亚美尼亚人被残忍屠杀。1896 年 8 月，亚美尼亚民族主义者孤注一掷，他们武装占领了位于君士坦丁堡的奥斯曼银行，试图以此引起奥斯曼政府对他们的困境和宪法要求的关注。但这只是导致了更多的流血事件，又有 5000 多名亚美尼亚同胞在首都大街上被杀害。后来在外国大使强烈抗议下，屠杀才最终得以停止，苏丹也因此在整个欧洲乃至更远的地方获得了“被诅咒的阿卜杜勒”这一称号。

然而，德皇威廉把苏丹受排挤当成天赐的良机，他可以趁机加强与这位被围攻的君主的关系。德皇为了显示自己的友好，在阿卜杜勒·哈米德生日那天，送给他一张自己和家人的照片。得知此事，欧洲舆论争议四起。不用说，阿卜杜勒·哈米德被威廉的姿态折服了，他很感激自己在欧洲的这位强大而富于同情心的朋友。他立即邀请这位德国皇帝到君士坦丁堡进行私人访问，随后只要德皇想去，也可以随意参观奥斯曼帝国的任何地方。这正是威廉一直所希望的。德国“东进”运动即将以不可阻挡之势开始。

2

"德国真主安拉"

德皇威廉对东方的国事访问，于 1898 年 10 月 18 日在君士坦丁堡开始，看起来更像是一场凯旋游行。苏丹唯一的朋友在奥斯曼帝国的首都受到了热烈的欢迎，场面超过以往任何一位访客。威廉骑着马穿过这座古城中鹅卵石铺成的大街，人们兴高采烈地向他欢呼致意，马背上的他穿着自己设计的服装，看上去光彩夺目。奥斯曼倾其所有让他感到舒适和满足，举办了各种各样的宴会，还有好几场由德国人训练出来的奥斯曼军队的庆典游行。两位君主互相交换了各种令人眼花缭乱的礼物，德皇威廉向君士坦丁堡的人民展示了他自己设计的巨大而华丽的喷泉，这个喷泉至今还矗立在君士坦丁堡竞技场里。

当然，这一切都展现了威廉追求荣耀、自命不凡的天性，但在其背后也有更为长远的动机。威廉打算通过巩固和利用他与阿卜杜勒·哈米德的新友谊，进一步实现他的秘密野心，最终将苏丹的领土置于德国的统治之下。而实现这些梦想的关键就是巴格达铁路，这条铁路（正如威廉所期望）将从柏林通向波斯湾，并且一路向东，可能会穿过波斯到达英属印度。每个人都会同意，修建这样一条铁路是富有想象力且合乎情理的，因为它将成为从欧洲到亚洲最短最快的路线——但是那些保卫印度的人可不这样想，他们觉得这个想法太恐怖了。这条铁路不仅包围了皇家海军，会威胁到通往印度和远东地区的航线，而且它除了可以运输德国出口的商品，在战争时期还能运送军队和大炮。事实上，这条铁路的第一部分已经修建好了，可以从柏林穿过巴尔干半岛到达君士坦丁堡，还有两条支线延伸到土耳其内陆地区，一条通往安卡拉，另一条通往科尼亚。但是尚待修建的那部分极具争议，该部分将向东南方向延伸到巴格达甚至更远的地方。威廉访问君士坦丁堡，为的就是争取到修建到这些地方的特许权。

虽然苏丹非常感激德国在没有人愿意碰他那沾满鲜血的手时拉了他一把，但他很狡猾，也没把威廉所谓的“长青友谊”当真。他只是想弄清楚，他的同盟到底在谋划什么。虽然他的帝国确实已经破产了，他自己也负担不起修建铁路的费用，但是他明白铁路的价值，他可以通过铁路来维护自己在更遥远的领土上的权威。但这对德国人来说到底有什么价值呢？或许他们在打他的领土的主意。如果他的情报机构可信，德国地质学家正假扮成考古学家，在美索不达米亚北部的摩苏尔（Mosul）附近秘密地勘探石油。事实上，他的间谍确实告诉过他，他们早就已经发现了这个事情，他们截获了一份德国报告，报告中说该地区带来的“利润空间要比高加索丰富的油田更大”。虽然他很乐意让德国人为他修建一条铁路，并发展沿线地区，这样有利于两国互惠互利，但他并不想仓促行事。所以，当威廉和他的随从登上皇家蒸汽游艇“霍亨索伦”号离开君士坦丁堡前往圣地时，他还是没拿到垂涎已久的特许权，只能等待下一年。

尽管如此，在托马斯·库克旅游公司的精心安排下，德皇在苏丹领土上的豪华游还是顺利地进行着，他还游览了基督教遗址。

然而，德皇的行为却引起了巨大的争议，更不用说那些来自批评者的冷嘲热讽了。10 月 29 日，威廉骑着一匹黑色的战马，跨过土耳其东道主专门为其在城墙上开辟的缺口，耀武扬威地进入了耶路撒冷。当时他身穿德国陆军元帅耀眼的白色军服，头上戴着嵌有一枚金光闪闪的大鹰徽的头盔，世界各地报纸争相报道了这件事。奥斯曼的皇家骑警用警棍击退了激动的围观者。一位目击者写道：“在我看来，威廉幻想着自己已经持剑占领了这座城市，而不是去那里旅游的。他的行为举止荒唐得无法形容。”如此炫耀夸张的表演当然招致了许多不利的对比和刻薄的评论，这是不可避免的。甚至有人说，中世纪的征服者在进入这座被三大宗教视为神圣之地的城市时，都表现出了恰当的谦逊，甚至基督本身进入耶路撒冷时都很自谦地骑了一匹毛驴。

10 天后，威廉终于到达了大马士革。他在伟大的穆斯林英雄萨拉丁的墓前放了一个花环，还挂了一盏纯银的灯，然后下令要自费为这位英雄修建一座最好的大理石陵墓。他知道高效的德国宣传机器很快就会把他的话传遍整个东方，他宣称这位勇士在 12 世纪成功地为耶路撒冷抵御了英格兰的攻击，他对这位侠义圣洁的勇士佩服得五体投地。他还说自己很反感基督教教堂里的争吵，如果他不是天生的基督徒，他就会选择成为穆斯林。虽然在场的许多人几乎都不敢相信自己的耳朵，但他依然无耻地说出这些话，想要取悦各地的穆斯林。

但是，威廉争取穆斯林的心和思想的最大胆的行为还在后面呢。他在出游的过程中，受到了热情的招待。为此，他深受鼓舞。观察人士认为，在此行结束时，威廉事实上已经承诺为那些生活在外国统治下的穆斯林的政治理想（当然不包括土耳其统治下的）

提供支持。11 月 8 日，大马士革举行了一场向威廉致敬的宴会，许多穆斯林的显要人物出席了这个宴会，威廉在宴会上发表了臭名昭著的演讲。他对那些可敬的听众说：“尊敬的苏丹陛下以及三亿分散在世界各地把苏丹陛下尊奉为哈里发的穆斯林可以放心，德国皇帝永远都是他们的朋友。”德皇的宣传专家再一次广泛地传播了他的言论，而外交部则保证他的演讲在阿拉伯和土耳其的报纸上会得到充分的报道。同时他们还印刷了数千张色彩鲜艳的印着威廉话语的明信片，这些明信片是免费派发的，因为他们知道许多明信片会被寄到其他的穆斯林地区，包括英国的印度和俄国的中亚地区。

在此之前，英国人一直认为威廉以及他那自负的姿态是愚蠢的，他们认为他虽然被宠坏了，却是无害的，只会满足于穿着可笑的制服在士兵面前表演。威廉自己也非常清楚自己这个屈辱的形象，并对此深恶痛绝。最重要的是，他希望引起世界其他国家的重视，尤其是英国，他对英国充满了羡慕、嫉妒和厌恶之情。他向全世界的穆斯林发出号召，其中许多是维多利亚女王（同时也是印度女皇）的臣民，以此来提醒英国人他们不再垄断东方，同时也对他的皇室亲戚们竖中指。很明显威廉开始乐在其中了。

漫画家和讽刺家们尽情地渲染着威廉在被诅咒的阿卜杜勒统治下的奥斯曼做客的 3 周，嘲讽着他在此期间卖弄的滑稽行为。“德国真主安拉”（Deutschland über Allah）对此却嗤之以鼻。然而，一些比较冷静的观察人士已经看到，没有了俾斯麦的约束，今后人们不得不更加重视威廉。因为他不仅统领着世界上最强大的军队，而且他那与之相称的野心也逐渐显露出来。更糟糕的是，有证据表明威廉身边聚集了越来越多的谄媚者和奉承者，他们为了达到自己的目的，急切地利用威廉的弱点，煽动他的个人野心。他们当中有政治冒险家、军火制造商、金融家以及鹰派的普鲁士将军和海军上将——他们全都是扩张主义者。还有一些学者提出了具有说服力的历史和经济观点，他们认为如果德国要生存，就需要变得更大更强。他们对德国知识分子圈乃至德皇本人都施加了巨大的影响。

奇怪的是，他们当中有一位是英国人，名叫休斯顿·斯图尔特·张伯伦（Houston Stewart Chamberlain），是一位海军上将的儿子。他一生中大部分的时间都在德国生活，也是德国事业的热情拥护者。他警告说：“如果德国不统治世界，它就会从地图上消失。”张伯伦出身名门，家族里有一名陆军元帅和数名将军。能够从这样一位英国人口中听到这样的观点，威廉感到非常高兴。他热情洋溢地写信给张伯伦致以感谢。后来，张伯伦的家人跟张伯伦断绝了关系，英国媒体也诋毁他，于是这位叛徒接受了德国国籍，他的观点也变得更加古怪和极端了。他甚至认为莎士比亚、弥尔顿、但丁、牛顿和笛卡尔其实都是德国人，说他们本来就拥有德国血统，他还预言德语最终会取代其他所有的欧洲语言。

但是，张伯伦的言辞跟那些好战的德国军国主义者比起来还是温和的。一位泛德思想家说：“事实证明，常规战争是生存斗争中最好最高尚的形式，这是毫无疑问的。”另一位思想家将战争描述为“最重要的生物必需性——万物之父”，他还补充道：“生命的本质是取代或被取代。”另一个人则担忧地写道：“因为其他大国的敌对与傲慢，我们可以理所当然地不用承担任何协议义务，为了捍卫我们的重大利益，我们被迫去恢复古普鲁士的征服政策。”他声称，通往埃及和印度的道路上的德国大炮“将是一个值得为之做出巨大牺牲的目标”。未来的德意志帝国，一位教授写道，“必定会从北海延伸到波斯湾，吞并荷兰、瑞士、整个多瑙河盆地、巴尔干半岛和土耳其”。德国人民，另一名教授说，“必定会崛起成为优等民族，超越欧洲的劣等民族和其他更远地区的原始民族”。

但不是只有那些极端主义者和政客们渴望一个更强大的德国。普鲁士主导的军队也梦想着在战场上赢得荣耀，就像他们的父辈在俾斯麦领导下，在建立德国的欧洲帝国过程中曾参加了与丹麦、奥地利和法国的作战。“不知有多少回，我在军事演习骑兵冲锋时，”德皇威廉写道，“听到从我身边疾驰而过的战友喊道：‘这要是真的作战就好了！’”这种对军国主义和扩张主义的向往也开始引起德国民众的共鸣，他们对英国统治世界事务特别不满，很愿意看到她的实力被削弱。外交部部长冯·布洛（Von Bülow）伯爵在给自己的君主的一份报告中说：“很幸运，英国没人意识到德国民众的想法是多么反英。”

威廉身边最重要的鹰派人物是阿尔弗雷德·冯·铁必制（Alfred von Tirpitz）海军上将，他是一位热心的扩张主义者，也是德国的海军大臣。在威廉动身前往君士坦丁堡和圣地前不久，铁必制说服了威廉，如果德国要与英国——当时世界上最强大的海军强国抗衡，除了俾斯麦留给他的那支强大的陆军外，他还必须统领一支同样强大的舰队。有了这样一支超级舰队的支持，他将处于一个强有力的地位，可以恫吓或威胁英国让步并给予德国阳光下的土地，或者干脆直接用武力夺取。因此，这支舰队将成为确保德国从欧洲强国转变成世界强国所需的工具。“世界政策”（Weltpolitik）今后将成为威廉个人野心以及德国外交政策背后的驱动力。

不同的人对这个词有不同的理解。当时大多数德国人认为，这个词只是简单象征着获得与其他主要大国平等的地位。但鹰派认为这个词一直只有一个意思。那就是统治世界——如果有必要，可以通过战争。

德国的钢铁和军备巨头自然热烈支持铁必制的舰队建造计划，因为他们肯定可以从一个这么庞大的建设项目中赚到大钱。这个计划受到了来自国会议员的阻力，但是在 3 年的时间里，铁必制还是说服他们支付了多达 38 艘新战舰的费用。要建造完这些战舰显然需要几年的时间。但是铁必制向威廉保证，最后一艘战舰建成之时，德国将拥有世界上最强大、技术最先进的舰队。但同时也可能会有一段“危险时期”，在这期间如果英国决定像一个世纪前对丹麦人那样先发制人，那么还没完全建造好的舰队将无法抵抗来自英国皇家海军的威力。为了消除英国人的恐惧，降低这样的风险，冯·布洛受命要尽可能诚恳地维持与伦敦的关系。然而考虑到威廉激怒人的天赋，这可不是件容易的差事。威廉不仅激怒了英国人，他在大马士革发表的演说还激怒了俄国人和法国人，因为他们都拥有庞大的穆斯林群体。

这还没完呢。他很早以前就已经开始惹得英国竖起了帝国的羽毛。1896 年 1 月他公开支持布尔人对抗英国，以此来报复索尔兹伯里（Salisbury）勋爵，因为他感觉去年夏天索尔兹伯里勋爵怠慢了他，这在他心里留下了一根刺。伦敦视此为对英国殖民事务的无礼干涉，因此燃起了强烈的反德情绪。次年，他在中国北方海岸建立了一个强大的海军基地，以此挑战英国在远东地区的海上霸权。他以两名德国传教士在内陆被杀为由发动了惩罚行动，派出海军陆战队从无力反抗的北京手中夺走了青岛，然后迅速将其改建成一个海军据点。他对冯·布洛说："成千上万的德国商人在得知德意志帝国至少在亚洲站稳了脚跟后,会感到欢欣鼓舞。"他还说："德国人把沉重的铁拳架在成千上万的中国人的脖子上，为此他们将会感到战栗不安，而整个德国将会为其政府的男子汉行为感到高兴。"然而，英国的海军战略家和那些负责英国在远东地区的利益的人却没那么高兴，更不用说圣彼得堡了，沙皇和他的大臣们也开始同样担忧刚愎自用的威廉。冯·布洛要减少英国和其他国家对威廉所作作为的猜疑，这个任务显然将是一场艰苦的斗争。

除了铁必制负责的快速壮大的舰队之外，从柏林到巴格达的铁路是德国扩张的另一个主要工具，威廉已经从他的朋友苏丹阿卜杜勒·哈米德那里得到了修建这条铁路后半段的特许权。德国的工程师和军事战略家原本希望这条铁路经过土耳其现在的首都安卡拉，往更北方的地区延伸。这不仅是就地形来说最容易修建的路线，而且铁路可以处于英国海军大炮的射程范围外。然而，这遭到了俄国人的强烈反对，他们认为这将直接威胁到他们在高加索地区的战略和商业利益。因此，德国人只能不情愿地同意将铁路往南方移去，并因此需要完成额外的隧道工程，耗资也变得更大。这反过来又导致了筹集必要资金的问题，不过这些问题超出了我们的叙述范围。尽管耽搁了很长时间，但是德国人还是顽固地坚持下来了，最终也克服了剩下的各种障碍，而新铁路开始一路向东推进。

到了1904年的秋天，铁路前200公里的路段已经完工，在苏丹那一年的生日那天，这段铁路隆重地通车了。但是到目前为止，最困难的甚至可以说最贵的部分还在后面。他们要爆破并建造迷宫般的隧道，打通土耳其东南部那些一万英尺高的山脉，而每英里就要花费 5 万英镑。这也不是设计师们唯一头痛的事情，因为还有一个更严重的问题——铁路终点站选址问题。虽然这条铁路叫巴格达铁路，但它的作用并不是单纯地把德国出口的商品运送到这个偏远的、没有活力的、脏兮兮的城市。它的作用远不止这个。它的商业和战略目标是绕过苏伊士运河，提供一条到达印度和东方的捷径，因为苏伊士运河在战争爆发时会对德国航运关闭。因此，它需要一个港口，这样至少可以在铁路网络延伸穿过波斯之前，在那里把铁路运输的货物转到海上运输。

德国人最初打算将铁路从巴格达向南延伸到波斯湾海岬，然后在那里建造一个新的港口。最适合修建这样的终点站的地方在那个小小的沙漠酋长国科威特的海岸上。然而，对扩张主义的德国在波斯湾获得战略立足点的恐惧，一直萦绕着那些负责保卫印度的人，他们一直把这片水域视为英国的一个湖泊。印度总督寇松（Curzon）勋爵听到这个提议后立即加以阻止。虽然科威特名义上是奥斯曼帝国的一部分，但当时它的确切地位多少有点模糊不清。因为君士坦丁堡多年来一直都不怎么关心这片偏远贫瘠的沙漠地区，所以现在寇松选择无视苏丹对这片地区的所有权。

在向上议院的保证中，英国政府已经发出警告，其他大国建立任何基地都将被视为对英国的利益构成“非常严重的威胁”，英国将会动用一切手段进行制止。如果在这片重要水域的岬部地区有一个德国的港口，而且这个港口直接由铁路连接到柏林，那么它显然就像是一个非常危险的楔子的尖端。寇松把常驻波斯湾的外交代表马尔科姆·米德（Malcolm Meade）上校秘密派往科威特。他表面上是去狩猎旅游——这是英国在很多大博弈任务中所采取的典型掩护——并在昏暗的天色的掩护下，坐着小帆船踏上了陆地。因为他知道当时在港口有一艘土耳其军舰在巡视。然而，土耳其人没发现他，他拜访了科威特的埃米尔，并与其签订了一项秘密条约，旨在破坏德国的计划。根据条约，英国承诺保护埃米尔的疆域，也保护他的王位，但是埃米尔也要保证自己和后代不会将任何土地割让给其他国家，或者接见来自其他国家的使者。这使得英国有效地控制了科威特的外交政策。不久之后，土耳其与德国代表团来跟埃米尔讨论新铁路终点站的选址问题，他们发现埃米尔竟然异常抵触。他们很快就意识到背信弃义的英国人已经用计谋战胜了他们。

其实，只要这条铁路不超出巴格达，或者不超出底格里斯河和幼发拉底河下游的巴士拉港，英国政府还是会愿意容忍它的。但就算德国这样做，还是会让不少战略家和一些人心怀恐惧，因为他们确信德国人一心要把英国从该地区排挤出去——事实上许多与德皇关系密切的人确实想这样做。现在围绕这条铁路，英德两国的情绪都开始高涨，辩论家和空想战略家纷纷发表自己的意见，他们发表的文章和印刷的小册子如洪水般泛滥开来。与此同时，虽然德国在终点站的选址上失败了，但是他们并不灰心，柏林正不懈地推进其对该地区的渗透。它在整个奥斯曼东部地区大大扩展了领事网络，还增加了大量的情报员。此前德国外交部一直极度缺乏了解该地区的专家，在那里也没有自己的领地。波斯湾周围那些恶臭的、泥土建成的城镇，现在开始迎来有决心的新一代移居者。他们高效、有能力又略微缺乏幽默感。一旦德国的命运之时到来，这些具有献身精神的人会为他们的德皇献出一切。

但德国并不局限于通过外交官、情报员和铁路工程师对该地区进行渗透。与此同时，一家规模很小的进出口公司开始通过波斯湾港口扩展业务，这家公司叫罗伯特·旺克豪斯（Robert Wonckhaus），几年前由一个人带着一个手提箱创立的。从1899年到1906年，旺克豪斯公司在巴林（Bahrain）、布什尔（Bushire）、巴士拉（Basra）、穆罕默拉（Mohammera）和阿巴斯（Bandar Abbas）等地都开设了办事处，英国人怀疑德国外交部给予了资金支持。此外在1906年，德国的一家叫汉堡－美国（Hamburg–Amerika）的航运公司开通了在德国和波斯湾之间的定期客运和货运服务。它不仅直接挑战了英国长期以来对欧洲交通的垄断，而且在德国政府的补助下（有人是这么声称的），它还开始蓄意把价格压得比竞争对手更低。此外，在代理公司旺克豪斯的支持下，它开始为那些一直被英国人忽视的港口服务，虽然头一两年是亏损的，但很快就开始赢利了。很多德国银行也将业务拓展到了这个地区，再次开出了比其主要竞争对手——英国控制的波斯帝国银行——更优惠的条款。与此同时，德国的勘探员开始竞相争取开采石油和其他矿产的特许权，尤其是争取在巴格达铁路沿线地区的。最后同样重要的是那些拥有高度进取心和训练有素的销售员，他们的目标是将这个地区的市场里所有的欧洲商品都换成德国货。

这些有进取心且有干劲的新来者当然有权利去从事这些活动，无论是外交或者商业性质的。但是，当把德国庞大的舰队建造计划和雄心勃勃的铁路计划放在一起看时，德国在波斯湾地区的渗透自然会引发伦敦和德里更高的警惕。因此，在1904年的春天，英国决定派遣一名能力突出的年轻政治官员，去监视并尽可能阻止德国在波斯湾地区的活动。他们有理由相信，阻止入侵者的最好办法是加强英国与当地阿拉伯及波斯统治者的关系。但是这个地区因为部族间的争斗和嫉妒已经四分五裂，要想跟这样的地区加强联系，需要非常特殊的人才才能实现。

被选中执行这项任务的是印度陆军军官珀西·考克斯（Percy Cox）少校，他因为拥有出色的语言和部落政治方面的能力，被调到印度政府的精英政治部门。多年后他的传记作者写道："考克斯壮年的时候又高又瘦，金发碧眼。他行动敏捷，射击百发百中。他能驯服难驾驭的马和发疯的骆驼。"少校后来当上了上校，考克斯"话比较少，他倾听所有的意见，不漏掉任何细节"。他逐渐赢得了部落成员的信任和部落首领的友谊，因此那些一心想推翻英国在波斯湾地区的主导地位的人，把他视为强大的对手。

与此同时，在欧洲英德两国的关系也变得越来越紧张。最主要的原因是英国担心德皇的新超级舰队，以及舰队的使用目的。"德国海军会针对谁呢？"《每日邮报》质疑道。英国政府也想知道。1907 年 1 月，一名外交部官员在一份秘密的备忘录中写道："德国的目标要么是想取得全面的政治霸权和海上优势，威胁邻国的独立，最终威胁英国的存在。要么她没有这样明确的野心，仅仅是着眼当前，利用她主要大国的合法地位和影响力，力图促进她的对外贸易，传播德国文化的价值，扩大国家能源的范围，并和平地在世界各地创造新的德国利益……"作者认为，不管是哪一种目的，德国的新"世界政策"都代表着"对世界其他地区的威胁"。

与此同时，英国的海军战略家们忧心忡忡地观察到，德皇的新战舰的射程范围有限，实际上是一股北海的海军力量，因此直接明确地对英国构成了威胁。此外，情报来源显示，铁必制的计划极其隐秘，舰队实际的进展速度和规模远远超过迄今所知道的。

结果，虽然议会强烈阻止，但英国也开始扩充海军并实现现代化，舰艇越造越大，携带的大炮也更加有力。因此，现代的第一次军备竞赛开始了，法国、美国、日本、奥地利和意大利等大国也纷纷加入进来。甚至在德国也有人已经预见了与英国展开这场竞赛的危险。1907 年 2 月，铁必制最亲密的一个顾问警告了德国海军造船厂的产量增加到每年四艘无畏舰可能会带来的后果。他写道：“引发一场毫无价值的军备竞赛的耻辱将深深烙印在我们身上，我们是麻烦制造者的骂名已经够糟糕了，而德意志帝国将会面临比现在更大的敌意。”他补充说，但更糟糕的结果是，如果英国赶上了这样的增长速度，德国在公海上挑战她的希望将会“彻底破灭”。

现在许多英国人已经开始意识到，他们跟德国迟早会进行一场武装决战。英国和德国开始涌现出大量的小说和虚构作品，这些作品刻画对方正在施展的阴谋，让英国人变得更加恐惧。第一部也是最著名的作品是 1904 年出版的《沙岸之谜》（*The Riddle of the Sands*），作者是厄斯金·柴德斯（Erskine Childers）。这本书至今还广受赞誉，它讲述了一位驾驶小船的英雄如何偶然地发现了德国的计划——利用一支由驳船秘密改装的舰队入侵英国，以及他如何想方设法成功挫败了这一计划。书中，德皇威廉亲自监督了这场阴谋。这本书取得了巨大的成功，仅第一年就售出了几十万册。这本书的影响力实在太大了，以至于海军大臣都命令他的下属去调查这种入侵的可行性。

两年后，受到《每日邮报》的创始人诺斯克利夫（Northcliffe）勋爵的委托，威廉·勒·奎（William Le Queux）那本骇人听闻的小说《1910 入侵英伦》（*The Invasion of 1910*）开始在《每日邮报》上连载。这本书实际上从柴德斯结束的地方开始，描述了德国成功入侵了英国，以及所有虚构的恐怖事件。这本书被翻译成了多种语言，其中包括德语，该书在世界范围内售出了两百万册，极大地提高了《每日邮报》的发行量。德国的一部对应小说《海星》（*Seestern*）讲述了一个秘密的英国阴谋，内容是对德皇的新战舰进行先发制人的攻击。当时还有很多情节类似的小说出版，而这本只是其一。而且，在德国有许多人特别是军人，他们开始公开谈论“那天”（Der Tag）——跟英国算账的那天——他们甚至为“那天”喝酒干杯。在英国，这一切引发了一股逐渐升温的入侵热和间谍热，出现了很多关于德国服务员和其他人潜入南部郡城为“那天”充当第五纵队的疯狂故事。其实，这些危言耸听的故事并不完全是无中生有，因为早在 1897 年德皇威廉就命令他的手下去考察这种入侵的可行性。

并不是只有英国人害怕德皇的军国主义和扩张主义的梦想。俄国也越来越担心“东进”对自己的地区利益的威胁。他们不仅害怕柏林在君士坦丁堡的影响力日益扩大，因为君士坦丁堡控制着他们自黑海的唯一出口，他们也长期觊觎着君士坦丁堡，并担心威廉觊觎着他们矿产丰富的高加索地区。英国人可能忘了，但他们可没忘记威廉已经恶意地向全世界的穆斯林发起号召，其中很多穆斯林生活在高加索地区和俄国的中亚地区。因此，他们有理由坚持要求重新规划巴格达铁路，使其远离自己与土耳其东部接壤的领土而向更南方延伸。

沙皇的焦虑是可以理解的，因为俄国人才开始从一场灾难性的战争中恢复过来，他们刚在远东的边远地区跟日本人打了一仗，已经经受不起任何再次的考验。俄国民众对军队的糟糕表现非常失望，加上经济困难，国内社会和政治动荡日益严重。沙皇尼古拉需要用他所持有的军队来控制不断涌现的革命浪潮，以消除其对皇位的威胁。此外，他也渴望结束与英国长期以来在亚洲争夺主导地位的竞争，而德国在东方的崛起可不是好兆头，因此他对结束竞争的渴望就更加迫切了。英国也同样渴望与圣彼得堡握手言和，因为英国在南非受到了布尔人的重创，而且全世界都在谴责她入侵了中国西藏。1907 年，两国签署了《英俄公约》（*Anglo–Russian Convention*），解决了历史纷争，并最终结束了两国在东方的大博弈。虽然德里对俄国的意图仍然有所怀疑，但是在英国，德国麻烦早就已经取代了俄国麻烦。

根据新协议的条款，早期英俄对抗的地区——波斯、阿富汗和中国西藏——被划分为两国各自的政治和经济势力范围。双方保证尊重波斯的主权和独立，但把它划分成三块。北部属于俄国，南部属于英国，中部属于中立区。在中国西藏问题上，两国都保证不干涉其内部事务，只能通过清王朝接触西藏地区。最后，阿富汗被划分到英国的势力范围。毫无疑问，英国不会干涉俄国的中亚地区，而俄国也不会干涉英国统治下的印度。

德国不是协议的签订方，自然也不用受其约束。协议很大程度上是为了阻止德国对波斯的渗透，但事实上德国还是一如既往地对波斯进行渗透。如果说有什么不同的话，那就是《英俄公约》铺平了“东进”的道路。因为英俄两国甚至都没征求过波斯的意见就“均分”了波斯，各行各业的波斯人发现这件事后都感到非常耻辱，并对这两个国家产生了强烈的敌意。德国自然毫不犹豫地充分利用了这一点。阿富汗也没被征求过意见，所以也有类似的不满情绪。德国人也会在适当的时候，努力把这一点变成他们的优势。

虽然这样，但在1907年夏天，德皇威廉还是明显地感到了不安。现在不仅英俄两国已经冰释前嫌，早在3年前，英国和他们的宿敌法国也同样握手言和了，而在1893年，法国和俄国也签订了类似的盟约。这种不计前嫌、共同对抗复兴的德国的做法标志着“三国协约”（Trip Entente）正式成形——不要与“三国同盟”（Triple Alliance）混淆，“三国同盟”是俾斯麦时期德国、奥匈帝国和意大利签订的秘密防御协议。威廉现在突然开始感到，在他追求自己扩张主义梦想的时候，他被包围了，他曾希望这些国家之间彼此不和、互相缠斗。然而，其他大国对德国的敌意日益高涨，尤其是英国，这是不容忽视的。威廉的计划准备和他的超级舰队的建立都还没完成，在此之前威廉不想冒险跟英国开战，所以他现在拼命地试图缓和局势。

1907年11月，威廉对英国进行了友好访问，他希望借此消除英国对他扩张野心的担忧和怀疑，尤其是消除他们对柏林到巴格达的铁路和铁必制的新超级舰队的担心。他身穿英国海军上将的制服，旁边有外交部和其他部门的官员随行，还有一队戴着头盔的普鲁士卫兵。他花了一周的时间出席国事活动及其他各种社交活动，并与英国高级大臣们进行磋商。他住在温莎，在那里他受到了英国皇室表亲的热情款待，也包括国王爱德华七世，不过大家都知道爱德华七世并不喜欢他。威廉动身回国时完全相信，自己已经安抚了英国的恐惧，恢复了两国之间的友好关系。尽管两国政府都称赞他的访问取得了巨大的成功，但是英国对他的怀疑依然存在，因为即使他的“世界政策”无益于和平，而英国也已向他施压要求放缓步伐，威廉还是不打算改变既定的路线。此外，他还留下了一枚政治定时炸弹，这枚炸弹将把他的访问可能带来的任何关系上的改善都炸得烟消云散。

在英国访问期间，威廉与一位英国朋友促膝长谈，主要内容是关于英德两国关系。这位朋友名叫爱德华·斯图尔特–沃特利（Edward Stuart-Wortley），是英国的一名常备军陆军上校。几个月后，斯图特–沃特利上校决定接受《每日电讯报》的采访，并在采访中把德皇的想法表达出来。但他事先写了信给威廉，并附上了采访文章的复印件，请求威廉同意发表这篇文章。威廉很高兴看到这篇采访文章，对于自己将被报纸报道感到受宠若惊，因为很少有君主有这样的待遇。1908 年 10 月 28 日，报纸在显眼的版面刊登了这篇采访文章，这引起了轰动。德国皇帝宣称他最渴望与英国保持良好关系。但他警告说，英国媒体和其他评论家不断歪曲事实，对此他已经失去耐心了。他认为自己“一再伸出的友谊之手”都遭到了无情拒绝，而那些对他动机的批评和误解已经构成“人身侮辱”。他对上校说，鉴于日本在远东地区日益增长的实力，英国人迟早会对他正在建造的新舰队表示感激，而且这一天很可能很快就会到来。“你们英国人疯了，疯得就像发情期的野兔。”他接着说，“你们究竟为什么要对我们怀有这样的猜疑？我们不值得你们这个伟大国家这样怀疑吧。”他补充说，自己试图恢复与英国的友好关系的任务变得更加困难，因为“大多数”德国人——当然不包括他自己——不喜欢英国人。

结果舆论一片哗然。威廉显然是想让两国未来可以更好地相互理解，但事与愿违。他不仅成功惹怒了英国人，他在采访中提出的一些观点也几乎踩到了所有人的脚趾，包括法国人、俄国人和日本人。德国人也愤怒了，右翼分子指责他亲英，而左翼分子则指责他干涉与自己无关的事情。本应审查这篇采访文章的冯·布洛只是向国会解释说，君主的本意是好的，他以后不会再尝试个人外交了。威廉的努力在英国遭到了嘲笑，因为大多数德国人不喜欢他们的北海邻居已经不是什么秘密了。至于他说的有一天皇家海军会为在远东拥有德国海军作为盟友而感到高兴，《泰晤士报》指出，威廉的战舰中没几艘的载煤量可以将它们运送到北海以外的地方，更别说去印度洋或太平洋了。与此同时，英国人和德国人都在继续建造战舰，两国的关系也继续恶化着。

但是，《每日电讯报》采访事件的惨败在当时并不是威廉的计划所遇到的唯一挫折。他还意外卷入了土耳其和波斯的麻烦，这两个国家对他成功“东进”都至关重要。1905 年，土耳其军队突然越过波斯边境，占领了许多村庄，苏丹宣称这些村庄归自己所有。在对英俄寻求援助未果后，波斯沙赫要求德国人说服他们的土耳其盟友撤退。这使得威廉陷入了尴尬的境地，因为他不想和苏丹断绝关系，他们的关系是他付出了极大的努力和代价培养出来的，但他也需要沙赫的友谊来实现他的东方梦想。作为该地区的新来者，德国人并没有预见到试图同时与这两个古老的宿敌国家交朋友的陷阱。德国大使三心二意地来到君士坦丁堡劝说土耳其人撤退，但遭到了苏丹本人的断然拒绝，苏丹要求知道德国的立场。虽然所有人都清楚地知道是土耳其错了，但是因为没有人希望卷进来，所以随后就出现了僵局。与此同时，土耳其人利用德黑兰爆发的革命，继续向有争议的地区派遣军队。

尽管如此，威廉还是成功地保住了他与苏丹和沙赫之间的友谊，主要是因为他们都没有其他人可以求助了。但是，在 1908 年 7 月，威廉想要秘密地接管奥斯曼帝国的计划，受到了一场致命的打击。由于厌倦了苏丹的专制统治，一群受到民主主义启发的革命者自称为“青年土耳其党”（Young Turks），他们在军队支持者的支持下，迫使阿卜杜勒·哈米德把他的专制权力移交给了一个选举产生的、西式的议会。土耳其人、阿拉伯人和亚美尼亚人在街上拥抱。千禧年已经到了，或者说它看起来到了。民主在一夜之间取代了数个世纪的东方专制主义。然而，考虑到让欧洲强国放心，苏丹还是被准许保住自己的王位，虽然时间不长。第二年，在反动分子的支持下，他企图再次夺取政权，结果被强行废黜，最后被不光彩地流放了。他温顺随和的弟弟穆罕默德五世被放到了奥斯曼帝国的王位上作为他的继承人。穆罕默德五世确实非常顺从，这也印证了“青年土耳其党”给他起的绰号——“橡皮图章”（irade makina）。

此前德国作为阿卜杜勒·哈米德的主要保惠师和盟友，在奥斯曼帝国的首都享有远高于其他欧洲列强的地位。现在，突然之间德国发现自己被冷落了，因为“青年土耳其党”没有时间跟专制的德国皇帝以及他这类人打交道。1908 年 10 月，威廉在君士坦丁堡的地位又受到了进一步的打击，他的奥匈帝国朋友吞并了土耳其在巴尔干半岛的两个省——波斯尼亚和黑塞哥维那，而他只能保持沉默。因此德国人发现自己又回到了他们开始的地方，回到了 10 年前威廉第一次抓住阿卜杜勒·哈米德沾满鲜血的手的时候。在君士坦丁堡的其他欧洲大使看来，德国人现在似乎已经完蛋了，而土耳其人早期的朋友英国将取代他们成为在奥斯曼首都的主导力量，因为大多数“青年土耳其党员”想把他们的新议会民主制转变成英国这样的理想模式。

但英国人放弃了接替德国位置的机会，并拒绝成为土耳其经验不足的新统治者的庇护人。他们用怀疑的眼光看着“青年土耳其党”，认为这些人是没有原则的煽动者，被犹太人知识分子和其他外国人控制着。英国人最终会为这个错误付出巨大的代价。他们没有抓住机会，而是踌躇不前，想等事情变得更加明朗。德国人并非如此。他们伟大的大使馆俯眺着博斯普鲁斯海峡，从那里德国人悄悄地、有目的地行动。他们观察到“青年土耳其党”分成了两派，一边是真正的理想主义者，另一边是决心攫取权力的心狠手辣之人，于是他们选择把后者当成土耳其的最终统治者进行培养。他们很快就得到了回报。

1913 年 1 月 23 日，3 名与德国大使关系密切的暴徒持枪闯进了高门（Sublime Porte）——政府的办公大楼，当时土耳其内阁正在举行会议。他们事先切断了电报线让与会者没有办法求助，接着他们强行闯入，射杀了作战部部长和两名试图阻挡他们前进的军官。然后，他们持枪威胁大维齐尔（总理）和其他民选政府职员立即辞职。完成这一切后，他们宣布现在他们以军队和人民的名义统治了奥斯曼帝国。苏丹穆罕默德本来就是一个傀儡，他可以继续留在王位上，为新政权增添一种虚假的合法性。

英国大使立即致电外交部，告知他们这次政变，并提醒说军政府有“明显的德国特征”，因为领导袭击了大维齐尔办公室的年轻军官恩维尔（Enver）少校，不仅在德国接受过训练，而且也在那里担任过土耳其的军事专员，这些都不是什么秘密。大家都知道他是一名狂热的亲德主义者，他的大多数同伙也是，同时他还是德国大使康拉德・冯・旺根海姆（Konrad von Wangenheim）男爵的密友，而男爵是德皇威廉的亲密朋友。后来有消息透露，阴谋者其实在 10 天前就告知了德国大使他们的邪恶打算，而大使既没有试图劝阻他们，也没有警告当局。的确有一些人认为，旺根海姆本人不仅知道这个阴谋，还是这个阴谋的幕后主使。

德皇威廉看到德国恢复了在君士坦丁堡的影响力，自然欣喜若狂，因为这对他的扩张主义梦想至关重要。然而，对英国人来说，这是一个非常坏的消息——一名外交部官员甚至说这是一个“可悲的”消息。但不管他们喜不喜欢，在接下来的6年里，恩维尔和他的同伙们将控制着土耳其的命运。这将产生深远的影响，不仅会影响到土耳其人，而且也将影响到整个世界。因为很快就可以清楚地看到，新土耳其领导人中最具野心的就是恩维尔，他心中的梦想远在他的国家边界之外。

之前只有一个想要成为拿破仑的人，他的领土野心威胁着英国在东方的利益，这个人就是威廉。现在，突然之间，有两个这样的人了。大家都知道这两个疯狂的人都不喜欢英国，有人问如果他们联手来实现他们的梦想将会怎么样呢？毕竟曾经发生过一次类似的事情。那是一百年前的事了，当时拿破仑·波拿巴和俄国沙皇亚历山大曾经动过这样的念头，他们想进军穿过波斯和阿富汗，然后一起袭击英属印度，抢夺所有帝国战利品中最肥美的一块。但这两个人为这一事件吵翻了，最后威胁也迅速地解除了。

在20世纪，任何人都会觉得这样的主意显然是不太靠得住的——然而，那些负责保卫印度的人却并不这样想，因为他们一直在警惕新的危险，有时甚至到了偏执的地步。虽然俄国的威胁可能已经消除，但现在还有其他人对印度可能会有类似的盘算。其中最明显的两个，当然是威廉和恩维尔。但并不是只有他们让印度的防务官员们寝食不安。现在当局逐渐开始意识到另一种不同的威胁——隐藏在暗处的敌人从内部把邪恶之手伸向了统治。

3

“就像隐藏的火苗”

1911年夏天，印度情报部门负责人查尔斯·克利夫兰（Charles Cleveland）爵士警告政府，他的手下发现了一个神秘而危险的阴谋，这个阴谋目的是推翻英国在印度的统治。他在西姆拉举行的一场防务官员会议上说，“就像隐藏的火苗”，这场煽动性的运动正以燎原之势蔓延到全国各地。如果在一个地方被扑灭了，它马上又会在另一个地方燃烧起来。他说，这些阴谋者并不是一般的煽动者和鲁莽行事的人，因为当局对后者很熟悉并且也在密切地监视着。而这些人则非常聪明，而且组织严密。他们在绝密的情况下，在印度各地进行着暗杀、爆炸和武装抢劫，以此来获取资金。这一切似乎只是一场精心策划的行动中的一部分，目的是动摇英国在印度的统治。至于谁是幕后主使，他不知道。他告诉在座的各位：“我个人觉得这件事是由一位智慧非凡的人指挥和控制着——但是谁呢？”

在场的人都知道克利夫兰善于探察印度境内的阴谋，也知道他把阴谋者送上绞刑架的传奇故事。一位同事曾说：“他的天赋令人惊叹。他解决问题的能力简直不可思议。”但这一次，这位在牛津大学贝列尔学院学习过的情报部部长坦率地承认，他和组织里最聪明的人都被难倒了。在那天早上的会议中，有一位年轻的印度陆军情报官员诺曼·布雷（Norman Bray）中尉，他记下了克利夫兰的话。他后来写道，克利夫兰的组织“或许是世界上最高效的组织”，如果连它都发现不了幕后的策划者，那么就只有一种解释。这些策划者一定在印度边境以外的地方——这超出了克利夫兰手下能管到的范围。

在一个由少数不列颠人控制世界五分之一人口的生命和命运的国家里，对由外部指挥和资助的内部敌人的恐惧，并不是什么新鲜事。自从半个世纪前的印度兵变发生后，居住在那里的欧洲人一想到又有一场大屠杀就不寒而栗，而这一次的计划很可能是由敌对的外国势力或其他机构协助的。毕竟，尚未离世的人还记得 1857 年起义的血腥恐怖。对很多人来说，在睡梦中被自己仆人杀害的恐惧曾经实实在在萦绕心头，而军官们则认为最可怕的噩梦是印度军队里的武装叛变，那些不满的印度兵一起把手中的武器对准了他们的英国军官。

在克利夫兰发出严峻的警告之际，印度各地的暴力事件正迅速增加，尤其是在孟加拉，大部分都是针对英国人的。1907 年冬天，发生了两起企图炸毁孟加拉副总督安德鲁·弗雷泽（Andrew Fraser）爵士的官方火车的事件，虽然第二起爆炸把轨道炸出了一个 5 英尺宽的弹坑，但这两起事件都失败了。第二年，一名印度学生试图用左轮手枪近距离暗杀弗雷泽，但由于枪哑火了，所以这次也失败了。1909 年 11 月，总督明托（Minto）和他的妻子开车穿过艾哈迈达巴德（Ahmedabad）的街道时，两枚炸弹向他们的敞篷马车袭来，但都没击中。然而，有两名英国妇女被扔进她们所在车厢的炸弹炸死了，因为车厢里被认为有一名在爆炸袭击中幸存下来的英国官员。

一名印度教教徒射杀了一名英国的地区法官，这起谋杀的凶器（一把现代的勃朗宁自动手枪）后来被发现是偷运进这个国家的。偷运者将这把手枪与其他几把，一起放进一个手提箱的夹层里带了进来。这表明了这起谋杀并不是一次孤立的行动，而是某个更大的行动中的一部分，它是由印度外部的某些力量组织的。很快进一步的发现证实了这一点，其中包括一份精致的、60页的炸弹制作手册，同样也是走私到这个国家的。这本手册配有图表，详细地说明了制造炸弹和炸药的方法，而且也介绍了使用它们袭击个人、公共建筑、银行、警察局、兵营、铁路以及其他重要目标的最佳方式。不久后，在警方的突袭行动中，这本手册的更多副本以及大量它推荐用于制作炸弹的化学原料都被发现了。然而，这本手册没有泄露任何关于作者或来源国家的线索。

尽管有人被逮捕，有些被判绞刑，也有些被判长期监禁，但这些罪行背后的真正操纵者总是能想办法成功躲避抓捕，这让英国人越来越担心他们正面临着一个组织严密的阴谋。尽管当局出台了新的紧急法律以打击查尔斯·克利夫兰爵士所谓的"政治犯罪活动"，并且逮捕了越来越多的人，暴行依然在蔓延增加。阴谋者现在开始袭击运送金条的火车以及富裕的印度人的住所。在同一时间，军械库被洗劫，偏远地区的警察局的武器被抢夺。维多利亚女王和其他统治者的雕像被涂画或被毁坏，英国的俱乐部和教堂遭到袭击，一些主要城市爆发了暴乱和其他动乱。但到目前为止，还没有证据表明这与任何外国势力有关。这些神秘的阴谋者也没有成功地杀死任何一名英国高级官员，虽然他们尝试了很多次。到那时为止，几乎所有的受害者都是印度人——警察、地方法官、警察线人和小官员。

但是，1909 年的夏天，在伦敦市中心，一名年轻的印度暗杀者射杀了印度的次国务卿威廉·寇松·怀利爵士。在中央刑事法庭的审判中，这位暗杀者——一名叫迪因格拉（Dhingra）的旁遮普人——并不打算为自己辩护，他只是坚称自己的行为在道德上是合理的。他说：“就像德国人无权占领你们的国家一样，你们也无权占领我的国家。”迪因格拉继续说，如果一个英国人杀死了占领英国的德国人，那么他将被视为英雄和爱国者。在被认定有罪后，迪因格拉获判死刑，并被绞死在本顿维尔（Pentonville）监狱里。他最后请求说，他的尸体不应该被非印度教的人碰触，他的衣服应该拿去出售，为反对英国的事业筹集资金，但都被拒绝了。他被埋在了监狱里，直到 1976 年他的遗体才被送回印度。

寇松·怀利被冷血谋杀，这自然给英国当局带来了冲击。这位被暗杀的受害者是一位有名的大好人，他非常关心在伦敦的印度学生的福利。他们居然忘恩负义到这种程度，这似乎是完全无法理解的。但是，即使是现在，也没人知道在当局眼皮底下的伦敦可能正在发生的事情。所有事件的策源地在印度之家（India House），它是一家旅舍，专门为在伦敦的印度学生提供住宿。它位于海格特的克伦威尔大道 65 号，是一栋维多利亚式的大房子，可以容纳 30 名学生居住。事实上，当局还不知道，它就是印度革命运动在英国的秘密总部。这里举办了很多讲座，听众都是精心挑选出来的，讲座内容涵盖了革命哲学和策略以及炸弹制作和暗杀技巧。后面有一座小外屋，那里是所谓的“战争车间”，印度的化学专业学生在那里进行炸弹制作实验。而在这栋楼的其他地方，他们在制作要走私到印度的煽动性文学作品，其中包括制作炸弹的手册，以及鼓吹暴力对抗在印度的英国人的小册子，其中一些旨在煽动印度士兵叛变并谋杀他们的欧洲军官。此外，房里还设有一个小型军火库，他们将会用一些谨慎的办法把这些武器运往印度。

这些不法活动背后的罪恶天才是一名 27 岁的印度教知识分子，名叫维纳亚克·萨瓦卡（Vinayak Savarkar），他是这个旅馆的负责人。他在 1906 年来到伦敦，表面上是来这里学习法律，但实际上是为了学习制作炸弹和革命战争的技术。他 16 岁时在印度曾向令人敬畏的印度教女神杜尔迦（Durga）庄严宣誓，势必要把英国人赶出他的国家。从那时起，他就献身于革命活动，并为今后的任务招募和训练其他人。他会在制作炸弹的车间里待上很长时间，在那里做实验以及教学——他的一个同伴回忆说："他的手上都有苦味酸的黄渍。"他还会定期去托特纳姆大街的手枪靶场，在那里和其他印度之家的年轻革命者排练他们的暗杀行动计划，但他们小心翼翼地不让靶场的英国老板察觉。

萨瓦卡还写了一本书，他在书中极具煽动性地描述了印度人眼中的印度反英暴动。这本书叫《印度独立战争》（*The Indian War of Independence*），最初是用马拉地语写成的，并打算在印度出版和广泛发行。然而，英国当局听到了风声，不知怎么地设法获得了部分文本。于是，这本书在甚至还没写完的情况下就被认定具有煽动性而禁止出版。虽然印度的印刷商对这本书的观点非常认同，但他们也不准备冒这个险。这本书的英译本已经完成了，但是内政部警告英国的出版商和印刷商，这本书极具煽动性，它号召印度人再次奋起反抗他们的英国压迫者。

英国外交部对法国政府施加压力，阻止这本书在巴黎出版，最后在 1909 年，有一名荷兰印刷商同意出版，等到英国人发现为时已晚。这些禁书印刷时用了假书皮，并声称是《匹克威克外传》和其他经典文学作品。它们被大量地走私到了印度，很快就成了印度政治极端分子的圣经。《泰晤士报》的外国编辑瓦伦丁·奇洛（Valentine Chirol）设法拿到了这本书的早期版本，他将这本书描述为“一本非常卓越的叛变史”。他观察到，这本书是“大量的研究跟被严重歪曲的事实的结合，是伟大的文学力量跟最野蛮的仇恨的结合”。事实上，英国当局认为这本书极具煽动性，于是把这本书从英国博物馆图书馆的阅览目录中剔除，防止在伦敦的印度学生阅读它。在印度，这本书一直被禁，直到大概 40 年后英国人离开印度才重获开放。这本书是如此臭名昭著，自然受到了人们的热烈追捧，即使是在印度的欧洲人也是这样，而且这些书本很快就开始以原价几倍的价格转手了，所得的收入都被用于革命事业。通过卖书和其他途径，资金开始激增。以那些被英国绞死的人命名的奖学金开始设立起来，资助年轻的印度人来伦敦学习革命战争。

考虑到这一切，人们可能会问，伦敦当局怎么可能没发现，那些针对他们的恶行是在印度之家的围墙后面密谋出来的呢？他们没发现的主要原因是，查尔斯·克利夫兰爵士的部门在西姆拉，而伦敦警察厅对政治犯罪没有什么经验，而且当时这两个部门又几乎完全没有联系。事实上，1907 年的夏天，印度副国务卿威廉·李 – 华纳（William Lee–Warner）爵士曾经抱怨过伦敦警察厅，说他们在搜集印度革命者在英国的活动信息方面“毫无帮助”。第二年，总督在访问伦敦期间，他的私人秘书写信警告他，在英国的印度学生对英国统治的敌意与日俱增。因此，1909 年，英国政府和印度当局达成协议，聘请一名具有丰富的政治经验的退休印度警察在伦敦工作，以密切监视极端组织的活动和动向。直到那时，印度之家才开始受到怀疑，他们收买印度线人，努力渗透到被媒体称为“秘密之家”的地方。但是，这一切来得太晚了，最终威廉·寇松·怀利爵士还是死在了暗杀者的枪口下，后来有消息透露，这把手枪是萨瓦卡本人亲自交给迪因格拉的。

虽然警方没有足够的证据指控他是枪击事件的从犯，因为他很小心，在那天离开了小镇，但是萨瓦卡能看出伦敦对他盯得越来越紧了。英国当局突袭他们只是一个时间的问题。因此，1910年1月初，他悄悄地溜到了巴黎，并决心把巴黎变成新的革命总部，远离英国当局的窥探。然而，在他出逃之后，伦敦和印度的调查人员一直在弥补失去的时间。他们设法取得了证据，证明他与走私枪支到印度有关，其中一把曾被用来杀死了一名在印度的英国官员。萨瓦卡不知道，逮捕他的通缉令已经下达，就等他再次踏足英国土地，同时引渡程序也已启动，以便将他引渡回印度接受审判。

1910年的春天，虽然萨瓦卡的朋友强烈地警告过他，但是他还是决定回伦敦几天——据说是一名女性引诱他回来的。在维多利亚车站，他一下火车，就被伦敦警察厅的警察看见并马上被逮捕了。他除了被指控“发动战争，煽动战争，反对印度的皇帝陛下”以及“密谋剥夺国王陛下在英属印度的统治权”外，还受到了其他的指控。具体地说，他被指控购买和分发武器、煽动人们谋杀并发表煽动性言论。在印度，那些听从了他嗜血言论的人被处以绞刑。

在弓街的法官下达引渡命令后，萨瓦卡被带上了一艘前往孟买的船，同行的有一名负责押送的武装警察。但在到达马赛时，萨瓦卡趁着警察转身的时候，设法从一个舷窗挤了出去，跳进了海港。他冲到了岸边，在那儿会有他秘密安排的朋友们开车接他离去。然而，不幸的是，他的朋友们在咖啡馆里磨蹭得太久了，没能及时去那里接他。这时，那位押送他的警察追上了他，并把他铐着拖回了船上。这件事因为发生在法国的土地上，引起了一场激烈的国际争端，但是那时候萨瓦卡已经安全抵达孟买了。英国当局知道，绞死他只会让他成为一名烈士。所以，这位被孟买的总督描述成“印度孕育出的最危险的人之一”的人，被判处了终身流放到安达曼群岛，当时这座岛是英国著名的“魔鬼岛”。当局认为，萨瓦卡的余生都不能兴风作浪了。然而，对于那些慷慨激昂的年轻革命者来说，萨瓦卡曾集结起反抗英国的事业，他将永远激励着他们。此外，在这些年轻革命者中，有一些人非常渴望接替萨瓦卡，来与大英帝国的全部力量较量。其中有一个是就读于牛津大学的印度煽动者，名叫哈尔·达雅尔（Har Dayal），他为了不接受“敌人”的钱，决定放弃他的奖学金和辉煌的大学生涯。

哈尔·达雅尔在印度之家工作过，在那里他受到了比他高一年级的萨瓦卡的强烈影响。之后他曾前往巴黎逗留了一段短暂的时间，那时候的巴黎是一张革命思想和活动的温床。他在巴黎遇到了流亡的俄国革命者，他们愿意将他们痛苦得来的经验传授给新来者。但很快，他就发现自己不赞同其他同党在印度对英国人所采取的策略。他认为，暗杀个人虽然能够引起人们注意他们的事业，但永远都无法带来全国性的起义，以便有足够的规模去粉碎英国的统治。总之要做更大的事情。他说，我们不仅要锯掉树枝，“还必须把斧子砍到树根上”。我们需要的不是暗杀者，而是一支训练有素的军队。他们会充满革命热情，然后渗透到印度，在那里，走私而来的武器正在秘密的藏匿点等着他们。哈尔·达雅尔知道在哪里可能招募到一支这样的军队。

由于连年的季风雨不足，从 1905 年到 1910 年，旁遮普发生了严重的饥荒，因此成千上万的锡克教徒不得不迁移到缅甸、马来亚和中国。一些人甚至冒险迁去更遥远的东方，定居在美国和加拿大的太平洋海岸。很快，锡克教徒和其他印度人在旧金山和温哥华地区形成了自己的社区，他们在那里建立了自己的庙宇和学校。他们许多人的体格都很好，其中有很大一部分人在印度军队里服过役。但是，大多数人慢慢地发现，北美并不是他们以前所期望的那种地方。欧洲大多数人不熟悉他们的风俗习惯，所以他们在这里不太受欢迎，而且欧洲人跟他们也没有共同语言，同时他们愿意为了微薄的收入而工作，这也激怒了工会。很快他们激增的人口开始引起移民局的注意，所以他们发现自己越来越孤独和疲惫。就在这时候，1911 年 9 月，哈尔·达雅尔搬到了加利福尼亚，并在他们中间建立了他的革命总部，安全地摆脱了英国当局。

与此同时，虽然萨瓦卡被驱逐出了印度，但是印度的恐怖主义活动仍在继续，每两个星期就会发生一起暗杀事件。受害者大多数都是印度人，其中很多是受雇于英国的警察。但是在 1912 年 12 月 23 日，极端分子发动了他们迄今为止最雄心勃勃和最壮观的袭击。当时总督哈丁（Hardinge）勋爵和他的妻子骑着一头大象，隆重地进入印度的新首都德里，这时一枚炸弹向总督扔了过来。在 6 英里外的地方都能听见爆炸声，但这对夫妇幸存了下来。尽管如此，哈丁勋爵还是受到了严重的伤害，他的背部被一些包在炸弹里的钉子、螺丝钉和唱针严重划伤了。虽然有500名身穿制服的警察和2500名混在人群中的便衣警察跟着队伍行进，但是这名暗杀者还是设法逃脱了。这次袭击在印度和英国国内引起了英国人的愤怒和恐慌，这种情绪在报纸上得到了反映。一篇社论要求每发生一次新的暴行，就应该绞死25名恐怖分子嫌疑人，而另一篇则要求政治煽动者应该“被镇上的清洁工当众鞭笞”。有人认为，只有这样才能终结恐怖主义。

尽管哈尔·达雅尔立即声称对这起袭击负责，但真相可能永远都不会为人们所知。然而，英国人开始对美国政府施加各种压力，要求逮捕哈尔·达雅尔和他的同党，并且引渡他们。但是，没有任何确凿的证据证明他个人参与了袭击，而且美国公众也对印度人的追求抱有同情，因此抓捕哈尔·达雅尔的希望似乎很渺茫。与此同时，一位名叫威廉·霍普金森（William Hopkinson）的印度高级警官（他当时在为加拿大当局工作）被秘密地派往了旧金山去调查哈尔·达雅尔的活动。他能说一口流利的印度语，用假名住进了一家旅馆，这家旅馆靠近革命者的行动基地。他接到的指示是让查尔斯·克利夫兰爵士充分了解哈尔·达雅尔下一步可能实施的计划，同时也要收集足够的证据证明哈尔·达雅尔的恶行，以说服美国当局，如果他们为哈尔·达雅尔提供庇护，允许他再次发动袭击，这将为英美关系带来灾难性的后果。

霍普金森很快就完成了调查。在给克利夫兰的第一份报告中，他写道，哈尔·达雅尔是“他遇到过的印度极端分子中最危险的一个”。他警告说，这个年轻的煽动者对加州大学的印度学生施加了巨大的影响。他表面上在那里教授东方哲学，实际上却是在那里利用他的职位吸引最聪明的学生投入他的事业中。与此同时，他和他的同谋者正在太平洋沿岸的印度移民社区里积极地传播革命思想，目标是那些单纯的、大多是文盲的锡克教徒和一些其他人。霍普金森还没有意识到，哈尔·达雅尔最终就是计划从这些强壮的人中招募和训练他的秘密军队，这支军队将把英国人赶出印度。他把他的革命组织命名为“加德尔”（Ghadr），意思是“叛乱”。组织的喉舌是极具煽动性的同名报纸，报纸会寄给世界各地的支持者，因为这个运动并不局限于居住在北美的印度人。很快，它的触角开始延伸跨过太平洋，在缅甸、中国、马来亚、日本和其他地区印度侨民聚居的地方建立了秘密组织。组织的成员现在已经达到数千人，他们都发誓要推翻英国的统治，取而代之的将是一个自由选举产生的共和政府。

就在这个时候，哈尔·达雅尔和他的革命者们开始注意到，他们可能很快就可以从一个完全意料之外的地方得到帮助。这几个月以来，他们已经注意到欧洲列强之间很可能会爆发战争，特别是英国和德国。现在他们推测，如果英德两国开战，英国的危机可能就是他们的机会。此外，如果他们与德国结盟，就可能会得到柏林的宝贵帮助，包括武器、金钱和专业的军事建议。他们为当时出版的一本名为《德国和下一场战争》（*Germany and the Next War*）的书感到兴奋。此书在当时轰动一时，作者是弗里德里希·冯·伯恩哈迪（Friedrich von Bernhardi）将军，他是一位著名的普鲁士军国主义者，也是泛德运动的宣传者。在这本好战的作品中，将军倾吐了自己国家的怨愤，特别是那些针对英国的，同时他呼吁发动一场战争来解决这些问题。他认为，这样的冲突是不可避免的，如果德国要履行其历史使命这也是必要的。

然而，这还不是他所写的全部内容。在《世界强国还是衰落》

一章中，他把注意力放到了英属印度的脆弱性上，他认为英属印度是一个火药桶，只要用一根火柴小心地轻轻一点就能引爆它。他注意到了迅速发展的印度民族主义运动，以及印度穆斯林民众的不安。他预测，一旦这两者联合起来反抗欧洲的压迫者，那么随后的爆炸将会动摇大英帝国的根基。如果英德两国之间爆发战争，那么几乎可以肯定的是，印度会随即发生暴力起义，埃及也很可能爆发。

这对哈尔·达雅尔和他的同党来说，的确是一件令人振奋的事情。这表明德国人注意到了他们的运动和目标，并很可能会欣然同意跟他们合作，特别是在战争的风口上。哈尔·达雅尔决心与柏林方面取得联系，他立即开始谨慎地试探，看在英德敌对的情况下，他们能否获得柏林的帮助。这似乎是通过驻美国的德国外交官完成的。虽然印度人得到的回应同样是谨慎的，但还是很鼓舞人心。事实上，1913 年 12 月 31 日，在旧金山举行的一次革命者会议上，德国领事作为一名“特别的客人”，与哈尔·达雅尔和其他主要的密谋者一起坐在了主讲台。哈尔·达雅尔发表了讲话，据说他在讲话中已经警告过在场的人，德国很快就会与英国交战，他们应该准备“为即将到来的革命”扬帆驶往印度。他还读了从伯恩哈迪将军书中摘录的片段。

德国媒体也开始对印度感兴趣。1914 年 3 月 6 日，《柏林日报》（*Berlin Tageblatt*）发表了一篇消息灵通的新闻报道，标题是《英国的印度问题》（*ENGLAND'S INDIAN TROUBLES*）。它揭露，一个有组织的阴谋正在酝酿中，企图从境外推翻英国对印度的统治。这篇报道告诉读者，这些策划者主要在加利福尼亚活动，他们从那里走私武器和炸药到印度。就连美国当局都坐不住了，两个星期后他们逮捕了哈尔·达雅尔。印度当局在对哈尔·达雅尔的一名同党进行审讯时，发现了一份写在有加州大学抬头的信纸上的提案，该提案倡议“对欧洲人进行全面屠杀”，这也可能加速了这次逮捕行动。

在发给旧金山报纸的一份声明中，哈尔·达雅尔坦率地承认，他一生致力于推翻英国在印度的统治，但他否认自己宣扬暗杀或无政府主义。他指责美国当局逮捕他是“卑鄙的亲英谄媚行为”，并谴责美国当局“舔着英格兰的靴子”。哈尔·达雅尔在被拘两天后，交了1000美元获得保释，之后他迅速逃走了，而此前他已将“加德尔”运动的日常运作交给了一位信得过的中尉。他的同党向美国当局和报纸解释，坚称哈尔·达雅尔被英国特工绑架了。然而，一个月后，他在瑞士露面，并在那里继续向在加州和其他地方的同党发布指令。因为害怕被绑架，他的行踪一直保密，只有几个他最亲近的同党知道。他留在瑞士，急切地等待着他希望的那一场英德两国的全面战争的爆发。他不用等很久。

导致这场战争爆发的一连串阴暗的事件就不在这里一一复述了。1914年6月28日，一名塞尔维亚学生开枪击毙了奥匈帝国的继承人弗朗茨·斐迪南大公和他的妻子。虽然没有证据表明塞尔维亚官方参与了这起暗杀，但是在德国的教促下，奥地利还是对塞尔维亚宣战了。第二天，支持塞尔维亚的俄国人开始在与德国和奥匈帝国交界的边境上集结军队。德国人也迅速调遣军队，就在同一天，英国政府命令皇家海军到海上做好准备，来迎接一场现在似乎已经不可避免的战争。德皇威廉千算万算还是算错了，意识到这一点他感到很沮丧，但太晚了。他把所有的赌注都押在英国会保持中立上，这样他的军队可以先击败法国，然后他们再集中全部的力量来打击准备不足的俄国。德国人孤注一掷，在最后关头还想争取英国保持中立，但立刻遭到了外交大臣爱德华·格雷爵士的拒绝。不到一个星期，威廉就发现自己同时与英国、法国、俄国和比利时陷入了交战，不久之后又与日本交战。

威廉充满了无比的怨恨。首先，他对“那个讨厌的、撒谎的、不择手段的店小二民族”，也就是英国人，感到很愤怒，但是他个人对“那个肮脏的杂种，格雷”感到更加愤怒。威廉被现在的社论称作“欧洲的疯狗”，他指责英国蓄意与她的盟国密谋，想搞垮德国。他说：“因此，虽然我们的政客们已经竭尽全力去阻止，但是著名的德国包围圈现在最终还是变成了事实。一张网突然就盖在了我们的头上，而英国则轻蔑地收获反德的世界政策的辉煌成功，这是她一直致力追求的，而对此我们显得无能为力……”威廉看到自己的帝国计划遭到了挫败，他非常愤怒，于是向在东方的所有德国特工和外交官下达了著名的命令，要求他们释放“整个伊斯兰世界”对他英国表兄的愤怒。

4

德皇威廉的圣战

在柏林有很多狂热分子支持德皇的宏伟计划，支持联合东方的部落和人民对抗德国的敌人。这些鹰派人物中最重要的一位是马克斯·冯·奥本海姆（Max von Oppenheim），他是一位著名的东方学者，在他看来，联合穆斯林当然是首选的策略。战争爆发前的几年，他在外交身份的掩护下来到开罗工作，并给自己的外交部的上级写了一份秘密备忘录，备忘录中写明了如果发生战争，好战的伊斯兰教徒可以被用来为德国的战争机器服务，并且能够发挥他所说的“不可估量的作用”。有证据表明，正是这份备忘录激发了威廉的想象力。战争爆发后，奥本海姆当然立即被召到柏林，并被要求准备一份计划，清晰地说明应该如何发起一场这样的恐怖活动，来打击协约国，尤其是英国。

另一位强大的圣战拥护者是总参谋长赫尔穆特·冯·毛奇（Helmuth von Moltke）将军，他也是德国战略的关键人物。他的叔叔是大名鼎鼎的赫尔穆特·冯·毛奇上尉，正是这个人 70 年前率先关注起在东方等待着德国的巨大机会。毛奇将军现在敦促用“伊斯兰教的狂热”打击英俄，煽动印度和高加索地区族群暴力起义来对抗英国人和俄国人。这个计划的可行性得到了瑞典著名探险家斯文·赫定（Sven Hedin）的赞同，他很反感英国人和俄国人，在东方积累了丰富的经验，并且愿意接受威廉的任何差遣。

德国当权派的其他有影响力的人物也全心全意地支持这个计划，其中就包括普鲁士钢铁大王奥古斯特·蒂森（August Thyssen）。蒂森非常希望能从英国手中抢走印度及其无价的原材料。他在宣战后立即写了一份好战的备忘录，敦促出于德国工业的需要，应当永久兼并那些拥有丰富自然资源的地区。这些地区包括高加索的矿石和石油生产区，他说，从这些地区可以穿过顺从的波斯，给印度“一个致命的打击”。另一位有影响力的人物是柏林大学土耳其历史教授恩斯特·杰克（Ernst Jackh），他也拥护德国策动的圣战。恩斯特是一名热情的扩张主义者，德皇十分信任他，愿意听从他的建言。他极力鼓动德皇开始这次宏伟的冒险，并向其保证，整个东方地区的人们都准备好响应德国的号召了。

虽然一些军方高层对圣战的胜算没有很大的把握，但是圣战阴谋得到了德国外交部的全力支持。负责总体规划圣战的是外交部的副部长阿瑟·齐默尔曼（Arthur Zimmermann），奥本海姆和杰克则作为他的顾问。齐默尔曼后来成了德国外交部的部长，年轻时也曾在东方担任外交官。很快这个计划被称为“齐默尔曼计划”。这项伟大的计划中另一位重要的人物是德国驻君士坦丁堡的大使康拉德·冯·旺根海姆男爵。他那座宏伟的大使馆可以眺望到博斯普鲁斯海峡的地平线，向东也可以眺望波斯、阿富汗和印度，这座大使馆将成为基地，圣战将从这里发起。

旺根海姆在战争爆发后不久向美国大使透露：“伊斯兰世界才是大事。”多年后，美国大使亨利·摩根索（Henry Morgenthau）回忆道：“他坐在自己的办公室里，一边抽着一支黑色的德国大雪茄，一边讲述着德国唤起整个狂热的伊斯兰世界反对基督教徒的计划。”但首先，他告诉摩根索，有必要将土耳其——当时还是中立的——拖入德国的战争中，因为苏丹是伊斯兰教的哈里发，只有他才有权力召唤一场圣战。因此，美国人写道：“德皇能否统治世界取决于旺根海姆。”他的任务是确保土耳其作为德国的盟国加入这场战争。摩根索补充说：“旺根海姆相信，如果他能成功完成这项任务，他就可以得到奖励，实现他多年来的最终目标——担任帝国的首相。”

圣战的主要吸引力之一是它不需要耗费太大的人力和太多的资金。一些进取心旺盛的特工在友好的、富有同情心的部落成员的帮助下，就能完成通常需要几个步兵师才能完成的任务。然而，如果要实现圣战的目标，就必须仔细地做好计划，而这正是过去德国人所擅长的。此外，还必须招募和训练合适的头领来执行这项不寻常的任务。这方面的工作很快就开展了，齐默尔曼确信，旺根海姆会成功地把土耳其拖入战争中。除了他几乎没有人知道，1914 年 8 月 2 日，就在英国和德国开战的前两天，旺根海姆和由恩维尔帕夏领导的土耳其内阁中的亲德派已经秘密签署了军事盟约。虽然土耳其还没有作为德国的盟国参战，但也快了。

其实德国人并不想贸然将土耳其卷入战争，因为欧洲的战役才开始几天，德皇的将军们相信他们很快就能赢得这场战争，而且只有在事情变得糟糕的时候他们才需要土耳其。否则，等他们征服了欧洲，并且准备在东方实现野心的时候，土耳其再加入战争也不晚。恩维尔也不着急，因为他需要三四个月的时间来动员他的部队，并给他的人民做好思想准备，来迎接这一场不受欢迎的战争。因为，虽然土耳其人非常担心俄国对他们的国家虎视眈眈——尤其是对君士坦丁堡和海峡——但是很少有人对英国人或法国人怀有敌意，毕竟英国人和法国人曾在与俄国的克里米亚战争中为他们流血牺牲。此外，那些与德国人打过交道的人发现德国人有些傲慢。但是当时突然发生了一件事情，彻底地改变了一切，并让旺根海姆和恩维尔有机可乘。

当时英国造船厂正在为土耳其建造两艘军舰，其大小与现代化程度在土耳其舰队中可谓前所未有。购买的资金主要来自捐款，其后政府又向全国发起号召。整个奥斯曼帝国的各级官员都接受了减薪，以帮助购买这两艘军舰，它们将成为土耳其海军的骄傲，更重要的是这两艘军舰可以跟俄国的黑海舰队抗衡。土耳其的船员已经前往英国去接收这两艘军舰了，而君士坦丁堡宣布设立一个特别的“海军周”来欢迎新军舰的到来，它们将穿过海峡，然后往上驶入博斯普鲁斯海峡。就在那时，英国海军大臣温斯顿·丘吉尔却突然宣布，这两艘土耳其军舰已经被皇家海军征用了。讽刺的是，这个消息是在德国和土耳其签订秘密同盟协议的那一天宣布的。尽管伦敦当时对这一秘密协议一无所知，但事实却证明丘吉尔的决定是正确的。

军舰被征用的消息传到了土耳其，人们感到既失望又愤怒。成千上万的学生曾捐赠自己的零花钱以购买军舰，现在他们走上街头，游行抗议英国政府的行为。虽然土耳其被提供了充分的补偿，而英国的行为也在其后秘密盟约公开后被证明是正确的，但英土关系跌入了历史低谷。土耳其公众舆论的影响对恩维尔和内阁中的亲德派来说是意外之喜。如果当时土耳其大众知道与德国签订的秘密条约，他们肯定会欣然接受的。随着土耳其人的愤怒达到了最高点，恩维尔和他的德国同党开始打出他们的王牌。

在丘吉尔夺取了这两艘土耳其军舰一个星期后，两艘德国巡洋舰——“戈本”号（Goeben）和“布雷斯劳”号（Breslau）——被一队更强大的英国海军追得无处可逃，它们在博斯普鲁斯海峡寻求庇护。英国的军舰停靠在土耳其的水域外，向当时仍然保持中立的土耳其政府提出抗议。他们要求船只和船员必须按照国际法的要求被拘留，或者从中立水域出来面对皇家海军。土耳其方面的回应令人哑口无言。他们宣布，这两艘德国巡洋舰已经被土耳其政府购买，以取代那两艘被丘吉尔征用的在英国建造的军舰。这两艘巡洋舰立即得到了新的土耳其名字，而它们的德国船员则穿上了土耳其海军的制服，也戴上了土耳其的毡帽。

但这仅仅是一系列事件的开始，这些事件最终会把土耳其人不情愿地拖入战争中。在欧洲的作战也不再像德皇的将军们所预测的那样顺利，柏林方面认为现在是时候打出东方那张牌了。然而，土耳其内阁中仍然有一些强大的成员希望他们的国家保持中立。旺根海姆和恩维尔都迫不及待地把土耳其带到德国这边，但是温和派却正在获得更多的支持，因此他们意识到必须采取一些激烈的措施来逼迫温和派。

10月27日，也就是战争爆发两个半月后，“戈本”号和“布雷斯劳”号——现在已经更名为“苏丹塞利姆”号（Sultan Selim）和“米迪利”号（Midilli）——在接到秘密命令后与土耳其海军的其他军舰一起驶入了黑海。它们径直驶向俄国的大港口敖德萨（Odessa），并且在没有宣战的情况下开始轰炸它。结果，包括一艘俄国巡洋舰在内的许多船只被击沉，油库起火。炮击完邻近的俄国港口后，在一名被土耳其雇佣的德国海军上将的指挥下，土耳其军舰回到了位于博斯普鲁斯的基地。土耳其内阁的温和派成员对以他们的名义所做的事情感到震惊，4人辞职。恩维尔策划了整个事件，声称是俄国人先开火的，不过大家都知道这不是真的。他被要求向俄国人道歉。但是已经太晚了，因为俄国已经向土耳其宣战了，大使也已匆匆地收拾好了行李。此外，由于内阁辞职，亲德派已经完全控制了国家的命运，而恩维尔则无疑成了这个国家的独裁者。

10月30日，英国和法国大使拿了他们的护照，并建议本国国民离开，与土耳其的战争现在已然不可避免。两天后，在销毁了无法带走的敏感文件后，他们自己离开了君士坦丁堡，并将乘坐一列特别的火车，取道一些仍然保持中立的欧洲国家回国。在外国居民试图离开时，东方快车的东部终点站锡尔凯吉（Sirkeci）火车站出现了混乱。因为有一些毫无根据的邪恶谣言，说一场针对异教徒的屠杀正在酝酿中。当时代管英国和法国利益的摩根索大使正在车站帮助疏散人群，目送自己的同僚们离开。他后来写道："这群人激动万分、惊恐万状。警察全副武装地在那里把人群推了回来。士兵、宪兵、外交官、行李和土耳其官员拥挤在一起，难以分辨。"人们脾气暴躁，帽子被打掉了，衣服也被撕破了。他看到英国大使路易斯·马雷特（Louis Mallet）爵士"与一个指手画脚的土耳其人大打出手——英国大使轻而易举地获胜了"，他还看到法国大使"猛烈地摇着一名土耳其警察"。

但并非所有的土耳其人都乐意见到大使们离开。许多人并不像恩维尔那样盲目地崇拜德国的一切，他们对未来充满了不祥的预感。这些人包括大维齐尔本人，大家都知道他强烈反对土耳其参战，特别是站在德国那一边。路易斯·马雷特爵士在动身前往火车站之前，开车到大维齐尔那个可以俯瞰金角湾的办公室，向他告别。大维齐尔名义上是苏丹之下权力最大的人物，现在却像自己的主人一样，也不过是一个傀儡，恩维尔留着他是为了给自己政权一个假的体面。大维齐尔毫不掩饰地哭了，他乞求马雷特不要抛弃他，不要抛弃那些仍然反对恩维尔计划的人。“别丢下我！”他绝望地抽泣着。但是现在已经没有回头路了。4天后，英国和土耳其陷入交战状态。

在土耳其加入战争3个星期后，苏丹正式宣布发动对英国及其盟国的圣战。不管他的个人感觉如何，他在这件事上几乎没有选择余地，因为他是土耳其新战时统治者的傀儡。对恩维尔来说，这标志着他建立土耳其语民族帝国的梦想的开始，这个帝国将由他自己统治，从君士坦丁堡一直延伸到东方。谢赫伊斯兰（奥斯曼官方职位）在法提赫大清真寺前的一个庄严仪式上发表了宣言。谢赫是苏丹哈里发之下伊斯兰教的最高宗教权威，而清真寺的命名则源于穆罕默德二世这位杰出的奥斯曼苏丹，这位苏丹在4个世纪前从基督教统治者手中夺取了君士坦丁堡这座城市。在圣战的宣言中，谢赫伊斯兰命令各地的穆斯林联合起来进行反抗，不管那些异教徒的压迫者在哪里，都要找到他们并且消灭他们。第二天，在整个奥斯曼帝国境内，每个清真寺都大声宣读了苏丹的煽动性号召，每一份报纸也将这些号召付诸印刷。

但是，柏林和君士坦丁堡想把苏丹的“法特瓦”（Fatwa）散布到被英国和俄国统治的数百万穆斯林中。因为他们计划在那里以圣战的名义煽动暴力革命起义，并说服英国和俄国军队中的穆斯林部队拒绝与土耳其或其盟国德国作战。因此，君士坦丁堡的印刷机印刷了成千上万张传单，这些传单被走私到了印度和埃及、高加索和中亚，以及其他的穆斯林地区。其中一张落入了摩根索大使的手中。它是用阿拉伯语写成的，阿拉伯语是《古兰经》的通用语言，因此任何地方的毛拉和伊玛目都可以读懂并传达给他们的信众。摩根索指出，它的风格是狂热的，它传达的信息是一种种族和宗教的仇恨。摩根索这位训练有素的美国律师描述它是“一个详细的计划……暗杀和消灭所有的基督教徒——那些拥有德国国籍的基督徒除外”。

在回忆录《博斯普鲁斯的秘密》（*In Secrets of the Bosphorus*）中，摩根索生动地描写了战时君士坦丁堡的状况，并大量引用了传单上的话。其中有一段话给穆斯林们下达了命令：“你们要知道，在伊斯兰土地上杀死异教徒会免受惩罚——除了那些伊斯兰国家承诺保证其安全并与之结盟的人。”另一条教令说道：“无论你什么时候发现了他们，都要抓住他们，并且杀了他们。就算你只是杀了一个统治我们的异教徒，秘密地或公开地，你都必定会得到真主的赏赐。无论在世界哪个角落，每一个穆斯林都应当发誓至少杀死 3 到 4 名统治他的异教徒，因为这些异教徒是真主和信仰的敌人。能做到这一切的穆斯林就可以摆脱审判日的恐惧。”摩根索说，很明显“德国已经插手进行了编辑和监督”，因为这张传单一再强调，只有那些“统治我们”的基督徒才会被杀，而不是那些与穆斯林有“盟约”的基督徒。他说，这个要屠杀无辜的男人、妇女和儿童的呼吁，在整个伊斯兰世界“秘密”地传播着，包括英属印度和埃及。

这就是旺根海姆在几个星期前谈到的“大事”，而摩根索显然知道他的德国同行也密切参与了这件事。当摩根索劝告他“在疯狂的狂热分子中传播这种煽动性的文学作品有危险”时，旺根海姆却试图争辩说，圣战实际上是“一场伟大的和平攻击”，目的是迅速结束这场战争。他承认，让英国卷入这场战争是个严重的错误。如果在印度、埃及和其他英国的属地中煽动起义，那么大英帝国将被迫退出战斗。摩根索写道："即使英国的伊斯兰教徒拒绝起义，旺根海姆还是相信，仅仅是可能发生这种起义的威胁也会促使英国放弃比利时和法国，任由其接受命运的处置。"摩根索亲自向恩维尔抗议，暴徒们已经开始攻击基督徒在首都的商店和其他场所了，但这位土耳其独裁者却坚持认为"这是一个误会"，首都的任何人都不会受到伤害的。

然而，与此同时，在伊斯兰世界的其他地区，圣战也正竭力传播着。阿拉伯历史学家乔治·安东尼奥斯（George Antonius）写道："布道者被派去加强传单的号召力。各种各样的使者——巡回传教士、学者、教法学家、专业的鼓动者和德国的东方学家——都到向他们敞开大门的各个地方去，少数人成功地潜入了埃及、苏丹以及其他协约国统治的非洲地区。"他们的任务是在圣战中赢得非土耳其穆斯林的支持，尤其是这些地区的阿拉伯人。至于这个事情后来如何事与愿违，从而引发了阿拉伯人反抗土耳其统治的故事，在此之前不仅曾多次被T.E.劳伦斯生动地讲述过，而且安东尼奥斯在自己那本关于这个令人激动的时代的经典作品《阿拉伯在觉醒》（*The Arab Awakening*）中也有讲述。在这里，我们只关心那些从君士坦丁堡出发的人，他们把圣战的旗帜带到波斯、阿富汗、高加索和中亚，最后——或者他们希望——带到英属印度。

虽然发动一场圣战的计划最先是由德皇威廉提出的，但是恩维尔帕夏也很快就发现它的优点，并且将其视为自己实现梦想的一种手段。恩维尔在土耳其参战的几个星期前建议，柏林应该派出一队精心挑选的军官，参加一个秘密的土德联合特派团，这个特派团的目标是将波斯和阿富汗拖入战争。特派团在他亲自挑选的土耳其军队的护送下，将在圣战宣布时进入波斯。恩维尔推测，波斯人厌恶英国人和俄国人，因此德黑兰很可能会加入对抗英国人和俄国人的圣战中，或者至少对出现在他们中立土地上的特派团视而不见。当特派团抵达喀布尔，他们的任务是说服阿富汗的埃米尔加入这项神圣的事业中，并且命令他的部队和疯狂的部落成员进入英属印度。恩维尔在喀布尔的间谍向他保证，阿富汗人对异教徒英国人深怀敌意，因此不需要强迫埃米尔。与此同时，紧跟在土耳其特工之后，奥斯曼帝国的军队将入侵高加索地区，团结那里的穆斯林加入圣战。他们将一起把俄国人驱逐出去并且进入中亚解放他们在那里的表亲。至于如何划分这些地区，君士坦丁堡和柏林之后再商量解决。

1914 年秋，德国人开始招募他们的团队以参加阿富汗的联合特派团，两个月后，土耳其加入了这场战争，并发动了圣战。在第一批被选中的人中，有一位是威廉·瓦斯穆斯（Wilhelm Wassmuss）。30 多岁的他在战前是一名职业外交官，拥有多年的东方经验。虽然表面上他在波斯湾的布什尔担任德国领事，但英国人知道他其实是一名情报官员，在那里推进德皇威廉的扩张野心。他长得很英俊，能说流利的波斯语和阿拉伯语，而且曾在波斯南部的部落中广泛游历，其中有一些酋长还跟他很亲近。他身体强壮，且做事心狠手辣，因此他是煽动骚乱的不二人选。齐默尔曼和奥本海姆选择了瓦斯穆斯来领导德国特派团，并处理与阿富汗人打交道时的外交事务。

他们挑选了奥斯卡·冯·尼德迈尔（Oskar von Niedermayer）

上尉当特派团的二把手。尼德迈尔是一名经常在波斯、俾路支省和印度旅行的正式军官，几乎可以断定是代表着德国军事情报机构。他极其坚强、无情、足智多谋，用当时的一个人的话来说，他“就是那种让德国军队几乎战无不胜的人”。尼德迈尔渴望在偏远地区冒险。他当时正在西部战场前线当步兵军官，接到命令后，二话不说就来到了柏林。他将负责这个特派团所有军事方面的事情。这两个人在一起组成了一个强大的组合，共同执行后续那些艰难而危险的任务。他们将成为德国的“劳伦斯”——或者就像一位英国军官称呼的，他们是“黑暗天使”，因为他们的任务是举着圣战的旗帜传播暴力和混乱，并将东方民众与英国及其盟国对立起来。

那些被选中跟随他们的军官和军士大多数都拥有特殊技能，或者亲身经历过恶劣的气候和地形。他们在波斯所要面对的险恶环境通常要在德国非洲殖民地那些闷热的内陆地区才能经历。当时柏林几乎没有政治或非正规战争的经验，一些早期的被征募者，特别是那些在非洲服过役的，会被发现非常不合适，需要替换。因此，最终该特派团的总人数是多少有些不确定，虽然英国情报官员从日记和其他被缴获的文件中确定了 84 个名字。这并没有包括那 3 名印度革命者、富有同情心的部落成员和波斯雇佣兵，他们后来壮大了特派团队伍。这也不包括那些从中亚的俄国战俘营逃到波斯和阿富汗的德国士兵。

现在这支特派队团要开始前往圣战的总部君士坦丁堡了。然而，这支庞大的队伍中的队员个个强壮英武，正当服役之龄，因此在穿过中立的罗马尼亚时，又如何能不引起英国间谍以及罗马尼亚当局的注意呢？为了避免整支队伍被扣押的风险，他们决定假扮成一个巡回马戏团公司，并将行李和设备贴上了相应的标签，他们那根用于与旺根海姆通信的高高的金属无线天线，在运货单上被填写成了“帐篷杆”。

尽管使用了这些花招，但是关于柏林和君士坦丁堡打算对英属印度采取行动的传言，却开始传到印度当局的耳朵里。苏丹哈里发呼吁发动圣战的消息显然并非完全出乎意料，但还是在德里引起了相当大的恐慌。作为地球上人口最多的伊斯兰国家，英属印度显然将成为土耳其和德国阴谋家的主要目标。阿富汗像一颗定时炸弹在北方嘀嗒嘀嗒地响着，暗杀和恐怖主义运动就发生在身边，而其他战线也迫切需要印度的军队，因此英国人感到越来越脆弱。关键的问题是，这个国家的七千万穆斯林将如何回应苏丹的召唤。这不是任何人都能回答的问题。7世纪的阿拉伯大入侵，引发过一场这样大规模的圣战，之后就没有再发生过了，而且之前也从未出现过反抗现代欧洲国家的圣战。总督哈丁勋爵写信给一位朋友说：“我们现在在印度的处境就是一场赌博，这已经是个不争的事实了。”

但是还有更糟糕的事情要发生。现在德里收到消息，一支载有锡克教徒的小型舰队已经从旧金山起航，现在正穿越太平洋驶往印度。

5

伟大的印度阴谋

锡克教徒表面上是在战争爆发时匆忙回国的移民——他们是国王的臣民，完全有权利这样做。但是，他们突然返回的真正原因绝非如此，当时的印度战时情报负责人查尔斯·克利夫兰爵士非常清楚这一点。当然他们也不会忠诚地为王室服务。克利夫兰知道，这些人是哈尔·达雅尔的秘密革命军队的成员，他们曾发誓要把英国人赶出印度。他们打算一旦回到自己的家乡，就按计划转入地下，等待时机成熟。接着，在特定的信号发出后，他们就会出现并上演一场暴力起义，使用走私的德国武器打英国人一个措手不及。

克利夫兰的大部分情报都是由威廉·霍普金森提供给他的，霍普金森是一名前印度警官，曾被派往加利福尼亚渗透进运动的总部。但是，一名锡克教极端分子发现了霍普金森的真实身份并且把他枪杀了，之后这个消息源就突然中断了。然而，克利夫兰在仔细查看了一份截获的《加德尔报》——“加德尔”运动的秘密报纸时，发现了哈尔·达雅尔的计划。“杀死所有英国人！”一个头版头条喊道。然而，还有另一个是：“招募——传播革命的英勇战士。薪水——死亡。奖励——牺牲。战场——印度。”

很明显，当局要非常小心地处理大批锡克教革命者的到来，以免加剧本已高度紧张的气氛，或者失去其他大多数印度人的善意和忠诚。因此，一项新的紧急法令被迅速通过，赋予了政府特殊的战时权力，以应对突然从海外归来的移民潮。对于那些被认为构成威胁的人，这项法令允许当局限制他们的行动。与此同时，克利夫兰向所有印度港口的移民局官员发出了秘密指示。他警告说，每一个从美国或加拿大回来的印度人，无论是劳工、技工还是学生，都必须被视为可能的积极革命者，或者至少是革命党的支持者。他还警告他们说，一些“加德尔”分子会先在新加坡下船，然后再转乘其他船只继续前往印度，他们希望通过这种方式避免受到怀疑。

并非所有锡克教徒都是从美国或加拿大返回的。一些船只中途在上海、香港和远东的其他地方停了下来，哈尔·达雅尔的特工从这些地方的印度社区中招募了一些人，这些船只要接回这些被招募者。据克利夫兰说，到 1914 年 12 月 1 日，大约有 1000 名海外锡克教徒抵达了印度。他预测，这仅仅是个开始。他说：“虚假的德国消息一直在全世界广泛传播，我们不能忽视这对这些无知移民的影响。因此，我们有充分的理由相信，那些现在已经返回的人只是一支庞大军队的先头部队。”事实证明他是对的。在接下来的几个月里，大约有 8000 名锡克教徒从海外返回印度，并且前往他们在旁遮普的家乡。

锡克教徒从一开始就对这项事业非常热情，因此他们很难藏得住自己的意图。早在 8 月 7 日，太平洋沿岸的一家美国报纸发表了一篇报道，标题是《印度人回家参加革命》。该报道称大量的印度锡克教徒正要从旧金山起航驶往印度，“据说在旧金山有一艘船被租来援助即将在印度爆发的革命，这是英国忙于欧洲战争的结果”。克利夫兰收到的另一份报告称，一群锡克教徒这次乘坐了一艘驶往印度的船只，在途经夏威夷时，他们吹嘘说起义的计划已经准备完毕，起义将在10月发生。锡克教徒在登上自己的船只之前就分成了多股革命小分队，而且每一个小分队都有自己的领袖。他们被告知：“你们的职责是明确的。去印度，然后在印度各地煽动叛乱。你们要掠夺富人，怜悯穷人。只有这样你们才能赢得世界的共鸣。一旦你们抵达印度，就会有人给你们分发武器。如果你们没拿到武器，就必须去警察局抢劫那里的步枪。”“加德尔”特工在美国获得的武器主要是左轮手枪，这些武器都分发给了锡克教徒，而其他武器则是途中在港口购买的。

由于早期就收到了警告，加上霍普金森被杀害前收集到的更详细的情报，当局已经做了周密的准备来迎接锡克教徒的涌入。每一艘船抵达时，乘客们就会发现自己面对的是成队的英国移民局官员，他们不仅谨记克利夫兰的警告，还知道许多“加德尔”领导人的名字和相貌特征。每一个新抵达的人都接受了面谈，官员们会对他们的危险程度进行判断。那些被判定为严重威胁的人会被立即扣押并拘留候审。在8000名返回的锡克教徒中，大约有400名被关押起来。那些被认为危险程度不那么高但仍需要密切监视的人，被命令限制在他们自己的村庄活动，村长和当地警察要负责确保他们遵守命令。大约有2500人受到了如此严格的限制。其余的人在被告诫要注意保持行为举止良好后，就可以回自己村庄了，当地政府会被告知他们的出现，并且监视他们。

虽然有这些精密的筛选程序，但是一些最危险的革命者还是设法逃脱了侦查，有些人甚至在这些程序建立之前就已经回家了。他们立即开始接触锡克教徒团体中的不满分子，以及在印度其他地方的革命者。一波持续数月的暴力浪潮现在笼罩着旁遮普。“接连发生了一系列爆炸事件，”官员迈克尔·奥德怀尔（Michael O'Dwyer）爵士后来写道，“在整个旁遮普，警察都在被杀害；忠诚的公民，尤其是那些被认为协助当局的锡克教徒，都被击毙或者被炸弹炸死。”革命者通过武装抢劫来为革命事业筹集资金，他们通常选择那些印度富人的住宅和企业。秘密制造炸弹的工厂也开设起来了，他们还持续努力争取在印度军队中服役的锡克教士兵——奥德怀尔说：“在有些时候，他们的努力取得了成功。”

革命者最头疼的问题是极度缺乏武器。他们之前一直被告知有充足的武器在等待着他们的到来，对此他们早已信以为真。虽然许多锡克教徒相信德国人已经答应提供武器给他们，但没有人真正知道这些武器将从哪里来。的确有一些证据表明柏林可能打算这样做，因为大量的武器和弹药被发现装上了一艘将开往东方的德国船只，战争爆发后，意大利当局将这艘船扣押了。据路透社报道，“拜恩”号（Bayern）携带了“50万支左轮手枪、10万支步枪、20万箱弹药和2部完整的无线电台”，而这些只是这艘船的军火库中的部分武器。这些武器中手枪的比例非常高，因此在印度的英国军事专家想到，这些武器不是要送往常规部队的，而是要用于发动某种重大的革命运动。如果是这样的话，印度似乎是最有可能的选择。但另一方面，包括对此事写了政府官方报告的作者在内的其他人认为，武器在等待着那些归来的锡克教徒的承诺只不过是“一个振奋‘加德尔’成员的谎言”，目的是拉拢那些犹豫不决的人。

真相很可能永远都不会为人所知，但除了未能得到预料中的武器，以及被英国人逮捕了许多领导人外，这些锡克教徒革命者在抵达印度时面临着更多的失望。他们在旧金山时得到保证，整个印度处于一种狂热的动乱状态，在他们的带领下，这种动荡可以演变成一场暴力起义。而他们就是火炬，可以点燃印度革命的熊熊烈火，然后以血腥终结英国的统治。但他们发现实际情况并不是这样。虽然很少有印度人（如果有的话）喜欢英国人，但欧洲入侵者给他们动荡的土地带来了相对的稳定，大多数人都在这种稳定中享受到了繁荣发展。其余的人多半是满足于随遇而安。事实上，革命者很快发现，他们的许多锡克教徒同胞准备向英国人告发他们，而且有一些村长毫不犹豫地把他们交给警察。此外，附近没有边界线可供他们在行动之余方便地跨境撤退，也没有一个富有同情心的政府愿意援助他们。然而，这些都阻挡不了他们的热情，虽然他们的暴力活动到目前为止已经远远落后于他们计划要发动的大起义。他们仍然决心要发动战争，要跟英国统治的强权决一死战，然后建立哈尔·达雅尔在旧金山向他们承诺的乌托邦。

大概就在这段时间，在 1914 年 12 月，旁遮普的“加德尔”领导人设法与东南方向千英里之远的孟加拉印度同胞革命者成功取得了联系，这些革命者长期暴力抵抗英国人，拥有着丰富的恐怖主义战术经验。他们当中最重要的革命者之一是拉什·贝哈里·博斯（Rash Behari Bose）。贝哈里·博斯在英国通缉的恐怖分子名单上位列榜首，他答应了锡克教徒与孟加拉革命者之间的合作，并提议他们应同时发动起义。克利夫兰很快就得知了这一联络，他简洁地报告称：“孟加拉和旁遮普的无政府主义者已经结成联盟。”然而，他的特工和线人还没有发现这些阴谋者在谋划什么。

2 月 12 日，在拉合尔（Lahore）的一次秘密会议上，策划者最终敲定了他们的总体计划。这项计划的成功完全取决于跟印度军队里某些不忠部队的合作。这段时间以来，“加德尔”的煽动者一直在印度军队的军营和防线散布令人不安的谣言。有一些是关于德国战无不胜的传说，还有一些传言说军队中的锡克教徒将被迫剪去长发，也有传言说在西线战场印度部队正被部署在英军前面。在拉合尔、拉瓦尔品第（Rawalpindi）、白沙瓦（Peshawar）、密鲁特（Meerut）和贝拿勒斯（Benares）的某些部队中进行的调查表明，那里的人已经准备好了，在特定的信号发出后，他们就会加入革命。叛变的军队会杀害他们的英国军官和其他政府官员，攻占军械库和弹药库，强攻关押政治犯的监狱，洗劫国库和银行，与“加德尔”领导人联手摧毁欧洲统治的一切痕迹。

独立宣言已经起草好了。国旗由三种颜色组成：红色代表印度教，黄色代表锡克教，绿色代表伊斯兰。这将成为一个自由统一的印度共和国的新国旗。新国旗将在起义那天被分发给那些被选中的人，由他们来带领各“加德尔”团体行动。他们的战斗口号是“杀死英国人”（Maro Ferangi Ko）。阴谋的魔爪从旁遮普一直伸到东孟加拉的首府达卡（Dacca），在奥德怀尔看来，这“根本不切实际”。行动将在夜间进行，第一步是切断所有的电报线路，这样警告就无法发送给其他部队了。阴谋者希望得到的德国武器和其他援助依然还没有任何到来的迹象，但他们将2月21日定为印度人起义反抗压迫者的日子，他们将从这个国家一端到另一端一起发动起义。

就在阴谋者们进行最后准备的同时，一些重大事件却极大地打击了德国人和他们的盟友土耳其。德皇和他的将军们本来预计，德军在西线的最初进攻会击溃法国，但现在攻势却停止了下来，甚至还被击退了。德国人非但未能成功进入俄国，反而在接下来的 3 年里发现战线陷入了僵局，双方都无法前进超过几英里，而伤亡却在不断增加。此外，在战争的头两个月，德国人在太平洋的两个殖民地——萨摩亚和新几内亚被澳大利亚和新西兰占领了。随后日本人又从德国手中夺走了中国沿海地区的青岛，而英国人和法国人则夺走了西非的多哥兰。随着战争的推进，德国战前保有的殖民地，都一点一点地被协约国夺走了。

在战争的头几个月里，土耳其人也遭受了两次重大的打击。这两次打击都牵涉到苏丹不久前刚刚宣布的圣战。第一次打击是在 1915 年 1 月，由俄国人带来。土耳其的军事最高领导人恩维尔帕夏长期以来一直梦想着，从沙皇俄国那里夺回高加索地区的奥斯曼省份。等他做到了这点，并且解放了那里的土耳其人民之后，他计划向东进军沙皇的中亚，在那里开创一个新的伟大的穆斯林帝国。他的野心也没有就此停止。他还要把帝国向东南扩张到有着庞大穆斯林人口的英属印度。在这点上，他跟他的盟友德皇威廉有着同样的渴望。但是要达成这些梦想，首先要将俄国人赶出高加索地区。此时此刻俄国人正在东线战场上受到德国人的压制，此时不行动更待何时。恩维尔觉得自己是一位伟大的战略家和指挥官，他决心亲自带领他的军队，发动对异教徒俄国人的圣战。虽然德国人对圣战成功的可能性持怀疑态度，但他们还是强烈地鼓励恩维尔，因为这样宏伟的计划有希望把俄国的部队分散牵制在高加索地区，这样就能缓解德国人在东部前线的压力。1 月初，恩维尔把战争的指挥权交到他的高级官员和德国顾问的手中后，就离开了君士坦丁堡，他从黑海出发前往特拉比松，然后再走陆路前往土耳其第 3 集团军的总部埃尔斯伦（Erzerum），在这次行动中恩维尔将要使用该部队。

现在土耳其东部和高加索地区正值严冬，光秃秃的山坡上气温骤降至零下30℃，积雪挡住了山间通道，那里的道路已被完全阻绝。随着天气恶化，土耳其和俄国军队在边境上的战斗已经停止，双方的战绩基本持平。现在双方都在为漫长的冬季而掘壕固守，部队主要关心的问题是如何在恶劣的天气中生存下来。恩维尔亲自任命的土耳其司令官在听到他的长官概述的雄心勃勃的计划时感到非常惊愕。“现在必须把俄国军队消灭掉，”恩维尔说，“你必须立即采取行动。”这位土耳其将军是一名能干、经验丰富的军人，曾在参谋学院教过恩维尔，他试图与恩维尔辩论。“我们要等最糟糕的冬天过去，到时候道路就会恢复通行，”他力劝道，“到那时我会摧毁俄国人，解放高加索地区。但是现在就想这样做无异于自杀。”恩维尔对下属这样的指责非常生气，他命令将军交出指挥权，并对其大发雷霆：“如果你不是我以前的老师，我早就一枪崩了你。”结果将军辞职了，于是恩维尔亲自接管土耳其第3集团军的指挥权。他将军队改名为“伊斯兰军”，以显示他想要这支军队在圣战中扮演的重要角色。他希望最终能够以武力重新绘制亚洲的版图。

恩维尔此前从来没有统领过一个团，更不用说一个军团或者一支军队，现在却有9万名士兵任他支配。俄国指挥官虽然只有6万名士兵，但有一条铁路，可以运送食物、弹药和援军。土耳其军队中的许多士兵只有简陋的装备应对冬季战争。有一些士兵甚至是从南方炎热的平原过来的，他们只有轻便的夏季军装、薄薄的阿拉伯头巾和破烂的皮凉鞋。虽然士兵们在前方严酷的斗争中，都表现出非凡的勇气和忍耐力以及绝对的服从，但是几乎没有人知道自己在为什么而战。然而，俄国人却穿着长外套和毡靴，戴着厚厚的毛皮帽子。当雪盖在俄国人身上时，他们看起来像巨人。

恩维尔进攻计划的具体细节过于复杂，在这里就不做说明了，因为计划包括了第3集团军的3个军团的各自行动。然而，他们最终能否成功则取决于一支由2.5万名士兵组成的分队，这些士兵要沿着一条秘密的山路前往俄军所在的萨勒卡默什（Sarikamish）（现在这里是一个小滑雪胜地）。恩维尔推测，如果萨勒卡默什失守，那么俄国的整个前线就会崩溃，到时候高加索地区的穆斯林部落就会起义，并且加入土耳其解放者队伍中。紧随其后的是特兰斯卡斯皮亚（Transcaspia），接着是突厥斯坦（Turkestan），最后是印度。因此，一切都取决于即将开始的萨勒卡默什战役，它将在严酷的安纳托利亚冬季里打响。

一开始，恩维尔那雄心勃勃的计划似乎奏效了。俄国人已经停止向埃尔斯伦前进，他们的军队正赶回萨勒卡默什。他们身后的补给线乃至撤退路线正日益受到土耳其军队侧面攻击的威胁。事实上，俄军的处境糟糕透顶了，似乎下令大规模撤退是拯救整个军队唯一的方法，不然就难免被包围消灭。然而，土耳其军队的情况也好不到哪儿去，他们在暴风雪和大雪中挣扎，大雪有时达五六英尺深，他们要努力实现恩维尔和他的参谋给他们设定的目标，这些参谋中有一些还是德国人。严寒造成的伤亡令人震惊，一些军团的人数从1000人减少到100人或更少。土耳其士兵们经常要忍饥挨饿，他们变得愈发虚弱，加上在零度以下的严寒中没有很好的保暖物资，这些正常情况下勇敢且坚忍的士兵们大批地被冻死了，数量极其惊人。一位土耳其军官写道："他们向他们所知道的最可怕的死亡屈服了。他们蜷缩在一棵松树的底部，最后都冻死了。”还有人在临终前被疼痛、饥饿和绝望逼疯了。剩下的就这样继续行军。

在圣诞节那天，虽然土耳其士兵伤亡惨重，但是他们似乎看起来还是会赢得胜利，因为他们在山上包围了萨勒卡默什。虽然俄国士兵的衣物更加厚实，但是他们也受到了寒冷的残酷折磨，官方数据显示有 7000 名士兵被冻死了。此外，土耳其士兵第二天设法成功炸毁了为四面受困的俄国守军输送援军、食物和弹药的铁路线。俄军截获的文件显示，有 2.5 万名土耳其士兵此刻正沿着一条鲜为人知的山路进发，要来袭击他们，而另一支庞大的土耳其军队也正准备切断他们的撤退路线，这使得俄军的士气更加低落了。他们的生命线、连接卡尔斯和梯弗里斯的铁路已被炸毁，这似乎证实了他们内心的恐惧。到目前为止，有关灾难即将发生的消息已经传到了高加索的首府和军事总部梯弗里斯，惊慌失措的人群包围了火车站，希望能逃离即将到来的土耳其大屠杀。

俄国人当时不知道土耳其军队发生了大灾难。在沿山路行军的 2.5 万名士兵中，只有 1 万人还活着。其余的都冻死了。而被派去切断俄国后方的部队的情况也不容乐观，他们失去了 7000 名士兵——超过三分之一的兵力。造成这些可怕损失的原因有很多。首先，恩维尔不仅缺乏当陆军指挥官的经验，他还不了解土耳其东部的严冬，以及不管部队多么坚忍或勇敢，如果他们没有足够的保暖物资就被派往那里作战，这将带来可怕的后果。其次，恩维尔和他的参谋使用的地图是非常不可靠的，地图上显示的距离看起来要比实际的短得多。举个例子，一次 15 英里的行军，本来预计只需要 5 个小时，结果实际路程却有两倍之远。土耳其士兵在行军中忍饥挨饿、疲惫不堪，熬过了噩梦般的 19 个小时，数千人失去了生命。为了使士兵们能够快速穿越群山到达萨勒卡默什，恩维尔还命令部队们轻装上阵。他说："我们的补给基地就在我们前方。"虽然在白雪皑皑的高地上没有树木可以供士兵们砍伐燃烧取暖，但令人难以置信的是，在漫长而痛苦的夜晚，他们竟没带任何燃料来取暖或者保住性命。如果俄国的报道可信，那么有些土耳其士兵甚至奉命丢掉他们的大衣和背包，以加快他们行军的速度。最后，就在土耳其士兵开始穿越山脉时，大雪开始下了起来，并且很快就变成了咆哮的暴风雪，实际上这已经决定了恩维尔的"伊斯兰军"的命运。

在土耳其军队切断铁路之前的这段时间，俄国的援军已经到达了萨勒卡默什的驻地，现在驻地的防御军总人数达到近 1.4 万人，其中大部分都是步兵。他们也有 30 多门野战炮，不过土耳其人认为他们没有。此外，土耳其人本以为穿越群山的路线是秘密的，但其实俄国参谋手中的地图上清楚地标示了这条路，不过这条山路被认为不适合大规模的部队移动。然而，多亏了截获的土耳其文件，俄军指挥官已经察觉到敌人正在沿着这条路靠近他们。他还做好了准备以应对土耳其部队从东部发动的袭击，防止撤退路线被切断。他部署好了步兵和炮兵准备随时迎接这两种袭击的威胁。俄国人不知道严寒对土耳其军队的破坏，因此他们猜测，土耳其的进攻士兵总共会有 4.5 万名，这还不包括炮兵以及其他预备部队。

跟俄国人预料的一样，土耳其军队在 12 月 29 日早晨从两个方向袭击了萨勒卡默什。他们疲惫不堪、饥肠辘辘，完全没料到会有大炮，从东部发动的攻击最终被哥萨克骑兵击退了。与此同时，那些在穿越西北山区的死亡行军中幸存下来的士兵在深雪中艰难地发动攻势，想要推进到城镇周围的俄军驻地。此时，他们的人数已经减少到只有 6000 人了，他们被防守的俄军击退到了危险的斜坡上。俄军人数更多、营养充足、衣着整齐、休息充分，不像这些袭击者衣衫褴褛、饥寒交迫。当天晚上，恩维尔命令土耳其士兵再发动一次进攻，试图攻下萨勒卡默什。士兵们表现出了非凡的决心和勇气，这次他们成功了，虽然很快就又被击退。黑暗中发生了激烈的肉搏战，很快小镇的街道上就到处都是死人。土耳其士兵有一次成功占领了城镇一端的军营，但是他们最终被猛烈的近距离炮轰击退了。这是他们最接近占领萨勒卡默什的一次。

即使是恩维尔现在显然也知道自己的计划失败了，但战斗还是在周围的山区持续了好几天,最后才在恶劣的环境下逐渐止息。土耳其人伤亡惨重。恩维尔统领的 9 万名士兵只有 1.5 万人幸存了下来。其余的尸体散落在山口和雪地里，被在土耳其东部山区游荡的群狼吞食了。“领导无方，装备简陋。”约翰·巴肯在他的战争史中写道，“饥肠辘辘的土耳其士兵像英雄一样战斗，他们忍受的苦难是这场战争中最可怕的事情。”恩维尔在留下自己的指挥官收拾残局后，就急忙返回了君士坦丁堡。在那里，他想方设法掩盖真相，任何提起这件事的人都有被处死的危险。返回首都的那天晚上，尽管自己手上沾染的 7.5 万名同胞的血甚至还没干，恩维尔就去听音乐会了。“他似乎非常高兴。”当时在场的一位中立国外交官说。

土耳其未来的领导人凯末尔·阿塔图尔克当时还是一名年轻的上校,他回忆起与恩维尔从萨勒卡默什回来后不久的一次会面。他注意到恩维尔脸色苍白，而且也消瘦了很多。

“你一定很累了。”凯末尔说。

“不，不是特别累。”恩维尔回答。

“发生了什么事？”

“我们打了一场仗，就这样……”

“现在的情况怎么样了？”

“很好……”

凯末尔不想让他的长官难堪，决定不再继续这个话题。

作战部部长损失了整支军队，这并不是土耳其在最初几个月的战争中所遭受的唯一打击。在恩维尔匆忙离开东部血流成河的雪地一个月后，土耳其经历了第二次重大挫败。这一次是三巨头中的另一位带来的，他也想举着圣战的旗帜去尝试施展更高的战略。

大概在恩维尔离开君士坦丁堡发誓要把异教徒俄国人从高加索地区赶出去的同一时间，在军事等级中仅次于他的杰马勒帕夏（Djemal Pasha）也开始了一项同样雄心勃勃的计划，他要将异教徒英国人从另一块前奥斯曼帝国的领土——埃及赶出去。杰马勒在离开首都前往大马士革的时候，向那些送别他的人发誓：“不征服埃及，我绝不回君士坦丁堡。”他前往南方去统领驻扎在叙利亚的土耳其第4集团军，他将要用这支军队把埃及人从英国统治下解放出来。杰马勒是一个渴望权力的人，他计划在中东为自己建立一个私人帝国，而埃及就是这个帝国的中心，就跟恩维尔希望在中亚做的那样。恩维尔曾经推测，看到土耳其军队的到来，高加索地区以及在更远地区的穆斯林将会在圣战的旗帜下起义。同样杰马勒和他的顾问也相信，埃及民众看到解放触手可及的时候一定会变得对英国人愤怒不已。

杰马勒的第一个目标是苏伊士运河。如果他能夺取苏伊士运河，那么几乎可以肯定这个国家的每个城镇和每个村庄里的埃及人都会奋起反抗他们的压迫者，英国也会失去通往印度和远东地区的捷径，这样就能阻止英国在印度起义发生时迅速向那里派遣援军。虽然这恰好与杰马勒的个人野心相吻合，但埃及的圣战仍然是土德战略的一个重要组成部分，以此才能最终击垮英国和俄国在东方的帝国——就像恩维尔在高加索发动的圣战一样。至少这是在柏林的德国外交部部长亚瑟·齐默尔曼所相信的，他与马克斯·冯·奥本海姆一起策划了圣战战略。然而，在埃及问题上，有一些不同的声音。其中一位是德国驻君士坦丁堡大使旺根海姆男爵。

虽然旺根海姆会很高兴看到苏伊士运河被占领，或者说至少被封锁，但是他已经开始改变了对埃及问题的看法。他向美国大使亨利·摩根索透露了自己那狡猾的想法（他吐露得太过头了）。起初，摩根索误解了他的意思。美国大使后来回忆说："我自然认为旺根海姆是在担心土耳其会失败，但他向我透露，他真正担心的是他们的盟友会成功。"他其实不希望埃及落入土耳其之手，因为一旦埃及落入了土耳其手中，那就很难把埃及夺回来了。他认为很快交战各方就要被迫坐到谈判桌前，这场谈判将由美国主持，交战各方随后要进行一系列无情的谈判。他向摩根索解释说，如果土耳其征服了埃及，她自然会坚持要保留这个大省，而且希望德国支持她的这一主张。然而，到那时德国早就没有兴趣推动重建奥斯曼帝国了——解体更好。如果埃及仍然掌握在英国手中，德国会同意英国用美索不达米亚来交换保留埃及，而美索不达米亚是柏林至巴格达总体规划中的重要环节。当然，随着事态的发展，旺根海姆不用再因为埃及而夜不能寐了。

杰马勒于1915年2月3日拂晓发起了对苏伊士运河的进攻。他有2.5万名士兵，包括一队旋转的苦行僧。这些苦行僧戴着锥形高帽,他们的加入给远征军队带来了一种神圣不可侵犯的意味，也给士兵们一种不可战胜的感觉。土耳其士兵在夜间行军，在1.4万头骆驼的帮助下,他们拖着枪以及浮船穿越了130英里的沙漠，并到达了运河——这在战略上是一个相当大的壮举。德国工程师提前秘密地挖了许多井，这些人携带了特殊的“沙漠口粮”，主要是饼干和橄榄。杰马勒的计划是，如果一切顺利，就趁着英国人不备，用他最好的5000名士兵，迅速在伊斯梅利亚（Ismailia）的运河上建立一个桥头堡。这样他就会有足够的时间，把紧随其后的2万名士兵调过来。后来他在回忆录中承认:“我押上了一切，要打英国人一个措手不及。”此外，报告称埃及反抗英国的时机已经成熟了，为此他深受鼓舞。他也心存侥幸，希望“土耳其军队占领伊斯梅利亚会激励到埃及的爱国者，他们将会集体起义，那么埃及将在意想不到的短时间内被一支很小的部队解放出来”。

然而最终，杰马勒这两件事都没算准。埃及民众虽然大多都反英国而亲德国，但他们并不想严酷的奥斯曼帝国统治取代英国的仁慈之手。因此，当他们得知土耳其人已经渗透到苏伊士运河的时候，他们并没有集结起来参加圣战。杰马勒也没能成功避开那些守卫运河的人的警戒。这段时间以来，英国情报部门一直有注意到土耳其军队在叙利亚南部和巴勒斯坦集结，他们认为土耳其可能会发动对埃及的袭击，作为对英国威胁的一种反击，因为是英国人先想到在加里波利登陆，目的是占领君士坦丁堡。尽管如此，杰马勒的士兵还是在被发现之前就成功地穿越了沙漠，并且很靠近运河了。但是他们晚了，等到那些派去占领桥头堡的士兵开始把浮船放进水里的时候，天已经亮了。因此，正如后来杰马勒所写："行动是在英国人的眼皮底下进行的。"另一种说法是，土耳其人不明智地带了鸡，而这些鸡的啼鸣声引起了英国守卫的注意，让他们警觉到发生了什么事情。还有一种说法是飞行员在进行空中侦察时最先发现了危险，而约翰·巴肯则说哨兵在夜间就看到有"人影"悄悄将浮船拖到伊斯梅利亚南部的位置，他们马上拉响了警报。

不管真相如何，运河的另一边发起了猛烈的炮火轰击，现在土耳其人发现自己被困在运河岸上了。尽管如此，他们还是设法把 6 艘浮船成功地送到了水面上，可是浮船却很快被机枪子弹打得满是窟窿沉了下去。然而，还是有一艘船成功地到达了对岸，不过船上的十几名土耳其士兵很快就被杀死或俘虏了。此时土耳其的大部队已经开始到达运河了，几英里的范围内都发生了战斗。在这条运河里有许多英国军舰，军舰以及一辆装甲列车的枪炮都对准了土耳其士兵。土耳其士兵们顽强勇敢地战斗着，但是他们的浮船被击沉了，因此他们除了向运河对岸开枪外，也几乎无能为力了。杰马勒在 3 英里外的山顶上观看着这场战斗，他意识到自己的赌博输了。继续进攻显然是徒劳的，因为英国很快就会从驻扎在埃及的 15 万军队中调出增援部队。除非他撤回自己的部队，否则他们很可能会全军覆没，就像恩维尔一个月前在萨勒卡默什所遭遇的那样。根据英国的数据，当时有 2000 名土耳其士兵被杀，虽然杰马勒声称只损失了 14 名军官以及 178 名其他士兵，还有一些伤员和俘虏。当然，他蒙受的损失本应该比英国人估计的更大，为此埃及的总司令约翰·麦克斯韦尔（John Maxwell）爵士备受批评，因为他没有在土耳其士兵逃跑时消灭了他们，而是让他们带着枪穿过沙漠逃跑了。

尽管如此，在短短的5个星期里，德国和土耳其的圣战战略家们想出的这两个宏伟的计划，均以土耳其人的耻辱性大灾难告终——虽然杰马勒后来宣称，他的这次冒险不过是为了之后全面入侵而对埃及做的战力侦察。与此同时，不管有没有德国的帮助，在印度的锡克教和印度教革命者都准备发动他们自己的圣战来对抗英国人。

读者可能还记得起义的日期定在2月21日，到那时候印度军队中心怀不满的本地部队将屠杀他们的英国军官，闯入他们的军械库，向革命者分发武器，然后一起进军德里，并在那里宣布成立共和国。锡克教教徒在离开美国和加拿大前往印度之前，哈尔·达雅尔和其他人告知他们，他们将会从德国那里获得武器和资金。令人失望的是，这些都未能实现。此外，由于当局密切监视进入印度的信件，因此锡克教教徒与他们在旧金山的领导人失去了联系，特别是与他们运动的大祭司哈尔·达雅尔失去了联系。哈尔·达雅尔现在在欧洲的某个地方，他显然不能或者不愿意冒险来印度加入他们。锡克教教徒意识到现在只能靠自己了，他们已经与孟加拉经验丰富的印度革命者联合起来，他们认为这是自近60年前印度反英暴动以来规模最大的起义。

但是起义事业注定不会顺利进行，在2月16日，离起义仅剩5天的时间，起义领头者突然遭遇了意想不到的危机。阴谋者一直害怕他们被出卖给克利夫兰的特工，或者害怕阴谋被发现，因为他们知道这些对他们来说都只意味着一件事，那就是绞刑吏的绞索。2月16日，他们确信他们当中一个名叫基帕尔·辛格（Kipal Singh）的锡克教教徒实际上是警察线人。前一天他本应去秘密访问第 23 印度骑兵团的营房，向骑兵团中的支持者们简述在起义中应扮演的角色，然而他被发现在拉合尔火车站跟一个陌生人认真地讲话。他们还注意到，他问了一些关于这个阴谋其他方面的问题，而这些问题并不是直接跟他相关的。因此他们产生了怀疑，并决定在不打草惊蛇的情况下密切监视他。但是其后他们终于确信他就是一名警察线人，因此经验丰富的印度教革命者、现在领导着这个联合阴谋的拉什・贝哈里・博斯决定将起义提前两天。此外，他们必须不惜任何代价阻止叛徒发现这个事情。与此同时，他们急忙派信使把这个消息通知所有积极参与者，告知他们这个新的日期，即 2 月 19 日的晚上。

阴谋者们非常不幸，就在起义的那天早晨，有一个信使返回了位于拉合尔的秘密革命总部，说第 23 骑兵团知道了这个改变的计划，他们准备在那天晚上起义。这名信使没能止住自己的嘴巴，脱口就说出了这个计划，被基帕尔・辛格听到了。这位锡克教的间谍设法避开了监视他的人，并警告了一名监视着这所房子的便衣警察。很快，全国各地的军事机构和民间机构都收到了警报，阴谋者的总部遭到突击搜查。阴谋者意识到自己被出卖了，他们决定杀死队伍中间的叛徒，但是已经太迟了。警察冲进了房子，逮捕了 7 名阴谋策划者，并且没收了炸弹、炸弹制造设备、武器、煽动性的文学作品和革命旗帜。第 2 天早上，又有 6 名头目来到了房子，想要搞清楚哪里出了问题，以及为什么心怀不满的部队在夜里没有叛变。他们也被逮捕了。

与此同时，在印度各地收到警报之后，军方迅速作出了反应。所有军械库的印度卫兵和哨兵都被立即换成了英国武装部队，英军步兵部队也开始在要塞城镇的兵营和街道上进行巡逻。这一迅速而果断的行动，加上阴谋者头目们大多已被逮捕，把起义扼杀在了摇篮里。面对冰冷的钢制武器，叛变的印度兵失去了勇气，而那些被派去发动他们的煽动者干脆消失了。考虑到装备精良的印度兵尚且未能响应革命的号召，因此，“加德尔”领导人原本期望“农民军团”成群结队地加入起义没能实现，这也就不足为奇了。

现在残酷的审判开始了。在接下来的两年里，9 个特别法庭审判了 175 名革命者。有 136 个人被定罪，其中有 38 人被判绞刑，与被判终身流放的人数差不多，其余的则被判入狱。最后，被判死刑的人中只有 18 人被处决，其余的被总督哈丁勋爵减刑改判成终身流放。此外，18 名涉嫌同谋罪的印度兵在军事法庭上被判处死刑，但最终只有 12 人被处决。但是阴谋者头目、那个声称在 1912 年将炸弹掷向哈丁勋爵的拉什・贝哈里・博斯逃脱了，他先逃到了贝拿勒斯，然后又逃到了日本。虽然日本人被认为是英国人的盟友，但是他得到了日本政府高层人士的庇护，这些人拥有着在亚洲扩张的梦想，这使得他们渴望与印度革命者保持联系。博斯之后再也没回过印度，但是在一战剩余的时间里，他都在试图将武器走私到印度，不过没有成功。在第二次世界大战中，他的革命热情没有随着年龄的增长而减弱，他再次尝试建立一支能够解放印度的军队。1945 年，博斯死于东京，因此没能看到仅仅两年后英国的统治就结束了。

博斯和他的同谋者在策划这场注定失败的起义时都没有注意到，柏林其实已经同意向他们提供武器了，而且已经秘密计划在美国大规模购买武器，然后走私到印度。事实上，随着在欧洲早日取得胜利的希望逐渐破灭，德国越来越热衷于在印度制造麻烦，还在柏林成立了一个印德联合组织，即印度革命委员会（Indian Revolutionary Committee），以协调印度教、穆斯林和锡克教革命者的行动。然而，英属印度当局监视嫌疑人、截获邮件，使得柏林和印度之间的通讯变得不但危险而且极其困难。博斯和他的同谋者都没有注意到帮助就在眼前，他们被过度的热情冲昏了头脑，早了几个月发动起义，从而迎来了灾难性的后果。

虽然大多数的“加德尔”领导人现在已经被判刑，但是在印度的其他地方，特别是在孟加拉，仍然有大量未被捕的革命者。他们准备按兵不动，等待着德国武器的到来。他们从锡克教教徒旁遮普起义的失败中吸取了宝贵的教训，并且已经准备好在英国管辖范围之外的地方秘密地接收武器。他们将一个这样的基地设立在了偏远的泰缅边境，在那里可以策划行动，可以把士兵们交给德国教官训练，还可以储存武器。他们还可以从那里把叛乱的想法灌输给在缅甸服役的印度军队士兵（当时缅甸是英属印度的一个省）。1915 年春，当得知第一批载有德国武器的船只驶离美国时，革命者们感到振奋不已。有人私下传言说，到 12 月一切就能都准备就绪。

但这并不是这场鲜为人知的博弈中所发生的一切。令人担忧的情报已经传到了英国，德国的特工正准备穿越波斯前往喀布尔，目的是说服愤怒的阿富汗人加入圣战，入侵印度。

6

恩维尔帕夏的爆炸性事件

君士坦丁堡和柏林最初计划组建一支土德联合特派团前往阿富汗。这支特派团由齐默尔曼和奥本海姆挑选的德国特遣队以及一支强大的土耳其护送部队（大约 1000 名士兵）组成。在穿越波斯漫长的行进过程中，虽然他们希望当地部落能够加入神圣的事业中，但是如果有必要的话，土耳其人将在德国顾问的指导下解决一切战斗。

因为这被声称是一项圣战任务，要在高度敏感的穆斯林族群中开展工作，因此他们一致认为德国人应尽可能低调。恩维尔甚至建议德国人穿土耳其的军服，佩戴土耳其的军衔徽章，不过德国人坚决反对。他们的确切角色在这个阶段还有些模糊，因为细节问题尚需在君士坦丁堡敲定。德国人除了是这个特派团的军事顾问之外，在到达喀布尔时他们还将扮演重要的外交角色。为了实现这一目标，他们要忍受由自己阿谀奉承他人，以及吹嘘德国皇帝许给阿富汗埃米尔的诱人承诺。

埃米尔哈比布拉（Habibullah）——恩维尔在喀布尔的特工坚称——二话不说就会参加圣战，还会命令他那些狂热的部落战士越过隘口进入英属印度。他们的报告令人深受鼓舞，证实了亲德的瑞典探险家斯文·赫定的观点，即阿富汗人正“燃烧着渴望”，他们要为邻国印度除掉异教徒英国人。对威廉和恩维尔来说，以最少的人力和财力把伊斯兰教徒的愤怒对准他们的共同敌人似乎是非常有希望的。

然而，从一开始这个计划就遇到了意想不到的困难。还记得吗？德国代表团的成员们假扮成一个巡回马戏团公司，通过中立的罗马尼亚前往君士坦丁堡。他们的行李则相应地登记在了货运单上，随后不久就会用铁路运送过来。很不幸，一名眼尖的罗马尼亚海关官员看到，其中一条无线天线——运单上登记的“帐篷杆”——从包装向外伸了出来，露出了白色的陶瓷绝缘体。对行李的进一步检查发现了一台移动无线电台、许多步枪、机关枪和其他高度危险的物品。此时德国人已经安全抵达君士坦丁堡了，但是没有了这些重要的装备，他们就无法继续远征了。德国人又匆忙安排重新运输装备，这一次在布加勒斯特的德国特工提前买通了相关人员，从而确保了它能安全通过罗马尼亚。最后，在耽搁了几个星期后，所有的装备都安全到达了君士坦丁堡。

与此同时，当德国特派团不耐烦地等待着设备的到来时，他们和土耳其东道主之间的关系开始变得紧张。主要责任应该落在德国政府身上，尤其是齐默尔曼和奥本海姆，因为是这两人对新兵进行审查，并最终挑选组建成队的。然而，他们挑选的队伍中除了包括那些具有特殊能力并且适合执行这项棘手任务的人外，还混入了一些完全不合适的人，其中就有一些以前曾在德国非洲殖民地服役的军士。虽然这些军士坚强勇敢，习惯在极端炎热的环境下生活，但却完全缺乏这样一次联合远征所需要的政治和个人敏感性。他们态度粗鲁、傲慢，已经开始把土耳其人惹毛了，更不用说自己的战友了，很快恩维尔要求将这些人遣返回国。然而在遣返安排好之前，这些人就已经对特派团的成功机会造成了严重的破坏，他们竟公开在餐馆和君士坦丁堡的其他地方吹嘘自己要去阿富汗。很快，德国特派团在佩拉宫酒店出现的消息以及那些吹嘘的话传到了驻奥斯曼首都的中立国外交官耳朵里，通过这些外交官又传给了英国的情报机构。英国的情报机构一直设法与像美国大使摩根索这样富有同情心的人保持着密切联系。

即便这些不合适的人已经离开，德国人与土耳其人以及德国人自己内部的分歧仍然存在。此时特派团的成员都坐立不安了，他们发现土德联合远征耽搁了很久，进展非常缓慢，因此感到非常沮丧。这些意志坚强的人还不习惯在一起工作，他们之间也不可避免地产生了摩擦。更糟糕的是，军队的人和其他背景的人也存在分歧。因为在柏林联合控制这次行动的外交部和总参谋部只是任命了外交官瓦斯穆斯总体指挥这次行动，由职业军人尼德迈尔当瓦斯穆斯的副手，但是他们并没有为其他成员制定出一套适当的指挥系统。更令德国人恼火的是，恩维尔坚持这次远征以及所有在东方的此类行动的全面指挥权，都应该掌握在土耳其人手中。因为他已经开始担心柏林在东方的长期目标，并且看到柏林的目标可能与他自己的目标冲突。与此同时，德国人纯粹偶然地发现，恩维尔已经秘密派遣了一支小型外交使团前往喀布尔，显然是想捷足先登，抢在他们前面。事实上，这一外交使团并没能成功到达喀布尔，但这一发现并未让德国人的情绪好转。

这并不是笼罩在这次远征上的唯一阴霾。恩维尔在萨勒卡默什惨败在俄国人手里，加上苏伊士运河的溃败，让他不再只是关注拿破仑式进军中亚的模糊梦想，而是已经开始把注意力集中在他所面临的现实上，这些现实让他如坐针毡。因此，恩维尔所面临的更加紧迫的问题不是阿富汗的远征，而是东部边界上的威胁，因为俄国在波斯北部集结了一支军队。虽然俄国人公然破坏了波斯宣布的中立，但是在军事上，他们长期以来一直把沙赫的西北省份当成自己的来对待。君士坦丁堡对德黑兰施加了外交压力，但未能成功驱逐俄国军队，于是一支由土耳其正规军和库尔德非正规军混编而成的部队开进了波斯北部，并于 1915 年 1 月袭击了俄军在大不里士的据点。沙赫抗议君士坦丁堡和圣彼得堡违背了他中立的原则，但是都无济于事。交战双方都意识到，沙赫的号令出不了德黑兰，因此他们在接下来的整个战争期间都将继续漠视波斯的中立。

然而，俄国并不是土耳其东部边境的唯一威胁。与土耳其的战争爆发后，德里的军事当局匆忙派遣了一支海上特遣部队前往波斯湾，去保护英国在波斯湾的利益，尤其是保护那里的油田，这些油田对英国皇家海军来说至关重要。与此同时，恩维尔不安地意识到，英国军队对巴格达造成了严重的威胁。巴格达是一个重要的要塞城镇，也是那个地区的首府，距离底格里斯河只有 300 英里。更让人忧虑的是，君士坦丁堡的土耳其和德国的防务专家们预计，协约国随时都有可能在达达尼尔海峡地区发动某种袭击，可能与俄国穿过黑海之后在博斯普鲁斯海峡沿岸的登陆双管齐下。恩维尔最初对阿富汗远征充满了热情，还承诺为远征精心挑选 1000 名土耳其士兵，但是现在热情已经开始减弱了，鉴于前面提到的所有这一切，这也许就不奇怪了。

对于即将要发生的事情，瓦斯穆斯是否不知怎么地早已听到了风声，这可能永远都不会为人所知了。但是大概就在这时候，也就是 1915 年 1 月，瓦斯穆斯做出了一个戏剧性的决定，他把德国特派团的指挥权移交给了尼德迈尔，然后就开始自己独自去冒险了。就连在20年后就开始帮他写传记的作家克里斯托弗·塞克斯（Christopher Sykes）也未能圆满地解释是什么原因导致他当时离开了大部队，以及是哪位柏林的官员批准的，毕竟这个改变是那么突如其来、令人意想不到。一种可能的解释是，他和队伍中的其他人关系非常不好，已经恶化到明显不可能继续再当他们的头领的地步。另一种可能性是，他与尼德迈尔闹翻了，对于各自在即将到来的行动中所扮演的角色有争执，因为这是一次半外交半军事的行动，而德国人以前几乎没有过这样的经验。当然，根据截获的日记所写，他的同事们觉得他喜怒无常，难以相处，而且对于他的离开，他们似乎并不特别难过。

无论他离开的原因是什么，瓦斯穆斯告诉他的同事，自己计划动身前往波斯南部，因为战前他在那里认识了许多部落的首领。他要在那里传播圣战，从而使英国为了保护他们在波斯湾下游地区的利益，不得不向该地区派遣大量必要的军队。在获得当地部落的支持后，他似乎打算向东前往阿富汗，可能会与尼德迈尔和其他人会面，最终一起联合进攻印度。然而，无论是德国的还是英国的传闻，似乎都不符合事实，因为瓦斯穆斯从未到达过阿富汗。但是他在波斯南部将对英国的利益造成更大的伤害，这个以后会看到。

就在瓦斯穆斯宣布离开后不久——他很可能已经预见到了这件事——恩维尔给了土德联合远征阿富汗的整个计划一个致命的打击。1915年2月的第一个星期，土耳其人向德国人通知了这个消息，当时后者已经抵达了联合特派团商定的集结点——巴格达。“我很遗憾地告诉你，”本来也要陪同执行这项任务的土耳其高级军官拉乌夫·贝（Rauf Bey）通知尼德迈尔，“三天前，我接到命令，土耳其远征阿富汗的行动已经取消了，我奉命将所有的人员、武器和装备移交给在美索不达米亚的土耳其最高司令部，以便在巴士拉地区重新部署对抗英国人。”

尼德迈尔和他的同伴们听到这个爆炸性的消息时惊得目瞪口呆，尤其是因为土耳其人已经让他们等了如此之久。当被问及为什么取消这次远征时，土耳其军官给出了许多理由。拉乌夫说，首先，他们无法与阿富汗的埃米尔取得联系，因此，也就无法知道，当这支由1000名士兵组成的武装部队抵达阿富汗边境时，迎接他们的会是什么。尼德迈尔后来描述这件事时没好气地指出，这与几个月前恩维尔的间谍从喀布尔传回的高度乐观的报告形成了鲜明的对比。之前恩维尔的间谍坚称，埃米尔和他的臣民们都很愿意加入土耳其和德国的作战，一起对抗在印度的英国人。其次，拉乌夫还将取消远征的部分原因归咎于德国特派团，他说自从团队中那些不守纪律、“乱说话”的队员被遣送回国后，他们已经损害了整个行动的秘密性，并且让英国情报机构对这个行动有所警觉。再次，他还指责德国人不断坚持在远征计划中保持独立的地位，这破坏了最初商定的远征队的理念，因此恩维尔无法接受这一点。最后，拉乌夫重点指出了穿越波斯的极端困难和危险，这使得尼德迈尔想到，土耳其人已经开始意识到，他们在波斯可能没有自己想象中的那么受欢迎。

虽然尼德迈尔和他的同伴们对土耳其从阿富汗远征计划中撤出感到深深的失望，但是他们坚决不放弃这个计划。他们把阿富汗拖进战争的目的没有改变，如果有可能，还要把波斯拖入战争。“只要柏林不改变主意，”尼德迈尔写道，“即使没有土耳其的帮助，计划也必须继续下去。这样大胆的计划并非没有成功的机会。”然而，由于特派团没了强大的武装护卫的保护，整个远征计划将不得不重新规划。不过尼德迈尔分析，德国人独自行军也有明显的优势。土耳其人在波斯已经越来越不受欢迎。他们不仅在中立的波斯领土上与俄国人进行着战争，而且很明显恩维尔也对波斯领土持有野心。更糟糕的是，土耳其军队在波斯西北部与俄国人作战时，极端残暴地对待当地的波斯居民。事实上，土耳其人和波斯人除了都不喜欢俄国人以及都对英国人没有什么好感外，他们的唯一共同点就是宗教信仰。然而即使是这一点也有差异。因为土耳其人是逊尼派，而波斯人是什叶派。“考虑到所有这些因素，一支全部是德国人的特派团似乎更不容易引起人们的怀疑。”尼德迈尔乐观地说道。

但很快拉乌夫就接到命令，要他阻止德国人离开土耳其领土进入波斯，因为君士坦丁堡将波斯视为自己的禁脔。与此同时，土耳其人以攻击波斯北部的俄国哥萨克部队为借口，继续派遣军队跨过边境。这些部队经常与当地的部落成员发生血腥的冲突，致使后者憎恨土耳其人的入侵，土耳其与波斯的关系也进一步恶化。这也损害了德国人在该地区的好名声，因此尼德迈尔试图说服土耳其人不要再这样入侵，但最后都无济于事。现在他明白，自己唯一该做的就是把特派团总部迁往德黑兰的德国公使馆，这样他才能远离恩维尔和拉乌夫，在那里他可以制定他的阿富汗远征计划。他还可以评估波斯沙赫及其民众加入圣战对抗英国和俄国的意愿。然而，问题在于，他如何带着自己的特派团趁着土耳其盟友不备，穿过严密守卫的边境进入波斯。

这时尼德迈尔和他的手下意外地走运了，因为恰好在这个时候，德国驻波斯公使罗伊斯的亨利王子（Prince Henry of Reuss）来到了巴格达，他刚刚在德国休假完要返回德黑兰。他接到命令，要不遗余力地把波斯拖进战争，并向尼德迈尔提供一切援助，来达成同样的目标。这位德国公使宣布，尼德迈尔及其团队将陪同他前往波斯。如此高职位的人下达了命令，土耳其人无力反对。即便如此，直到最后一刻，土耳其人还是百般刁难，试图阻碍德国人，征用了他们包括机枪在内的大部分设备，来对付南方的英国人，同时还破坏他们与柏林和君士坦丁堡的联系。就在他们即将离开巴格达的时候，土耳其边境地区的总督最后一次尝试拦截他们，这位总督毫不掩饰自己的反德情绪，他拒绝让德国人继续前进。然而，虽然这位总督不情不愿，但是拉乌夫·贝还是否决了这种做法，因为他急于避免柏林和君士坦丁堡发生重大的外交冲突。1915 年 4 月 3 日，德国人终于获得批准进入波斯。

“我们要离开这个苦难的地方了，我高兴得难以言喻。”尼德迈尔后来写道。虽然他们成功地摆脱了土耳其的百般阻挠，但是现在他们发现自己第一次直面敌人了。英国人和俄国人深知德国人的意图，他们的特工早就到位，一旦德国人进入波斯，就能马上报告德国人的动向。尼德迈尔报告说：“就在波斯边境的克尔曼沙阿（Kermanshah），强大的英国间谍网络已经开始运作起来了。”英国特工甚至渗透进了土耳其的领土，其中一个英国特工被发现携带着有关尼德迈尔团队的详细情报，这些情报是由意大利驻巴格达的领事提供的，而意大利当时本应当是保持中立的。与此同时，驻德黑兰的英国公使强烈抗议德国武装部队进入中立的波斯，英国的特工则正在试图激起当地部落的愤怒，并利用德国盟友土耳其的臭名来抹黑德国人。

但是对于尼德迈尔这样一名德国军官来说，这些事情不过只是一个挑战，是战争和远征中常有的。他为人异常果断、野心勃勃，十分期待在战场上运用自己的智慧和钢铁意志对抗英国和俄国的对手，他很熟悉这个战场，在战前曾多次游历。他的大多数同伴也渴望最后能与敌人一决高下，因为虽然最初聚集于君士坦丁堡的特派团人员高下不齐、争吵不休，但现在的他们与那时完全不同。然而，首先他们不得不为穿越波斯到阿富汗边境的漫长而艰苦的旅程做准备，毕竟他们要去大约 700 英里以东的地方，还要跨过一些地球上最荒凉的沙漠。

在和德国公使前往德黑兰时，尼德迈尔决定派队伍的其他人，带上之前设法从土耳其人手里保留下来的装备，向南行进大约 200 英里，去往古丝绸之路上的贸易城镇伊斯法罕（Isfahan）。在这座城镇，特派团能够在尽可能远离北部俄国人以及南部英国人的情况下，建立自己的基地。在等待尼德迈尔返回的过程中，他们会派遣特工，先行贿赂预定路线上的当地波斯官员和部落成员，并与这些人结交朋友，从而铺平远征的道路。与此同时，尼德迈尔和外交公使将努力说服波斯沙赫以及他的政府，如果波斯不以土耳其盟国的身份加入战争，那就以德国盟国的身份加入，或者至少让波斯对出现在他们的国土上的德国武装团体视而不见。

从表面上看，波斯人有充分的理由，希望看到英国和俄国在目前的战争中，即使没有战败，也会受到羞辱，因为他们自己在几年前就遭受了这两个大国的极端羞辱。还记得吧，在 1907 年的夏天，英国和俄国人在没有告知或咨询沙赫的情况下，就达成了协议，将沙赫的国家划分为两个势力范围。包括波斯大部分主要城市在内的整个北部地区都被划分在俄国的势力范围之内，而南部是通往波斯湾的入口，也是通往印度的南部陆路通道，则被划分在了英国的势力范围内。除了划分了南北两个部分，剩下的中间部分则设立一个中立区。这一协议也涉及阿富汗和中国西藏，它实际上结束了英俄两国在亚洲对抗的大博弈时代，为此俄国会远离印度的边境，而英国则会远离俄国的中亚地区。尽管这份《英俄公约》没有提到德国，但正是因为双方都恐惧柏林在东方的“东进”野心，英俄之间的和解才得以达成。

虽然该协议声称尊重波斯的独立和领土完整，但是普通的波斯人民发现，伦敦和圣彼得堡没有考虑他们的感受，就这样把他们的国土均分了，这激怒了他们。他们认为，这是两大强邻俄国和英属印度强行瓜分他们领土的第一步。然而，这并不意味着他们现在就对土耳其人或德国人更加尊重了。恩维尔入侵了波斯领土，他几乎毫不掩饰自己对波斯领土的野心，这使得土耳其和波斯不可能会联合起来对任何国家发动圣战。因此只有德国人还有希望将波斯带入与协约国对抗的战争中。但是德黑兰认为，即使德国人也并不是完全清白的。随着《英俄公约》的签署，德国在波斯的威望达到了空前的高度，因为波斯人把德皇威廉视为他们领土的保护者。但是，1911 年夏天，德国皇帝与俄国沙皇尼古拉二世签署了一项协议，正式承认俄国在波斯享有“特殊的利益”。波斯人认为这是一种背叛,因此德国人失去了他们的友谊和信任。然而，由于德国与英国和俄国开战，这种关系上的损害某种程度上正在逐渐得到修复,因此尼德迈尔有理由保持谨慎的乐观态度。

就在尼德迈尔估摸着德黑兰的倾向，而队伍中的其他人在伊斯法罕为即将到来的阿富汗远征做准备时，其他地方发生的战争夺去了许多人的生命，除此之外就几乎没有什么进展了。西线战场已陷入了僵局，虽然双方都损失惨重，但是无论是协约国还是德国都没有取得明显的胜利。英国远征军发现自己正面临着德国恐怖的毒气袭击，并且极度缺乏炮弹。在通过海军对土耳其堡垒进行了长时间的轰炸之后，一支协约国联合军队在加里波利半岛登陆了，结果一如法国战场，他们发现自己也陷入了困境，伤亡惨重。在一系列的外交协商、反复比较双方开出的价码之后，意大利最终加入了协约国阵营，尽管起初只是与邻国奥匈帝国开战。在美索不达米亚南部，土耳其和英属印度的军队之间发生了激烈的战斗，而在博斯普鲁斯海峡和马尔马拉海，英国潜艇当着君士坦丁堡的面，击沉了土耳其的船只。在英国利物浦，人们进行了一场反德示威，因为一艘德国U型潜艇击沉了载有儿童和中立美国人的“卢西塔尼亚”号客轮。此外，德国的齐柏林飞艇穿越了北海，向英国东部地区投下了炸弹。

与此同时，在柏林，德皇威廉对打击他的英国表亲的热情丝毫没有减弱。他坚决继续推行自己的圣战计划，认为这样能对英国人造成最大的伤害。不管有没有土耳其人，他都要发动波斯人和阿富汗人，让他们在印度守卫不严的边境进行圣战。这不仅会迫使英国维持在那里的驻军，使其无法被部署到其他战线上，也会让当地人民起义反抗他们的统治者，英国人甚至可能被迫从这个国家撤离出去。如果这样的话，他就可以看到自己在不远的将来被加冕为印度的皇帝。

在德皇的军事组织中，一项甚至更加雄心勃勃的计划正在被研究。陆军元帅冯·德·戈尔茨曾担任过苏丹的顾问，对东方事务具有长期的经验。他提出直接投入德国军队去入侵印度的战略。戈尔茨引用了过去成功的入侵，包括亚历山大大帝和波斯沙赫纳迪尔的入侵，认为没有什么可以阻止一支有决心且装备精良的德国军队前进的脚步。俄国将军们在大博弈时期也提出过类似的观点，他们甚至制定了周密的计划来执行这样的入侵，虽然最终这些都没有发生。然而，冯·德·戈尔茨指出，柏林至巴格达铁路的建设，使得这一计划比过去更加可行，因为这条铁路可以把大量的步兵以及炮兵部队运送到波斯湾的海岬地区，而且还可以定期为军队运送补给品。

我们知道，在首次提出修建这条铁路时，英国战略家们并没有忽视这种危险。目前德国人唯一担心的问题是铁路尚未完工。这条铁路最困难和最危险的部分还没修建完成，其中就包括穿过土耳其南部托罗斯山脉的隧道。与此同时，运送军队和弹药到巴格达——任何此类入侵可能的集结点——必须依靠卡车和骡子艰难地穿过关隘进行。因此，冯·德·戈尔茨强烈要求将隧道的爆破作为最优先考虑的事项，要在人力所能及的范围内竭尽全力尽早完成修建。然而，旺根海姆大使却对军方进行了严厉的批评，他认为，铁路尚未完工的部分很可能需要再花上3年时间才能完成，到那时战争可能已经结束了。一直以来，他都在批评柏林方面对德皇的宏图大志缺乏先见之明，并将出现的大部分问题归咎于这一点，其中包括与土耳其人的不和。

然而，柏林的规划者们并没有这种疑虑，他们已经在着手用另一种手段击垮英国在东方的统治。除了尼德迈尔在德黑兰的努力以及瓦斯穆斯在南方的努力，他们还有一件秘密武器，那就是印度内部的敌军。就在1915年2月，也就是在英国镇压“加德尔”起义之前不久（但是当时为时已晚，他们无法对现场的人提供任何援助），德国外交部在柏林成立了一个名为“印度革命委员会”

的秘密机构。机构的目的是在德国的严格监督下，协调印度教、穆斯林和锡克教革命者在印度煽动反英起义的活动，并向他们提供武器、弹药和资金。它的最终目的是从内部推翻英国在印度的统治。柏林对这个机构的活动以及在那里工作的25名印度人的重视，体现在维兰德街三十八号那栋3层高的楼上，那栋楼完全跟大使馆的地位相当。

这个秘密机构很快就开始安排暗中购买武器，那些在印度的革命者急切地等待着这些武器。他们的领导者认为，缺乏武器是早期起义失败的主要原因。这一次，有了充足的武器，而且考虑到留下来维持法律和秩序的英国和印度军队数量减少了，因此阴谋者都相信他们可以成功。因为皇家海军有效地封锁了德国的港口，显然德皇自己的武器工厂不能为他们提供武器，而且他自己的武器工厂已经全力开动来满足德国在战场上的武器需求。因此，印度革命委员会和德国外交部决定从中立的渠道获取武器，由悬挂中立国旗帜的船只将这些武器走私到印度。最明显的中立渠道是美国，那里有现成的武器，而且官员们也不会问太多的问题。

1915年2月，在弗朗茨·冯·帕彭（Franz von Papen）上校手下工作的德国和印度特工购买了这些武器，这位上校表面上是柏林驻华盛顿大使馆的武官，但他实际上是德皇在华盛顿的战时情报部门的负责人。他们设法从纽约的3个军火商还有费城和加利福尼亚各一个军火商那里获得了3万支步枪和手枪，以及大量弹药。与此同时，他们还搞到了两艘船——从美国人那里租来的纵帆船“安妮·拉森”号（Annie Larsen），以及由冯·帕彭上校出资全额购买、维修和改装的油轮“马弗里克”号（Maverick）。这些武器现在被运送到了太平洋海岸的圣地亚哥港口，“安妮·拉森”号已经停靠在那里，等待着人们把这些武器搬运上船。

他们计划用这艘纵帆船，将这些武器运送到一个墨西哥海岸旁的偏远岛屿，接着在那里将这些武器转移到更大的、适合远洋航行的“马弗里克”号上，然后长途航行穿越太平洋去到爪哇。他们在爪哇再次将这些武器卸下，并搬到德国领事官员在当地租来的小渔船上，这些小渔船将会负责这段旅程最后且最危险的阶段，把武器送到那些即将使用它们的人的热切的手中。这批数量庞大的军火大部分都是为印度的革命者准备的，他们将会在黑夜的掩护下，到偏远的孟加拉海岸旁的小溪里把这些武器拿走。还有一些武器是留出来给邻国缅甸的，缅甸正在计划同时发动起义。但这些武器首先会被走私到泰国，因为那里的官员更容易被贿赂。他们将从泰国把这些武器带到与缅甸接壤的边境，并将武器秘密地藏起来，等到需要的时候再取出来。与此同时，德国领事正在菲律宾协商再购买 5000 支步枪和 500 支手枪，并租了一艘机动纵帆船将这些武器走私到泰国。船上还有两名德国武器教官，他们将帮助起义者在偏远的丛林空地建立秘密训练营。他们还从中国的前革命者那里购买了武器，从鲜为人知的陆路走私到缅甸和印度。这些就是柏林把武器和弹药送给内部的敌军的计划。

与此同时，在德国首都的亚瑟·齐默尔曼和他的顾问决定加强尼德迈尔计划带去喀布尔的特派团，当时尼德迈尔仍在德黑兰。人们认为，在土耳其人退出特派团后，埃米尔不太可能会被这种纯粹只有德国人的使团所打动。因此，为了让这个特派团更有分量，他们决定为特派团增派一个著名的印度人。这名印度人表面上是特派团的领导者，他可以宣称在为自己的同胞说话，并邀请埃米尔帮助他们从英国统治中解放出来。但是谁来扮演这个主角呢？

传奇人物维纳亚克·萨瓦卡因为他的革命活动被关押在了安达曼群岛，最明显的候选人是哈尔·达雅尔，他是“加德尔”运动的创始人，在逃离了美国的司法制裁后，现在在瑞士。战争爆发后，他立即前往君士坦丁堡为土耳其人提供服务，但很快就与他们就战略问题争吵起来。在1915年1月，他发现旺根海姆更加赞同他的观点，于是他同意去访问柏林，与德国外交部和印度革命委员会进行进一步讨论。但是，他虽然才华横溢，却从来都没有想过要当一名实干家，他只把自己视为革命战略家和有远见的人。他无意领导一个秘密的特派团去阿富汗。况且他的健康状况不佳，身体可能会经受不住穿越波斯炽热沙漠的跋涉之苦。

然而，他知道最适合这个任务的人——一位年轻而有魅力的印度王公，名叫拉贾·马亨德拉·普拉塔普（Raja Mahendra Pratap）。虽然拉贾只是个小土邦的王公，但是他并没有掩饰自己对英国人的极度厌恶，也没有隐藏自己希望看到英国人被驱赶出祖国的愿望。这位王公于当年2月被邀请从位于中立国瑞士的家中前往柏林讨论合作的可能性。但是拉贾非常自重，要求必须能和德国皇帝单独会见，他才会同意应邀过去。这次会面由齐默尔曼精心安排，德皇和拉贾讨论着将英国人从印度驱逐出去的策略，而齐默尔曼则毕恭毕敬地站在离他们有一段距离的地方。为了向拉贾表示敬意，柏林举办了很多宴会，德国报纸把他誉为“印度的王子”，他还乘坐飞机去了被白雪覆盖的俄国前线，观看了那里的战斗。德国最高层还热忱地倾听了他的观点，内容是关于如何在印度煽动大规模起义，以及如何赢得其他印度王公的支持。拉贾对这些安排非常满意，他告诉他的东道主，自己愿意担任喀布尔特派团的名义领袖。

由于威廉·瓦斯穆斯离开特派团去了波斯南部，尼德迈尔现在没有一名有授权或知识渊博的外交官，去与喀布尔的埃米尔谈判或签署条约。因此，被选去与“印度的王子”同行的是一位会说波斯语的职业外交官，这位外交官战前曾在德黑兰、君士坦丁堡和北京工作过。这位外交官名叫沃纳·奥托·冯·亨提格（Werner Otto von Hentig），29岁，是一名优秀的骑手，也是一名经验丰富的亚洲旅行者。在战争爆发时，亨提格曾志愿参加过一个骑兵团，并曾去过俄国的前线作战，后来被召回外交部，在东方参与秘密情报的工作。他现在负责特派团的外交工作，他的主要任务要在抵达喀布尔时才开始。为了增加这个特派团在埃米尔眼中的公信力，柏林决定在特派团中加入一名穆斯林革命领袖，名叫穆罕默德·巴拉卡图拉（Mohammed Barakatullah），他战前的反英活动帮助了德国，也加入了位于柏林的印度革命委员会。最后，特派团还配备了一小支由前印度军队士兵组成的护送队，他们很早就已经逃离了印度，并加入了土德一方。

特派团带了黄金，用来贿赂波斯和阿富汗的官员，为他们铺平前行的道路，此外，他们还在行李中带了为埃米尔及其官员们挑选的令人眼花缭乱的礼物。这些礼物有宝石金表、金制的钢笔、金顶手杖、手工装饰的步枪和手枪、双筒望远镜、照相机、指南针、电影放映机，还有德国的最新发明——十几个无线电闹钟。所有这一切都是为了迎合东方人的贪婪，并且展示德国工程技术的优越性。他们也带了德国皇帝和土耳其苏丹给埃米尔的私人信件，这些信件向这位埃米尔表达了他们的友谊，并劝告这位君主加入对抗英国和俄国的圣战。最后，他们还带了不少于27封署有德国首相签名的信，他们要把这些信送到尼泊尔国王和那些可能反英的印度王公的手上，其中一些印度王公有自己的小型私人军队。这些信件用皮革装订得豪华异常，以收信人的语言书写而成，敦促印度王公们与德国和土耳其站在一起，命令他们的军队和臣民加入即将到来的革命。他们将把这些信件从喀布尔偷运进印度，然后再由秘密的信使把这些信件送到目的地。

4 月 10 日，一切已经准备就绪，这三个人乘火车离开了柏林，前往君士坦丁堡，他们住在君士坦丁堡豪华的佩拉宫酒店，这座酒店所展现出来的奥斯曼式奢华至今仍为游客们所喜爱。在土耳其的首都，他们才获知协约国军队已于 4 月 25 日在加里波利登陆。这一消息使得他们的任务更加紧迫了，他们要迫使英国把其他地方迫切需要的军队留在印度。在动身前往巴格达和波斯边境之前，他们在博斯普鲁斯的宫殿里会见了苏丹，苏丹祝他们在这项危险的任务中取得成功。他们还在最后关头跟恩维尔帕夏进行了商讨，恩维尔越来越怀疑柏林的意图，因此他把自己的一名军官调到了特派团，想必是要这名军官密切监视他们。最后，在 1915 年 5 月初，他们出发前往巴格达，主要坐火车沿着这条新修但尚未完工的铁路前行，在托罗斯山脉和其他没有铁路的路段则改为骑马。他们从巴格达进入波斯，接着前往伊斯法罕，并在那里与尼德迈尔的团队会师，然后一起向东朝着最靠近阿富汗边境的地点前进。

与此同时，尼德迈尔离开了德黑兰，他意识到试图说服沙赫及其大臣加入圣战是徒劳的，因为土耳其人仍然占领着波斯的部分领土。事实上，他们有时会对这个强取豪夺的邻国感到非常愤怒，甚至考虑宣布加入协约国阵营。这位德国军官现在已经在伊斯法罕与他的手下重新会合，他发现亨提格和两名印度革命者也在那里。这两名德国人立即就这个特派团的总体指挥权产生了分歧。然而，柏林迅速地解决了这些分歧。当时的裁决是，尼德迈尔应该担任唯一的军事指挥官,负责将特派团安全地送到喀布尔，而亨提格则负责所有的外交问题，特别是与阿富汗统治者的关键谈判。

最后，在7月1日，特派团准备好出发了。对于这两个印度人来说，这一刻内心肯定充满了焦虑。因为除了身体上要遭受的极端磨难以及要面临的其他危险外，他们也清楚地知道，如果他们不幸落入了英国人的手中,等待着他们的将会是绞刑吏的绞索。

第二部
全新的大博弈

“我收到来自各地的特工的报告——俄国南部的小贩、阿富汗的马贩子、土库曼商人、前往麦加的朝圣者、北非的酋长、黑海沿岸的水手、穿着羊皮的蒙古人、印度教的托钵僧、波斯湾的希腊商人，还有使用密码的体面的领事。他们讲的是同一个故事。东方正在等待一个启示。某颗星……正从西方冉冉升起。德国人知道，这颗星就是他们的牌，他们要用这张牌震惊全世界。”

——英国特勤局局长沃特·布里弗特爵士，

在约翰·巴肯于 1916 年写的《绿斗篷》中，

为理查德·汉内做的简报

7

德国的劳伦斯

威廉·瓦斯穆斯在经历了一段危险的南下之旅后，于1915年春天到达了波斯湾的海岸，并且开始执行自己的任务，即在那里策划一场针对偏远英国人社区的圣战。他穿着波斯的服装，流利地说着波斯的语言，假装自己已经皈依成为一名穆斯林。他开始煽动当地部落，发动一场充斥着谋杀、暴力和破坏的运动，目的是把英国人赶出波斯湾，或者迫使英国人把其他地方急需的军队调遣到这里。瓦斯穆斯以前在布什尔担任过德国领事，从那时起他就知道，英国人的这些小据点非常脆弱，通常只依靠一些从当地征集的士兵保护，很容易就能攻下。瓦斯穆斯还与许多部落领袖保持着良好的关系，在战前去当地游历时，他就经常待在这些人的帐篷和村庄里。现在，带着德国的黄金和慷慨承诺，瓦斯穆斯开始利用起这些昔日的友谊。

事实上，这些部落成员不需要太多的劝说，因为英国人遏制了他们从当地海岸走私武器到印度西北边境的非法买卖，而这些非法买卖曾给他们带来高额的利润，因此他们对英国人怀有深深的怨恨。他们希望看到这些自封的波斯湾守卫者永远被驱逐出境。瓦斯穆斯在解释自己皈依伊斯兰教的过程时，告诉他们德国皇帝本人也改信了他们的信仰，并命令所有的臣民也要这样做。他还说，皇帝甚至秘密前往麦加朝过圣，因此他有权利戴上神圣的绿色头巾，并取名为“哈吉”·威廉·穆罕默德。瓦斯穆斯还告诉那些头脑简单、易受影响的部落成员，他可以通过无线电直接定期与皇帝联系。为了让这种子虚乌有的说法更加可信，他用一套耳机、一条钢天线和一块磁铁进行了一场戏剧表演。当这些工具在黑暗中产生火花时，瓦斯穆斯声称接收到了皇帝本人发来的给个别部落领袖的“个人讯息”以及大言不惭的劝告说辞，要求他们加入德国和土耳其的圣战，对抗英国异教徒。不用说，瓦斯穆斯根本就没有无线电设备，距离最近的一台德国无线电设备也在近 300 英里以外的伊斯法罕，那里是尼德迈尔远征阿富汗的集结点。

然而，通过这些手段，这位前德国领事很快就成了英国人的肉中刺，越来越威胁到英国人在该地区的势力。此外，他的个人游击战能力非常出色，因此英国人虽然很不愿意承认，但后来还是给他起了“德国的劳伦斯”这一绰号。然而，几个星期前，英国人几乎就把他抓住了。事情是这样的。其实英国人早在战争之前，就已经注意到德国的间谍以领事和商人的名义在波斯湾从事非法活动，不过当时英国人对此无能为力。瓦斯穆斯不是一个普通的领事，这在英国人中早就是一个公开的秘密。这些怀疑在 1914 年 11 月得到了证实，当时土耳其加入了战争，为了确保重要油田的安全，英国向波斯湾派出了特遣部队。当这批部队停靠在当时英国的保护国巴林时，一名德国商业间谍在那里被抓获了。这名间谍直到被抓捕时还在撰写着一份关于英国军队实力和构成的详细（而且极其准确的）报告。由于当时岛上没有无线电台，一艘快速行驶的三角帆船已经准备妥当，以便将这名间谍的报告送到最近的、位于布什尔的德国领事馆，之后再送往到别的地方。与此同时，英国情报部门也收到消息，称德国驻布什尔的领事李斯特曼博士（Dr Listermann）正教促当地的部落成员袭击英国驻扎地，该驻扎地位于城外几英里处一个无保护的偏远地方。尽管李斯特曼有外交豁免权，但英国还是决定立即逮捕他。

突袭德国领事馆时，除了李斯特曼强烈的抗议外，英国人没有遇到其他任何抵抗。他们在突袭中发现了大量影响十分恶劣的材料，其中包括电报以及其他机密文件和指示。其中有一封电报通知李斯特曼，瓦斯穆斯即将向南出发，并在那个地区组织反对英国以及印度的活动。与此同时，李斯特曼接到命令，煽动部落成员攻击在布什尔的英国驻扎地，并且安排切断连接印度的陆路电报线路（他对此有些无力，回复说自己没有办法做到）。英国坚持认为，这些发现最终证明，德国计划在波斯进行敌对行动，以此来破坏波斯的中立，因此李斯特曼的外交豁免权失效了。从查获的文件和电报中可以清楚地发现，其他一些住在波斯湾地区的德国人也参与了柏林的计划，因此英国立即下令逮捕了所有能抓到的人。与此同时，李斯特曼被送往印度进行拘留。

正常情况下，由于波斯当局在法律上对在他们国家居住的外国群体的安全和康乐负有责任，而且德国人打算破坏他们国家的中立，因此波斯当局本应该采取这样的行动。然而，尽管英国要求遏制德国外交人员在波斯各城镇的非法活动，但沙赫的那个软弱而分裂的政府不愿意与柏林摊牌。更糟糕的是，布什尔的部落对德黑兰当局极度敌视，而由瑞典人统率的多达6000人的宪兵部队本应该维护波斯中部和南部地区的法律和秩序，但众所周知他们是支持德国人的。因此，英国人知道，他们在这一地区的领事和其他据点是孤立的，几乎得不到任何保护。与此同时，越来越多的德国人在小型武装护卫的陪同下（据说是为了保护他们免遭盗贼之害）进入波斯，他们声称自己是领事，尽管他们没有获得德黑兰的官方认可，但德黑兰却无力阻止他们。瓦斯穆斯就是其中一个，就在那个时候，他正从巴格达南下，到距离布什尔 120 英里的设拉子担任德国领事。既然他已经准备放手一搏，而且他的真实来意也已经暴露出来了，因此拦截他才是至关重要的。

瓦斯穆斯与另外两名德国人一同前行，他选择了一条能尽可能远离麻烦的路线。尽管如此，他并没有理由怀疑英国人已经注意到了他的到来或意图，因为他没有办法知道英国人对领事馆的突袭，以及他们的计划已经暴露了。他也不知道李斯特曼博士被捕的消息，他本来还希望在到达中途站舒什塔尔（Shushtar）时，可以从李斯特曼博士那里得到最新的消息。因此，当瓦斯穆斯到达舒什塔尔时，他有些惊讶地发现居然没有消息在等着他，不过他仍然继续向前赶路。接着，在 3 月 5 日那天，他和他的同行者突然被一群受雇于英国人的骑兵袭击了。直到此时他们才意识到，自己在一路上的行动很多时候都受到了当地间谍的严密监视，而他们已经直接跳进英国人设置的陷阱中了。

事实上，早在战争之前，瓦斯穆斯就认识那位下令逮捕他们的人，当时他和那人都在布什尔工作。1904 年，德国在波斯湾地区的活动首次引起了德里和伦敦的恐慌，当时一名年轻的政治官员珀西・考克斯少校被派往这个地区密切监视德国人，并试图阻挠他们的计划。瓦斯穆斯则于 1909 年来到布什尔，考克斯后来这样评价瓦斯穆斯："在私人生活中，他受到我们和整个英国人群体的喜爱。但作为一名领事同行，我发现他有点麻烦和好斗，倾向于通过威胁和恐吓……来弥补智力上的缺失。"现在，11 年过去了，考克斯也回到了波斯湾，再次与瓦斯穆斯斗智斗勇，不过这次他的身份是珀西·考克斯少将爵士。由于对波斯湾地区的部落政治和知名人物有着独特的了解，考克斯被授予了非凡的权力和权威，同时担任英国驻扎地代表以及占领巴士拉的远征军的首席政治官。由于布什尔离实际的战区有一段距离，因此考克斯就驻扎在巴士拉，通过无线电与驻扎地的工作人员保持密切的联系。

在得知瓦斯穆斯已被抓获后，考克斯手下的英国情报官员爱德华·诺埃尔（Edward Noel）上尉立即就被派往现场。他将带着一支小护卫队去把囚犯押送过来。路途中，诺埃尔收到了那帮雇佣骑兵传来的消息，他们问是否需要按照波斯的习俗，为这些囚犯戴上脚镣和手铐。诺埃尔认为这样做是野蛮的，因此拒绝了，不过他还是要求他们保持高度的警惕，不要让囚犯逃跑了。诺埃尔即使是在战争中，也讲究文明的行为，这将会给他沉重的一击。因为当他和他的护卫队赶到现场时，瓦斯穆斯早就逃得不见踪影了，这让他们很是失望。

没有人确切知道瓦斯穆斯是如何成功逃跑的，关于这件事有各种不同的说法。其中一种说法是，瓦斯穆斯假装非常担心自己的马，他坚持说那匹马生病了，并多次去拴着那匹马的地方。过了一段时间，看守他的人就变得粗心大意了，当瓦斯穆斯再去看马时，他们都不跟着去了。瓦斯穆斯抓住了适当的时刻，在黑暗中溜走了，他静悄悄地骑着马穿过了沙漠，来到了一个战前就认识的部落首领的领地，而这位首领给他提供了庇护。另一种说法是，他趁着看守人员一时不注意，悄悄地从帐篷边缘的下方钻了出去，然后光着脚逃跑了。然而，瓦斯穆斯的两个同伴以及其他队员就没那么幸运了，第二天早上，他们连同大量的煽动性文学作品、武器和弹药一起，被转交给了诺埃尔看管。至少有很大一部分煽动性文学作品显然是为印度准备的，因为这些文学作品号召印度当地的军队叛变，反抗他们的军官，并且参加圣战。但这些并不是在德国人的行李中发现的全部东西。在瓦斯穆斯被迫放弃的秘密文件中，有一个密码本，不过当时英国人还没能弄明白这是什么。后来，这个密码本被送到了伦敦的相关部门，那里的人一眼就注意到了它的重要性，并拿走了这个密码本。在他们手中的这个密码本将会改变整个战争的方向乃至最终结果，这些在接下来都可以看得到。

在布什尔的英国人没有足够的兵力，穿过潜在的敌对领土去追捕瓦斯穆斯，因此瓦斯穆斯得以前往100英里外法尔斯省的省会设拉子。在那里，他以德国领事的身份为掩护，开始建立自己的行动基地。他非常愤怒，自己竟被英国人打了个措手不及，并失去了两名同事以及所有的设备，为此他发誓一定要报复他的敌人。但首先，他通过法尔斯省的波斯总督，试图对英国施加压力，要求释放他的两个同伴，并把队伍的行李交还给他们。与此同时，英国人要求立即将瓦斯穆斯驱逐出设拉子，并警告波斯当局，除非他们或他们由瑞典人统领的宪兵部队制止瓦斯穆斯和其他德国“领事”的非法活动，否则英国将不得不自己派遣军队来制止。瓦斯穆斯意识到自己几乎没有希望通过外交手段，来解救同事或者拿回行李，于是他现在把注意力转向，开始在部落成员中传播圣战，并把他们的愤怒引向对抗英国。

起初，瓦斯穆斯打算把设拉子作为基地，然后从这个基地开始进攻布什尔乃至印度。因为他计划就在这里点燃起义的火把，火苗将向东穿过波斯，向印度西北边境和更远地区的部落火药桶烧去。他还将四处传播各种故事，例如德国和土耳其在西方已取得伟大的胜利，英国人和俄国人四处逃亡，以及印度各地已发生暴力起义。所有这些故事将在部落中被大肆宣扬，以此来证明土耳其和德国的事业是正义的，证明圣战是正义的，而圣战的唯一目的是把东方的人民从英国和俄国的压迫中解放出来。然而，瓦斯穆斯在上述意外袭击中丢失了他的行李，其中包括大量特别准备和翻译的圣战传单，这对他的反印度行动是一个沉重的打击，他不得不转向，集中精力只对抗在波斯南部的英国人。

瓦斯穆斯这次的主要盟友是好战的坦吉斯坦人(Tangistanis)，这个部落控制着布什尔附近的沿海平原，瓦斯穆斯在战前就认识他们的许多首领和长老。他在当地的宪兵部队中也有一些朋友，这些军官大都明面上中立内里却亲德，瓦斯穆斯可以相信他们，而他们则会对瓦斯穆斯的不法行径视而不见，而且也会无视英国人愤怒的抗议。坦吉斯坦人长期以来对英国人怀有不满，这有效地促进了瓦斯穆斯对坦吉斯坦首领的拉拢。坦吉斯坦人的北方邻居和竞争对手是强大的巴赫蒂亚里人（Bakhtiaris），他们以不干涉部落领地里英波油田的石油输送为条件，从英国人那里换取了巨额的收入。而坦吉斯坦人却什么也得不到，这引起了他们的强烈嫉妒，以及对英国人的敌意。

当瓦斯穆斯向南穿过巴赫蒂亚里地区时，他曾努力地去说服这个部落的首领们，要他们加入对抗英国的圣战。“为什么要和贪婪的英国人分享你们的石油财富呢？”瓦斯穆斯责备他们，“帮助我们把英国人从你们的土地上赶出去，那么所有的石油就都是你们的了。”巴赫蒂亚里的首领们指出，他们并没有开采石油的工具，瓦斯穆斯则向他们保证，德国会非常愿意派专家来帮他们开采。但是首领们对他的甜言蜜语置若罔闻，因为他们知道德国人在波斯湾地区没有油轮，更重要的是，皇家海军控制着航道。即便如此，德国人的这种态度还是给巴赫蒂亚里的首领们壮了胆，他们试图将其转变成于自己有利的筹码，从而要挟英国人为他们的忠诚支付更高的价钱。然而，这个策略失败了，因为英国人知道巴赫蒂亚里人对英国的黄金有多么依赖，而且无论是瓦斯穆斯还是其他任何人都无法给巴赫蒂亚里人提供一个更好的选择。

与此同时，瓦斯穆斯在邻近的坦吉斯坦人中却混得如鱼得水，他向坦吉斯坦人鼓吹圣战，假装通过那个假的无线电设备接收到来自德国皇帝的劝告以及恭维的讯息。他在这段时间拍摄了一张照片，照片中的形象令人大吃一惊，他穿着波斯的长袍，留着亚麻色的长发还有小胡子，腰带间插着一把毛瑟手枪。他的眼睛朝上看着，眼中流露出一种近乎救世主的神情。“波斯人啊，”他对他们说，“现在是时候把你们自己献给神圣的事业了。在整个伊斯兰世界都受到异教徒敌人威胁时，如果你们不愿做出牺牲，那么在审判日那天，你们将怎么面对先知？”瓦斯穆斯向他们保证，德国人和土耳其人很快就会入侵印度，东方最终将从异教徒的枷锁中解放出来。他说自己已经走了两千多英里，来帮助他们把讨厌的英国人从他们身边赶走。正如他们亲眼所见、亲耳所闻，他与德国皇帝保持着密切的联系，而德国皇帝将会亲自发出圣战的信号。

珀西・考克斯爵士震惊万分，瓦斯穆斯这个冷酷无情而又富有魅力的敌人竟构成了如此之大的威胁，而波斯当局却既无力也不愿意处置他。于是考克斯决定自行执法，悬赏缉拿瓦斯穆斯的人头。他悬赏 5000 英镑，后来追加到了 3 倍，来缉拿这个德国人，不管是死是活（最好当然是活捉）。在那些地区，这可是一笔巨款，对那些潜在的背叛者来说这是一个相当大的诱惑。假以时日，这个悬赏可能最终会对那些唯利是图的部落成员起作用，然而，这个悬赏后来却并没有真正付诸实施。因为悬赏引起了伦敦外交部的注意，外交部的官员们都被吓坏了，他们坚持认为即使暗杀和绑架的是危险的战时敌人，英国人也绝不应该做这样的事。伦敦和德里之间、英国外交部和印度外交部之间从来就没有多么友好，而且英国外交部的一位高级官员谴责考克斯的行为是“可恶和可憎的”。考克斯接到命令，要他立即撤回悬赏，而总督则指示要将跟这件事有关的一切从记录中删除。然而，考克斯很快就可以替自己雪耻了。大约 6 个月后，当瓦斯穆斯在波斯南部对英国的地位产生真正威胁时，焦虑的伦敦问考克斯如何才能消除这种威胁。考克斯毫不掩饰自我，饶有兴味地回敬道：“我害怕激起国王陛下政府的厌恶和憎恨，因此无法提出进一步的建议。”

伦敦方面正在尽其所能地公开质疑这场圣战，并挑战那些发动圣战的人的宗教权威。苏丹自称是所有穆斯林的哈里发，这一点从来就没有被普遍接受过。因此，那些伊斯兰神学家质疑苏丹的观点得到了重视以及广泛的宣传。与此同时，伦敦也决心尽心全力地拉拢阿拉伯人加入协约国的事业，以此来分裂伊斯兰世界，从而破坏圣战。其主要目的是说服备受尊敬的麦加大谢里夫——伊斯兰教圣地的守护者——去唤起奥斯曼境内的阿拉伯人，让他们武装起来反抗土耳其统治者。就在同一时间，君士坦丁堡也正对谢里夫施加各种压力，要求他加入对抗协约国的圣战。年长的谢里夫敷衍着，他一边向毫无戒心的土耳其人保证他会真诚地为他们的事业祈祷，一边却秘密地与英国人交涉着。

瓦斯穆斯已经不再被悬赏捉拿了，此时他已经把他在设拉子的总部，搬到了离布什尔只有20英里的地方。在那里，米字旗自豪地飘扬着，它象征着这个国家在波斯湾的力量，然而英国那孤独的驻扎地现在却脆弱异常，总共也只有180名被匆忙派来的士兵保卫它。瓦斯穆斯这次的目标便是驻扎地，这将是他的坦吉斯坦战士经受的第一次战斗力测试。他已经派出了间谍，去评估驻扎地仓促建立的防御工事的强度以及总体的备战状态。坦吉斯坦战士的人数远远超过守军，运气好的话他们将会击败守军，这将会对英国在波斯湾地区的声望和势力造成致命的打击。即使驻扎地坚持抵抗，英国人也将被迫部署更多的兵力来打击这些部落的人，并阻止对布什尔和波斯南部的其他英国据点的进一步袭击。这样的部署消息被适当地夸大之后，可以被瓦斯穆斯和他在波斯其他地区的同事用来煽动公众舆论，最终将会把沙赫及其大臣们拖入这场战争。这反过来将极大地帮助到尼德迈尔和亨提格，他们在那个时候正出发前往阿富汗，去执行说服埃米尔加入圣战的任务。

坦吉斯坦的袭击队分成两组，每组都多达数百人。他们将同时从东部和南部进攻，出其不意地突袭驻扎地的守军。但是在1915年7月12日的早晨——离斋月还有3天——有消息传到了英国，称一小支由坦吉斯坦人组成的武装部队正从南方穿过沙漠。英国马上派出一支由一名英国少校和一名上尉率领的侦察队去进行调查，结果他们却遇到了一支数量远超过预期的敌军。在随后的冲突中，上尉受到了致命伤，英勇的少校想去救他，结果却丧了命。许多印度士兵也被带了一挺德国机枪的坦吉斯坦人打死或打伤，最后只有一些士兵成功地到达了英国据点的安全区域。这场轻松取得的胜利给予了坦吉斯坦人巨大的鼓舞，凯旋的坦吉斯坦人高呼着圣战的口号，向大概一英里外的英国前沿阵地冲了过去，一直冲到了驻扎地面向内陆一侧的沙漠里。这里的守军正在狭长的战壕里等着他们。

训练有素的印度兵等部落的人进入了射程范围，才开始用步枪和机枪朝他们扫射。坦吉斯坦人在这么多年的部落战争中，从未遇到过如此精确而致命的火力。他们犹豫了一会儿，然后逃离了战场，丢下了身后许多伤亡的同伴。但他们并不缺乏勇气。第二天一大早，在黑暗的掩护下，他们又发动了一次进攻，结果又一次遭到沉重的伤亡。那天上午晚些时候，派出去的侦察队没有发现坦吉斯坦人的任何踪迹，而且预计中从东部而来的攻击也没有发生。这些部落的人显然在安全的远处，目睹了他们那些不幸的同伴的命运，因此转身逃进了沙漠。

瓦斯穆斯对这次失败有什么反应尚不清楚，但有一件事很快就证明他是对的。英国人害怕再出现这样的袭击，尤其是由一支规模更大或者装备更好的坦吉斯坦部队发动的，因此他们决定立即占领布什尔，取代波斯来接管这个地方。他们警告德黑兰，他们将继续控制布什尔，直到波斯人同意自己守卫城镇，并保证驻扎地及其工作人员的安全。与此同时，英国人用船派出了一支小型惩罚性部队，这支部队由皇家海军陆战队和印度士兵组成，他们要给坦吉斯坦人一个难忘的教训。他们在部落泥建的中心附近登陆，这里距离布什尔海岸几英里，他们摧毁了要塞，并砍掉了所有的椰枣树，这些椰枣树是坦吉斯坦人获取食物和收入的主要来源。瓦斯穆斯一直希望英国采取这样的强硬手段，因为如此才能激怒波斯的公众舆论，使得沙赫和他的政府面临巨大的压力，不得不向这些入侵他们土地的人宣战。

有那么一瞬间，瓦斯穆斯似乎单枪匹马就可以把波斯拖入圣战了。不出所料，英国的干预引发了一场激烈的抗议，在波斯首都的德国外交官以及亲德的民族主义媒体都尽了最大的努力推波助澜。但是沙赫那个软弱的政府因为意见不合早已四分五裂，他们害怕俄国人占领德黑兰，因此也不希望与英国人发生军事冲突。最后，在愤怒的抗议之后，德黑兰同意更换不作为的布什尔总督，惩罚坦吉斯坦的首领们，并赔偿英国和印度死者的家属。作为交换，英国同意恢复波斯对布什尔的统治，并撤出他们的军队，而其他地方正迫切需要这些军队。

尽管英国人对布什尔的恐惧已经平息，而且瓦斯穆斯也已暂时被击退了，但是在波斯中部和南部的其他地方，德国的影响力正在迅速扩大。在亲德的宪兵部队的纵容下，德国人和他们的支持者正成为越来越多重要城镇的主人。这些城镇包括伊斯法罕和克尔曼沙阿，前者现在是他们的主要行动基地，后者则控制了从巴格达到波斯的补给路线，这条路线可以用来走私军火、黄金以及宣传圣战的资料，当然也可以用来运送德国的军官和军士。一支支武装的德国人小分队正以伊斯法罕为中心点，成扇形向内陆地区散开，去鼓吹圣战，以及传播德国和土耳其与协约国作战取得巨大胜利的故事。

然而，有些人一心想要把这场圣战带到更远的地方。其中规模最大以及最重要的当然要数尼德迈尔和亨提格的特派团，因为这支队伍肩负着一项战略上至关重要的任务，即说服阿富汗的埃米尔入侵印度。但是尼德迈尔也派出了一些独立行动的人，他们显然是有意要给在印度的英国人制造麻烦。据英国驻伊斯法罕的特工报告，佐格迈耶（Zugmayer）中尉和格里辛格（Griesinger）

中尉已经离开伊斯法罕，前往东南方向近 400 英里外离阿富汗和俾路支边境不远处的城镇克尔曼（Kerman）。官方称他们要去那里就任领事的职位。陪同他们的是一支武装护卫队，据说是为了保护他们不受在该地区流窜的强盗团伙袭击。一周后，就在尼德迈尔启程前往阿富汗前不久，他又派了另外 2 名德国军官、8 名军士和 32 名波斯士兵带着一挺机枪以及大量子弹前往东南部地区。与此同时，一些军官和士兵们从俄国战俘集中营逃了出来，向南边进入了波斯，他们的到来使得从巴格达来到伊斯法罕的士兵们情绪高涨起来。

如果阿富汗加入圣战，这对印度的防卫人员来说将是一场噩梦。虽然沙赫的军队没什么威胁，但是埃米尔的军队却绝对不容小觑。如果阿富汗人与德国和土耳其为伍，这甚至可能影响到整场战争的结果。在正常情况下，印度军队可以很容易应对这样的威胁——事实上，这正是印度军队最初的作用——但问题是为了满足其他战区的战力需求，印度军队的兵力现在正处于严重短缺的状态。事实上，当基钦纳勋爵在 1915 年 6 月请求总督抽调更多的部队前往其他前线时，就遭到了拒绝。如果阿富汗站在敌人那边加入战争，那么在印度的英国人很可能需要为自己的性命拼死一战。因此，必须不惜一切代价阻止德国人进入阿富汗。

印度总督哈丁勋爵迅速采取了行动。紧急命令通过电报下达给了波斯东部的英国领事。驻东北部城镇麦什德（Meshed）的沃尔塞利·黑格中校（Wolseley Haig）接到通知：“不能让任何德国队伍进入阿富汗，印度政府认为这是最重要的。”因为麦什德在俄国的势力范围内，因此他还得到进一步指示，要他请求俄国人一旦发现前往阿富汗边境的德国人，就要马上派出军队“去消灭或逮捕”他们。他接到的通知还说：“同时你也可以自由地使用特勤经费，以获取各支德国队伍的人数、动向和武器方面的信息。”所有获得的情报都应该立即被送往德里以及沿途的所有其他英国据点。驻波斯东南部城镇克尔曼的英国领事克劳德·达克特（Claude Ducat）也接到了类似的指示，因为据说佐格迈耶中尉和格里辛格中尉正在前往克尔曼。英国人在这个地区没有俄军或其他盟军，因此他接到通知，可以随意动用特勤经费，以便让城里的“领头人物”对付德国人，并在德国人于那里建立基地之前把他们赶出去。与此同时，领事们被告知，英国正与俄国合作在波斯与阿富汗和俾路支东部的边境紧急部署一条由哥萨克骑兵和印度骑兵部队组成的封锁线，以阻止和消灭任何到达那里的德国队伍。这就是所谓的“东波斯封锁线”（East Persian Cordon）。

毫无疑问，在波斯领土上的这种行动公然且严重地损害了波斯的中立地位。但是，德国出动的武装队伍也同样违背了中立原则，英俄部署封锁线正是为了阻止德国人。如果波斯当局和宪兵部队（具有讽刺意味的是，他们主要由英国政府资助）都不愿意或不能正确地管理这个国家,那么英国和俄国就必须替他们管理，以保护自己的利益。即便如此，也有一些人担心，这样的举动可能最终会把那些摇摆不定的波斯人推进德国的阵营，这其中就包括驻沙赫宫廷的英国公使查尔斯·马林（Charles Marling）。马林认为，如果英国能对沙赫的大臣们施加巨大压力，并且对某些关键人物慷慨解囊，那么也许就能让波斯人对在他们国家内的德国人采取强硬的行动。然而，总督却认为，现在要试这个办法已经太迟了。如果此办法失败了，或者德国人给予了更多的甜头，印度将面临灾难性的后果。

当然，没有人能够保证，“东波斯封锁线”就一定能够阻止一支有决心的德国队伍通过。毕竟，仅在英国的军事管制区内，南北 500 英里就绵延着一片荒凉的沙漠和山脉。完全封锁显然是不可能的，因为这需要成千上万的士兵，而他们既抽调不出那么多士兵，也无法为那么多士兵提供补给。这条封锁线必须由小股的、轻装的印度巡逻部队骑着骆驼或者徒步加以巡逻，他们在白天或晚上的任何时候都要做好准备，一旦接到发现敌人的情报就要马上出发。被选中设置封锁线的部队是第 28 印度轻骑兵团和第 19 旁遮普步兵团。他们将被部署在由相隔较远的驻点形成的一条线上，这条线向北延伸到绿洲城镇比尔詹德（Birjand），那里是英国和俄国封锁区的交汇处。然而，需要封锁的距离太长了，地形和气候又是如此恶劣，而为这些偏远地区提供食物、水和弹药的任务更是艰巨异常，这条封锁线要想完全就位并投入使用显然需要一些准备时间。他们必须假定，德国人如果在此期间得知了这个计划，肯定会试图破坏这个计划。

由于存在这种危险，7 月 6 日，也就是在尼德迈尔离开伊斯法罕一周后，总督给阿富汗的埃米尔哈比布拉写了封信，警告他德国人的意图，并微妙地提醒他对英国的条约义务。从官方层面上来说，阿富汗是中立的，然而根据阿富汗与英国达成的一项协议中的条款（追溯到大博弈时期），其外交全权应由德里负责。但是，如果埃米尔选择背弃这些条款，那么英国除了派遣军队，终归也无法强制执行这些条款。总督相信，如果哈比布拉可以自由选择，那么他是不可能这么做的，因为这样他会立即失去英国政府每年给他的巨额补贴。但德里清楚地知道，哈比布拉身边的亲戚和廷臣对英国怀有强烈的敌意，他们每个人不是亲德国就是亲土耳其。这些人包括埃米尔的弟弟纳斯鲁拉（Nasrullah）——现任的总理，以及埃米尔自己的长子。如果德国的特派团带着令人眼花缭乱的礼物和奢侈的承诺，成功到达阿富汗的首都，那么埃米尔可能会发现自己面临着来自周围人的巨大压力，他会被迫参加圣战，否则就有被推翻的危险。因此，总督的信必须写得极其圆滑，以免让人觉得他是在给埃米尔下命令，从而正中埃米尔宫廷中那些反英派的下怀。

“我得到消息，”总督写道，“一些德国间谍正在波斯试图挑起事端，这违反了中立的准则，他们还试图将波斯政府拖入目前的战争。这些德国间谍……以小队伍的形式向东移动，显然是要进入阿富汗的领土。”在这里，总督详细描述了他所知道的德国人及其盟友的人数，以及他们携带的武器。据他估计，所有队伍的总人数约为 180 人，其中包括德国人、奥地利人、印度人、土耳其人和波斯人。

“这样的武装队伍在一个中立的国家试图挑起麻烦，公然违反了中立的准则。”总督继续写道，如果波斯当局听劝并且选择去结束这种无政府状态，那么德国及其盟国可能会入侵“陛下您的领土”。如果这样的话，总督大胆地提出建议，埃米尔可能应该选择“像其他任何一个拥有强大且有效的政府的中立国家”一样对待他们。后面括号里补充道：“阿富汗政府便是这样一个国家。”可供选择的措施包括逮捕、解除武装以及监禁入侵者直至战争结束。“通过这样的行动，”总督总结道，“陛下不仅坚定地遵守了中立的准则，而且还会阻止这些德国人用编造的故事和疯狂的承诺，来诓骗陛下那些比较愚昧无知、异想天开的臣民。”

总督在随后的通信中，把德里收到的有关德国各支队伍动向和进展的最新情报定期告知埃米尔。他还告知了埃米尔，英国和俄国政府在其边境外部署“东波斯封锁线”的决定，目的是把德国人及其盟友挡在阿富汗和英属俾路支（离英属印度最近的地方）之外。他表示：“我认为应该立即让陛下知道这些措施，这样当任何有关俄国和英国军队在波斯行动的疯狂故事传到喀布尔时，您就不会被它们误导了。”他向埃米尔保证，这些军队规模很小，只够支持波斯地方当局对付这些恶意的入侵者。他在这里隐瞒了部分事实。我们知道，封锁线军队毫无疑问会“支持”当地的政府，因为在阻止德国人的时候根本就看不见波斯人的踪影。总督这样说显然是为了让协约国的干预看起来合法，不过值得怀疑的是，他是否暂时骗过了这位老谋深算、消息灵通的埃米尔。

与此同时，从要塞城镇奎达（Quetta）开始，“东波斯封锁线”迅速地建立起来了，士兵们也简要地了解了将要在这片严酷的土地上执行的任务（这片土地有猛烈的沙暴和像火炉一样的高温）。参谋人员在火急火燎地安排着几百英里长的补给线。情报人员花钱组建了一个当地线人网络，一旦发现有陌生人在通往阿富汗和俾路支路上少有的村庄和水坑停留，这些线人就会跟踪他们并报告他们的行踪。但是这个地区的面积几乎有不列颠的两倍之大，而且几乎没有道路或电报线路，要在波斯东部沙漠和山区拦截这些神秘入侵者，是一项相当费力不讨好的任务。或许正如一名英国高级官员所说的：“这场激动人心的找拖鞋游戏（huntthe slipper）已经开始了——不过拖鞋的胜算更大。”

8

向喀布尔赛跑

1915年7月，奥斯卡·冯·尼德迈尔上尉和他的同伴们从伊斯法罕向东前进，他们成功的可能性看起来微乎其微。他们将要长途跋涉1000英里，穿越某些地球上最严酷的地带。即使是在和平时期，想要在盛夏穿越波斯的大沙漠，在大多数旅行者看来都显得十分莽撞，甚至疯狂。但德国人别无选择，因为德皇威廉本人亲自给他们下达了命令，要他们尽快抵达喀布尔。除了炙热的太阳和令人窒息的沙尘暴，他们还面临着一个无法摆脱的梦魇，那就是必须为人和马找到水和食物。此外路程中还有蝎子和毒蛇，它们威胁着人和动物的生命。偏僻的荒野中还潜藏着其他的危险，尤其是那些靠劫掠路人为生的歹徒和强盗。尼德迈尔一行人特别容易受到袭击，因为大家都知道，他们带着黄金、武器和昂贵的礼物给阿富汗的埃米尔。

除了这些古老的危险和不安外，还有另一种完全不同的问题，这是早期旅行者所没经历过的。德国人已经知道，敌人的巡逻队一直监视着从波斯向东进入阿富汗的路线。在他们停留的每一个村子里，都可能会有间谍和线人随时准备把他们出卖给英国人或俄国人。这样严密的监视让他们不管多么疲惫，都不敢在任何地方停留太久，以免遭到伏击。而且即使他们最终到达了阿富汗边境（如果他们可以走到那么远的话），埃米尔也很可能会下令让他们回去，甚至干脆把他们移交给英国人或俄国人。他们成功的可能性几乎为零，但这并没有动摇他们的决心。因为他们知道，如果任务成功了，能让阿富汗加入圣战，那么这将对战争的进展和祖国的命运产生巨大的影响。

然而，他们在柏林的长官本可以让他们免受这其中大部分的危险和不安。如果不是他们的长官允许瓦斯穆斯离开，使得特派团没有任何有授权的人可以代表德国政府进行谈判，那么他们现在很可能已经在喀布尔了。正因为如此，他们浪费了宝贵的时间。因为如果不是这样的话，他们就不必等奥托·冯·亨提格和他的两名印度同伴，可以早几个星期在春天时就离开伊斯法罕。这样，他们就可以避开波斯可怕的酷暑，从而大大加快前进的速度，他们也就能够在英国人或俄国人有时间部署间谍和巡逻队之前，到达阿富汗的边境。

这次拖延也并没有缓解特派团中军事人员和外交人员之间紧张的关系。虽然现在柏林方面已经商定，尼德迈尔决定军事方面的事宜，而亨提格和两名印度人负责实现特派团的政治和外交目标，不过很明显这两名德国人都认为自己是总指挥，正如他们各自声称那样。这种混乱从一开始就困扰着这支远征队伍，这完全是由柏林的组织者们所导致的，他们没有建立起一个合适的指挥结构，他们下达的指示也一直都是模糊不清的。

英国人通过间谍和无线电拦截，探知到了一些关于这一分歧和拖延的消息，这让他们感到沾沾自喜。早在大博弈时期，英国人就深知这种军事和政治联合行动所要面临的实际情况和问题。要获得这种经验常常是要经历痛苦或付出昂贵代价的，就像两次阿富汗战争和荣赫鹏（Younghusband）的拉萨之旅一样。但对德国人来说，这还是一种全新的战争类型，会带来压力、紧张以及性格上的冲突。英国人会十分宽慰地看到，通常效率极高的普鲁士战争机器也会把事情弄得一团糟，其大肆吹嘘的铁腕纪律竟会受到个人分歧的威胁。尽管如此，面对共同的敌人和不确定的危险，尼德迈尔和亨提格还是同意搁置他们的分歧，为皇帝和祖国合作共事。但即便如此，这两人相互间的反感仍在表面之下暗涌着。

由于很难让一支大型队伍不被发现，而且在这样一个贫瘠的地区，根本无法每天为整个特派团获取足够的食物和水，因此他们决定分成两队，相隔几天分开出发。如果不是出于这些考虑，在长达一个月的去往阿富汗边境的旅途中，很显然最好可以一起相互照应，因为一旦遭到敌人巡逻队或武装匪徒的袭击，这样才有最大的火力还击。但是，他们还是决定先分开，等到了事先商量好的地点会合，然后再一起决定如何才能走好最后的冲刺旅程。整个特派团大约有 100 人，他们都骑着马。其中有十几名德国军官和军士，有几名还是从俄国的战俘集中营逃出来的，还有一支由波斯雇佣兵组成的武装卫队，他们是从一些友好的首领那里雇来的。此外，一些军官和军士被派到大队伍前面去侦察路线，并试图用德国的黄金收买沿途的强盗首领，为他们开辟一条穿过这些地区的安全通道。

虽然曾领导过其中一支队伍的亨提格也记录了他们向东的危险旅程，但是领导另一支队伍的尼德迈尔描述得更加清楚具体。为了躲避尼德迈尔所说的“波斯太阳的可怕之火”以及英国的间谍，他们选择于晚上赶路，为此经常在黑暗中迷路。这还带来了其他意想不到的危险。在离开伊斯法罕的第 3 天晚上，他们遭遇了“数百条出来觅食的毒蛇”，这让他们感到毛骨悚然。有一匹马被毒蛇咬了一口最后倒地死了，尼德迈尔讲述道：“我们不得不派穿着皮靴、手持鞭子的人扫清道路。”第二天早上，除了他们自己在沙子上留下的痕迹，毒蛇的踪迹却全部消失了。相反，营地里到处都是巨大的蝎子，这些蝎子为了躲避高温，都爬进了士兵的衣服里。“我们在穿每一件衣服之前，”尼德迈尔写道，“都必须小心翼翼地抖一下。”此外，他们还受到各种各样的昆虫的侵扰。他补充说：“这些虫子生活在波斯人的房子里，其数量多得令人难以置信，但是房子里住的人似乎并不感到烦恼，他们有时会把虫子从衣服里拣出来，但是却不会杀死它们。”

德国人觉得酷热难耐，早上 9 点钟的时候，即使阴凉处的温度也达到了 105 ℉（约 40℃）。他们珍贵的巧克力乃至蜡烛现在都已经融化成一团。当他们进入大盐漠（可怕的卡维尔盐漠）后，天气状况变得更加恶劣，清晨的气温飙升至令人震惊的 112 ℉（约 44℃），炙热的风一整天无情地吹着。“这是游牧民族所谓的‘波斯地狱’的预演，”尼德迈尔写道，“如果你看着太阳，它看起来是漆黑一片的，但是如果你背对着它，那沙漠就显得雪白一片了。”

在夜晚，他们沿着骆驼和其他野兽的白色骸骨形成的路标，在那些稀有的、分散在各处的水坑之间穿行。尼德迈尔回忆说：“只有骆驼和骡子能喝得下这些散发着恶臭的水。不管煮沸多少次都无济于事，于是我们只好用剩下的几个西瓜来解渴。”此时他们中有许多人都得了痢疾，无论是德国人还是波斯人都变得虚弱不堪，这使他们的前进速度更加放慢了。有一次，风吹走了他们的足迹，尼德迈尔发现有些掉队的人失踪了。他派了一些人返回去，还好及时找到了这帮掉队的，有几个人已经渴到不省人事了。动物们也深受酷热和缺水的折磨，尤其是马，其中一些马已经死了。但迄今为止，两支队伍都没有损失任何队员。然而，波斯护卫队的热情正在迅速消退，因为即使是这些在沙漠中出生的人也已筋疲力尽，快跟不上意志坚强的尼德迈尔定下的步速了。

最后，疲惫的队员们发现自己终于从大盐漠中走了出来，来到了一个名叫切哈尔代（Chehar Deh）的小村庄，从这里到阿富汗最近的边境仍有从伊斯法罕到这里这么远。尼德迈尔和亨提格此前商定带着各自的队伍在这里会合，然后再决定如何最好地继续前进。他们赶了300英里的路，现在已经疲惫不堪，非常需要休息。因为即使他们安全抵达阿富汗，英国或俄国的巡逻队也不敢追捕他们了，他们仍然还要骑500英里才能到喀布尔。在切哈尔代，他们第一次得到了关于在前方英军和俄军的确切消息，他们之前只是怀疑而已。然而，更令人不安的是，有消息称，敌人沿着边境部署的兵力比他们预期的要更为强大。因为这一点，以及他们可能面临的生死之战，尼德迈尔和亨提格决定集中兵力走完离边境剩下的200英里。

尼德迈尔写道："我们一共只有15到20名训练有素的士兵，其余的都是从当地雇佣的波斯护卫人员。"他知道，波斯护卫队人员在面对正规部队，尤其是那些配备了机枪的部队时，几乎毫无招架之力。"我们自己，"他补充道，"没有机枪或大炮，而且我们的两套无线电设备也留在了伊斯法罕。不管怎样，我们必须让敌人猜不透我们会走哪条路。"他们显然不能在切哈尔代继续逗留。每过去一天，敌人就会有宝贵的时间来加强封锁线，同时也会得知他们的确切位置和人数。事实上，似乎村里就有英国或俄国的线人。"因此，我们不得不小心翼翼地离开，"尼德迈尔写道，

"即使要浪费时间来进行声东击西或者绕道而行。我们的命运将取决于接下来几天的决定和行动。"

正当他们讨论着如何开展下一步关键行动的时候，一些事情发生了，他们这才深刻地认识到自己的脆弱，以及需要保持极端的警惕。其中一名被派去为队伍买肉的军士非常意外地被一个装满钱的皮包绊倒了，他认出这个皮包是属于特派团的财产。皮包被笨拙地藏在一堵旧泥墙里，小偷显然是想之后再从那里把它拿回来。这马上引起了他们的警觉，他们发现一名波斯雇佣兵失踪了。尼德迈尔回忆说，这名嫌疑人被发现时正在一个茶馆里吸食鸦片。"在被拖出去接受审问时，这个雇佣兵拒绝接受检查并试图逃跑，最终被击毙了。"后来，人们找到了他的马，马已经套上了鞍，他准备好出发逃走了，这也表明他们刚刚真的可谓命悬一线。"那天晚上，"尼德迈尔写道，"他本打算把我们出卖给俄国人。"

在中亚这个偏远的穷乡僻壤，没有无线电设备，跟外界也没有任何的联系，尼德迈尔和他的同伴们根本无法得知其他地方正在发生的事情，尤其是他们即将进入的无人区正在发生的事情。事实上，"东波斯封锁线"还远未建立起来，某些地方甚至根本就没有封锁线。最大的缺口就在那个泥建的比尔詹德城镇周围，那里是英国和俄国军事封锁区的交汇点，也是他们都必须运送军队或补给的最远的地方。尼德迈尔和亨提格当时还不知道，封锁线的漏洞恰恰就在他们准备向阿富汗边境做出最后冲刺的地方。然而，德里的防卫官员们正在竭尽全力去填补这个缺口，并敦促俄国人也这样做。英国驻麦什德的总领事沃尔塞利·黑格（Wolseley Haig）奉命从当地的哈扎拉部落——英国在大博弈时期的老朋友——招募了150名前印度士兵，利用他们拦截德国的武装队伍。

但这引起了俄国人的抗议，他们指出，根据《英俄公约》的条款，麦什德完全在俄国的势力范围内。不过，他们承诺将向该地区派遣哥萨克骑兵部队。很快，有报告称哥萨克部队已经上路了。即便如此，如果要把德国人挡在阿富汗之外，英俄显然还是需要跟时间赛跑。

在英国人看来，从喀布尔传来的消息稍好一些，印度总督哈丁勋爵告知伦敦的内阁以下消息："关于德国特工去往阿富汗一事，埃米尔在写给我的信中做出了最令人满意的答复。他说，在阿富汗政府的统治下，从来都不会允许外国的武装队伍进入阿富汗。如果德国人进入阿富汗，他将解除他们的武装，并把他们监禁，直到战争结束。"这位总督还说，埃米尔在他"亲笔写的友好附言"中，重申了他在战争期间保持阿富汗绝对中立的意图。尽管这让总督和他的顾问们感到安心，但他们仍然敏锐地意识到，只有当埃米尔仍能控制他那些极端反复无常且暴力的人民时，他的承诺才会兑现。据从喀布尔回来的英国人报告："哈比布拉国王，是我们在阿富汗唯一的朋友。"其余的人几乎全部都是反英的。他们就像波斯人一样仍然感到受辱，因为 1907 年的那个决定阿富汗命运的公约竟在没有告知他们并征得他们同意的情况下就被签订了。他们也没有忘记，英国在 1839 年和 1879 年曾两次入侵他们的国家，并且占领了他们的首都。如果德国人成功到达了喀布尔，他们肯定不会对德国人的煽动无动于衷的。

但是，如果说当时阿富汗在感情上大体是亲德的，那么具有讽刺意味的是，土耳其则完全不是这样。土耳其人已经越来越怀疑德国在东方的真正意图，尤其是其对奥斯曼帝国的意图。在战前，执政的三巨头一直在暗中吹嘘说，要利用柏林的资金和技术，把土耳其变成一个符合现代欧洲标准的军事和工业强国。其中一个人宣称："等到这一切都实现后，我们可以在 24 小时内就跟德国人说再见。"至于德国人建造的巴格达铁路，待其完工后，土耳其就可以立即将在自己境内的那段收归国有。然而，从那以后，这样的想法却发生了变化。有人质疑，如果战争取得了胜利，土耳其会不会被并入一个新的德意志帝国？这个帝国的疆域会不会从柏林延伸到缅甸，而德皇威廉将成为这个帝国的苏丹皇帝？随着伤亡日渐增加，国内物资严重短缺，许多土耳其人对德国人及其在君士坦丁堡的朋友把他们拖入战争的方式感到愤怒。几乎没有人真正仇恨英国人，因为英国人是他们对抗俄国人的传统守护者，坦白地讲，他们更喜欢英国人，而不是这些越来越专横的德国盟友。在土耳其首都，一些疯狂且邪恶的传言开始传到德国大使旺根海姆男爵的耳中。（正是这位男爵当初带头强迫本不情愿的苏丹政府加入了这场战争。）在肉类严重短缺的集市上，有人悄悄地说，肉类短缺是因为柏林方面下了命令，把所有的供应都运往德国了。事实上，很快人们几乎把所有的问题都归咎于德国人。还有传言说，如果协约国取得了重大的胜利，那么土耳其人会在君士坦丁堡发动一场针对所有基督徒的屠杀，这让德国的外交、军事和商业群体惶惶不可终日，因为这显然针对的是他们以及他们的家人。

旺根海姆和他的同胞们已经亲眼看见，土耳其东部不幸的基督徒亚美尼亚人是如何在那年春天的圣战中遭受了灭顶之灾。当时恩维尔在萨勒卡默什败在了俄国人的手里，他正在为自己所遭受的悲惨且可耻的失败寻找替罪羊。的确，只有旺根海姆有资格向恩维尔提出抗议，也只有他有能力试图制止随后发生的骇人听闻的屠杀和驱逐。美国大使亨利·摩根索感到十分震惊，因为旺根海姆可笑且坦诚地向他解释道，德国无法承担因干涉如此敏感的国内事务而与土耳其盟友发生冲突的后果。恩维尔需要为自己的军事失败找个替罪羊，而不幸的亚美尼亚人的家园也恰好在他的土耳其帝国的宏伟计划里，这个帝国将从君士坦丁堡延伸到喀什葛尔（Kashgar）。旺根海姆告诉摩根索说，当时德国唯一关心的是“推进战争并取得胜利”。

尽管如此，随着大屠杀的消息传出，亚美尼亚人的命运使得美国开始施加更大的压力，柏林方面很快开始感到担忧了。他们担心这会引发美国大众对土耳其以及德国的敌视。让美国保持中立对柏林的战争目标至关重要，所以大约在6月中旬，旺根海姆开始改变他的论调。然而，那时已经太晚了。这场血腥杀戮正在全面爆发，德国大使抗议说协约国将在世界范围内宣传这件事，但是君士坦丁堡对此置若罔闻。4个月后，旺根海姆似乎因没有在亚美尼亚一事上有所行动而受到了上天的惩罚，56岁的他突然中风离开了人世。今天，这位梦想在战后成为德皇新帝国的首相的人，就长眠在他过去俯瞰博斯普鲁斯海峡的避暑别墅的漂亮庭院里，他的周围躺着那些在战争中死去的同胞，他曾经实施了那么多阴谋来推动这场战争。

在君士坦丁堡和整个奥斯曼帝国，这样的阴谋司空见惯，仿若自然秩序，即使此时此刻，许多黑暗且奸诈的其他交易也正在暗中进行着。1915年12月，在亚美尼亚大屠杀最严重的时候，协约国接到了一个惊人的提议，称可以停止屠杀并结束与土耳其的战争。这个提议是杰马勒帕夏提出的，他当时是指挥战争的三巨头之一，正在大马士革指挥着军队，保卫着土耳其的南翼。杰马勒提出，在协约国的军事援助下，他可以向君士坦丁堡进军，推翻恩维尔，逮捕德国顾问，停止亚美尼亚大屠杀，并让土耳其退出战争。作为回报，协约国要允许他登上奥斯曼帝国的皇位，成为新土耳其的苏丹，首都定在大马士革。他将宣布永远放弃君士坦丁堡和海峡。他可以把这些地区割让给一直寻求地中海出海口的俄国,或者也可以把这些地区移交到一个国际委员会的手中。他的领地将包括亚洲的土耳其、叙利亚、美索不达米亚、巴勒斯坦和阿拉伯半岛。在他的最高主权之下，亚美尼亚人和库尔德人都将在他们的传统家园里获得实质的自治权。

但是亚美尼亚人当然不能指望什么都不付出就得到这一切，提议中还要求土耳其境外的亚美尼亚富人向他支付一大笔钱。这笔钱中的一部分会用来收买那些屠杀者和掠夺者以及给亚美尼亚受害者提供食物和其他紧急救济。剩下的钱都会进入杰马勒的口袋里，这是一种历史悠久的东方习俗，这些钱是他安排了这一切所得到的酬金。对于亚美尼亚的领导者们来说，这个价格似乎很便宜,因为他们迫切地希望能救助任何可能还活着的同胞。事实上，杰马勒正是通过一些重要的亚美尼亚人，借由他们在圣彼得堡拥有的高层关系，才第一次谨慎地向协约国发出了提议。

这是一次惊人的背叛，杰马勒背叛了三巨头中的其他两名成员恩维尔和塔拉特，当然他也彻底背叛了苏丹。此外，杰马勒的时机也选得非常恰当。因为此时正是英国人和他们的盟军灰溜溜地从加里波利半岛撤退之际，试图夺取君士坦丁堡的作战不仅彻底失败了，还让他们付出了惨重的代价。杰马勒知道，接受提议是他们挽回面子的机会。英国人起初对他的提议表示赞许，因为这样的协议除了能让他们弥补在加里波利遭遇的灾难，还将消除土耳其对埃及的一切威胁，他们因而也就能撤出急需的军队来对付西线战场上的德国人。俄国人也对这个提议表示欢迎，因为该提议向他们承诺了他们一直想要的君士坦丁堡。与此同时，这将使他们能够将军队从高加索地区调遣到东欧，此时东欧的战争局势对他们来说相当不利。只有法国人立刻拒绝了这个提议，因为他们自己也想要叙利亚，自 16 世纪以来，他们就与叙利亚保持着紧密的联系。虽然大家都知道杰马勒喜欢法国人而不喜欢德国人，但法国人不想现在把叙利亚送给杰马勒，因为一旦协约国取得了胜利，叙利亚就会成为他们的战利品。

至于是否要接受杰马勒的提议，这个问题背后还有更多复杂的因素。协约国预计他们在东方最终会取得胜利，因此早就已开始（至少在纸面上）瓜分苏丹的领土。1915 年 4 月，为了坚定俄国继续参战的决心，他们秘密商定，把君士坦丁堡和海峡连同土耳其东部的部分地区一起划给圣彼得堡。次月，为了引诱意大利人向土耳其人宣战，他们商定把土耳其南部的一块土地划分给意大利。与此同时，英国人把他们的战后目光投向了美索不达米亚，主要是为了那里的油田。出于战略的原因，他们还希望保留埃及和塞浦路斯。这还不是全部。作为加入协约国的回报，希腊在战后瓜分奥斯曼帝国时可以得到土耳其西部的一部分土地，此外，还有一些涉及阿拉伯人和犹太人的交易，也是作为战时提供援助的报酬。然而，这些交易很明显都与杰马勒的要求相冲突，因为他希望保持奥斯曼帝国的大部分领土完整。只有俄国人会从他的提议中获得领土，他们会更早地得到君士坦丁堡，而且是肯定会得到。

协约国苦恼地拖延了几个星期，最后还是否决了杰马勒的提议。英国和法国更愿意押注于能最终打败土耳其，从而尽可能多地获得战利品。真正的输家除了俄国人外，还有不幸的亚美尼亚人，他们的屠杀仍在继续。成千上万的协约国和土耳其士兵也是输家，在未来漫长而血腥的几个月里，他们将在战场上牺牲自己的生命。杰马勒很幸运，他的双面交易自始至终都没被恩维尔和塔拉特察觉，他继续作为他们的战友战斗着，就好像什么事情都没有发生过一样。摩根索大使继续代表亚美尼亚人，向恩维尔和塔拉特求情，甚至建议让亚美尼亚人在美国西部建立一个新的家园。但他的努力是徒劳的，虽然协约国警告说将追究三巨头的个人责任。“你反对也没用，”内政部长塔拉特对摩根索说，“亚美尼亚人公开支持我们的敌人。他们在高加索地区援助了俄国人，我们在那里遭遇的失败在很大程度上可以从他们的行动中得到解释。”对亚美尼亚人来说，可悲的是，塔拉特的说法有一定的事实依据。在沙皇的高加索军队中，有一些部队全部是由亚美尼亚志愿兵组成的，他们希望帮助他们的基督教邻居击败土耳其人，战后在俄国的保护下为自己建立一个独立的家园。

与此同时，在君士坦丁堡的德国大使馆里，圣战被注入了新的活力。在旺根海姆于 1915 年 10 月突然去世后，圣战的主要策划人马克斯·冯·奥本海姆从柏林来到了君士坦丁堡，接管指挥德皇在东方的秘密行动。大量的武器、黄金和宣传资料很快就从柏林通过铁路送到他那里，以供他在波斯的间谍使用，如果一切顺利的话，还可以送到阿富汗和其他更远的地区。到目前为止，几乎不可能把这些敏感的东西送达，虽然有一部分是通过隐藏在货车的假底部偷运进来的。向土耳其自由运送物资的线路被切断了，因为保加利亚和罗马尼亚宣布了中立，而仅有的两条运输铁路线需要穿过这两个国家。此外，其中最直接的那条铁路线还需要横穿充满敌意的塞尔维亚。但是在 1915 年秋天，保加利亚军队与德国和土耳其站在了同一阵线，加入了战争，不久之后德国、奥匈帝国和保加利亚的军队就迅速占领了塞尔维亚，于是柏林和君士坦丁堡之间的直接补给线终于打通了。这条补给线的开通，最终加速了协约国从加里波利撤军，因为这条补给线可以把德国和土耳其枪炮急需的弹药从德国紧急送到前线。奥本海姆的宣传专家立刻为协约国在加里波利的溃败欢呼，宣称这是一场伟大的圣战胜利。

但是在与土耳其的武装部队一起工作的德国军官和顾问中，并不是所有的人都认为，发动一场针对协约国的圣战是有价值的，甚至是明智的。许多人认为这是在浪费宝贵的人力和资源，而且很可能会适得其反。的确，由于存在这种分歧，在土耳其首都的德国高级军官们与大使馆的外交同僚往来甚少。不止军人有这样的想法。《科隆报》（*Kolnische Zeitung*）驻君士坦丁堡的记者哈里·斯图默博士（Harry Stuermer）严厉地批评冯·奥本海姆自私地滥用了伊斯兰教。在 1917 年获得了瑞士的庇护后，斯图默写了一本名为《君士坦丁堡的战时两年》（*Two War Years in Constantinople*）的书，他在书中指责冯·奥本海姆和他的同事极度不负责任地发动“最疯狂的狂热主义”，来对抗法律、秩序和文明的力量，让那些在穆斯林土地上通过“耐心和痛苦”得来的一切“倒退了好多年”。

此外，斯图默还声称，圣战把“地球上的渣滓”都吸引了过来——那些潜在的尼德迈尔和瓦斯穆斯们用自己所谓的东方专业知识和技能来蒙骗德国大使馆，以换取一笔可观的金钱。他指出，冯·奥本海姆和他的手下让自己被“那些贪婪的冒险者欺骗，大使馆简直成了取之不竭的黄金之源”，作为交换，这些人承诺会传播圣战。但是很多时候这些资助都变成了斯图默口中的君士坦丁堡的“无底洞”，远远达不到它的预定目标。有一位这样的冒险者——一位来自巴库的讲俄语的德国职员——请求在高加索地区的穆斯林中传播圣战。他被授予了少校军衔，并被给予了武器、金钱和宣传资料，以帮助他完成使命。斯图默写道，一个个装满金币的箱子被送到了他那里，供他秘密使用以达到宣传的目的。然而，他连一个支持圣战的人都没拉拢到，而这笔钱似乎在他回到君士坦丁堡后，被他拿去挥霍，过上了奢华的生活。斯图默补充说，冯·奥本海姆作为一位真正的东方权威本应该很了解其中的关节，不该被这样欺骗。然而，他“从自己的口袋里掏出上万马克，还动用了数百万马克的政府资金”，来支持斯图默所称的“这些虚假幻想”。

斯图默对发生在君士坦丁堡的腐败和无能进行了骇人的描述，然而不管其真相是什么，对英国人来说，圣战带来的威胁就在眼前。在波斯的大部分地区里，德国人几乎每天都在加紧控制，扩大他们的领地。据英国情报部门估计，由于逃亡战俘的大量涌入，到 1915 年秋天，持有武装且身体健壮的德国以及奥地利士兵的数量已增至约 300 人。此外，德国人的工资单上还有大约 1000 名波斯雇佣兵，外加一些印度军队的逃兵以及被俘后加入土德一方的印度兵。柏林对波斯中部和南部的渗透非常彻底，在英国持有的 17 家波斯帝国银行分行中，至少有 7 家已经掌握在了德国的手中，德国人把银行的金库洗劫一空，用来资助这场圣战。德国人也掌控了许多地方的电报局，供自己专用，并不许英国人使用。在他们的蓄意煽动下，这个国家的大部分地区都已处于事实上的无政府状态，而亲德的宪兵部队几乎没有采取任何行动来阻止它。

在德国的怂恿下，英国和俄国的领事官员数次遭到袭击，已有一两人死亡或受到严重伤害。还有报告说，瓦斯穆斯现在已经把他的行动基地从布什尔地区搬回了位于内陆的设拉子，他在那里的官方身份是德国领事。由于波斯总督和当地宪兵部队都是他的朋友，这对在那里不受保护的英国小领事馆来说是一件坏事。只有在俄国控制的波斯北部，凶残的哥萨克骑兵追捕着德国特工，因此，虽然德国人努力地想要摧毁协约国的影响力，想要把年轻的沙赫和他的千万臣民拖入圣战，但是他们进展得不太顺利。然而，尽管如此，德国公使馆仍然处于安全的状态，因此公使罗伊斯的亨利王子仍然对结束波斯的中立抱有很高的期望，这在接下来可以看到。但是，这些是后话了，是时候回到波斯最东边的切哈尔代了，我们在那里离开了尼德迈尔和他的同伴们，他们正准备在1915年7月底闯入英俄的封锁线。

这些德国人失去了与外界的一切联系，他们对在君士坦丁堡、德黑兰和其他地方发生的事情一无所知。他们现在唯一的任务是要想方设法在不被发现的情况下抵达阿富汗边境。因为他们知道，一旦进入埃米尔的领地，协约国的军队就不敢再追捕了，他们因而也就安全了。虽然英国和俄国可以在沙赫的无政府王国里傲慢地自行执法，但是在阿富汗，他们不敢干涉。这样的举动必然会激怒埃米尔，并进一步点燃他那些厌恶英国的臣民们压抑已久的怒火。事实上，如果那样话，甚至都不需要德国人出手帮助，阿富汗也会点燃对抗英属印度的圣战，而这正是他们此行的目的。

他们知道，德里最希望能在他们到达阿富汗边境之前就把他们消灭了。事实上，就在那时候，消息正在在伦敦、德里、圣彼得堡以及“东波斯封锁线”的分散驻点之间紧急地传递着，他们正拼命地想要在这片广阔的汤姆·梯特勒的土地（Tom Tiddler's ground）上，发现德国人的行踪。在 1907 年停战后仅过了短短 8 年时间，阿富汗和英属印度再次成为冲突引爆点，大博弈即将在中亚重新开始。

9

尼德迈尔的骗局

如何才能最好地甩掉协约国的巡逻队，解决这个问题的任务现在落在了奥斯卡·冯·尼德迈尔上尉健壮有力的肩膀上。因为他不仅是这支远征队的军事指挥官，而且战前曾在波斯四处游历过，他甚至还在英国驻麦什德的总领事馆待过。他选择的策略包括诱敌、声东击西以及散布假消息。如果他能把敌人的巡逻队从大部队前往边境的路线上引开，哪怕只是暂时，那么他也相信，他们能从这个在封锁网上打开的突破口中溜出去。即便如此，如果他们想在追捕者意识到被骗并重新追赶之前就抵达阿富汗边境，他的那些疲惫不堪的队员和牲口在接下来的 200 英里将不得不以难以承受的速度前进。

尼德迈尔知道，他必须智胜两个不同的敌人——从北方南下的俄国巡逻队以及从南方北上的英国巡逻队。与此同时，他必须确保能打开一个安全的缺口，给大队伍快速通过。因此，他向队员简要介绍了情况，并派出了三支小型武装侦察队。他把第一支队伍派往东北，分散哥萨克骑兵部队的注意力。他把第二支队伍派去了东南，同样为了欺骗英国人。第三支队伍——由德国军官瓦格纳中尉（Wagner）和 30 名荷枪实弹的波斯人组成——被派去侦察可供大部队前进的线路。他们一旦发现缺口，就要马上上报。与此同时，在把哥萨克骑兵领上一条错误的路线后，第一支侦察队不需要赶上大部队，而是会往后退。他们将在沙漠中建立一个秘密基地，以照顾大部队中那些病得太重、无法继续奔赴边境的人。第二支侦察队，在幸运地转移了英国巡逻队的注意力之后，将设法前往克尔曼，与佐格迈耶中尉和格里辛格中尉会合。作为这个诡计的一部分，这三支侦察队在遇到任何村民或游牧民时，都会散布关于他们行动的误导性谎言。他们还将装作失误，把伪造的秘密文件留下，以证实上述的那些谎言。

尼德迈尔知道自己的手下都是坚强的人，是值得完全信任的，但是这支队伍的大部分成员是波斯护卫队，他们由武装的部落成员组成，其忠诚是不可预测的，他们是因为德国的黄金、宗教狂热和长期以来对英国和俄国的厌恶才卷入了这场圣战。一旦跟训练有素而且极有可能配有机枪的协约国部队打起来，这些波斯护卫队几乎肯定会溃不成军，并且抛弃他们的德国雇主，任由其自生自灭。这显然使得那些单独带领诱敌小队的军官特别危险——至于有多危险，他们很快就会发现。

这时，英国人已经通过他们的线人网络，发现德国人距离阿富汗边境只剩一半路程了。尤其震惊的是，他们发现德国人在7月中旬已成功地穿越了大卡维尔盐漠。早在大博弈期间，拿破仑和沙皇亚历山大就曾密谋通过波斯入侵印度，不过英国战略家一直认为想要穿越大盐漠几乎是不可能做到的。但现在，一支武装的德国队伍越过了它，尽管是在最窄的地方穿过去的。这可以说是欧洲人第一次成功向东穿越大盐漠。德里和伦敦的反应都近乎恐慌。一位外交部高级官员警告说：“德国人面前的路相对容易走了。”另一人写道：“现在一切都取决于埃米尔的态度。”而第三个人写道："埃米尔是可靠的，但他可能会被推翻。"

总督也同样闷闷不乐。他已得知德国人在比尔詹德附近巡逻力度不足的边境上取得了令人震惊的进展。第二天他发电报给伦敦，警告他们"东波斯封锁线"还没有完全部署到位，并要求俄国军队此时要马上赶到封锁线上。他进一步警告伦敦，有理由相信，另一支队伍正从克尔曼赶往边境。他的电报于凌晨 2 点 30 分传到了伦敦。几小时后，外交大臣爱德华·格雷爵士就给驻圣彼得堡的英国大使发了如下电报："紧急。德国队伍共 196 人，包括 30 名德国人和 15 名奥地利人，正向阿富汗边境逼近。"其中一支队伍——尼德迈尔的队伍——正从切哈尔代向前行进，另一支队伍——佐格迈耶的队伍——正从克尔曼向前行进。如果能够敦促在波斯东北部有军队的俄国人去对付靠近比尔詹德的那支队伍（英俄封锁线的两个部分就在比尔詹德交汇），那么英国军队将会对付那些来自克尔曼的人。最终，正如人们将会看到的，克尔曼的威胁不过是一个错误的警报。

与此同时，总督用电报给埃米尔发了一份关于德国人向阿富汗边境移动的报告并且敦促他，如果德国人越过协约国建立的封锁线，埃米尔应把德国人"和他们雇佣的刺客护卫队"抓住。总督进一步告诉他："在阿富汗及其边境的部落中，流传着一些疯狂的故事，说一支土德军队正打算通过阿富汗向印度进军。不用我说，陛下就应该已明白这些故事是多么荒谬和毫无根据，因为目前波斯没有土耳其的军队，也没有德国或奥匈的军队。"不过，他建议埃米尔公开戳穿这些故事，这样"陛下那些比较无知、容易轻信他人的臣民就不会误以为，这些可能出现在您国土上的德国人是一支大军的先头部队"。最后，他向埃米尔保证，尽管迄今为止协约国还没有取得决定性的胜利，但“那些最有资格判断的人”毫不怀疑这场战争的最终结果。凭借人力和经济资源上的巨大优势以及对公海的控制，协约国最终必定会击败德国和土耳其。

与此同时，令总督和他的防务官员们感到沮丧的是，俄国人似乎并不急于把他们的哥萨克骑兵部队转移到英国人认为的“东波斯封锁线”最薄弱的地方。这个薄弱的地方就位于比尔詹德北部，那里是英国和俄国军事管制区的交汇处。出现这种延误，似乎只是因为优先顺序的考量。俄国人并不像英国人那样担忧德国间谍渗透阿富汗。此外，俄国人需要他们所能安排出来的每一个哥萨克骑兵，来保护他们在波斯北部的利益，他们在那里受到土耳其人、德国人和敌对民众的威胁。但无论出于什么原因，填补这一缺口的延迟加深了德里的担忧，当天的秘密文件清楚地显示了这一点：“我担心德国人就这样不受阻拦地穿过去了。我不认为这支俄国部队能及时抓住他们。”7月27日一位官员在一份贴着“波斯的德国间谍”标签的文件中写道，当时尼德迈尔正准备离开切哈尔代。这还不是全部。另一个造成焦虑的原因是报告中俄国人对当地民众的所作所为——这种行为肯定会激起穆斯林对协约国的愤怒，并让更多的人加入圣战。一个谣言传到英国人的耳朵里，说那些被派去加固封锁线的哥萨克骑兵把马养在村子的一座清真寺里，这激怒了当地人。“真像俄国人干的事情！”一位英国官员冷冷地说。

尽管英国人如此悲观，但尼德迈尔和他的同伴们在离开切哈尔代后并没有一帆风顺，而是立刻就遇到了严重的麻烦。尼德迈尔先派出了由瓦格纳中尉带领的侦察队，接着又派了两支诱敌小分队到北方和南方去，之后他前进了40英里到了下一个村庄，在那里等待着瓦格纳的消息。为了防备线人告密，他在村庄周围安排了武装守卫，防止任何人离开。在他们等待的时候，一名秘密信使从伊斯法罕赶来，带来了有关战争进展的令人鼓舞的情报，以及一些 4 个月前的德国报纸。但还是没有瓦格纳的消息。

最后他们终于得到了消息——非常坏的消息。瓦格纳带领的队伍非但没有找到他所希望的英俄封锁线的缺口，反而在比尔詹德以北 50 英里遭到了哥萨克骑兵巡逻队的袭击。虽然德里忧心忡忡，但很明显第一批哥萨克骑兵已经到了。袭击在夜间发生，使得瓦格纳和他的同伴得以逃生，但他们丢了所有的行李，包括他们携带的一些黄金。然而，他们成功使敌人出现了数名伤亡，而自己则没有遭受任何损失，现在他们已经占据了一个战略要点，就在尼德迈尔扎营的地方向前 30 英里处。尼德迈尔命令他们重返自己的队伍，以便考虑下一步的行动。第 2 天，他们回来了，回来时的状况在尼德迈尔看来实在不妙。据说当地的波斯人把他们出卖给了哥萨克骑兵部队，这些波斯人可能知道他们带着金子。然而奇怪的是，哥萨克骑兵并没有追他们，可能是害怕有陷阱。尽管如此，尼德迈尔知道，他们没有时间可以浪费了，之后会有更多的哥萨克骑兵从北方来，而从南方来的英国巡逻队也会赶来增援。他们必须在剩下的有限时间内打开突破口，否则他们的行踪就会被发现，整支队伍就会在这个半埋在沙子里的地方被一举歼灭。

就在他们商议的时候，一群身份不明的骑兵突然出现在远处。尼德迈尔一行人常常把沙尘暴和海市蜃楼误认为是有人靠近，继而虚惊一场。但是尼德迈尔在用强大的双筒望远镜仔细观察后，确信这并不是幻觉。然而，要等到能确认来者是敌是友的时候，那就已经太迟了，所以尼德迈尔立即命令他的手下尽快收拾行李。他们小心翼翼地偷偷向南穿过沙漠，希望能够避开敌人的耳目。

幸运的是，当时已经是傍晚了，夜幕正在迅速降临。在一天的这个时候，总是会刮起阵风。很快，营地的所有痕迹以及他们留下的脚印都被吹散了。

如果尼德迈尔有计划的话，那么他的计划就是要从他的侦察队所能找到的任何缺口中挤过去。这就要求他们必须连续几天在夜间行军，这将把人和牲口都逼到极限。他们必须极度警戒，因为敌人到处都有间谍。如果这些间谍发现一支大旅行队夜以继日地向阿富汗边境行进，便会立刻产生疑心。“最重要的就是不点火，”尼德迈尔写道，“然而，我不得不多次阻止我的波斯骑兵点燃草丛，吸食鸦片。这些人大多都是瘾君子，只能靠鸦片才能继续走下去。”这些波斯人会停下来、躺下并幸福地睡一会儿。有些人再也没出现过，因为大部队不会等待也不会回去找那些没能跟上步伐的人。尼德迈尔发现自己有时候差点都要羡慕波斯人可以吸鸦片了，因为整个队伍的处境正变得越来越艰难。“他们是多么幸运啊，”他写道，“能够沉浸在美妙的梦境中。而我们所能梦见的，就是把自己沉浸在清澈、清凉的水里。”

他们现在距离比尔詹德只有 3 天的路程了，跨过比尔詹德，他们就能抵达最近的阿富汗边境地点。几乎可以肯定的是，现在已经有英国军队在那里了，而俄国人长期以来一直在这个偏远的泥建的城镇里设有领事馆。他们显然必须不惜一切代价避开这个城镇。但问题是，他们应该绕过它去已知有哥萨克骑兵部队的北方，还是去英国人正在追捕他们的南方？这对尼德迈尔来说是一个噩梦般的选择，因为他们的生存取决于他能做出正确的选择。然而，当他们接近最危险的区域时，他们没有办法弄清楚，前方的英国和俄国巡逻队是如何部署的，因此也没办法知道这两条路线中到底哪一条可能没那么危险。尼德迈尔决定走北方这条路线。他从波斯护卫队那里得知，从比尔詹德向北延伸的沙漠是出了名的严酷的，尤其是在夏天，那里还几乎没有井。因此，那些追捕他们的人最想不到他们会走这条路。在这些人看来，如果运气好的话，德国人更有可能会把微薄的资源集中在经过比尔詹德南部的另一条路。尼德迈尔派出了一支诱敌小队往东南方向进发，并散布谣言说大部队很快就会跟着这支队伍过去，而大部队则向另一个方向出发，消失在北部可怕的不毛之地里。

到目前为止，尼德迈尔的诱敌小队和故意散布的谎言已经开始产生预期的效果，那些试图监控他们行动的人陷入了相当大的混乱中，英国当时的情报报告就清楚地显示了这一点。其中一份报告基于一封遗失的（或者说德里是这样认为的）德国信件，其内容称，特派团的部分成员已经进入阿富汗了，因此再继续追捕显然是毫无意义的。这封信几乎肯定是瓦格纳中尉在向北诱敌时“遗失”的。这封信落入英国驻麦什德总领事馆的手中，总领事馆又将信中的内容通过电报发送给德黑兰，接着又传到了德里和伦敦。尼德迈尔向英国人散布的其他不实信息，导致英国人过分高估了向阿富汗进发的德国人和奥地利人的数量，以为他们的人数跟波斯雇佣兵的人数一样。有一份这样的报告估计人数高达 400 人。最后，正如我们已经看到的那样，总督警告伦敦，由佐格迈耶中尉和格里辛格中尉带领的第二支德国队伍此时此刻正朝着阿富汗南部和俾路支地区十分容易被袭击且人烟稀少的边境方向前进。很难说这是否也是尼德迈尔努力的结果。但有一件事是肯定的，那就是总督的担心是毫无根据的，因为这两名德国军官被牢牢地困在了克尔曼，这个我们将会看到。尽管如此，这种担忧使得德里向“东波斯封锁线”部署了更多的军队，而这正是尼德迈尔想要的。

事实上，当尼德迈尔和他的同伴们艰难地穿越比尔詹德北部的沙漠时，他们根本不知道佐格迈耶和格里辛格在克尔曼的遭遇，他们现在只关心如何避开敌人的巡逻队，根本无暇多想。他们来到了一个小水坑旁，然而这个小水坑的水却是咸的，他们从游牧民那里得知，两天前英国巡逻队曾在这里搜捕过他们。“太阳，”尼德迈尔写道，“纯粹是折磨。”然而，他们不能在这片最危险的地区浪费任何时间，因此只能夜以继日地前行。这使得他们自己和牲口都已处于崩溃的边缘了。很快，护卫队中的一些人再也不能忍受了。尼德迈尔回忆说：“有几个人就这样倒在路边了，甚至连我自己都无法保持清醒。”还有些护卫则拿着步枪威胁看管的军士，拿走了队伍里宝贵的水和备用的马，然后逃之夭夭。

在他们前面只有 4 个小时路程的地方就有一条连接比尔詹德和麦什德的南北走向的主干道。这条路 80 英里外就是阿富汗边境。尼德迈尔猜想这条路将会有巡逻队定期巡逻，间谍也会严密监视这条路，因为任何想要到达阿富汗的队伍都必须穿过这条路。因此，在靠近这条路时必须非常小心，而真正穿越这条路则必须在黑暗的掩护下进行。因此，尼德迈尔派出了侦察队，以便清晰地了解周边的地形，并报告道路上敌军的活动情况。与此同时，在等待侦察队的报告时，尼德迈尔下令要大大减少队伍的行李。为了提高行走速度，他们只能带最重要的物资。剩下的行李将被埋在沙漠中，日后如果可能的话再取回来。被丢弃的物品中有德皇给埃米尔的又大又重的礼物以及大量宣传圣战的资料。与此同时，他们也要抓紧时间休息一下。然而，没过多久，一名信使带着侦察队的消息回来了。这条路似乎很畅通，尽管有一支敌军骑兵部队刚刚经过。敌军骑兵部队可能很快就会回来，所以他们必须尽快穿过这条路。

尼德迈尔写道："我们的紧张情绪战胜了疲惫。"他和另一名军官现在先骑了过去，并在预定的穿过点附近等着大部队赶上来。后者直到天黑才到达。现场没有人说话。"我们两边的侦察兵们正在聆听着最轻微的声响。"尼德迈尔回忆道。在彻底确认安全后，他命令穿过马路。"就像幽灵一样，"他写道，"我们静悄悄地穿过马路，消失在了东部的山丘上。"不过，他们还远未安全。尽管他们已经成功地穿过了旅程中最危险的地方，但还没有离开敌人管控的领土，前方要走的路程还有 80 英里。此外，在摆脱英俄的封锁线之前，他们还要克服最后一个障碍。再往东 30 英里，他们将经过所谓的"山路"。这条路很可能也被严密地巡逻着，因为协约国在这条路沿线架设了电报线，以便跟偏远地区的封锁线哨点保持联系。此外，如果封锁者发现尼德迈尔从他们眼皮底下溜了过去，并且已经穿过了比尔詹德到麦什德的主干道，那么他们就会试图在这里拦截他，因为这将是他们在尼德迈尔和他的队伍安全进入阿富汗之前最后的机会。

如果协约国能够集中所有的力量去对付尼德迈尔，那么即使这些力量有点薄弱，他们现在也很可能已经抓住他了。但英国人不仅发现自己要代替俄国人派兵封锁比尔詹德北部地区，直到有更多的哥萨克骑兵可以调遣过来，而且他们还坚信德国的第二支特派团队伍正在从克尔曼向东前进。事实上，这本是佐格迈耶和格里辛格的计划。他们在 7 月 4 日到达克尔曼，在那里升起了圣战的旗帜。然而，他们很快就遇到了意想不到的困难。"一开始情况是非常不错的，”佐格迈耶向位于德黑兰的德国公使罗伊斯的亨利王子说，“我们受到民众的热烈欢迎。大家都认为我们可以与可恶的英国人和俄国人的势力抗衡，也可以对抗总督、副总督和警察局长的压迫，他们都是受雇于英国人的。”佐格迈耶称，这些人每个月都从英国领事那里收受高额贿赂，因为他们“泄露德国人在这里的活动给他”。这应该是真实的，因为我们知道，德里曾指示领事动用“特勤经费”，打击德国在波斯东南部的阴谋。

但英国人的这种诡计只是他们遇到的问题之一。另一个问题在于德黑兰的波斯当局，毫无疑问，波斯当局受到了英国和俄国的严重影响。表面上，佐格迈耶和格里辛格是被派往克尔曼担任德国领事和副领事。尽管有接连不断的电报强迫德黑兰给予正式的委任状，但是这并没有实现。由于没有外交官的身份，德国人不得不通过民用的波斯电报公司发送他们的电报。这意味着总督可以看他们的电报，并把全部内容都告诉了他的英国雇主，或者甚至把电报销毁了。德黑兰拒绝承认他们的身份，因此佐格迈耶和格里辛格失去了在他们选择的领事馆上方悬挂德国帝国国旗的权利。这反过来又使他们在当地失去了面子。一名德国军士带了一封信给亨利王子，佐格迈耶在信中大吐苦水：“我们的敌人公然幸灾乐祸，嘲笑德国公使馆的无能，说等着我们不得不羞愧地退出的那一天，看我们笑话。”他敦促亨利王子代表他们向德黑兰施加压力，这样他们才能够按照柏林的“外交部和总参谋部提出的要求”，去挑起一场针对英国人的圣战。然而，日子一天天过去了，他们的处境没有得到任何实质性的改善或提升。

这两名德国人的沮丧完全是可以理解的。他们带了大量宣传圣战的资料（恶意反英的文学作品），发动了6次这样的起义。

这些资料是马克斯·冯·奥本海姆和其他在柏林和君士坦丁堡的人精心准备的，而且它们是用波斯语、普什图语、乌尔都语和其他亚洲语言写成的，主要有传单、小册子和报纸。这些资料讲述了德国和土耳其在陆地和海上取得的辉煌胜利，以及协约国遭遇的灭顶之灾。一份印度斯坦语的传单说，英格兰的国王已经丢下他的宝座，逃亡去了，而英国军队集体叛变，投靠了敌人。另一份乌尔都语的传单说，俄国人在高加索地区惨败，圣彼得堡发生了饥荒，阿富汗的埃米尔已宣誓要加入对抗协约国的圣战。与此同时，整个东方的数百万穆斯林正成群结队加入这项事业，其中包括印度军队里的反叛军团。这些只是德国宣传人员和他们的印度合作者编造出来的一些消息。平民大众没有任何独立的战争消息来源，这些消息能让他们振奋不已——但前提是这些消息能及时传达给他们。

亨利王子似乎对佐格迈耶的问题漠不关心，这很有可能是因为，他此时此刻也正极力在德黑兰开展一项阴谋。他利用波斯人民被压抑的情感，利用穆斯林历史中一千多年前的一个极具感染力的先例，希望把年轻的沙赫和他的政府拖入圣战。随着协约国群体受到越来越大的暴力威胁，俄国军队也离德黑兰更近了，但这反而加深了普通波斯民众对协约国的反感。亨利王子的计划是，跟许多波斯的政要显贵一起说服这个软弱、优柔寡断的君主去举行穆斯林所熟知的“圣迁”（hejira），或者说是仪式性地逃亡到安全地区。因为最初的“圣迁”是先知穆罕默德于622年离开麦加迁往麦地那，这样做的目的在于激起情绪不稳定的波斯人强烈的宗教热情，使得圣战有一个合适的开始。至于沙赫，他将离开德黑兰的皇宫，向南骑行两天到圣城库姆（Qum）的安全地区。

沙赫的逃亡将会被广泛宣传,而这将被归咎于异教徒俄国人。愤怒和宗教情感将因此在这个国家发酵，波斯公众舆论将呼吁加入德国和土耳其的阵营。亨利王子玩的这场游戏很高明，因为在德黑兰的协约国人员越紧张，俄国人就越靠近首都。这反过来又加剧波斯人反对协约国的情绪，而其带来的压力也使得沙赫和他的大臣感到必须趁着还有时间赶紧前往库姆。亨利王子和他的手下——或者说是他们提议的——将陪同沙赫去库姆,库姆将成为波斯的圣战之都。总之，计划就是这样。然而，这个计划有着错综复杂的利害关系，这一切都无法向身在克尔曼的佐格迈耶和格里辛格解释，因为他们担心总督或其他敌对分子会拦截信息并将其告诉英国人。他们必须要有耐心。

与此同时，在波斯的其他地区，德国人正在进一步加强控制，特别是在那些哥萨克骑兵没有构成威胁、当地宪兵军官又支持他们的地区。到目前为止，在武装的波斯雇佣兵的帮助下，德国人强占了英国拥有的波斯帝国银行的多家分行，并洗劫了这些银行的金库，充作圣战的资金。德国的武器和间谍继续从巴格达越过边境涌进波斯，去往尼德迈尔在伊斯法罕建立的基地。在那里，部分武器以及抢来的英国黄金被分发到了亲德的波斯民族主义者的手中。这些狂热的极端分子自称为“波斯民主党”（Persian Democratic Party），他们曾发誓要把英国和俄国的势力从这个国家驱逐出去，必要时会使用暴力手段。正是为了打击这两个共同的敌人，他们才与德国人结盟。其他走私来的武器以及更多的英国金条被秘密向南运入了瓦斯穆斯的驻地，以便分发给那里的亲德部落。如今，德国的“劳伦斯”对英国的利益构成了潜在的威胁，在英国参谋的地图上，瓦斯穆斯这个名字以大写字母的形式被写在了整个波斯的西南地区。

瓦斯穆斯在布什尔遭到惨败后，撤退到内陆地区，去往了法尔斯省的省会城市设拉子，他在设拉子有当宪兵军官的朋友。设拉子也有一个瓦斯穆斯会感兴趣的软弱的英国目标，就是那座孤立的小领事馆。那里的英国领事弗雷德里克·奥康纳少校（Frederick O'Connor）曾在弗朗西斯·荣赫鹏爵士的拉萨任务中担任首席情报官，他已经接到了他在德黑兰的上级的指示，要销毁他所有的外交密码，只留下一份。很明显瓦斯穆斯一心要报复英国人，因为英国人在布什尔羞辱地袭击了德国领事馆，还逮捕了领事李斯特曼博士。奥康纳的两名手下已经被瓦斯穆斯领导的部落杀害了。1915 年 9 月，英国驻设拉子的副领事，一位印度军官，被暗杀者从背后开枪打死了，据称当时他的护卫是宪兵部队的士兵。几天后，奥康纳手下一名“古拉姆骑兵”（ghulam），或者说是骑马的信使，也遭到了同样的命运。事实上，虽然宪兵部队里的瑞典军官应该在那里保护外国人群体，维持法律和秩序，但是他们几乎毫不掩饰自己对瓦斯穆斯的支持。此外，他们的大多数波斯同僚都是反协约国的波斯民主党的狂热成员，因此也有同样的想法。

尽管奥康纳有一支 10 人的印度护卫队，但是他知道，领事馆无力击退由瓦斯穆斯领导的部落发动的顽强进攻，如果这些人得到了宪兵部队的支持，那就更难对付了。他所能做的就是警告他的上级在设拉子日渐增长的危险，以及他们很可能被劫持为人质，甚至有可能被杀害。他得到的回应是要求他尽可能久地坚持下去，但是无法从布什尔调遣部队支援他，因为援军要过去，就必然需要与沿途充满敌意的部落作战，这样只会火上浇油。然而，如果选择疏散领事馆，波斯人将欢呼对抗异教徒的战争取得了胜利——就像波斯其他地方的领事馆被关闭时一样。因此是否疏散，将由奥康纳决定，而他同意留下来。考虑到他们面对的凶残势力以及置身的绝望处境，这是一个勇敢的决定。但是他和这一小群英国人很快就会后悔做了这个决定。

与此同时，德里和伦敦收到了他们最不愿听到的消息。尼德迈尔、亨提格、2 名印度煽动者、6 名德国军官和军士已安全进入阿富汗了。

10

觐见埃米尔

尽管英国人已经猜到了一半，但尼德迈尔趁着他们不备溜走的消息还是让白厅和德里上下感到一阵寒意。不过值得称赞的是，他们表现出了自己作为优秀的失败者的风范，毫不掩饰地承认这是一项了不起的成就。英国战争历史学家后来写道："尼德迈尔和他的同伴们展示出来的勇气、技巧和韧劲，值得高度赞赏。"但最令那些熟悉波斯东部的英国军官感到惊讶的是德国人前行的速度。总督在向伦敦报告这个坏消息时，计算出德国人在 7 天内走了 255 英里。人和牲口都精疲力竭，饱受饥渴的折磨。他们用了一个半月的时间挣扎着穿越这个地球上最严酷的地区。这真是一项了不起的成就。一位英国军官抱怨道："德国人前进的速度太快了，根本无法获得关于他们行踪的足够消息。"然而，整个波斯东部已经到处布满英国的间谍和收买的线人了。

但如果没有尼德迈尔坚强的领导以及他战胜英国人和俄国人的坚定决心，这支队伍（或者说剩下的这支队伍）似乎不太可能熬过来。尼德迈尔写道："我们必须不惜一切代价继续前进，以保持我们仅有的一点主导权。"在他们少有的几次停下来睡觉后，他不得不踢自己的手下，迫使他们重新站起来。他回忆道："我们有一项艰巨的任务，就是要阻止疲惫或怯懦的人逃跑。"波斯人一个接一个地倒在了滚烫的沙子上，他们宁愿死也不愿意再苦苦挣扎走下去。尼德迈尔指出，欧洲人比波斯人在肉体和精神上展现出了更多的刚毅，但考虑到波斯人对圣战并没有真正的献身精神，这也就不足为奇了。一些德国批评家指责尼德迈尔在让队伍安全穿过波斯这件事上夸大了自己的功劳。然而，煽动者“印度的王子”拉贾·马亨德拉·普拉塔普，这个特派团名义上的负责人，在对这段旅程简要的记载中明确地将他们的幸存归功于尼德迈尔的个人领导力与计谋。

在这段时间里，这支队伍变得骨瘦如柴，尼德迈尔称之为“行走的骷髅”。最后在 1915 年 8 月 19 日深夜——从伊斯法罕出发整整 7 个星期后，他们终于到达了一处干涸的水坑，这个水坑就在阿富汗的边境上。虽然没有德国人、奥地利人或印度人丧生，但是由于死亡或逃亡，他们的人数减少了一半。他们刚出发时有 170 匹马和运行李的牲口，现在幸存下来的只有不到 70 匹。但是即便现在他们从英国人或俄国人手中逃脱了死亡，危险还远未结束。人与牲口都口干舌燥、饥肠辘辘。如果他们要生存下去，而不是因为虚弱而倒下去，那么他们就必须找到淡水和食物。在进入阿富汗 3 小时后，他们又找到了另一处水坑。虽然这个水坑并没有完全干涸，但是里面全是骆驼的粪便。尽管如此，他们那些绝望的牲口还是乐滋滋地喝了里面的水。尼德迈尔和他的同伴们在水里面放了消毒剂之后，也把水喝了下去。

他们就这样挣扎着前行，希望能找到一些有食物和水的居民点。尼德迈尔写道：“我也不知道我们是如何走完接下来的 40 公里的。”他们走了一夜，但是第 2 天早上 5 点，他们突然在沙漠中间发现了一个废弃的小村庄（今天的地图甚至没有把它标记出来）。他们希望能在这里找到一口井，但是这个希望很快就破灭了。他们的那群牲口实在渴疯了，以至于连盐水都想喝。然后，奇迹出现了，有人偶然发现了一条废弃的灌溉渠，里面仍然还有一些淡水。尼德迈尔回忆说："虽然水里面有很多水蛭，但是这是人和动物许多天来第一次喝到水。"这支队伍终于不会渴死了。他们现在有力气走到赫拉特（Herat）了。赫拉特是埃米尔在西部的省会，到那里仅仅需要两天，他们希望能在那里跟喀布尔当局进行第一次接触。

现在，在这些精疲力竭的人的脑子里，最重要的问题是他们将会受到怎样的对待。人们会如他们所希望的那样，把他们视为救世主——伊斯兰军队的先锋，来帮助阿富汗人最终摆脱英国宗主的束缚吗？还是根据中立国的法律，解除他们的武装并把他们关押起来？还是会把他们移交给英属印度当局——或者干脆让他们退出边境返回波斯，再一次去面对那些追捕他们的英国人和哥萨克骑兵？既然现在尼德迈尔的任务已经结束了，这样的政治考虑成了德国政府的代表奥托·冯·亨提格和他那两名印度同事的责任。一旦所有的波斯人护卫队都拿到了报酬，那么这支队伍就主要是由欧洲人组成的了（尽管他们自称信奉伊斯兰教）。因此，亨提格决定派出这两名印度人中的穆罕默德·巴拉卡图拉。他的名字在整个伊斯兰世界广为人知，英国当局当然也知道他。事实上，伦敦的档案把他描述为一个为德国工作的"非常危险的人"。亨提格现在交给他的任务是，立即友好地跟赫拉特总督联系，向他解释特派团到来的原因。他应该告诉阿富汗人，他们带了一封重要且紧急的信给埃米尔，这封信是由德皇威廉亲手写成的，他们还有一些礼物要送去喀布尔给埃米尔。

尽管巴拉卡图拉疲惫不堪、衣衫不整，但他还是出色地完成了自己的任务，让总督相信在其辖区外围等待着的特派团的重要性。总督马上派出一名上校率领一支领武装卫队去把特派团接到赫拉特。这支卫队在一个小村庄（小村庄的居民以前从未见过欧洲人）遇到了德国人和他们的朋友。在那段悲惨的旅程之后，后者正在这里休养恢复。亨提格和尼德迈尔想要以一种能很好体现祖国风貌的姿态进入赫拉特,因此本想在这个小村庄多待些日子。他们不仅筋疲力尽、衣衫褴褛、脏兮兮，还有几个人病了，其中一两个甚至还病得神志不清。但是上校坚持说必须执行总督的命令，他们必须立即收拾行装去赫拉特。在感受过波斯相当随和和顺从的官僚作风后，特派团一行人对这种死板的坚持感到震惊。

他们于 8 月 24 日进入了赫拉特，在波斯沙漠度过了漫长且痛苦的几个星期后，赫拉特对他们来说就像一个真正的天堂。要去往埃米尔西部领地那有着围墙的省会,他们首先要沿着郁郁葱葱、物产富饶的赫拉特峡谷骑行。峡谷两边都有美丽的果园和花园，远处是绵延不绝的高山。所到之处凉风习习、苍翠欲滴。到达省会之后，他们被护送到了埃米尔在该省的行宫。有人告诉他们，埃米尔视察这个省时就住在这里，而他们将会住在这里，等待喀布尔方面下达下一步行动的指示。事情看起来成功的可能性很大，因为这些迹象表明他们被视为这个国家的重要客人。他们的主人为他们准备了一张大桌子，桌面上摆满了东方的美味佳肴。“花园里飘来了醉人的芳香，”尼德迈尔写道，“我们就像置身于童话故事里。”拉贾·马亨德拉·普拉塔普印证了尼德迈尔的这番话，他回忆说：“就在那一刻，我们把最近遭受的所有苦难抛到了九霄云外。”

在接下来的几天里，他们都在坐立不安地等待着喀布尔的消息。终于，总督骑着一匹白色战马，在一支30人的武装护卫队的陪同下，正式访问了他们。在交换了礼物以及进行过正式的礼节后，亨提格解释了他们到来的原因，并告诉总督他们带来了德国皇帝和奥斯曼苏丹要传达给埃米尔的讯息。总督随后告知他们，他会在两周内安排他们离开赫拉特，前往400英里以东的喀布尔。同时，他们将会得到新衣服、马匹和其他旅行必需品。拉贾写道："总督自己掏腰包，雇了一群工匠——马鞍匠、铁匠、裁缝和鞋匠——来重新装备我们，并且满足我们的一切需求。"此外，他们还得到了昂贵的沐浴液、香水和肥皂——对他们来说，这些东西简直是不可想象的奢侈品，因为他们已经在沙尘暴和闷热的天气中艰难前行了数周，从来没有机会洗澡。德国人看起来有点扬扬自得，因为一切似乎都在按计划进行着。

甚至在其他队员跟巴拉卡图拉在赫拉特会合之前，英国人就从间谍那里得知了他的到来，以及他在那里受到的热情款待。在把这个消息告诉埃米尔后，英国人立即着手调查德国人是如何突破封锁线的，以防其他人效仿。他们猜测，尼德迈尔的队伍只不过是先锋，如果情况顺利的话，后面还会有很多这样的队伍也将试图去往阿富汗。事实上，在德国人看来，一切都进行得不错。尼德迈尔已经向伊斯法罕发出了一则秘密信息，他建议在更多的敌军被派遣过来填补缺口之前，再派一支德国队伍尝试穿越协约国建立的封锁线。与此同时，英国从比尔詹德派出了一名经验丰富的情报官员，要他确定尼德迈尔及其手下所走的确切路线，并查明沿途是谁向他们提供了食物、水和向导。然而，他所能发现的是，波斯东部的大多数村长都愿意接受任何一方的报价，并将自己卖给出价最高的一方——或者在条件允许的情况下，把自己卖给双方。但是在大多数情况下，他们都更倾向于支持土耳其和德国，因为他们一直以来都对英国人和俄国人很反感。现在，这两个国家的人正为他们在大博弈时期长期插手波斯的事务付出代价。

与此同时，在波斯西部，德国的武器、资金和其他物资源源不断地从境外涌入，为即将到来的英属印度圣战做好准备。柏林相信，在喀布尔的亨提格及其同伴们还有在德黑兰的罗伊斯的亨利王子（他正在施展阴谋）很快就会发起圣战。根据报告，除了德国的武器，大约有300名土耳其士兵，戴着波斯的帽子，别着德国的徽章，到达了克尔曼沙阿。克尔曼沙阿是通往德国主基地伊斯法罕的中途补给站。跟后者一样，现在它几乎成了德国的领土。出于安全的考虑，英国和俄国的领事馆都长期关闭了。新上任的克尔曼沙阿波斯总督试图控制德国在那里活动。然而，就在他宣布打算重新开放协约国的领事馆时，亨利王子直截了当地警告说，如果他坚持这样做，德国人将使用武力阻止他接任这个新职位。据英国人估计，现在仅在克尔曼沙阿，德国人就雇用了1000多人，其中许多人将去往伊斯法罕和东部地区其他哨点。事实上，大约就在这时候——1915年的秋天——英国人收到情报，有两支德国队伍很快就会离开伊斯法罕，追随尼德迈尔和亨提格的脚步，前往阿富汗。

尼德迈尔和亨提格已经充分休整好了，现在他们正从赫拉特出发，向东越过山脉前往喀布尔。他们在一支阿富汗军队的护送下，走的是最短但最艰难的路线。有一条更容易走但是会长得多的路线，他们可以先向南去坎大哈（Kandahar），然后再从那里向东北前往首都，这样就能绕过山脉了。但是很明显，阿富汗人想要不惜一切代价，阻止特派团与印度边境地区那些容易激动的部落成员接触，同时防止特派团出现在阿富汗的消息传到部落成员的耳中。

在正常情况下，这段路程需要走一个月。然而，他们有时会在一天内走完两天要走的路程，于是他们在 10 月 2 日就抵达了喀布尔，比预计提前了 5 天。亨提格回忆说，在他们去往首都的路上，第一批迎接他们的是土耳其人群体，“他们戴着红色的毡帽，因此很容易认出来”。这些土耳其人为这些刚刚到来的人大声地欢呼，“让我们觉得自己在喀布尔已经有朋友了”。在他们离这座山峦环抱的首都更近时，下一批迎接他们的是一支阿富汗仪仗队，仪仗队的军官穿着土耳其的军装来迎接他们，高喊着：“你们好！（Salaam!）”他们到来的消息迅速传遍了首都，兴奋的人群开始夹道欢迎。“他们在街上，在屋顶上，”亨提格写道，“欢呼着向我们挥手致意。我们可以从他们的脸上读到希望，他们期盼我们的到来能将阿富汗带入新时代。”

现在，特派团被护送到了埃米尔那舒适的宾馆——著名的“巴格－巴布尔”（Bagh–i–Babur）。这座宾馆位于城外，他们将作为国宾暂住在那里。群山之景、绿谷之色与“巴格－巴布尔”的花园及喷泉互相辉映，壮观异常。但是，他们最初的兴奋只是短暂的，因为他们很快就发现，埃米尔本人当时已经离开了首都，正在山中凉爽的夏宫里避暑。此外，他似乎并不急于返回刚经历了一场霍乱疫情的喀布尔。亨提格和尼德迈尔迫不及待地想要弥补耽搁的时间，把阿富汗带入圣战，埃米尔的做法让他们感到非常失望。

但是，在等待埃米尔乐意回来时，他们开始在喀布尔赢得普通民众对圣战的支持。在这里，他们偶然找到了一些意想不到的盟友。他们发现，有 20 多名奥匈士兵住在喀布尔，这些人都是从俄国突厥斯坦的集中营逃出来的前战俘，在穿过奥克苏斯河（Oxus）后，来到了中立的阿富汗，然后被允许留在了这里。这些士兵当中有许多技术高超的工匠，亨提格和尼德迈尔立即招募了他们，为的是能从内心和思想上攻陷阿富汗人。例如，其中一些人帮助阿富汗人建造了一所小型医院，用亨提格的话说，这座医院"体现了德国最新的光、空气和清洁的卫生原则"——这在当时的阿富汗是全新的概念。其中有一个人在和平时期是一名雕刻家，他用一尊合适的、令人印象深刻的雕像装饰了医院的入口，而另一名室内装修设计师装饰了小手术室、等候室和医院的附属小清真寺的内部空间。与此同时，其他有实用技能的前战俘将他们的工艺秘诀传授给了当地的工匠。"然而，最重要的是，"亨提格写道，"阿富汗人想要了解外面的世界——特别想知道战争是如何进行的，以及战争可能的结果和对他们的影响。"这是德国人宣传即将到来的针对英属印度的圣战的最好机会了。

奇怪的是，当时还有另一个欧洲人住在喀布尔。他是一个英国人，名叫林奇（Lynch），是一位工程师，埃米尔聘请他建立一家工厂，以生产肥皂、蜡烛和无烟火药。当德国人到来并开始在民众中传播反英故事时，他决定辞职返回印度。一回到德里，英国当局向他施压，要求他说出任何有关这支特派团的消息。他也马上报告说自己经常在集市上看到德国人，尽管他们从来都不说话。他对英国当局说："我们只是像狗一样咆哮着，就擦肩而过了。"尽管在他看来，阿富汗人似乎把这些德国人当成"来访的皇室成员"来招待，但这并不是亨提格和尼德迈尔逐渐开始感受到的状况。日子一天天过去了，还是没有埃米尔的消息，他们写给埃米尔的几封信也没有回信，他们开始感到不安了。与此同时，他们的行动却越来越受到限制。有一次，尼德迈尔想去宾馆外面骑一下他的马，一名哨兵拿着上了刺刀的步枪阻止了他。当他向主管的阿富汗官员提出抗议时，那位官员告诉他，他们的生命受到了英国秘密特工的威胁，限制活动是为了保护他们的安全。德国人自然一点也不相信他说的话。

最终他们的耐心耗尽了。他们决定开始绝食抗议，并礼貌地拒绝了由主人叫厨师为他们准备的美味佳肴。尽管萨托（Satow）经典的《外交实践指南》（*Guide to Diplomatic Practice*）不怎么推荐这种做法，但这种非正统的策略在这个把热情好客视为神圣职责的民族中立即奏效了。埃米尔想到世界上最强大的国家之一的使者在他的国家做客时就要饿死了，毫无疑问吓坏了，并且妥协了。10 月 26 日，距离他们第一次进入阿富汗两个多月后，3 辆劳斯莱斯被派去宾馆接他们，然后把他们送到了埃米尔在山里的宫殿。当汽车在喀布尔的山麓上飞驰时，德国人和他们的两名印度同伴知道，接下来的几个小时将决定圣战的命运，甚至可能决定整个战争的命运。因为如果他们从阿富汗开始，最终把整个亚洲的伊斯兰国家与英国和俄国对立起来，那么德国和土耳其毫无疑问就会取得全面胜利。这正是他们现在面临的巨大责任。

由于利害攸关，英国人在这段时间里一直没闲着。首先，他们一直在拼命填补“东波斯封锁线”的缺口，防止报告中说的其他德国队伍前往阿富汗与亨提格和尼德迈尔会合。但是他们最切身的恐惧是，亨提格和尼德迈尔现在显然希望在喀布尔挑起事端。尽管埃米尔曾向总督保证，他将信守自己的条约义务并保持绝对的中立，但在他身边围满了渴望与英国算账的权贵，这在德里已经不是什么秘密了。没有什么比埃米尔宣布对印度异教徒统治者发动全面的圣战能更让他们高兴的了。

此外，一段时间以来，在查尔斯・克利夫兰爵士的领导下，印度当局的情报部门已经注意到，德国人携带了德皇和苏丹写的高度煽动性的信件敦促埃米尔加入圣战。如果不能阻止这些信件被送到埃米尔手中，那么他们至少可以试着写一封更好的信来抢德国人的风头。到目前为止，英国政府和埃米尔之间的所有外交交流都是严格按照条约的条款通过总督进行的。但是现在他们已经决定，英王乔治五世将亲自提笔在白金汉宫的信纸上给埃米尔写信，感谢埃米尔的友谊和忠诚，并向他保证协约国马上就要取得胜利了。这种做法违背了正式的英阿协议，而且似乎把这两个国家的主权者放在了平等的地位上。借用吉卜林的一句话——他对皇室的礼节非常了解——“君主传话给君主”。

但如果国王乔治五世在 9 月 24 日写的信想要让其敌对国君主所写的信黯然失色，那么他们就得抓紧时间。在伦敦安排把这封信尽快送去德里时，总督就事先给埃米尔发了电报，告诉他有这样一封信已经在路上了。他们已经决定，要尽可能庄严郑重地把信递交给埃米尔。然而，由于条约禁止英国军官和外交官进入阿富汗，因此最后的正式递交必须在最近一个英国驻点进行，这个驻点在印度这边的开伯尔山口（Khyber Pass）。为了突出这封信的极端重要性，他们要求埃米尔派一位级别合适的官员来接收。埃米尔立即命令一名十分信任的阿富汗贵族前往边疆地区，随行的还有一支全副武装的护卫队，他们穿着新剪裁的军装，看上去十分威严。他们发现英国人已在河边事先约定好的地点等着，旁边还有一支身穿礼服的仪仗队，隶属开伯尔步枪队（Khyber Rifles）。在英国人搭建的帐篷里，国王的信在亲切的气氛中被正式递交了，之后这位阿富汗贵族和他的护卫队骑着马迅速离开，直接把信送到了埃米尔的手中。

据说，埃米尔哈比布拉站起来收下了这封信，以示对寄信人的尊敬。送信人被自己的责任压得喘不过气来，激动的泪水蒙蔽了双眼，他没能立即注意到，埃米尔伸手拿信时的不耐烦。尽管如此，他还是得到了应有的奖赏，因为他迅速完成了自己的任务，而那些护送他以及那封具有历史意义的信的人都得到了一支英国制造的李－梅特福步枪（Lee–Metford rifle），这在阿富汗部落中是非常珍贵的奖品。埃米尔现在开始阅读这位英国君主的信。德里事先已经给信附上了翻译，以避免出现任何误解。因为在这个情绪反复无常的民族中，误解与否关系着战争与和平、阿富汗加入圣战或保持中立。

英国国王的信以“我亲爱的朋友”开头，这封信是这样写的：“我非常高兴地从我的总督那里得知，陛下您在战争开始时就一直小心体面地保持着绝对中立的态度，因为这样做不仅符合陛下您对我的承诺，也符合阿富汗和伊斯兰教的最佳利益。”这封信接着说，英国国王相信埃米尔会继续这样做，“直到协约国取得大战的胜利——这一天日益临近了”。信的结尾写道，埃米尔这样做，会“进一步加强我们之间的友谊，这份友谊是我非常珍视的，自您的父亲以及我尊敬的祖先——伟大的维多利亚女王的那个充满光辉回忆的时代以来，这份友谊将我们的人民团结在了一起”。与此同时，总督在自己写的那封附带的信中告诉埃米尔，为了感谢他的忠诚，决定将他每年的个人补贴增加 2.5 万英镑——

这在 1915 年是一笔不小的数目。毫无疑问，这也是为了超过德国人可能给他的类似诱惑。其实，鉴于埃米尔在德里有着 80 万英镑的未使用存款，在伦敦也有着更多的投资，德国人要想诱惑他，就不得不付出一笔十分巨大的钱。尽管如此，因为此间利害关系实在重大，英国人还是怀着极大的恐惧等待着他的答复。

与此同时，埃米尔与德国和印度来宾的第一次会面在他的山间宫殿举行了。在这里进行会面（或者说看起来）十分隐秘，不会引起英国情报机构或任何其他利益方的注意。但事实真是如此吗？多年后，《泰晤士报》上登了一篇没有署名的查尔斯·克利夫兰爵士的讣告，写作者显然消息灵通，他声称克利夫兰爵士成功地渗透了这个特派团。然而，我在当时的印度政府情报文件中没有找到任何的证据。事实上，如果克利夫兰的一名特工在会面现场，那么针对当时的场景，按理来说应该有一个相当完整的描述，但当时总督所收到消息却相当粗略。事实上，要将埃米尔的宫殿里发生的事件拼凑在一起，就必须查阅亨提格、尼德迈尔和拉贾·马亨德拉·普拉塔普留下的描述以及德国的外交档案。

会面持续了一整天，相关人员只在祷告和午餐的时候休息了一下。在场级别最高的阿富汗人是埃米尔。往下便是他那位当总理的弟弟纳斯鲁拉以及他后来最终继承王位的儿子阿马努拉（Amanullah）。参加这次会面的还有一些高级部长、宫廷官员和顾问。他们当中的大多数人，如纳斯鲁拉和阿马努拉，都是反英的，因此他们很可能会支持来访者。当德国人和两名印度人坐的劳斯莱斯在宫殿前停下来的时候，他们看到宫殿其实是一间很大的别墅，别墅外面用链子拴着许多大象，这让他们大吃一惊。“既昂贵又不必要，”亨提格说，“这让我们得出了这样的结论，埃米尔把自己当成了印度最伟大的君主之一。”

会面开始时，德国使团将德国皇帝和奥斯曼苏丹的信正式递交给了埃米尔,还向其赠送了许多小而贵重的礼物,包括设计最新、工艺最精美的金表。“我们也表达了我们的期盼，”亨提格写道，“希望能在以后的日子里，把我们留在波斯的更大的礼物送过来。”当埃米尔问到为什么德皇和苏丹派这么年轻的代表——都没有一个超过 30 岁——来跟他讨论如此重要的国家事务时，气氛有点尴尬。亨提格解释说，“老人”或者说年长的人忍受不了旅途中各种极端的艰难困苦。埃米尔还对德皇的信表示惊讶，因为德皇的信是用打字机打出来的，跟苏丹的不同，他好像是在质疑信的真实性。亨提格又一次给出了令人满意的解释。“我告诉他说，”亨提格写道，“德皇在他的战地指挥部里，他没有一个可以随意支配的抄写员。”事实上，这封信有一些小小的问题，因为最初的那封信上写着瓦斯穆斯是这个特派团的领导者。因此，他们很有可能在某个环节使用了什么巧妙的障眼法。

埃米尔现在问，在世界大战期间，是什么风把他们吹到了阿富汗。亨提格解释说，他们的皇帝派他们过来告诉埃米尔，德国不像英国和俄国，德国完全承认阿富汗是一个独立的国家，君主是埃米尔，而且德国还希望与喀布尔建立正式的外交关系。因为德国人知道，英国拒绝承认阿富汗是一个完全独立的国家，不同意阿富汗拥有自己的外交政策，这引起了骄傲的阿富汗人的强烈不满，其中也包括埃米尔本人。不过，埃米尔却依旧摆出一张扑克脸，他的表情丝毫没有显示出他对德皇提议的看法。

接下来轮到印度的煽动者穆罕默德·巴拉卡图拉发言了，他自称代表了印度数百万穆斯林的愿望，代表他们向埃米尔发起提议。他直截了当地问这位阿富汗统治者，作为一名公开承认的穆斯林，埃米尔是否准备带领自己的人民发动一场圣战，解放受压迫的英属印度的穆斯林。他还问埃米尔，是否会允许德国和土耳其军队进入阿富汗，与圣战战士联合起来，共同进军印度。面对这名印度人的质疑，埃米尔回答得很谨慎，但是很坦率。虽然阿富汗不会逃避自己作为一个穆斯林大国的责任，但是很不幸，阿富汗夹在了英属印度和沙皇俄国这两个大国之间，离德国和土耳其却甚远。虽然他的军队热衷于保卫自己的国家，却抵挡不了英俄这两个强大邻国的全部力量。他们没有与现代欧洲军队作战的经验，后者装备了最新的武器，并且有能力运用复杂的战术。此外，他会立即失去英国的补贴以及存在印度那里的资金，那么他还能如何给自己的军队发军饷呢？如果想要加入战争，那么他首先需要的是武器、金钱以及大量的德国或土耳其军队。但是，考虑到路途遥远、时间紧迫以及“东波斯封锁线”的存在，这些东西又将如何送到他的手中呢？

亨提格和他的同伴们对埃米尔的这些要求毫无准备，他们不知该如何回答。因为他们并没有得到柏林或君士坦丁堡的授权，可以向阿富汗承诺任何军事或财政援助，虽然如果事情进展顺利的话，这些援助之后应该少不了。他们接到的命令仅仅是要激起埃米尔的宗教义愤，让他发动他的部落成员来反抗英属印度，而其他人则煽动当地不满的民众进行暴力起义。罗伊斯的亨利王子此时正在策划着一场阴谋，只有在他的阴谋成功地将波斯沙赫推入圣战的情况下，德国或土耳其的军队才能开进阿富汗。即使在那时候，他们也希望是德国领导的波斯军队对抗英属印度，而不是德国或土耳其的军队亲自上场，因为其他地方正迫切需要这些军队。说到底，原本圣战的主要吸引力就是，它实际上几乎不需要花费任何费用，而如果它成功了，英国将被迫在边境上部署大量的军队或者承受失去印度的风险。

特派团与埃米尔的第一次会面一直持续到深夜才结束。会面中，双方坦率且友好地进行了讨论。埃米尔确实老谋深算，很会讨价还价，不断地寻求更多的利益。尼德迈尔写道："这不是一位简单的首领，他不会被玻璃珠弄得眼花缭乱。"的确，他们历经磨难才将礼物送达，还承诺会送更多——包括一部一吨重的电影放映机，但是埃米尔似乎无动于衷。只有当尼德迈尔在军事层面分析德国必将获得大战胜利时，埃米尔听得最专心致志。尼德迈尔警告说，如果埃米尔继续维持目前与英国的友谊，那么他将发现自己处于异常孤立无援的地位。拉贾·马亨德拉·普拉塔普和巴拉卡图拉也都是雄辩而有说服力的发言人，他们指出，如果埃米尔帮忙把英国人赶出印度，那么他将获得丰厚的领土回报。

埃米尔全神贯注地听着，也问了很多问题，但是这位高深莫测的君主却始终没有透露出一丝自己的真实想法。然而，从社交层面上说，他对外国来宾却表现得极为亲切。他为来宾提供了丰盛的食物，吃饭时自己就坐在亨提格和拉贾之间，时不时亲自用那些专门为他烹制和试吃过的菜招待他们。亨提格说："埃米尔喝的水是从一个上锁的银色茶壶倒出来的，钥匙由一名侍从保管着。"他指出，埃米尔的杯子的设计有点稀奇古怪。杯子上面覆盖着一层水晶，水晶上面镶嵌着一颗硕大的红宝石，杯子有一个特别的开口供埃米尔用嘴巴喝水。看起来，这位阿富汗君主不会对任何事情掉以轻心。

那天晚上，他们乘坐 3 辆劳斯莱斯汽车返回了喀布尔，特派团的成员们在车上回想着当天的事情。亨提格说："我们与阿富汗埃米尔的首次会面并非完全不令人满意。至少已经破冰了。"他知道，他们讨论的内容需要时间来消化。此外，他深信纳斯鲁拉和其他反英官员将继续在幕后代表他们说服埃米尔。一个很有成功希望的迹象是，埃米尔同意举行进一步的会谈，包括单独与两名印度人会谈，这样他就可以倾听他们对祖国的期盼。这些事情就像阿富汗的其他事情一样，在接下来的几个星期里，将以悠闲的步调进行。埃米尔似乎并不急于把自己托付给德皇、苏丹、英王或者沙皇。

此时，有一些疯狂的故事开始传到紧张不安的德里，内容是关于德国人和印度人在阿富汗首都的所作所为。总督告诉伦敦："从喀布尔传来了非同寻常的故事。"然而，他认为其中许多故事都过分夸大了，他坚信埃米尔虽然承受着巨大的压力，但却不会加入圣战。11 月 5 日，在埃米尔与特派团第一次会面 10 天后，总督的信心更足了。他收到这样的消息说，埃米尔断然拒绝了加入圣战的邀请，并坚定地告诉德国人，自己不能破坏与英国政府的联盟关系。正如我们所知，这根本不是真的，不过总督很乐意相信这一点。尽管如此，他警告伦敦，在埃米尔的身边，那些有权势的人正努力迫使其加入圣战，"但是到目前为止还没有成功"。其他英国高级官员不像总督那么对埃米尔有信心，他们认为这位阿富汗领导人只是在等待时机，等到可以确定哪一方能赢得战争。只有到那时候，他才会表明自己的态度。很重要的一点是，虽然他收到乔治五世国王的信已经有几个星期了，但是还没有回信。他们问道，埃米尔在等什么呢？

但是，在 1915 年 12 月初，即德国的特派团在喀布尔待了两个月后，埃米尔突然把英属印度政府在首都的官方穆斯林特工召唤到自己的宫殿。埃米尔把这名特工领进了自己的私人办公室，锁上了身后的门，以免受到打扰。埃米尔随后告诉特工，自己有一条重要的秘密信息要告诉总督，这条消息不能写下来，以免落入坏人之手。这条信息必须由特工亲自传达。埃米尔向总督保证："我不是两面派。如果可以的话，我打算站在英国人这边。"英国人不应该以任何个人行动来评判他，因为这些行动很可能是公众舆论及周围人向他施压迫使他采取的。总督也不应该相信任何可能会传到德里的谣言或者市集上的流言蜚语。虽然他打算信守诺言，但是他不能冒险公开地偏袒英国人，以免被臣民指控他背叛信仰。

总督非常清楚埃米尔所承受的巨大压力，他收到这条口头信息时松了一口气，因为这在某种程度上也解释了，为什么埃米尔没有给国王乔治五世写一封书面的回信。尽管如此，德里的其他人仍然怀疑埃米尔是在拖延时间，因此他才不愿在纸上写下些什么，以免日后自己会受到影响。事实上，他们已经做出了最坏的设想，因为埃米尔在信中要求将自己积累的大部分补贴从德里转移到喀布尔。然而，总督跟他们的想法不一样。他写道："尽管我的顾问们意见不一，但我决心相信他会真心实意地信守承诺。"德里最终同意了埃米尔将这些资金转移的要求，甚至连新增的那部分也一并给付了。

英国人难以拿定埃米尔的真实想法，对此担忧不已，巧的是，身处喀布尔的亨提格和他的同伴们也同样忧心忡忡。几个星期过去了，他们现在也越来越清楚埃米尔并不打算支持他们的事业，而是在拖延时间。在他们看来，这位君主不想让自己受到约束，而是打算在最后的紧要关头才跳到某一方的阵营。这也正是总督那些犀利的官员们所想的。但德国人并没有打算轻易放弃，因为这其中的利害关系太大了，不能让一个人的固执破坏德皇的宏伟计划。

亨提格和他的同事们现在已经写好了一份关于喀布尔局势的加密简报。他们把这份报告交给了一名波斯秘密信使，命令他立即骑马赶往德黑兰，把报告交给亨利王子，亨利王子正焦急地等待特派团的进展消息。但是德国人不知道这位信使曾经也为俄国服务过。因此，这名信使并没有直接出发去德黑兰，而是去了麦什德，把报告交给了他认识的俄国官员。俄国官员看不懂这份报告，于是他们就把报告送到了圣彼得堡，后来圣彼得堡破译了这份报告。俄国人意识到这份报告的重要性，就把报告中的内容告诉了英国大使乔治·布坎南（George Buchanan）爵士，随后英国外交部把这些内容转告了总督。

报告送出去已经有几个星期了，为了告诉亨利王子埃米尔亲切地接见了特派团。不过，报告还提到，所有诱使埃米尔加入圣战的希望似乎都要破灭了。因此，特派团正在考虑使用其他手段将阿富汗推入战争。在埃米尔的臣民中，许多人都支持对英国发起圣战，因此如果要把阿富汗拖入战争，只需要派遣 1000 名土耳其人外加已经在波斯的德国人就足够了。这份报告故意含糊其词，在最后写道："也许首先需要激起阿富汗内部对英国的反感之情……我们决定要不择手段。"总督认为这只能说明一件事，即德国人正在谋划一场针对埃米尔的政变，如果埃米尔拒绝加入圣战，就必须将他推翻。总督认为，"不择手段"指的是暗杀。

总督立刻写信警告埃米尔，其王位乃至生命正在受到威胁。

他附上了德国报告的文本，以及他自己对其确切含义的解释。然而，他擅自将“反感之情”（Internal revulsion of feeling）这个古怪的短语翻译成了：“或许我们应该从组织一场政变开始。”他对埃米尔说，特派团要求派遣1000名土耳其军人是为了要让“轻信、容易激动的民众相信……这只是先头部队，后面还有一支相当大的土德联军”。然而，正如德国人非常清楚的，一支真正能控扼局面的部队是不可能穿越波斯到达阿富汗的。总督继续写道，这一切的最终目的是让“一个比陛下更加支持他们邪恶阴谋的人”登上阿富汗的王位。他在信的结尾写道：“我完全相信，这样的阴谋是不可能得逞的，而且陛下绝对是安全的。同时，我认为，现在您应该也知道您在喀布尔的客人是一群怎样的人了吧。”

此外，总督知道但德国人不知道的是，后者要求调遣过来帮助推翻顽固不化的埃米尔的土德军队不会来了，因为他们的消息从来就没有传到德黑兰的亨利王子那里。然而，虽然德皇的阿富汗远征已经遇到了困难，但其他地方的其他圣战阴谋则正在酝酿之中。事实上，当时在将近1000英里之外的波斯南部山区里，第一个这样的阴谋已然冒头。

11

瓦斯穆斯突袭

1915年11月初，一名在印欧电报局工作的工程师最先把消息带到了位于德黑兰的英国公使馆。消息称，在设拉子，孤立无援的英国人遇到了严重的问题。虽然设拉子与波斯其他地区通讯的电报被切断了，但这名工程师从其他消息来源得知，有11名英国侨民被人用枪挟持并带往了海岸地区。被挟持者包括英国领事弗雷德里克·奥康纳少校、当地的银行经理和电报经理、两名英国妇女和两个小女孩。绑架者似乎就是那些本应该保护他们的人——波斯宪兵。他们宣称是在一个自称为“保护波斯独立全国委员会”（National Committee for the Protection of Persian Independence）的组织的命令下行动的。

英国驻德黑兰公使收到报告后，立即要求波斯外交大臣作出全面的解释，并立即释放人质。然而，当局否认知道这一事件，英国公使馆在等待进一步澄清的同时通知伦敦，整个事件“很有可能”是德国人捏造出来的，目的是进一步破坏波斯和英国之间本已十分紧张的关系。如果是这样的话，这已不是他们第一次故意散布这样的谣言，希望破坏英波关系，从而把沙赫和他的政府推入圣战。

但很快就有证据显示那位工程师的警告是正确的，宪兵队确实抓捕了全部英国侨民。据说这是当地波斯爱国者下的命令，但很快就有消息泄露出来说，这次行动的幕后人是威廉·瓦斯穆斯。他现在住在设拉子地区的部落里，正大量地分发着德国的黄金和武器，也散播着关于丰厚回报的诱人承诺。他向当地人保证，沙赫很快就会与德国和土耳其联合起来。英国人听到这个消息时一点也不感到惊讶，因为奥康纳一直在警告瓦斯穆斯正在策划这样的行动，而且当地的宪兵和部落首领也早已被其用黄金收买了。

奥康纳本人最先发现，11 月 10 日早餐后不久，瓦斯穆斯就决定发起袭击了，当时他的10名印度军队护卫跑到他跟前报告说，宪兵部队已经包围了领事馆。有些人拿着机关枪，占据了可以俯瞰大楼的房屋平顶的位置，另一群人则带着野战炮，瞄准了门口。奥康纳立刻派人去找隔壁办公室的英国电报经理，催促他给德黑兰发信息，而他自己则马上着手销毁秘密文件和剩下的密码。但是他的要求没法施行，因为电报经理告诉他电报线已经被切断了。

奥康纳后来回忆道："一名手持白旗的宪兵出现在了领事馆门口。"这名宪兵带来了一封用法语写的信，信中下达了最后通牒："波斯爱国者已经决定逮捕你和其他英国人。从你拿到这封信开始算起，你有半小时的时间做出决定。"如果他和其他英国人投降，他们就会被送到设拉子和布什尔之间的一个小镇关押起来，用来交换那些在"中立的波斯领土上"被抓捕的德国人和其他人，这些人现在被关押在印度。英国人中的两名妇女和两名女孩既可以安全地留在设拉子，也可以跟男性一起转移，被押送到布什尔。这取决于她们的选择。

信里面警告说："请在信封上写下拿到这封信时是几时几分，如果你在 30 分钟后不投降，那么英国领事馆和房子将会遭到轰炸。”如果这样的话，他要对自己拒绝投降所产生的后果负责——“尤其是对这些女性的遭遇负责”。据称这封信是来自“保护波斯独立全国委员会”，信的结尾写道：“一旦你们投降，你们的房子就会被占领，你们将有3个小时准备离开。每个囚犯都有3头骡子，你们可以随意支配，每个人还可以带一个仆人。”

奥康纳是一名经验丰富的士兵，他知道自己别无选择，只能投降。他们的人数和武器都远远少于包围他们的人。领事馆并不是为了防御而设计的——它坐落在一个花园中，四周的高墙既没有枪眼，也没有胸墙。他写道：“即使我们有能力保卫领事馆，但是其余的英国人是分散在各处的，他们只能任由革命者摆布了。”例如，当地帝国银行的经理就和妻子以及两个年幼的女儿住在大概1英里以外的地方。考虑到这一点，奥康纳补充说：“我写了一份回复表达抗议，但接受了最后通牒的条款。”

在最后通牒所允许的半小时里（实际上只有20分钟），奥康纳迅速行动。他把那些敏感的文件浸泡在煤油里，并在花园里烧了它们，此外，他还有一大笔金币需要担心。要把这些金币藏起来显然不是一件容易的事，因为他知道，波斯人会把这栋楼掘地三尺，为他们的德国雇主搜寻有价值的物件，翻找有关英国阴谋的机密文件和其他证据。尽管如此，他还是成功地把这笔钱藏匿起来了，多年后还取回了，但是即使在他15年后写成的回忆录中，奥康纳也没有透露这笔钱藏在哪里了。奥康纳刚好做完了这一切。他写道：“在发出最后通牒大约20分钟后，一名波斯宪兵军官带着一支小护卫队进入了领事馆，他彬彬有礼地告诉我，我被捕了，现在他接管领事馆及其所有事务。”他命令奥康纳立即准备出发。

在一名武装宪兵的严密监视下，奥康纳到自己的卧室打包了一个行李箱，并且换上了骑马服。他回忆道："我出来的时候，发现宪兵已经把我办公室里那个沉重的钢制保险柜搬了出来，他们正准备把它装上牛车。"他问他们为什么要把它搬走，他们解释说，要把它搬到总部，然后撬开。奥康纳对他们说："但是我这里有钥匙，这样打开它就简单多了。"宪兵们围在保险柜旁边，脸上掩盖不住兴奋之情，因为他们听过一些关于领事馆藏有巨额财富的离奇故事。"我打开了保险柜，里面当然是空的，只有一两张小面值的波斯钞票和一些毫无价值的文件。波斯独立的保护者们大失所望，他们随后疯狂地搜查了房子和花园（后来有人告诉我，花园边边角角都被挖了一遍），但是没找到任何宝藏或者武器。"

抓捕他们的人显然很紧张，虽然最后通牒承诺给他们 3 个小时准备离开，但是宪兵队总部传来消息，要求他们马上出发。奥康纳被命令骑上早已装好鞍具的马，然后和那 10 名被解除了武装的印度士兵一起，在宪兵的重重押送下离开了领事馆。奥康纳写道："他们的警戒哨兵装备有步枪和机关枪，仍然占据着邻近房屋的屋顶。"奥康纳注意到架在路上瞄准着领事馆大门的阿姆斯特朗野战炮中，有一门是他数个月前为宪兵部队订购的，而且是由英国政府出资的。他们被从领事馆带到了城里的宪兵营。奥康纳回忆道："主要的道路都有人把守着，居民们被要求待在自己的房子里。因此道路上没有人。"然而，在途经路障和其他由宪兵把守的哨点时，他们听到了"打倒英格兰"和"波斯万岁"的呼声。

奥康纳在兵营里看到了其他被抓捕的英国人。除了他自己以外，还有另外 6 名男性、2 名妇女和 2 名小女孩——一共 11 人。

奥康纳回忆道："不到 1 个小时，他们又催促我们出发，于是男性骑上了马，女士坐上了马车。"他的印度士兵和几名当地仆人跟着他们走，宪兵队派了一支全副武装的护卫队押送他们。没有人告诉他们将要去哪里，但是他们注意到，自己正行进在通往海岸和布什尔的路上。当经过英国领事馆时，奥康纳注意到波斯国旗现在正飘扬在旗杆上，还有一挺机关枪也被架设在了大门口。虽然设拉子是省会城市，但是它似乎已经被亲德分子牢牢地控制了，而且没有任何迹象表明波斯当局做出过任何干预。

天气异常寒冷，夜晚他们只能跟沿途肮脏的商队挤在一起过夜。4 天后，他们最终到达了要塞城镇博拉兹詹（Borazjun），这里是一位坦吉斯坦酋长的总部，他跟瓦斯穆斯以及宪兵部队中的亲德派是坐在同一条船上的。他们发现瓦斯穆斯本人也在这里等着。战前，奥康纳第一次遇见瓦斯穆斯是在设拉子，当时瓦斯穆斯在设拉子待了 3 个月，而且大部分时间都待在当地的部落中。他把瓦斯穆斯描述成"一个金发碧眼、外表阳刚的撒克逊人，他举止优雅，性格和蔼"。这两个人见过很多次面，甚至还一起进行过短暂的狩猎之旅。然而，很明显，瓦斯穆斯在那里是为了获取情报，并代表他的政府与宪兵部队的军官及部落首领结交朋友。奥康纳写道："但是，除了在商业层面上，德国人成功渗透到波斯内陆地区的机会在当时似乎是很渺茫的，我们除了密切关注他的一举一动外，对他并不是很重视，此外我们的私人交情也是非常要好的。"

奥康纳现在面前的瓦斯穆斯与过去已经完全不同了。这名德国人一直过着艰苦的生活，打扮得像个波斯人。他蓄起了胡子，似乎已经皈依了伊斯兰教。奥康纳回忆道："他向我表达了极大的遗憾，1913 年的夏天，我们相处得那么愉快，再次相见却是在现在这种情形下。”但是，他显然没有忘记自己的计划受到的破坏，当然也没有忘记自尊心受到的打击。当时，他曾短暂地被亲英的部落扣押过，大部分行李都丢失了，包括他的密码本以及那些精心准备的圣战宣传资料。他对奥康纳说：“毕竟，是你的人抓捕了我、我的同伴以及整支队伍。我冒着极大的风险才侥幸逃脱，没有跟其他人一起被押送到印度。”他十分坦率地承认，抓捕英国人并扣押他们作为人质，用他们来交换自己在印度的同事，这在某种程度上也是为了复仇。不过，他补充说：“我们曾在一起度过了一段愉快的时光，你却碰巧成了受害者，这真是太不幸了，不过这是战争的幸运，对此我爱莫能助。”他说很快就会把他们移交给坦吉斯坦人，后者会确保他们的安全，并把他们带到偏远的阿赫拉姆（Ahram），那里是坦吉斯坦人的一个据点。他们将会一直待在那里，直到用他们交换德国和波斯俘虏的谈判取得成果。至于那两名妇女和两名女孩将会依照承诺先被送到布什尔，然后再由宪兵将她们移交给英国人。而那 10 名印度士兵则将留在博拉兹詹。

那天下午，仍是在宪兵部队的押送下，英国人出发前往阿赫拉姆。中途，他们停下来休息了一晚，第二天两名妇女和两名女孩离开去了布什尔，而男人们则被移交给了押送他们的坦吉斯坦人。当奥康纳和他的男性同伴们快到阿赫拉姆时，该据点的小酋长骑马过来迎接了他们。“这个值得尊敬的人，”奥康纳写道，“在离他的据点几英里的地方见了我们，他彬彬有礼地施以问候，然后把我们带到了他的住处——我们接下来 9 个月将住在这里。”他的住处是一个小泥堡，筑有胸墙，墙上有枪眼，高约 40 英尺。四周是一堵12英尺高的外墙。堡内有两个小庭院，一个是酋长和他的家人自己居住的，另一个是留给人质的。另外还有十几名衣衫褴褛的看守，日夜监视着他们。他们很快发现，瓦斯穆斯住在附近村庄的一所房子里。

奥康纳说："我们在这里居住了下来，安分守己地过着单调的生活。这里离布什尔只有30英里——近到我们在晚上能看到英国战舰的探照灯在天空中的反射光，还能听到在国王生日和其他庆典上响起的礼炮声。我们都没有想到，大英帝国凭借外交或军事上的资源，居然不能在几个星期内把一个英国领事和几个臣民从这种不光彩的囚禁中解救出来。"他还说，这些亲德的首领"根本无足轻重，最多只能召集起几百个没有组织的步枪兵"。阿赫拉姆的堡垒就坐落在一片平原上，距离布什尔很近，没有任何具有军事价值的屏障。他写道："但是日子一天天过去了，接着一周周过去了，然后几个月过去了，我们仍然看不到任何获释的可能性。"幸运的是，在被赶离设拉子之前，他们中有一个人方寸不乱，拿了一些扑克牌，塞进了自己的行李。奥康纳写道："桥牌是天赐的最好的礼物。"在接下来的9个月里，他们每天晚上都要坐下来玩两局，这极大地缓解了他们长期的无聊，也让他们在监禁期间的艰难生活变得更好受些。除此之外，他们唯一的消遣就是制定一个周密的逃跑计划。

在妇女和两个孩子被安全送到布什尔后的几个小时之内，英国人从她们那里完整地得知了奥康纳和他的同伴们所遭遇的事情，并发电报把这件事情告诉了德黑兰。其中一名妇女是银行经理的妻子，奥康纳给了她一张紧急便条，便条描述了整个事件，并阐明了绑架者的要求。首先，必须释放英国人在波斯领土上抓获的所有德国人和波斯人。其次，必须把英国人冻结的亲德坦吉斯坦酋长的资金归还。最后，英国人必须把自己所有的军队撤出布什尔。他们坚称，这些要求必须在11月24日之前得到满足，也就是妇女和孩子到达布什尔4天之后。他们警告说，否则的话，他们就向英国“宣战”。

伦敦、德里和德黑兰随后进行了紧急磋商，但最终还是决定暂时先不要去营救人质，以免在救援队伍或讨伐队伍接近他们的时候，绑架者会直接割断他们的喉咙，并抛尸荒野。还有另一个需要谨慎的理由。疯狂但毫无根据的谣言传到了国外，说沙赫已经加入了土德的阵营，决心开展圣战。事实上，设拉子的宪兵们正是因为相信了沙赫要向协约国宣战的流言，才按照瓦斯穆斯的命令抓捕了这些英国人。所有这一切都是德国人在德黑兰精心策划的计划的一部分。在这里，我们可以回想起，罗伊斯的亨利王子曾狂热地试图发动一场政变，最终迫使波斯参战。这就需要说服软弱、优柔寡断的年轻的沙赫和该国许多重要人物一起表演一场“圣迁”，即从首都仪式性地出逃到圣城库姆。沙赫出逃将被广泛宣传成是因为俄国军队对他的王位和波斯主权构成了威胁，德黑兰的协约国群体受到的暴力威胁日益增长，俄国军队为了对抗这些威胁，正逐渐接近首都。瓦斯穆斯发动攻击时，亨利王子正与沙赫的亲德大臣协商一项条约，根据该条约，柏林将向他们提供武器和资金。当时在君士坦丁堡的陆军元帅冯·德·戈尔茨将指挥波斯的武装部队，包括宪兵部队。德国和波斯将联合在伊斯法罕建立一个圣战军事基地，伊斯法罕已经完全在德国的控制之下，并且安全地远离哥萨克骑兵部队。从这里开始，在尼德迈尔和亨提格有望收买到的阿富汗人的支持下，伊斯兰的战士将被发动起来，对抗英属印度并破坏英国在海湾地区的利益。

11 月 10 日，当奥康纳和他的同伴们从设拉子被带走时，德黑兰的事态也在急剧恶化。亨利王子和他的同党认为，要么是现在，要么永远都没有机会了。哥萨克骑兵部队似乎随时都有可能进入这座城市，然后抓捕他、他的手下、土耳其人以及波斯政府里的亲德分子。事实上，波斯政府里很多亲德分子已经离开德黑兰前往库姆以寻求安全，他们预期沙赫很快也会来这里加入他们。也有迹象表明，德国人正准备撤离德黑兰。与此同时，德国人通过遍布在波斯各地的间谍网络，散布谣言、进行贿赂并施展其他手段，试图激起全体民众对英国和俄国的愤怒。此外，亨利王子疾声高呼要求俄国人停止向中立的德黑兰行军。11 月 13 日，英国驻德黑兰公使在一份电报中警告德里："德国人正竭尽全力，在这个国家的许多地区发起有利于他们的运动。当然，他们的目的是向波斯政府表明，俄国军队的前进已经唤起了整个波斯对抗我们。"

第二天，英俄两国的公使与沙赫进行了两个小时的会谈，并向沙赫保证，俄国军队不会对波斯的主权造成威胁，他们开向德黑兰只是为了保护受到亲德分子暴力威胁的协约国公使馆和人员并敦促沙赫平息由瓦斯穆斯和亨利王子的其他间谍故意散播的煽动性谣言。英国公使报告说："我们用明确无误的语言让他明白，如果波斯政府不对德国人采取行动，那么俄国军队将亲自接过这一任务，而且如果波斯任由自己被拖进对抗我们的战争，那么对波斯和沙赫他自己来说，后果将是灾难性的。"然而，他们的警告似乎没有对这位年轻的统治者起到什么作用。这位英国公使告诉伦敦和德里："他的态度令人不满意，也很固执。"

很明显，他们不能指望沙赫或者他的政府采取任何有效的措施来阻止德国的活动。因此哥萨克骑兵部队必须为他们做这件事。俄国公使馆立即发表了以下声明："沙皇政府决定终止土德在波斯开展的间谍活动，他们正计划把波斯卷入战争。"然而，为了缓解波斯对沙皇意图根深蒂固的恐惧，这份声明承诺，俄国的武器不会被用来对付波斯人民，俄国的目标是那些隐藏在波斯人中的外国敌人。声明最后说道："我们部队的唯一目的是维持秩序以及保护外国人群体。"11 月 15 日下午，亨利王子意识到自己不能再留在德黑兰了，于是他和其他德国公使馆的工作人员离开了，他们相信沙赫很快也会跟上来。

他们的希望很快就破灭了。在最后时刻，当年轻的沙赫传召御马之际，他被一位备受尊敬的皇室成员说服了，如果他加入德国人的阵营，让俄国人占领德黑兰，那么几乎可以肯定这个王朝会倾覆终结。俄国军队最终承诺，除非协约国人民的生命受到了威胁，否则不会进入首都，作为交换条件，沙赫同意留下来。形势一触即发，因为德国人和他们的盟友警告过他，俄国人打算逮捕他，到最后他都不知道该相信谁了。但是没有沙赫作为傀儡，亨利王子的阴谋就失败了，逃离首都的阴谋者也变得孤立无援，容易受到攻击。不久之后，王子本人也奉命回国了，官方的理由是他身体抱恙，但实际上是因为他没能把沙赫拉拢过来。

尽管德国和土耳其在波斯的计划受到了重大的打击，但这场斗争离失败还远着呢。波斯政府中的亲德分子，现在自称为国防委员会（Committee of National Defence）。他们从位于库姆的新基地以官方名义向全国发出了大量电报，宣称首都发生了革命，英国和俄国的公使们都迫不得已地逃命去了。作为掩盖他们实际失败的烟幕，宪兵部队进攻并占领了哈马丹（Hamadan），赶走了英国和俄国的领事，掠夺了所有英国银行的金库。与此同时，有传言说陆军元帅冯·德·戈尔茨率领了一支庞大的土德联军正在前往波斯。尽管这些消息都是假的，但它们着实有效地鼓舞了波斯亲德分子的士气，并引起了伦敦和德里的英国防务官员的恐慌。在这种一触即发的情势下，自然不适合派遣一支军事远征队去营救奥康纳和他的同伴，因为在大多数波斯人看来，这样的举动只会坐实德国关于协约国威胁波斯主权的警告。类似的考虑也阻碍了俄国人去粉碎德国人领导的部落军队以及北方宪兵部队中的反叛势力。

德国人把波斯拉入圣战的企图被挫败了，但英国人也将面临更大的不幸。1915 年 11 月 22 日，在美索不达米亚中部的底格里斯河岸边，英国人的悲剧掀开帷幕。在那里，一支英国和印度混合部队冲到了上游地区。他们不久前刚从土耳其人那里夺取了库特（Kut），在那次胜利的推动下，现在正奉命往上游跋涉 100 英里，向宏伟的土耳其要塞城市巴格达行军。这支部队取得了一连串辉煌的胜利，然而，在泰西封（Ctesiphon）壮观而古老的废墟旁，他们突然发现自己陷入了严重的困境。因为这一次，土耳其人出人意料地进行了坚决的防御，一天之内，英军已经损失了 4500 名士兵，而敌军损失了 9000 名士兵。激烈的战斗持续了两天，最后土耳其撤军了。通常情况下，指挥官会抓住这样的机会，毫不留情地乘胜追击。但是汤森德（Townshend）将军失去了太多士兵，手上也没有任何预备部队，他知道疲惫不堪的士兵不可能在这么短的时间内再次投入战斗。此外，由于巴格达离这里只有 20 英里远，土耳其强大的增援部队肯定已经在路上了。出于这些考虑，他别无选择，只能停止前进，直到援军从南方过来增援他，而这可能需要几个星期。然而，如果他在这片无险可守的沙漠中就地掘壕固守，他的军队将面临覆灭的危险。他唯一的选择就是往底格里斯河下游撤退，回到80英里外的库特，然后在那里等待增援，之后再向巴格达进发。

汤森德的士兵在12月3日到达了库特，土耳其人紧追不舍。4天后，英国人发现自己被围困了。围困将持续令人绝望的5个月之久。与此同时，他那支没吃过败仗的军队突然撤退，对英国人民来说是一个爆炸性的消息，因为他们相信占领巴格达是这场战争中的一个伟大的奖品，而且马上就能得手了。至于面临巨大压力的英国战时内阁则一直指望能有一场这样的胜利来抵消那个冬天从各个地方传来的坏消息。协约国军队撤离了加里波利半岛，西线的伤亡人数骇人听闻，东线的俄国军队溃不成军，现在又发生了这件事，这个圣诞节，国内的人们已经没什么可以庆祝了。但其实英国人确实取得过一项胜利，不过当时很少有人知道。那就是挫败了所谓的“圣诞节阴谋”。

12

圣诞节阴谋

读者可能还记得，在过去的数个月，德国间谍和印度革命者一直在秘密地从美国各地的经销商那里购买大量的小型武器，当时美国还没有加入战争。与此同时，他们利用德国特勤资金购买了两艘船，一艘是纵帆船“安妮·拉森”号，另一艘是油轮“马弗里克”号，目的是将武器运送到太平洋对岸的远东集结地。这些武器将从那里被偷运到印度，印度的革命团体正急切地等待着它们的到来。早些时候在旁遮普也发生过起义，当时急躁的“加德尔”领导人在没有收到武器的情况下过早地发动了袭击。但这次不同，这次起义作为德国全面战争战略的一部分，是由柏林亲自操刀策划的，因此得到了德皇情报部门的全力支持。

起义的目的是夺取加尔各答（Calcutta）的控制权，并从那里将星星之火蔓延到印度的每一个城镇和村庄。起义的时间定在1915 年的圣诞节那天。起义者认为英国人当天会狂欢庆祝节日，因此可以打他们一个措手不及。柏林所设想的理想情况是，起义时间将与阿富汗和波斯加入圣战的时间一致。为了防止英国人火速从外部搬来救兵，以便让革命者能够有时间控制加尔各答，铁路桥将被炸毁，电报线路将被切断。这场二次起义是在邻省缅甸策划的（当时缅甸还是英属印度的一部分），起义者将使用从中立国泰国走私而来的武器。与此同时，一艘由德国军官指挥的船只将载着印度的武装革命者前往偏远的安达曼群岛。在那里，包括英雄萨瓦卡在内的经验丰富的反叛者正在服无期徒刑。他们将把那里的警卫制服，甚至赢得他们的支持，释放囚犯们，加入争夺印度的血腥斗争中。

正如我们已经看到的，这起阴谋需要“安妮·拉森”号从圣地亚哥起航，将 3 万支步枪和手枪秘密运送到墨西哥海岸旁的一个偏远岛屿。那里没有英国情报机构的监视，武器将被转移到更大的、适合远洋航行的“马弗里克”号上，后者将长途航行穿越太平洋到达远东。爪哇岛在中立的荷属东印度群岛，武器在这里将再次被卸下来。德国领事租来的几艘小渔船将负责载着这些武器走完旅程的最后一段，以便及时交到革命者的手中，用来进行圣诞节大屠杀。这就是当时柏林和当地相关人士制定的最高机密计划。

1915 年 3 月 8 日，“安妮·拉森”号装载着足以武装一支军队的武器和弹药，已经起航前往预定与“马弗里克”号会合的岛屿。这艘帆船出发得有点晚了，但是因为距离起义尚有 10 个月的时间，印度和其他地方的准备工作也进展顺利，因此似乎时间还很充裕。阴谋者在加尔各答成立了一个假的进出口公司，取名为“哈里父子”（Harry and Sons），来处理武器的运送事宜，并组织分发给革命团体。在泰国也有类似的安排，来接收那些准备运往缅甸的武器。此外，德国驻菲律宾的领事还在菲律宾购买了 5000 支步枪和 500 支手枪。他们还租了一艘机动纵帆船——“亨利 S.”号（Henry S.），以便将武器及两名德裔美国人武器教官，穿越中国南海送到泰国海岸的一处荒凉之地。最后，他们还从中国的民族主义者手上搞到了更多的武器，以便向印度和缅甸走私。

当得知所有武器都已经在路上，印度革命者的士气得到了极大的鼓舞。他们确信，这一次英国在印度的统治将会在血腥与羞辱中迎来终结。而这反过来又会击垮整个大英帝国，因为大英帝国已经摇摇欲坠，其中印度是关键。几个月前，印度军队的叛变者从新加坡驻军手中夺取了英国那块殖民地的控制权，这增强了革命者的信心。心怀不满的军队在“加德尔”的宣传下变得愤愤不平，他们已经奋起反抗自己的军官，杀害了 40 名军官和其他官员。形势在这几个小时里一度告急，但最后，在附近巡逻的俄国、日本和法国战舰的海军陆战队帮助英国人粉碎了兵变，新加坡得救了。在随后的军事法庭的审判中，2 名印度军官、6 名军士和 39 名印度士兵在 1.5 万名观众的注目下被行刑队处决。一名在战斗中受伤的军士不得不坐在椅子上被枪决。许多其他的印度士兵被判处终身流放或长期监禁。虽然起义背后并没有什么重大的计划，但是如果不是协约国军舰碰巧出现在那里，这次攻击可能已经成功了。如果新加坡能差点落入一群准备不足的叛乱分子手中，那么在这群装备精良、组织严密、得到德皇情报部门支持的革命者看来，占领加尔各答自然应该不是什么大问题。

印度和阿富汗边境地区动荡不安，穆斯林部落中存在严重的反英问题，这同样也让加尔各答的阴谋者感到鼓舞。从这些地方招募来的大约 600 名印度士兵都已经离开了印度军队，而且许多人是因为渎职被开除的。因此英属印度当局颁布了一项命令，要求立即停止再从这些部落招募新兵。与此同时，阿富汗部落越境袭击次数也急剧增加。所有这一切都向阴谋者表明，当时机成熟时，这些狂热好战的人将急切地投到圣战的旗帜下并涌向印度。

然而，组织这一行动是他们现在在喀布尔的同党的任务，虽然他们与那些同党没有直接接触。印度政府对这些情况非常警觉，他们说服了伦敦的战时内阁，即刻派出了 4 个营的英国军队前往印度，保卫边境地区。因为总督认为，部落的人只害怕英国的步兵团，对大多数的当地印度部队“不屑一顾”。

虽然加尔各答的阴谋者有理由感到乐观，但是如果他们知道其他地方发生的事情，就不会感到那么高兴了。尽管德国驻华盛顿大使馆的情报官弗朗茨·冯·帕彭上校细致地做出了安排，但是为印度革命者准备的武器和弹药仍被困在太平洋对岸的某个地方。事实上，无论是帕彭还是他在柏林的上级在当时都无法说出军火的准确地点。“安妮·拉森”号满载着武器和弹药，已经顺利到达了会合地点。但是“马弗里克”号油轮却不见踪影，也没有任何消息。关于接下来发生的事情说法不一，但似乎帆船在岛上等了整整一个月，还是没有油轮的消息，她的船长感到越来越担心。

船长担心阴谋败露，而且食物和水也不够了，于是他决定前往东南方向 800 英里处的墨西哥港口阿卡普尔科（Acapulco）。在那里他成功联系上了驻旧金山的德国领事，“马弗里克”号本应该早已经从旧金山出发，前往会合的岛屿。他得知，由于疏忽，那艘油船的启航被耽搁了，但她现在正在会合点等着。他受命要尽快返回那里。但这一次，沉重的“安妮·拉森”号遭遇了强烈的逆风。其中一种说法是，她没能去到那座岛，因为天气的原因，被迫放弃了航行。另一种说法是，她最终去到了那座岛，结果却发现“马弗里克”号在等了近一个月后，已经放弃希望，离开了。

实际上，这艘油轮已经出发向西穿越太平洋，希望在途中的某个地方找到行踪飘忽不定的“安妮·拉森”号。油轮曾在夏威夷停留了很短的时间，想打听那艘帆船的情况，但那里的德国人对此一无所知。她在其他岛屿打听，也是一无所得。这并不奇怪，因为那艘帆船已经放弃了找到“马弗里克”号的希望，她驶入了美国的一个港口，希望在那里得到冯·帕彭的进一步指示。现在美国当局已经开始怀疑这艘船的动向。6 月 29 日，美国人搜查了这艘船，并没收了船和船上的军火。德国大使提出抗议，但被法院驳回了。

与此同时，“马弗里克”号继续向西行驶，去往荷属东印度群岛，她与阴谋者将在那里会合。然而，她的船长无法警告那些期待她到来的人所发生的事情，她并没有带来武器，而是只带了一些革命的文学作品以及 6 名印度自由战士。迎接“马弗里克”号和处理预期中的武器的任务交给了一对德国兄弟，他们在和平时期都是商人，现在都成了战时的间谍。兄弟俩接到通知，“马弗里克”号预计将于 7 月的第 1 个星期到达，他们计划在爪哇岛领海之外与她会面。因此，他们租了一艘汽艇，24 小时守在海峡，因为“马弗里克”号靠近爪哇岛时预计会穿过那里。日子一天天过去了，没有她的任何踪迹，他们的希望也开始破灭了。然后，他们突然得到消息说她已经到了，并停靠在海岸的一个偏僻小港口。直到那时，他们才知道她没能把武器带过来。

虽然“带给印度的武器”的故事没有哪两个版本是完全一致的，但这还不是故事的结尾。正如我们所看到的，阴谋者还有其他的武器来源。首先，“亨利 S.”号载有 5000 支步枪和 500 支手枪，正偷偷地穿过中国南海向泰国进发，之后这些武器会被走私到缅甸边境附近的秘密丛林仓库。其次是印度革命者正在中国谈判购买的武器。中国的民族主义者把他们不再需要的 100 万支步枪，以 10 美元 1 支的价格卖给他们。然而，一名德国专家试用了其中几支，他认为这些枪支过时了，实际上毫无用处。最后，他们在中国西南部的云南找到了一个更好的武器来源。起初，他们决定通过海路将这些武器偷运到印度和缅甸。但后来他们发现，英国人在中国南部沿海的所有港口都有间谍，这么大规模的武器转移，间谍肯定会听到风声。因此，他们计划用骡子走古老的走私路线，把武器从中国大陆运出去。这是一个聪明的举动，因为英国人显然已经发现了阴谋者之前打算使用的那艘船的名字（显然是从一本落入他们手中的笔记本中发现的），并一直密切监视着它。与此同时，阴谋者在苏门答腊岛找到了第 3 处武器来源，包括大量的步枪和手榴弹，他们也在进行协商购买。

在这段时间里，印度的阴谋者一直在为接收和分发这些武器做准备，并为相关领导者提供使用这些武器的训练。他们下定决心，这次起义不能像旁遮普那次一样变成一场悲剧。在加尔各答的东部和东北部的沼泽和丘陵地带，秘密的革命组织已经建立起来，人们在那里很容易就能把人和武器藏起来。“哈里父子”在城市里的经营场所被用作运动的总部，而在该地区的其他地方，其他的小商店和企业则被建成了“前线”，人们在那里招募自由战士，接收资金和武器。他们还与加尔各答的印度驻军中的一些心怀不满的士兵进行了接触，革命如果要想成功的话，这些人的合作是至关重要的。如果能说服足够多的人在圣诞节那天，去谋杀自己的英国军官，那么其他人也会纷纷效仿。这样，在德里和伦敦意识到发生了什么事情之前，阴谋者就能控制加尔各答。他们获胜的消息将很快就传遍印度，激励其他的印度军队，甚至可能是警察，起义并屠杀英国压迫者。如果他们在喀布尔的同党实现了自己的目标——至于是否实现，印度的革命者是无从得知的——那么阿富汗边境的部落，也许是整个阿富汗军队，将会加入这场大屠杀。多年之后，一位革命者写道：“在那些日子里，一切似乎皆有可能。”

当印度的阴谋者在做这些最后的准备工作时，在喀布尔，埃米尔仍然无动于衷，并不急于做出任何决定。他仍然没有回复国王乔治五世的信，这使得德里的官员夜不能寐，非常怀疑埃米尔的意图。另一方面，他也没有给亨提格及其同伴们什么切实的希望。当双方都在猜测他的意图时，除了等待和静观其变，他们真的没有什么可以做的。双方都知道，这很大程度上取决于在接下来的几个月里，谁将赢得这场战争的胜利。显然，狡猾的哈比布拉不希望自己成为失败的一方。

特派团没取得任何进展，空气中洋溢着不确定性，这对特派团的士气以及德国和印度队员之间的关系没什么好处。特派团从一开始就是一团糟，亨提格和尼德迈尔的关系并不友好，而他们名义上的领袖拉贾是一个很难相处的伙伴，他与亨提格以及阿富汗东道主都发生过争吵。德国人开始对印度人发动革命的能力失去信心，尽管后者此前在柏林做出过保证。而拉贾和巴拉卡图拉也开始意识到，柏林对印度独立根本不感兴趣，德国人的目的仅仅是赢得战争。事实上，他们越来越怀疑德皇对印度的皇位存有觊觎之意。虽然他们没有公开断绝与德国同伴的关系，但他们现在决定单独行动。

1915年10月，第三名印度革命者大毛拉奥贝杜拉（Maulvi Obeidullah）加入了他们的队伍。这名革命者曾是一名锡克教徒，后来才皈依了伊斯兰。他带着为数众多的追随者从印度赶到了喀布尔，目的是参加自己心目中即将开始的圣战。这三名印度人无视德国人，一致同意建立一个流亡的革命政府，一旦战争取得胜利，这个政府将统治自己的祖国。这个政府大言不惭地自称为“印度临时政府”（The Provisional Government of India），任命拉贾为总统，巴拉卡图拉为总理，奥贝杜拉为内政部和外交部部长。自封的“三巨头”同时宣布建立“真主之军”（Army of God），他们相信，当临时政府从喀布尔发出将英国人赶出印度的信号的那一刻，成千上万的部落成员将会蜂拥加入这支军队。他们仍然抱着这样的希望，埃米尔会被承诺给予的印度北部的大片地区所吸引，号召他的人民加入圣战。如果没有，那么他也会被自己无力阻止的狂热情绪所压倒。他们推断，一旦叛乱的火把点燃了印度西北边境部落的火药桶，整个印度随之会变成一片火海，到时候谁也控制不了，大火会烧毁英国统治的所有痕迹。

但是，如果要让大火把印度吞噬，还需要先做很多事情。关于正在策划的事情的消息必须送到边境部落的首领那里，以便在时机到来时，他们可以做好准备。必须准备好关于赞颂土德大业、谴责英国人对伊斯兰的邪恶罪行的圣战传单，并把这些传单分发给该地区许多偏远村庄的毛拉和长老。正如我们之前提到的，他们为了生存被迫把从君士坦丁堡带过来的大部分煽动性文学作品丢在了波斯的沙漠里。现在必须找到值得信赖的信使把这些宣传资料从一个村庄带到另一个村庄，同时还要找到会说印阿边境地区的语言和方言的煽动者来鼓吹圣战。之前有一段时间，一些完全独立于特派团的流动土耳其煽动者在边境部落中开展工作，为英国人制造麻烦，因此印度人现在把目光转向了他们和其他住在喀布尔的土耳其人身上。事实上，拉贾和他的同胞们越来越怀疑柏林与他们结交朋友的真实动机，因此他们越来越把土耳其人当作他们的盟友，而不是德国人。

然而，这并不是说，他们会拒绝德国人的帮助。在离开柏林之前，他们收到了德皇写给一些印度王公的信，根据德国外交部的判断，这些王公对英国人的忠诚有所动摇，如果出价合适，可能会被说服转而对抗英国人。这些信件承诺，如果王公们能用自己的私人武装力量将印度从英国统治中解放出来，那么他们在战后将会获得丰厚的回报。此外，在君士坦丁堡，革命者也收到了来自苏丹的类似信件。苏丹作为哈里发，向印度的一些穆斯林王公们致辞，敦促他们履行神圣的职责将自己的臣民团结起来，反抗异教徒英国人。要把这些高度煽动性的信件送达显然相当困难，因为收信人的领地在印度境内，而且他们宫廷里也有印度政治部门的英国官员，这些官员会密切留意任何背叛或其他阴谋的迹象。

这些信后来怎么样了，至今仍然是个谜。亨提格在他的回忆录中坚持说，这些信没有送达。但是拉贾在他的回忆录中坚称，这些信送达了。他回忆说，一个值得信赖的信使带着信件，越过边境进入了印度，以便将信件送达。当然，其中有一些信落入了英国当局的手中（尽管具体是如何拿到的还不清楚），这些信在伦敦的旧印度事务部（India Office）档案中可以看到。然而，除了这些信和圣战的传单，当时还有其他这类材料从喀布尔流出来，因为英国的边境官员很快就听到了谣言，部落首领之间秘密地流传着一封神秘的信。据说埃米尔本人在这封信上签了名，劝诫他们自己和他们的人民做好准备，迎接一场即将开始的印度圣战。与此同时还流传着这样的故事，在当地部落的支持下，德国计划穿越波斯和阿富汗，一路横扫，进军印度。对无知的部落民来说，这些消息令人振奋不已，他们根本不知道这其中的距离有多远，也不知道东方根本没有任何德国军队可以发动如此野心勃勃的行动。

虽然总督相当确信，如果这封所谓的埃米尔的信真存在的话，那肯定是英国在喀布尔的敌人伪造的，但他知道，在如此动荡的地区，这封信可能会像真的一样产生爆炸性的影响。为了迎击这封信以及来自喀布尔的类似宣传资料，总督决定向冲动的部落人表明，如果他们加入圣战，后果将是什么。为此，他在印度西北边境与阿富汗接壤的白沙瓦召开了一次盛大的族长会议（jirga），总计有3000名部落首领和长老出席参加。该地区的首席官员乔治·鲁斯－凯佩尔上校（George Roos-Keppel）在会议上告诉他们，德里决定增加补贴来奖励他们目前的忠诚。此外，皇家飞行队的战机为2.5万名在山坡上围观的部落民表演了轰炸。这些围观者从来没有见过飞机，更不用说这些机器被激怒后，会对下方造成的可怕破坏了。

这次示威的效果确实很明显。一名部落长老事后对鲁斯－凯佩尔说："那些轰炸飞机至少抵得上两万名士兵。"不久之后，通过截获的两名首领之间的通信，官员得到了更多的证据，证明了上述飞行表演所造成的影响。这两名首领都没有亲眼看见示威展示，不过他们都是英国的死敌。信上写道："我从赫玛（Khema）的毛拉那里听到了一些了不起的事情。他说，英国人在白沙瓦有飞行的机器。天知道我们能否斗得过这些机器，虽然真主的力量比这些邪恶之物大得多。"至少有一段时间，边境地区安静得出奇。

然而，在这场阴暗游戏的其他地方，事情可没那么平静。在加尔各答，策划"圣诞节阴谋"的人在等待着武器的到来，他们愈发相信，不久之后这座城市就是他们的了。他们不知道，自己的一举一动都受到了监视。印度安全部门负责人查尔斯·克利夫兰爵士完全知悉目前的情况。整个阴谋早就已经被出卖给了当局。奇怪的是，在 1918 叛乱委员会（Sedition Committee of 1918）的报告中没有提到这一点，该委员会成立的目的是调查这场阴谋和德国在其中扮演的角色。30 年后，总督哈丁勋爵在他的回忆录《我的印度岁月，1910—1916》（*My Indian Years, 1910–1916*）中才独家披露了这起阴谋被出卖的细节。他写道："1915 年 6 月，一名乔装打扮的德国军官抵达了新加坡，军事当局逮捕了他。在他的文件中发现了一幅孟加拉的地图，在海岸的好几个点上都有标记。"据推测，这些点可能是武器登陆的地点。他身上还藏了一套秘密暗号，使他能够直接与柏林方面通讯，同时他身上还有其他的机密文件。他被逮捕，似乎是荷属东印度群岛的英国官员提供的情报，而他正是从荷属东印度群岛来的。

总督立即派出他手下一名经验最丰富的警察前往新加坡。在长时间的盘问之后，德国人全部招供了。这是一个离奇的故事，但审讯他的人相信这个故事。他说，自己的名字叫文森特·克拉夫特（Vincent Kraft）。他在西方前线服役时犯下了某种罪行，被判处死刑（他拒绝透露罪行的细节）。然而，他得到了另一种选择，即在战前自己就非常熟悉的东方执行他所说的"非常危险的任务"。他透露，自己的任务是在孟加拉组织一场反抗英国人的起义，德国将为这场起义提供武器和资金。

哈丁写道："他给我们提供了德国所有计划的全部信息，为了证明他的诚意，在我们的监督下，他继续与自己的德国上司通信，就好像他仍然可以自由活动。"他两次从德国上司那里收到了一大笔钱，这些钱被英国当局没收了，在适当的时候，他回到了荷属东印度群岛，跟那里的德国特工一起行动，后者不知道他现在在为敌人工作。总督补充说，战后，克拉夫特要求不要把他遣返回国，而是允许他与家人一起移居美国，并给他足够的钱以新的身份重新开始生活。他的英国间谍头目同意了，并帮助他隐姓埋名。即便是在 1948 年写的回忆录中，哈丁也小心翼翼地不让人知道他的身份，直到几年后，印度政府的机密档案终于被解密，他的名字才最终浮出水面。在那个时代，即使是在情报报告中，他也只是简单地被称为“X 特工”。

如果不是因为逮捕了克拉夫特，在 1915 年的圣诞节，即便阴谋者未能成功控制加尔各答，加尔各答的英国人群体也很可能会遭到大屠杀。哈丁写道：“我们立即采取行动，打击了这场阴谋。”英国皇家海军大大加强了对船只的例行检查，以防其将武器走私到印度和缅甸，英国领事馆也在中国南海地区发出了警报。他们选择小心翼翼地盯着克拉夫特揭发的那些密谋者，而不是把他们抓起来，希望他们能牵出其他与密谋有关的人。即便如此，这些密谋者有时肯定还是会感到奇怪，为什么这么多事情似乎毫无缘由地就出了差错。

7 月中旬，机动纵帆船“亨利 S.”号在运送步枪和手枪给身处泰国的革命者的途中，莫名其妙地抛锚了，被迫驶入荷属东印度群岛的西里伯斯岛（Celebes）的港口进行紧急维修。在西里伯斯岛的港口，没有任何明确的原因，荷兰海关官员登船搜查了她，发现并扣押了藏在船上的武器。事实上，船员们不知道英国人已经向荷兰人透露了她载有非法货物。船长现在已经没必要继续航行了。然而，船上的一名德裔美国武器教官决定前往泰国，警告密谋者武器被没收了。不出所料，英国人马上逮捕了他，在审讯中，他最终说出了秘密丛林集训营以及泰国边境的军火库的确切地点。不久之后，泰国当局迫于德里的压力，逮捕了数百名印度和缅甸的自由战士，从而挫败了柏林在缅甸发动武装起义的计划。

正当圣诞节到来之际，密谋的残余力量开始迅速分崩瓦解。英国人所知的另一艘载着武器前往印度的船只，在海上莫名其妙地失踪了。根据皇家海军的说法，她在台风中完全沉没了，但现代印度历史学家认为，由于克拉夫特提供了信息，几乎可以肯定她是被故意弄沉的。密谋者安排从中国南方购买大量步枪，这似乎也无果而终，不过原因尚不清楚。其他的计划也是如此，包括派遣一艘船去安达曼群岛，解救被囚禁在那里的印度革命者的大胆计划。然而，当人们得知是克拉夫特亲自领导了这次行动时，这次计划的失败就不足为奇了。最后，在 12 月 15 日，在加尔各答和缅甸的一系列闪电袭击中，300 多名阴谋者被警方拘留。旨在结束英国在印度统治的伟大的“圣诞节阴谋”被粉碎了。

尽管如此，只要德国人和印度人仍在喀布尔积极策动，其对印度的威胁就依然存在。由于担心这一点以及埃米尔被推翻，伦敦建议总督敦促埃米尔逮捕阴谋者,并把他们送到印度扣押起来。然而，总督坚决反对这一行动，他担心任何这种仓促的行动，都有可能会打破喀布尔目前微妙的平衡，将形势引向极端，并为埃米尔的对手提供推翻埃米尔的借口。此外，他还知道，哈比布拉极其精明且无情，在目前这种情况下，他是最懂得如何智胜敌人的老狐狸。

与此同时，埃米尔继续与特派团的成员举行会谈，不过他们似乎从未取得任何进展,这让亨提格和尼德迈尔感到越来越沮丧。然而，埃米尔确实明确表示过，再多的圣战花言巧语，再多的战后承诺，都无法说服他单枪匹马地与他的两大邻国——英属印度和沙皇俄国——展开较量。埃米尔告诉他们，任何要做这么危险的事的人都必须得到外部的强大军事支持，包括军队和大炮。他的话可以被解释为，如果形势有利，并不完全排除他参加圣战的可能性。但是，对于亨提格和他的同伴们来说，不论埃米尔是用这个渺茫的希望来吊他们的胃口，让他自己保留选择的余地，以免战争局势突然对德国有利，还是仅仅因为其他原因欺骗他们，这一切都还不明朗。埃米尔没有明确拒绝他们，让他周围的亲德分子认为他仍然有可能被说服，他可能希望以此避免被推翻，甚至被暗杀。与此同时，他似乎急于将特派团留在喀布尔，哪怕只是为了监视他们的活动。德国人曾两次威胁要回国，他们注意到每次埃米尔都做出了让步。

于是，在 1915 年 12 月，他们放弃了最后一丝成功的希望，并再次威胁要收拾行李离开，此时埃米尔突然给了他们新的乐观理由。埃米尔表示，他准备考虑他们之前提出的一项关于柏林和喀布尔之间缔结友好条约的建议。埃米尔出人意料地改变了立场，这使他们深受鼓舞，现在他们就条约可能的内容与他进行了讨论。这花了很长一段时间，正合埃米尔的本意。然而，在 1916 年 1 月中旬，条约草案最终准备好了。根据协议条款，德国同意承认阿富汗是一个完全独立的主权国家，这是她在与英国签订的协议中所不享有的地位。此外，德国将确保阿富汗在任何战后的和平会议上都有充分的发言权。

尽管埃米尔没有承诺要参战，但德国人承诺将“尽快、无偿、不退还”地向他提供最新式的步枪 10 万支、各种口径的大炮 300 门以及其他使阿富汗军队实现现代化所需的战争物资。此外，柏林还会建立并维持一条穿越波斯的常规补给线，以便运送承诺的武器弹药以及军事顾问、工程师和其他人员。与此同时，阿富汗官员将被秘密派往波斯与德国和土耳其进一步协商。此外，埃米尔还将获得 1000 万英镑的报酬。最后，如果阿富汗决定参战，德国承诺向她提供一切可能的援助，以对抗英国和俄国。但是，这一条约必须由埃米尔和德皇的外交部部长签署才能生效，而亨提格既没有资历也没有权力代表后者签署条约。由于涉及的距离遥远，面临的困难重重，所有这一切都需要一些时间来组织，这非常契合埃米尔的本意。

即便如此，就这份条约而言，埃米尔显然不会遭受什么损失。毕竟，如果德国人或土耳其人能够为他提供军事装备，那就意味着他们必然正在赢得东线的战争。否则，这份条约只是德国人一厢情愿而已，对埃米尔来说则不过是一份保险单。路德维希·阿达梅克（Ludwig Adamec）在研究阿富汗的对外关系时指出："总而言之,这份条约似乎只是虚张声势和毫无意义的让步的结合体。"但是，尽管该条约并没有对英属印度造成多大的影响，也不构成任何严重的威胁,但在当时,仅仅是对条约的怀疑就会使总督震怒。亨提格指出，埃米尔最担心的是，条约的存在会引起英国人或俄国人的注意，他可不想他们同时动怒了。事实上，就在他在条约上签字的那天，他指示德里安插在喀布尔的穆斯林特工再次向总督保证，他打算继续保持绝对的中立。然而，英国人直到 1918 年才最终得知这些邪恶的事情，到那时这已经几乎无关紧要了。

亨提格对达成这份条约感到很满意，不过这只是短暂的。因为埃米尔在短短的几个星期里，就开始做出 180 度的大转变。他召回了派往波斯与德国人进行秘密谈判的使者，没有给出任何解释。同时，他开始清除他的宫廷里那些已知的亲德官员，也许是为了将政变与暗杀扼杀在萌芽中。最后，他告诉德国人，即使印度陷入了火海，他也不会考虑加入圣战，除非首先有 1 支至少 2 万人的土德联军前来帮助他——他和德国人都知道，派遣如此之多的部队，后勤上的压力极大，几乎是不可能实现的。与此同时，他终于回复了国王乔治五世的信，重申他要继续效忠于英国国王。总督和负责印度防务的人都狠狠地松了一口气，其呼气之声大到几乎都能听得到。

对亨提格和他的同伴来说，这显然已经是末路了。虽然埃米尔没有说明他的态度突然变强硬的原因，但这很可能是因为在这个时候传到喀布尔的消息。消息称协约国在东线取得了重大的胜利，这实际上使得土德派遣联军前往阿富汗变得不可能。1916 年 2 月，在成功地消灭了波斯西北部的土耳其人、德国人及其波斯支持者后，胜利的俄国军队已经深入到土耳其的东部了。当时冬天的环境十分恶劣，俄国人在那里进行了殊死战斗之后，终于攻占了奥斯曼帝国的要塞埃尔斯伦（Erzerum），埃尔斯伦守卫着通往君士坦丁堡的道路，在此之前一直被认为是坚不可摧的。土耳其大灾难的消息在整个东方回荡。

13

突袭埃尔斯伦

《曼彻斯特卫报》（*Manchester Guardian*）驻俄国部队的记者菲利普·普赖斯（M. Philips Price）写道："占领这座宏伟的堡垒让整个大陆都感到兴奋。从设拉子到撒马尔罕（Samarkand），从科尼亚（Konia）到固尔扎（Kuldja），每一个集市都开始谈论，强大的俄国人从土耳其人手中夺走了埃尔斯伦。"这个重兵把守的据点突然出乎意料地投降了，于是在这场十字架和新月较量的圣战中，协约国取得了第一次胜利。菲利普·普赖斯说："在那之前，人们还不清楚谁将成为从中欧通往中亚的大马路的主人。"现在看来，土耳其人在逃亡，征服君士坦丁堡似乎是可以实现的。

1915—1916 年的严冬，见证了协约国军队从加里波利撤退的屈辱，见证了饱受围攻的英国驻库特守军日益恶化的困境，也见证了西方前线的血腥僵局，协约国对这唯一的胜利感到欢欣鼓舞，或许是可以理解的。不在现场的战争艺术家用其形象的描绘，再现了白雪覆盖下的埃尔斯伦的战争，让读者可以与他们英勇的俄国盟友分享这一历史性时刻。约翰·巴肯写道："征服埃尔斯伦是整个战争中最精彩的战略事件之一。"事实上，当他把埃尔斯伦的陷落作为《绿斗篷》的高潮时，他几乎不需要虚构什么内容，因为现有的报道已经足够振奋人心——除了理查德·汉内和桑迪·阿布特诺之外。

古老的要塞城镇埃尔斯伦，一千多年来，一直守卫着通往君士坦丁堡的道路，它孤零零地矗立在一片荒凉的平原上，四周高山环绕。即使在今天，也很少有人会在冬天去那里，寒冷是如此严酷，气温有时会降到零下40℃。每年冬天，狼都会在饥饿和寒冷的驱使下，从山上下来，在郊区和大学校园里四处游荡，苦苦地寻找食物。埃尔斯伦的冬天漫长得可怕，10月初雪即已飘落，有些地方的积雪深达6英尺，一直到第2年的4月都是这样。夏季相对而言则既短暂又炎热。似乎这还不够，埃尔斯伦就位于地震带的中心，几个世纪以来，地震夺去了成千上万居民的生命，造成了巨大的破坏。这种严酷的环境下培养出来的人具有非凡的忍耐力，这并不奇怪。菲利普·普赖斯极为赞赏与他同行的俄军的勇气和顽强，但他也承认，埃尔斯伦的守卫也同样坚定。此外，他们中的许多人都经受过零度以下的战争的严峻考验，有些人还是去年冬天恩维尔帕夏灾难性军事行动的幸存者，那时土耳其人企图夺取萨勒卡默什，并把圣战的旗帜插在高加索地区。

1916年2月俄国人向埃尔斯伦挺进，当时这个奥斯曼帝国的要塞四周分布着10多个外围堡垒。它们战略性地建设在周围的群山中，以控扼敌人可能使用的通道以及其他接近路线。在冬天，它还受到了自然因素的保护，为数不多的几条道路因大雪而无法通行。此外，其中一些路线会把人带到海拔9000英尺或更高的地方，要把重炮带到前线会面临着巨大的问题。19世纪80年代，在英俄大博弈最激烈的时候，英国的军事工程师帮助土耳其为这座要塞的防御工事实现了现代化，改造不久之后，俄国的一份秘密报告称，除非使用攻城大炮摧毁外围的堡垒，埃尔斯伦是无法攻破的。后来德国的军事顾问取代了英国的军事顾问，又做了进一步的改进，提升了这座东方大堡垒坚不可摧的名声。

俄国人最初计划在春天向埃尔斯伦挺进，并最终攻占君士坦丁堡。但随后就传来了加里波利协约国军队撤离的毁灭性消息，5万名久经沙场的土耳其士兵突然可以转进到东部地区作战。很明显，他们的到来不仅可能会阻止俄国人进入土耳其东部，而且还会扭转圣战的势头，威胁到沙皇在高加索、中亚甚至印度的领地。高加索战区的俄国最高指挥官尼古拉斯大公（Nicholas）知道，他没有多少时间可以浪费了。整个计划不得不提前执行。他必须在恩维尔召集起援军之前发动进攻，即使这意味着要在土耳其冬季最严酷的时期发动战役。但在这里，俄国人已经取得了一个重要优势。为了做好进军的准备，俄国黑海舰队已经有组织地击沉了土耳其人使用的大部分运输船，使其无法通过特拉比松港将士兵和军火运送到埃尔斯伦地区。这就意味着，从现在开始，所有从君士坦丁堡运来的东西都得走陆路，在冬天这要花上长达6个星期的时间。此外，由于最近的铁路站点也只到安卡拉，援军很可能不得不携带着自己的食物和弹药，徒步沿着积雪封堵的道路走完最后的500英里。相反，俄国人却可以用铁路把士兵和物资从梯弗里斯直接运到距埃尔斯伦只有80英里的萨勒卡默什。

俄国的计划是由3列纵队共8万名士兵从北方、南方和东方同时发动进攻，其成败取决于能否出其不意。在战争之前，俄军其中一名指挥官普雷杰沃斯基将军（Prejevalsky）曾在埃尔斯伦担任过多年驻外武官。他说着一口流利的土耳其语，打扮得像个农民，已经走路或骑着小马在这片土地上游荡了几个星期。土耳其当局不知道，他已经非常熟悉周边堡垒的优势和弱点，以及通往城市的最佳路线。但是，俄国将军们并不打算在攻入埃尔斯伦之前摧毁所有的堡垒，因为时间紧急，他们决定只袭击那些他们认为对防御至关重要的堡垒，即使这样会让他们的军队暴露在其他堡垒的炮火之下。

1916年2月11日，俄国人发动了袭击。起初，这完全出乎土耳其人的意料，因为他们从来没有想过，俄国人会冒着全军覆没的危险，把自己的军队暴露在严酷的安纳托利亚冬季里，要知道正是严寒在通往萨勒卡默什的山口摧毁了恩维尔的“伊斯兰军”。但是土耳其士兵很快就恢复过来了，他们顽强英勇地战斗着。此外，他们对冬季作战有着丰富的经验，并且知道所有的招数。他们在堡垒前面的开阔的雪地上，挖了一道道的冰雪战壕，在冬天，100多码外的敌军无法看到这些战壕。他们在堡垒里把水从斜坡上倒下来，从而使得山腰覆盖上巨大的冰层，以阻止敌军攀爬。但是俄国人也有自己的伎俩。首先，他们决定不顾巨大的困难，在晚上进攻，因为他们猜测，那时土耳其士兵会挤在战壕里，以免被冻死。其次，他们已经为这一行动做好了充分的准备。

菲利普·普赖斯写道：“俄国士兵穿着白色的大衣。在黑暗的雪地里，土耳其人是看不见他们的。”他们蹑手蹑脚地向前爬过去，并成功地到达了距离其中一座堡垒250码以内的地方，这时一台土耳其探照灯发现了他们，一阵凶残的炮火马上扫向他们，在可怕的两个小时里，就歼灭了他们三分之一的有生力量。但其余的士兵继续挣扎着前行，到达了堡垒旁的岩石下面，这给了他们一些保护。与此同时，虽然上方的炮火无法打到这里，但邻近堡垒仍在继续扫射他们所在的地方。这时，俄国本应该已经对土耳其的堡垒发动猛烈的炮击。然而，大炮还没有到达，因为那些负责把大炮拖过山口的士兵发现自己面临着巨大的困难，主力部队里的步兵部队也是如此。因此，进攻计划延误得太晚了。

菲利普·普赖斯写道，只有那些习惯了俄国亚北极地狱般的冬天的人，才能尝试这样的壮举。他报道说：“俄国军队需要跨越 1 万英尺高积满了雪的山脉，在没有食物供给的状况下行军至少三天，他们唯一的果腹之物乃是少量随身携带的面包皮。”起初，他们试图纯粹用身体的力量把大炮拖到山上，但很快就发现这是不可能的。于是，他们不得不把每一门大炮都拆开，这样一小队人才能用肩膀把大炮的部件扛上山去。事实证明，严寒对许多士兵来说太过残酷了，在 2 月 12 日和 13 日的夜晚，超过 2000 人死于暴露或冻伤。

与此同时，在 13 日清晨的时候，困在土耳其堡垒下面的俄军为了不遭到屠杀，从十分暴露的阵地上撤了出来，退到了敌人的射程范围之外。然而，由于还没有看到约定的炮兵支援到来的踪迹，而且土耳其人极有可能发动反攻，俄国指挥官命令他的士兵再一次尝试突破敌人的防线。俄国人又在夜间发动了进攻，希望能把冻僵的土耳其人打个措手不及。菲利普·普赖斯写道：“俄国人承受了巨大的困难。沉积的雪堆经常深达 5 到 6 英尺，在某些雪地里，士兵为了向前移动，不得不脱下外套，踩在外套上行走，他们每隔 3 英尺就把外套向前扔，以免陷到齐脖子深的积雪里。”俄国人静悄悄地在痛苦中走了一整夜，越来越靠近土耳其的冰雪战壕。

菲利普·普赖斯写道：“最后，这片北极般的地区终于破晓了。在被寒风吹散的雪堆中，土耳其人看到一串黑影慢慢地向他们逼近。他们简直不敢相信自己的眼睛，因为在他们看来，一支拿着步枪和弹药的军队，不可能穿越眼前的这片荒野。”他们恐慌地意识到自己几乎完全被切断了，只有沿着一条穿过雪地的狭窄走廊，才能逃到最近一个堡垒的安全区域。在人数远超他们之上的俄国士兵到达他们的战壕之前，土耳其人成功地逃到了安全区域。然而，虽然俄国人占据了重要的地区，但他们还没有穿过连接堡垒的警戒线。要想突破警戒线，他们需要那些仍在穿越冰雪覆盖的东北山路的士兵的支援。现在他们什么都做不了，只能坐下来祈祷他们的战友能在土耳其人发动反击之前到达，然后把土耳其人击退。

据一些俄国士兵说，大概在太阳快要落山的时候，一个巨大十字架出现在埃尔斯伦上方烟雾缭绕的天空中。在这些虔诚的农民看来，这是一个预兆，指示着十字架和新月之间战争的前景。前线部队已经得到消息，主力部队和攻城大炮现在都已安全穿越山区了。与此同时，俄国人截获了土耳其指挥官和恩维尔帕夏之间的一份秘密电报，电报警告说，除非能尽快派援军到埃尔斯伦，否则这座要塞在劫难逃。俄国人还对土耳其阵地进行了空中侦察，并发现了严重的薄弱点。现在俄国的大炮已经架设好了，俯视着埃尔斯伦和外围的堡垒，并开始发动猛烈的轰炸。

虽然土耳其士兵寡不敌众、火力不足而且几乎得不到任何增援，但他们还是顽强地抵抗着，一次又一次击退了俄国人的进攻。但渐渐地，在不间断的炮击以及步兵和骑兵的反复攻击下，他们变得疲惫不堪，抵抗开始减弱了。这时，一枚炮弹幸运地炸毁了其中一座堡垒的弹药库，第一座土耳其堡垒落入了俄国人手中。然后，一座接一座的堡垒都落入了俄军的手中，很明显土耳其人再也坚持不下去了。即便如此，当俄军逼近时，他们仍继续战斗着。

2月15日，一名俄国飞行员对这座熊熊燃烧的城市进行了侦察，他报告称，下面的街道上出现了异常活动的迹象，还有长长的行李车队开始向西驶去。此时，普雷杰沃斯基将军的部队已经快要攻进城里了，他的总司令命令他把剩余的所有敌人赶出去。第二天早上，在一个哥萨克骑兵团的护送下，他骑着马进入了埃尔斯伦，结果发现敌人已经逃走了，许多建筑物都着了火，街道上到处都堆满了尸体。

虽然菲利普·普赖斯在俄国军队中享有官方特许权，但直到尼古拉斯大公本人作为胜利者入城后，他才被准许进入这座被占领的城市。这位英国记者在靠近这座前土耳其要塞时，可以看到远处的上空笼罩着浓烟。但可怕的死寂告诉他，战斗已经结束了。然而，在道路两旁，可怕的证据却残留着，显示着这场战斗的残酷。透过雪，记者看到了驼峰、马腿以及人脸，后者“戴着毡帽，长着小黑胡子，对着我们微笑，死亡的微笑，他们的脸冻得坚硬，跟周围的雪一样硬”。他补充说，那就是“‘东进’在这片土地上留下来的东西”。

埃尔斯伦的陷落永远都笼罩着神秘的色彩，因为很有可能是内部的守军把要塞出卖给了俄国人。当时在开罗阿拉伯事务局工作的T.E.劳伦斯称，他通过伦敦的陆军部秘密地“让尼古拉斯大公与埃尔斯伦中的某些心怀不满的阿拉伯军官取得了联系”。这一说法是他在战后亲自告诉自己的传记作者、军事历史学家巴兹尔·利德尔·哈特（Basil Liddell Hart）的，其真实性某种程度上是可以信赖的。在那个时代，当然有许多心怀不满的阿拉伯军官在土耳其军队里服役，他们会很高兴看到协约国取得胜利。在1916年6月的阿拉伯起义爆发之前，劳伦斯在开罗从事情报工作，因而有机会接触到这些持不同政见的人。此外，他战前在奥斯曼帝国旅行时也认识了不少这样的人。

约翰·巴肯在《绿斗篷》中充分采信了背叛的说法，提到了一幅失窃的参谋地图，地图标出了埃尔斯伦的某些防御漏洞。在土耳其叛国者的帮助下，这张至关重要的地图被偷偷地带出了城市，交给了俄军总部的尼古拉斯大公。俄国参谋人员拿到了这张地图，使得他们能够在加里波利的老兵赶来支援作战前就接管了这座城市的命运。约翰·巴肯当时在英国内阁和陆军部都有高层关系，所以他有可能听说过，劳伦斯的传记作家杰里米·威尔逊说的发生了“一些奇怪的事情”。威尔逊还提醒我们，在埃尔斯伦陷落的时候，巴肯正在接待俄国派往英国的一个重要使团。他很可能从他们那里听到了这样的消息。劳伦斯也曾亲自要求利德尔·哈特，不要详细描述某位叛变守军的所作所为，以免这个人的家人受到报复。劳伦斯还告诉另一个朋友——诗人罗伯特·格雷夫斯（Robert Graves）：“《绿斗篷》有一种超越事实的味道。”然而，那个时期的特勤局档案解密期长达100年，在其向历史学家开放前，真相谁也不知道。俄国的胜利有着一个值得记录的心酸脚注。在沙皇尼古拉和他的家人被布尔什维克囚禁后，他们在被杀害之前曾读过《绿斗篷》。根据一封偷偷送出来的信，当他们读到巴肯对尼古拉斯大公获胜一节激动人心的描述时，都“深感鼓舞和欣慰”。

土耳其在加里波利击败协约国军队之后不久，埃尔斯伦就陷落了，这在一定程度上使得前者的光彩变得黯淡，同时也是对土耳其军事领袖恩维尔帕夏的一个沉重打击。尽管这完全是俄国的胜利，但也确实让协约国士气得到了急需的鼓舞，毕竟那时好消息是那么少。在库特，英国驻军仍然深陷被围的绝望之中。在开罗也有人担心，加里波利的远征失败了，恩维尔为了夺回失去的奥斯曼帝国领地，会把空出来的5万名士兵派到埃及。尽管土耳其的失败并没有缓解库特的压力，但毫无疑问，它解除了埃及受到的直接威胁。从现在起，一旦冬雪消融，恩维尔将需要把他所能调动的所有士兵召集起来，以阻止胜利的俄国人继续向西行，向君士坦丁堡进发。

与此同时，在波斯的德国人不知道这些，他们也不知道自己同党点燃阿富汗的企图也已失败，他们坚决地推进自己的计划，要将圣战向东蔓延到印度。虽然在诱使沙赫支持土德大业的计划流产后，他们和支持他们的波斯人不得不逃离德黑兰，但是他们继续在波斯中部和南部广泛分散的基地推进着柏林的秘密战略。他们取得的最显著的成功，就是劫持了设拉子的英国领事弗雷德里克·奥康纳少校和其他英国人当人质。然而，尽管瓦斯穆斯的谋杀、恐怖主义和掠夺行径已经把波斯南部的大部分地区变成了英国人的禁区，但英国人仍然牢牢地守住了波斯湾的港口，这对印度的防御至关重要。然而，英国人担心瓦斯穆斯可能会策划对布什尔和海湾地区的其他英国目标发动进一步的部落袭击，这迫使他们在那里维持了比原来更多的驻军。

但也许更令人不安的是佐格迈耶中尉的活动，这位坚忍顽强的德国人战前曾在亚洲广泛游历，而现在他在波斯东南部的克尔曼地区开展了一系列活动，那里正靠近英属俾路支和阿富汗南部极度动荡的部落。起初，当地的总督给他和他的同伴们造成了巨大的麻烦，他们知道这位总督收受着英国人的金钱，他拒绝让佐格迈耶出任德国领事，也不允许他们在租用的领事馆建筑上悬挂德国国旗。但是，他们逐渐通过贿赂、许诺和威胁——甚至是暗杀——成功地加强了对这个城镇的控制。最后，在1915年12月，在亲德的宪兵的帮助下，他们说服了同情他们的波斯人，夺取了克尔曼的控制权。连接德黑兰的电报线被切断了，英国人和俄国人连同自己的领事被迫逃命去了。佐格迈耶和他的同伴们现在准备点燃俾路支和阿富汗南部部落宗教狂热的导火索。

这个地区的不稳定是臭名昭著的，成功的可能性似乎很大。从俾路支招募的一支印度步兵团在得知自己是被派到美索不达米亚与土耳其人作战时，发动叛变并且杀害了自己的指挥官。在克尔曼的德国人不了解其他地区的事态发展，因此他们不知道柏林的圣战计划出了问题。他们相信，为了取得英属印度的最后胜利，埃米尔的阿富汗野蛮部落和德国人领导的波斯沙赫的军队将会加入他们。一旦进入印度，被压迫的数百万人，无论是印度教徒、穆斯林还是锡克教徒，就会把他们视为救世主。所有人将联合起来，在真主的旗帜下，将异教徒英国人永远赶出这个国家。因为在波斯这个偏僻的角落，没有无线电，也没有其他获取消息的渠道，他们无从得知，柏林在印度各地发起大规模起义的宏伟计划已经被英国人挫败了，而且大多数革命领袖要么已经被绞死，要么已经被监禁了。

佐格迈耶的计划如下。他将亲自领导一支队伍前往俾路支，然后在那里的部落首领中散布关于在印度对英国人发动圣战的消息，同时分发黄金、步枪和煽动性的文学作品。他们的目的是激起部落的人参加圣战，让这些人憧憬着加入圣战所能获得的战利品，并鼓励这些人抢劫从奎达运送重要物资给“东波斯封锁线”部队的英国车队。如果这些物资运输被切断，那么英国人将被迫减少或撤出他们的军队，这样德国人就可以进一步渗透进边境地区。与此同时，由前德国驻伊斯法罕领事塞勒中尉（Seiler）领导的另一支队伍，将试图穿过英国的封锁线抵达喀布尔，他们将在那里与尼德迈尔和亨提格取得联系，并协助他们完成最终计划。在前往首都的途中，他们也希望在沿途的阿富汗部落中传播圣战的消息。

1916 年 1 月初，两支队伍从克尔曼出发，分别向东和东南方向前进。塞勒的任务更危险，因为他不仅要避开英国的巡逻队以及英国人用来监视每一口井和每一个村庄的间谍，还必须穿越一片险恶的沙漠，不过幸运的是，现在不是夏天。他跟两名同胞和几名全副武装的波斯骑兵一同骑马走在队伍的前面，试图探查出一条通往阿富汗边境最近地点的路线。10 天后，他和他的同伴们成功地穿越了沙漠，到达了另一边的一个小村庄。他们在这里突袭并抓获了一名被英国人派过来报告他们行踪的当地间谍。但是那天晚上，这名英国间谍设法在关押他的房子的泥墙上钻了个洞逃走了。塞勒意识到，几小时后，一支英国骑兵巡逻队就会抵达并包围村庄。虽然他自己的队伍有充裕的时间摆脱敌人，但是对大部队而言，除非有人迅速去提醒他们前方的危险，否则肯定会中埋伏。因此，塞勒派了一名骑兵去拦截并警告他们。与此同时，他和他的同伴们在可以俯瞰村庄的山脊上占据了一个位置，他们从那里可以观察到敌人靠近，也可以照顾到剩余的大部队，以防那名信使任务失败。

那位当地间谍逃跑后拉响了警报，第二天，在他的指引下，一支英国骑兵巡逻队和 50 名士兵到达了村庄。他们从村民那里得知德国人躲进了山里，便骑马跟在德国人后面，试图加以包围。

但塞勒和他的人也骑着马，退进了山里，边退边射击。那天晚上，塞勒一行留下了一名军官——温克尔曼中尉（Winkelman），让他在黑暗中朝英国人开枪以掩护他们逃跑，他们自己则成功地从包围网中逃了出来，溜进了沙漠。但是他们丢下了4个死去的波斯人、一名受了致命伤的伤员、两头受伤的运送行李的骆驼、几支步枪和大部分的装备。

第二天晚上，英国哨兵发现了一个神秘的身影正悄悄地向村子里爬过去。一名士兵用步枪进行正面掩护，另一名士兵则从后面扑向他。接着双方展开了一场激烈的搏斗，英国士兵不得不用步枪的枪托敲晕了入侵者，才将其制服。这名入侵者原来就是温克尔曼中尉，他正急切地寻找食物和水。后来，当知道温克尔曼为了让同伴逃脱，牺牲了自己的自由时，一位英国军官说道："他是一名真正具有体育精神的人。"温克尔曼中尉在被押送到印度之前受到了彻底的审问。但英国情报报告显示，他除了透露自尼德迈尔和亨提格去年夏天到达喀布尔以来他们没有接到任何来自喀布尔的消息外，几乎没有说出任何有价值的信息，而且他告诉审问者的许多内容被证明是完全误导和不准确的。

不过，让那位英国当地间谍逃脱，而不是当场就击毙他，还是让德国人付出了高昂的代价。虽然塞勒和他的队伍成功逃脱了，但是英国人现在已经充分了解了他们的意图。英国人从村民们那里得知，塞勒的队伍只是先锋部队，一支更大的全副武装的德国和波斯雇佣兵部队预计很快就会到达。为了应对这一威胁，英国人匆忙派出了增援部队。然而，最终这个威胁根本没出现，因为大部队遇到了巨大的困难。他们发现，塞勒在沿线为他们安排的少量食物和水被当地的部落掠夺了。因此，他们饥渴难耐，只能

1. 德皇威廉二世，他希望在整个东方发动一场针对英国及其盟友的圣战。

2. 吞噬全世界——英国战时宣传家这样描绘德国的领土野心。

3. 德国的傀儡土耳其——1914年11月，英国《笨拙》杂志上的一幅讽刺漫画。

4. 奥斯曼苏丹阿卜杜勒·哈米德（“被诅咒者”）——只有德皇威廉和他交朋友，欧洲所有其他君主和政治家都唾弃他。

5. 恩维尔帕夏，土耳其的战时首脑。他是一个邪恶的天才，梦想在中亚为自己建立一个伟大的新奥斯曼帝国。

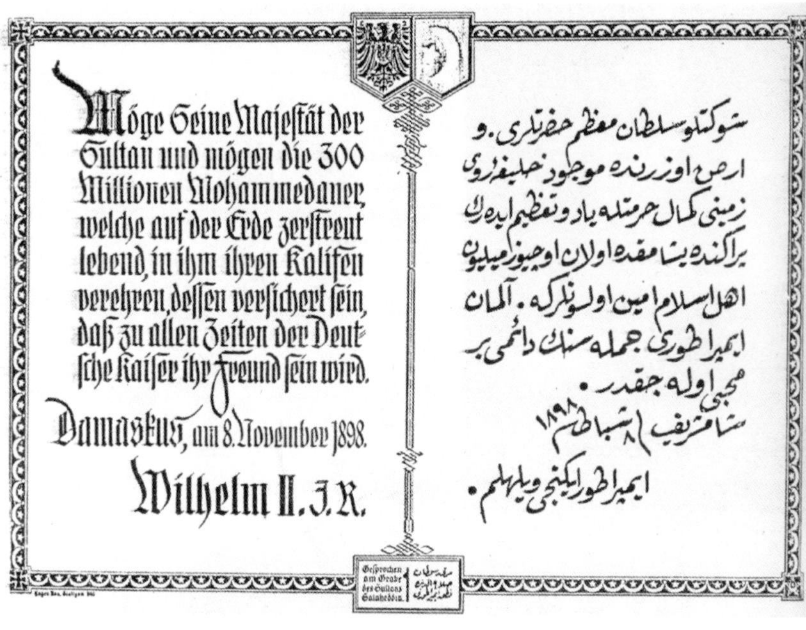

6. 德皇威廉宣称自己是全世界穆斯林的保护者。
这种宣传卡片曾在整个伊斯兰世界流传。

7.1914 年 11 月君士坦丁堡号召圣战
——法特瓦在奥斯曼帝国的每一座清真寺里被宣读。

8. 点燃东方。在德国战时杂志的封面上，毛拉们正在游行。

9. 部落民众响应号召——德国战时艺术家亲眼所见。

10. 反英印度革命者维纳亚克·萨瓦卡，他在自己的伦敦秘密总部策划刺杀和炸弹袭击。苏格兰场摄。

11. 哈尔·达雅尔，萨瓦卡的追随者。他曾在牛津大学接受过教育，后来建立了“加德尔”革命运动组织，旨在推翻英国在印度的统治。

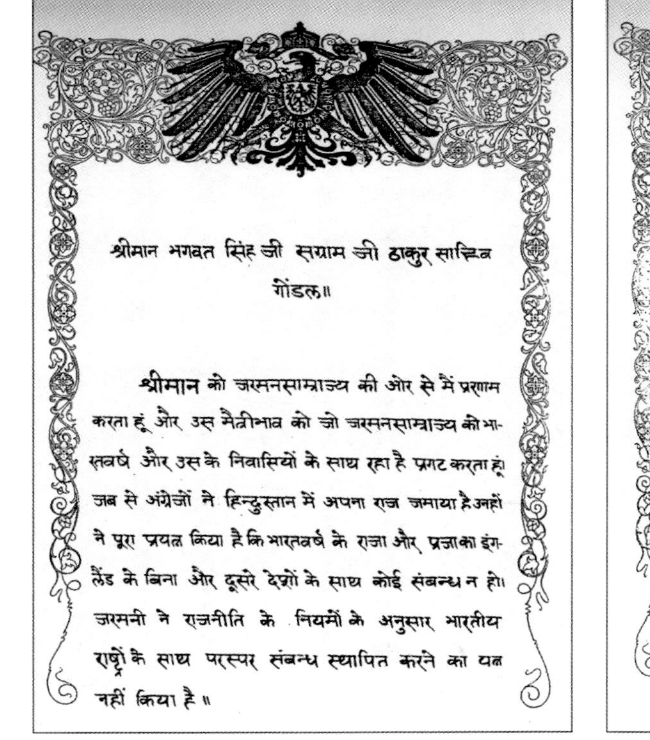

श्रीमान भगवत सिंह जी सग्राम जी ठाकुर साहिब
गोंडल॥

श्रीमान को जरमनसाम्राज्य की ओर से मैं प्रणाम करता हूं और उस मैत्रीभाव को जो जरमनसाम्राज्य को भारतवर्ष और उस के निवासियों के साथ रहा है प्रगट करता हूं। जब से अंग्रेजों ने हिन्दुस्तान में अपना राज जमाया है उन्हों ने पूरा प्रयत्न किया है कि भारतवर्ष के राजा और प्रजा का इंगलैंड के बिना और दूसरे देशों के साथ कोई संबन्ध न हो। जरमनी ने राजनीति के नियमों के अनुसार भारतीय राष्ट्रों के साथ परस्पर संबन्ध स्थापित करने का यत्न नहीं किया है॥

Seine Hoheit
Asaf Jah Muzaffar-ul-Mumalik Rustam-i-Dauran Arastu-i-Zaman Nizam-ul-Mulk Nizam-ud-Daulah Nawab Mir Osman Ali Khan Bahadur Fateh Jang
Nizam von Haiderabad

Euerer Hoheit beehre ich mich, hierdurch den Gruß der Kaiserlichen Regierung zu entbieten und den freundschaftlichen Gefühlen Ausdruck zu verleihen, die das Deutsche Reich Indien und seinen Fürsten gegenüber von jeher hegt. Seitdem die Engländer ihre Fremdherrschaft in Indien errichtet haben, haben sie ihr Bestes getan, um die indischen Fürsten und das indische Volk von jeder Berührung mit dem nichtenglischen Ausland abzuschließen. Andererseits hat Deutschland in sorgfältiger Beachtung der anerkannten Regeln des internationalen Verkehrs keinerlei Versuche gemacht, mit den indischen Herrschern in unmittelbare Verbindung zu treten.

Der von England und seinen Verbündeten, Rußland und Frankreich, in leichtfertiger Weise heraufbeschworene Krieg, der dem Dreiverband schon so schwere Verluste, Deutschland, Österreich-Ungarn und der Türkei

12. 这些被截获的大量印刷的信件曾被德国特工送给印度王公。德国人希望通过许诺丰厚的报酬，以购买王公们在战争中的支持。

13. 旺根海姆大使（左图），他在德国驻君士坦丁堡的大使馆里导演了圣战行动。1915 年，他死于中风并被埋葬于博斯普鲁斯海峡旁（右图）。

HANS FREIHERR
V. WANGENHEIM
KAISERL. DEUTSCH.
BOTSCHAFTER
GEB. 8. JULI 1859 ZU
GEORGENTHAL
GEST. 25. OKT. 1915 ZU
KONSTANTINOPEL

14. 魅力超凡、冷酷无情的德国特工威廉·瓦斯穆斯伪装成波斯人（左图）。他正与战前就联系紧密的反英波斯部落合影。

[This Document is the Property of His Britannic Majesty's Government, and should be returned to the Foreign Office when done with unless required for official use.]

PERSIA.

D
2339
1915

POLITICAL.

Decypher, Mr. Marling (Teheran) June 24th 1915.
(d. 11.5 p.m. r. 8.40 a.m. June 25th).

No. 214.

Copy to India
3 SEP 1915

RECEIVED IN
25 JUN 1915
POLITICAL DEPARTMENT

German activity in province is increasing. Wassmus is endeavouring to organise an attack by local tribes on Bushire; party of Germans strengthened by men locally recruited and Austrian prisoners of war who have escaped in some numbers from Trans Caspian viâ Meshed, is starting for Birjand and Afghanistan and another similar party under Zugmeyer and Griesinger for Kerman; Pugin is leaving for Meshed.

At Ispahan thanks largely to German connivance murderer of Russian Bank Manager is still at large and only satisfaction for outrage that Russia has obtained is exchange of Sirdar Motashem for Sirdar Ashja his own brother as Governor General, while I have not yet succeeded in getting Governor General removed from Fars. Fact undoubted Prime Minister is falling more and more under influence of pro-German democrats and though he makes profuse promises that he will check German intrigues nothing effective is done and there is now prospect that Farmafarma, Minister of the Interior, who is only member of Cabinet to show any degree of energy in that direction will be at instance of Turks and Germans transferred to Ministry of War which is nothing but a sinecure and where he will be of little practical use to us.

Prime Minister meets all representations for effective measures on the part of Persian Government with requests for the withdrawal of Russian troops and with threats to resign. He is in difficult position. He is well aware of Persia's

[This Document is the Property of His Britannic Majesty's Government, and should be returned to the Foreign Office when done with unless required for official use.]

D
2434
1915

GREECE.

FILES ONLY.

Decypher. Mr. Wratislaw (Salonika)
D. 5.45.p.m.
R. 10.15.p.m. July 1st. 1915.

Copy to India
9 July 1915

Following from Sir Mark Sykes for D.M.O. War Office
Begins:

No. 3. Baron Oppenheim left Constantinople for the Interior about 10 days ago. Direction Konieh, Aleppo Mosul. Intention to raise pan-Islamic feeling against Great Britain. Addressed assemblies of Dervishes and religious notables at Constantinople and will do so elsewhere, preaches Monogamy, abandonment of Fez, and practice of skill in arms for public and war against Entente Powers. India Office may anticipate his activities in Persia about the middle of July. His propaganda not well received among Constantinople religious communities owing to his Jewish origin. He has large funds at his disposal and intimate knowledge of the country". Ends.

Repeated to Tehran & Cairo

RECEIVED
3 JUL 1915
POLITICAL DEPARTMENT

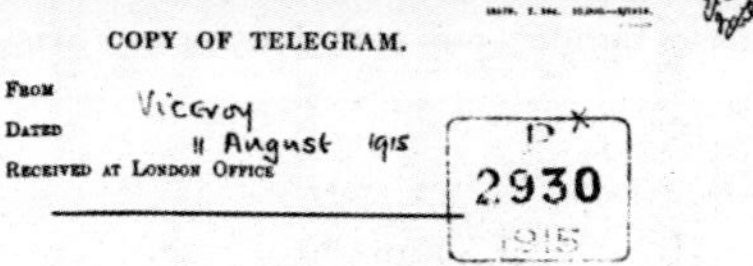

COPY OF TELEGRAM.

From Viceroy
Dated 11 August 1915
Received at London Office

D
2930
1915

Foreign Secret. German agents in Persia. Amir has sent most satisfactory reply to my letter regarding approach of German agents to Afghanistan. He says that it has never been rule of Afghan Govt. to allow armed parties of foreigners to tour Afghanistan. If German parties enter Afghanistan they will be disarmed and interned till the end of the war. In friendly postscript in his own handwriting Amir reiterates his intention to maintain neutrality during the present war.

Addressed to S. of S. for India and repeated to Tehran, No 804. S.

RECEIVED
11 AUG 1915
POLITICAL DEPARTMENT

15. 英国秘密报告，内容是关于正在赶往阿富汗和印度的德国特工的动向。

16. 安全抵达喀布尔，拉贾·马亨德拉·普拉塔普——德国秘密特派团的官方首领（中间），他旁边分别是奥托·冯·亨提格（左边）和奥斯卡·冯·尼德迈尔上尉（右边）。

17. 阿富汗埃米尔，德国人希望发动他的部落军队对抗英属印度。

18. 意志如铁的尼德迈尔上尉（中间），他溜过了英国的封锁线，却与冯·亨提格就各自的角色发生了争吵。

19. 邓斯特维尔将军，英国巴库特遣军司令（右边），此刻正在穿越波斯的路上。

20. 为抵抗土耳其人、保护巴库，亚美尼亚新兵正被教导如何使用步枪。

21. 巴库之战。前线守军正观察着土耳其人的动向。

22. 异国他乡，第一名英国牺牲士兵被葬在里海旁。

23. 兰纳德·麦克唐纳少校，由英国外交人员转任情报官员，在逃往波斯后被巴库布尔什维克判处死刑。

24. 爱德华·诺埃尔上尉，杰出服务勋章获得者，英国情报官员，在被波斯民族主义者宣判枪决后，逃过一死，后被关押许多月。

25. 波洛夫佐夫将军，沙皇军官，被布尔什维克通缉。他在麦克唐纳和诺埃尔的帮助下伪装成美国传教士逃出了高加索地区。

26. 雷金纳德·蒂格－琼斯上尉的罕见相片，他是一名英国情报官员，在被指控杀死26位布尔什维克政委后，不得不改变姓名身份。

27. 斯捷潘·邵武勉，不幸的巴库政委们的领袖。这张相片描绘了他与妻儿的欢乐时光。

28. 邵武勉巴库故居，麦克唐纳曾在这里与邵武勉儿子玩过火车。这里后来成了共产主义者的圣地。

С. Г. Шаумян

М. А. Азизбеков

П. А. Джапаридзе

И. Т. Фиолетов

Я. Д. Зевин

И. В. Малыгин

Г. Н. Корганов

М. Г. Везиров

Г. К. Петров

А. М. Амирян

М. В. Басин

С. Г. Осепян

Э. А. Берг

В. Ф. Полухин

Ф. Ф. Солнцев

А. А. Борьян

И. Я. Габышев

М. Р. Коганов

Б. А. Авакян

И. П. Метакса

И. М. Николашвили

А. М. Костандян

С. А. Богданов

А. А. Богданов

И. А. Мишне

Т. М. Амиров

Как братская могила Степана,
Алеши и других не знает
ни армянина, ни грузина,
ни татарина, ни еврея,
так и бакинский пролетариат
не знает никакой национальной
розни. Вожди бакинского
пролетариата как при жизни
не различали трудящихся
по национальности, так
и после смерти они, как бы
демонстрируя великую идею
межнационального мира
и солидарности, находят
покой все в единой могиле...
Вечная память
великим учителям!

Г. К. ОРДЖОНИКИДЗЕ

29. 共产主义英烈——巴库26位政委肖像。他们在卡拉库姆大沙漠被革命对手枪决。左上为邵武勉。

30. 巴库政委殉难——革命画家伊萨克·布罗德斯基想象画面。左边可以看到英国军官的身影。

31. 处决地点。献给遇难政委的纪念碑——碑文将政委遇难归咎于英国干涉者——矗立于卡拉库姆沙漠中（左边远方）。外里海铁路偏远地区，就在这里26位政委被拉下了火车（左边）。

32. 神话陨落。这座描绘政委殉难的红色花岗岩浮雕花了一名革命雕塑家25年的时间。1990年1月的某个夜晚，一群愤怒的穆斯林暴徒摧毁了它所有的痕迹（下图）。

被迫返回克尔曼。塞勒得知所发生的这一切时，发现自己别无选择，只能放弃前往喀布尔的打算，返回克尔曼。

与此同时，佐格迈耶中尉和他的队伍正忙于在俾路支东南部的部落中为英国人制造麻烦。很快，奎达就接到报告说，德国人在招募部落成员参加圣战方面取得了相当大的进展。确实，佐格迈耶收到了一封来自一位强大的俾路支首领的秘密信件，信件声称自己和自己的部落愿意全力支持德国人对抗英国人，这让他成功的可能性看起来非常大。这位首领建议佐格迈耶派一名值得信赖的特使前往印度边境附近的一个小村庄，在那里进行进一步的讨论。佐格迈耶立即派了两名军官到那个村庄，并打算自己在初步协议达成后也赶去，然后再制定详细的行动计划。其中一名德国军官跟 T.E. 劳伦斯一样，战前是一名考古学家，会说波斯语，也在波斯进行过发掘工作。这两名军官受到了主人的热情款待，但很快他们就开始怀疑自己被骗了。其中一名军官后来写道：“我们本以为他是一任部落首领，但其实他是一个强盗首领。他想要我们的武器和资金，来打败他的敌人。”

他们感到非常失望，突然就终止了这次会谈，打算回去跟佐格迈耶会合，把失败的消息告诉他。然而，他们在回去的途中遭到了主人派过来的人的拦截，那些人抢走了他们的所有东西，所幸的是他们安全逃脱了。佐格迈耶和他的同伴们现在意识到，自己一直在自欺欺人，他们不得不承认，跟俾路支人所做的一切都是浪费时间。一个德国人痛苦地说：“他们是一群无耻、卑鄙、不诚实、懦弱的家伙，贪婪彻底地控制了他们。”这支队伍曾将领导“勇敢的俾路支人”发动一场针对英属印度的圣战称为“我们美丽的梦想”，现在这一切以彻底的失败告终了。

从波斯其他地方传来的消息也好不到哪里去。他们这才得知，来自北方的俄国军队已经夺取并占领了他们在伊斯法罕的据点，而他们在克尔曼的基地也不再安全。就在他们两支队伍离开城镇各自前去执行任务的那一刻，那位亲英的总督已经成功地重建了自己在那里的权威。俄国人在埃尔斯伦的胜利以及德国人被迫从伊斯法罕撤出的消息大大加强了他的势力。这还不是全部。佐格迈耶和他的同伴们现在听说，美索不达米亚和波斯的德国和土耳其军队的最高指挥官冯·德·戈尔茨陆军元帅——圣战的最初策划者之一——在访问了波斯之后，放弃了他那个雄心勃勃的计划——带领一支由德国军官指挥的波斯志愿军对抗印度。他在波斯的所见所闻使他觉醒了，现在他看不到一丝成功的希望。他警告柏林，大多数波斯人只对德国的黄金感兴趣，如果突然停止给他们黄金，那么他们的忠诚也会戛然而止。事实上，波斯人已经一直在暗示，他们可以从英国人那里得到更好的条件。

陆军元帅在返回巴格达的两个月内，就死于斑疹伤寒。如今他躺在伊斯坦布尔那座俯瞰博斯普鲁斯海峡的德国战争公墓里，旁边躺着的是另一位圣战幻想家旺恩海姆大使。他们和他们在柏林的上层曾经希望把伊斯兰的力量绑上德国的战争机器，但是现在很明显，他们所想获得的一切都已经瓦解了。他们的一些波斯人和宪兵队的前盟友已经显露出了胆怯的迹象，使得仍在波斯的德国军官和军士感到越来越孤立。其中一些人，尤其是佐格迈耶和他在波斯东南部的几个同胞，距离最近的德国或土耳其阵地有700多英里。

他们的许多波斯朋友倒戈了，这些波斯人已经看到了不祥之兆，并且意识到德国人要帮自己摆脱英国人和俄国人的承诺是空洞的。此外，佐格迈耶和他的同伴们发现他们现在面临着两个新的威胁。英国人看了德国人在俾路支活动的报告后感到十分担心，派了一名强硬且经验丰富的边防军人，来迫使动荡不安的俾路支人就范。他就是陆军准将雷金纳德·戴尔（Reginald Dyer），这个人后来因下令进行阿姆利则大屠杀而在世界范围内声名狼藉。虽然他只有100名士兵来平定部落成员，但戴尔事先散布了这样的一个谣言：他是一支5000人部队的前哨，这支部队将扫除这片地区的德国间谍，惩罚任何愚蠢到试图与英国人交锋的人。事实证明，这种虚张声势的方法是非常有效的，以至于不久之后，戴尔的小部队就吓退了一支2000人的俾路支突袭队，他们的领袖后来才发现自己上当受骗了。这支新派遣的英国部队主要在"东波斯封锁线"南部活动，其存在显然对佐格迈耶和他的同伴构成了威胁，如果后者要继续留在这个地区。

与此同时，德国人得到消息说，他们目前的安全正面临着另一项威胁。这是一支由英国人领导的波斯军队，名为"南波斯步枪队"（South Persia Rifle），由准将珀西·塞克斯爵士（Percy Sykes）指挥，并且勉强得到了沙赫政府的授权。它的目的是取代目前已被遣散的亲德宪兵部队，试图恢复波斯南部的法律和秩序。一旦这支部队招募并训练完毕，塞克斯的一个首要任务就是将该地区的所有德国间谍及其追随者清除出去。那些在克尔曼地区的人是他的头号目标。佐格迈耶及其同伴们就这样夹在戴尔和塞克斯的军队之间，他们知道，如果想要避免被捕，就必须迅速行动起来。

因此，他们决定向东边300英里处的设拉子进发，他们认为设拉子仍在瓦斯穆斯及其当地盟友的控制之下。如果通往边境的道路仍然畅通的话，他们会试图从那里溜过边境到达巴格达。塞勒和他的队伍仍在克尔曼，当局越来越频繁地骚扰他们，他们将独自前往设拉子，然后可能在那里与佐格迈耶会合，再一起进行最后的冲刺，穿越边境到达巴格达的安全地区。虽然两支队伍都装备精良，但他们一再遭到波斯匪帮的袭击，遭受了巨大的苦难和生命损失。塞勒的队伍比佐格迈耶的队伍提前 3 天出发，最终到达了设拉子，却发现那里已经不再掌握在亲德分子的手中，而且瓦斯穆斯也不见踪影了。波斯当局收缴了他们所有的金子和银子，也解除了他们的武装，并把他们监禁起来。许久以后，塞勒才设法与两名同伴一起逃跑了。有报告传到布什尔的英国人那里，称有人发现他们伪装成波斯部落的人，朝北向克尔曼沙阿和土耳其边境方向逃走了。

与此同时，佐格迈耶的队伍在向西艰难前行时，也遭到了强盗的多次袭击，而他们当中有好几个人，包括战前的考古学家，都被带走了。这名考古学家后来被毫发无损地交给了塞克斯将军。塞克斯有点震惊，因为这个考古学家竟要求允许他继续进行未完成的挖掘工作。佐格迈耶和其他几个人设法到达了尼拉兹（Niraz），到设拉子的路程已经走了三分之二，之后在塞克斯的要求下，被当地政府拘留了。他们被押送到设拉子，并与塞勒及其他德国军官和军士在当地的监狱里重聚了。最后，在塞勒越狱之后，佐格迈耶和其他人被交给了一支英国卫队，护卫队把他们送去了俄国军队掌控的伊斯法罕。

尼德迈尔上校在他的回忆录中，痛苦地写下了塞克斯将军的手下对待他的德国同胞的方式："囚犯们被装进了肮脏的车里，由 250 名士兵押送。押送者拥有机枪，并由一名英国少校指挥。"

他声称，一路上他们的手腕和脚踝都有铁链锁着，而且塞克斯下令，如果有人试图逃跑，要当场击毙。事实上，英国人视这些俘虏为恐怖分子，而尼德迈尔却视他们为英雄。尼德迈尔说，当他们到达伊斯法罕的时候，英国领事和他的手下对俘虏进行了“嘲弄和虐待”，英国妇女拍着他们戴着镣铐的照片，仿佛他们是普通的罪犯，而不是战俘。伊斯法罕不久之前还是他们的大本营，现在他们却在那里被交给了一支哥萨克骑兵护卫队，护卫队解开了他们的锁链，带他们往北去了俄国。在里海的巴库，他们被转移到一个叫纳尔金（Narghin）的近海小岛，这个小岛有点像俄国的“魔鬼岛”（Devil's Isle）。他们在那里一直待到第二年的俄国革命，才被布尔什维克释放了。

英国第一次世界大战官方战史称：“1916 年 4 月，德国人在波斯开展的敌对活动事实上彻底崩溃了，他们的波斯傀儡随之也狼狈溃散。”现在不仅大多数波斯傀儡抛弃了土德两国的事业，许多亲德的宪兵成员也被逮捕了，而其他宪兵则被塞克斯将军招募进了“南波斯步枪队”，负责在英国的势力范围内维持法律和秩序。不久之后，设拉子和克尔曼又牢牢地回到了英国人的手中，而俄国人则控制着伊斯法罕和北部的其他主要城镇。

只有威廉·瓦斯穆斯躲在设拉子和布什尔之间的某个地方，现在还在潜逃。瓦斯穆斯具有刚强的意志，对英国人抱有强烈的反感，他没有表现出要放弃的迹象，也没有失去对追随他的坦吉斯坦人几乎催眠般的影响力。此外，瓦斯穆斯还有一张王牌。那就是被他和他的追随者绑架长达 6 个月之久的奥康纳少校及其他几名英国人质。没有人确切知道瓦斯穆斯在哪里，或者他接下来要袭击什么地方，他仍然是英国当局在海湾地区的眼中钉。

对瓦斯穆斯来说，圣战离失败还远着呢，1916 年 4 月 29 日，一则让他深受鼓舞的消息传来了。经过长达 5 个月的围攻，在库特的英国驻军饥饿难耐，已经向土耳其人投降。9000 多名被派去底格里斯河上游占领巴格达的英国和印度士兵被俘虏，并被关在了土耳其。这是英国军队有史以来遭受的最屈辱的失败之一，很快被恩维尔帕夏誉为一场伟大的圣战胜利，恩维尔立即给自己冠以“加齐”（Ghazi）的头衔，意思是是穆斯林战无不胜的英雄。

14

百万英镑的贿赂

土耳其东部的山区绵延到数百英里外的北方，山上的积雪开始融化了，最终决定了库特的英国驻军的命运。一直以来，每一年的积雪融化都会使得磅礴的底格里斯河泛滥不已，河水溢出堤岸，淹没两边低洼的美索不达米亚平原的广大地区。在圣经时代，很有可能就是这样的泛滥引发了“洪水”和“诺亚方舟”的故事，传说“诺亚方舟”仍然躺在阿拉拉特山（Mount Ararat）山坡的冰雪之下。但是在1916年春天，同样的洪水阻碍了2万名英国救援部队前进，当时他们正拼命地想及时赶到那些忍饥挨饿的库特驻军那里。救援部队不仅要击退土耳其的反复袭击，还不得不应对那不断上涨的洪水。不久之后，英国指挥官芬顿·艾尔默（Fenton Aylmer）将军因受制于滔滔洪水，几乎无法再采取包围战术来对付敌人，也没办法架起他的大炮。尽管如此，艾尔默还是坚持着，他决心要拯救驻军，拯救英国军队的荣誉。

围攻自去年12月就开始了，在第一个月里，驻扎在这个泥建的阿拉伯小镇上的英国和印度士兵的士气仍然很高。虽然土耳其人进行了猛烈的炮击，并多次对库特的前沿阵地发动步兵攻击，指挥官查尔斯·汤森德将军仍然相信，他可以至少再坚持一个月，据推测，援军在这段时间内肯定可以赶到。巧的是，汤森德和艾尔默早在大博弈时期就了解了关于围攻的一切。1895 年，汤森德在印度北部的吉德拉尔（Chitral）成功地抵挡了部落土著发动的长达6个星期的进攻，直到救援部队抵达，这让他在当时成了英雄。艾尔默在救援部队中表现出色，炸毁了英国人围攻的一个当地要塞的大门，使得这个要塞得以被攻陷，他因此获得了维多利亚十字勋章（Victoria Cross）。从那以后，这两名军官就成了亲密的朋友，这使得艾尔默比以往任何时候都更坚定地想在还来得及之前赶到库特。

但是日子一天天过去了，援军却似乎没能靠近一步，库特的情况变得愈发危急。食品供应开始变得短缺，得到救援的希望也越来越渺茫。没过多久，驻军就不得不用他们的驮兽乃至小镇上的瘦猫和瘦狗来补充剩余的口粮。起初，出于宗教原因，许多印度士兵拒绝吃这些肉，但最终大多数人都同意吃了，因为他们远在印度的宗教领袖通过无线电给汤森德将军发了一份豁免许可。即便如此，一些人仍然拒绝吃，然而除了这些肉已经没有别的食物了，于是医护人员向他们发放了麻醉药，来缓解他们的空腹之痛。即使是英国士兵也对某些动物下不了口，不过纯粹是出于情感因素。驻军的屠夫曾两次拒绝宰杀一匹骡子，因为这匹骡子曾参加过 3 次边疆战役，得到过很多勋章，但是最终，它还是不得不进了军队里的炖锅。

土耳其指挥官的策略是在库特周围留下足够的兵力，以防止英国人突围，同时将其他部队派往底格里斯河下游，以迟滞艾尔默的前进步伐。因为他知道，驻军会因为饥饿而被迫投降，现在只是时间问题了。艾尔默仍在库特以南 30 英里的地方，而且损失惨重，他的上司对其进展之缓慢深感震惊，于是在 1916 年 3

月 12 日决定撤换他。接替艾尔默的是他的参谋长乔治·戈兰吉（George Gorringe）将军，因为其他人没办法及时赶到那里。但是现在库特的救援行动已成必败之局，底格里斯河的河水仍在上涨，运送火炮和弹药的河船严重短缺，而且向这些不幸的士兵运送紧急物资的飞机也严重短缺。最终，戈兰吉也并没有比艾尔默做得更出色，而且在很短的时间内，他就在土耳其人的手中损失惨重，使得目前试图解救库特的士兵伤亡达到 2.3 万人之多。

然而，两天之后，也就是 4 月 24 日，戈兰吉决定孤注一掷，试图把食物和其他重要物资送到镇上。一艘旧河船“乌尔娜”号，船员是数名志愿军，运载了足够驻军坚持一个月的粮食和弹药，准备接受土耳其人的猛烈攻击。他们竭尽全力地做好保密工作，否则这对船上的士兵来说无疑是个自杀式的任务。他们知道一旦被发现，就会面临两岸的猛烈炮火袭击，为了保护自己不受到这些炮火的伤害，他们用钢板和沙袋加固船只。可叹，这些预防措施都是徒劳的，因为就在她为往底格里斯河上游 25 英里冲刺做准备时，土耳其的间谍或者土耳其的侦察机就已经发现了。因此，她并没有走多远，就遭到了猛烈的攻击。尽管如此，“乌尔娜”号还是勇敢地向库特驶去，船体和上层结构布满了炮弹孔。凌晨 1 点汤森德发出的一条无线电信息显示，在河下游约 8 英里的地方听到了猛烈的炮火声，在那之后就沉寂了下来。第二天早上一架侦察机确认了最糟糕的情况。英勇的“乌尔娜”号和那些幸存下来的船员已经落入了土耳其人的手里。原来，她被敌人设置的横跨河面的钢缆拦住了。后来船长和船员都在死后被授予维多利亚十字勋章，而幸存者也被授予了勋章。

与此同时，伦敦正在计划一项更加不顾一切的计划，试图拯救那些饥肠辘辘的驻军。陆军大臣基钦纳勋爵想出了一个惊人的非常规计划来说服土耳其人放开对库特的致命围困。基钦纳提议用巨额贿赂收买土耳其人，从而换取守军得以离开，不过遭到了其他英国高级官员和外交部高级官员的强烈反对，他们谴责这一计划是可耻的。基钦纳脑子里想到的数目是100万英镑，这在当时是一笔数目惊人的钱，够让所有参与这一棘手决定的人分了，包括恩维尔帕夏本人。根据协议条款，被释放的英国和印度军队在接下来的战争中不会被用来对付土耳其人。从土耳其人的角度来看，他们在库特和巴格达的战争中遭受了惨重的伤亡，这样可以解放出士兵和资源用来对抗俄国人，保卫土耳其的东部地区。基钦纳对东方的习惯非常了解，并且知道恩维尔对金钱的喜爱，他相信在其他一切办法都失败了的时候，这个提议是有机会被接受的。

在极度保密的情况下，这一提议被送到了恩维尔的侄子、土耳其指挥官卡里尔（Khalil）帕夏那里。卡里尔没有马上做出回应，这让英国人内心燃起了希望。与此同时，英国人预计很快便能进行赎金谈判，于是选出了3名与土耳其人打过交道的情报官员。其中一位是T.E.劳伦斯上尉，他当时在开罗的阿拉伯事务局工作。这三人接到命令，立即前往巴士拉，在那里改乘一艘停泊在底格里斯河的汽船，前往戈兰吉将军的总部。在与土耳其人取得联系后，他们举着一面白旗穿过无人区，来到了卡里尔帕夏的总部。这位土耳其将军表现得彬彬有礼、热情好客。然而，他对英国人的出价不屑一顾，即使这笔钱翻了一倍。显然，恩维尔已经否决了这个提议。就在不久之前，埃尔斯伦落入了俄国人手中，让俄国在整个东方的威信大增，因此恩维尔迫切需要取得一场胜利。英国人在全世界面前投降交出库特的那一刻，对恩维尔来说是无价的。

4 月 19 日，也就是谈判的第二天，汤森德投降了，他下令用大钉钉入火炮，炸毁发射装置，烧毁所有剩余的补给品。最后，他在砸碎无线电发射机并在全城升起白旗之前，发出了最后一条消息。他说："我们再也坚持不下去了。我们已经履行了自己的职责，而且我们认识到，我们的处境是战争的命运之一。我们感谢戈兰吉将军，感谢底格里斯河部队的所有人，感谢你们为了拯救我们所做的巨大努力。再见，祝大家好运。"这是从驻军那里得到的最后一条消息。库特长达 143 天的围攻，这打破了现代战争史上的所有纪录，最后驻军饿到投降了。第二天，3000 多名英国士兵、6000 名印度士兵和数百名非战斗人员被押往土耳其北部，他们都因为饥饿和疾病而变得极度虚弱，许多人去了之后就再也没有回来过了。

然而，恩维尔在库特取得的胜利是短暂的，不出一年，这个城镇又回到了英国人的手中，两个星期后，巴格达也落到了英国人手里。库特的屈辱性投降也没有像英国人担心的那样，对东方的公众舆论产生毁灭性的影响。这是因为战时的审查人员能够在协约国的媒体和所有的殖民地压制有关它的新闻。此外，有人认为，驻军拴住敌军长达 5 个月，否则这些敌军肯定会被直接用来对付埃及或者英国和协约国在东方的其他利益。但正如大家所知道的，这仅仅是一种自我安慰。这场巨大的灾难是无法掩饰的，它就发生在加里波利溃败后不久，或许是因为军事上的无能，导致了这场灾难的发生。

如果当时仍在喀布尔的尼德迈尔和亨提格还抱着任何希望，认为协约国军队从加里波利撤退以及现在库特投降了，他们就可能与埃米尔重归于好，在最后一刻说服他改变主意，加入圣战，那么他们将会非常失望。德国人很快就明白了，无论如何，埃米尔都不打算改变自己的立场，而现在他们留在喀布尔只是在浪费时间。虽然做出了种种努力，但他们在阿富汗首都的这几个月里，取得的唯一成就是促使埃米尔签署了一项条约，不过这项条约的价值或实际效用非常可疑。而且埃米尔甚至已经开始有背弃这项条约的迹象了。虽然他表面上看起来很高兴，但实际上只是为了让德国人留在他的国家。因为这样，埃米尔不仅可以让能干的尼德迈尔及其同伴们指导他如何以最新的普鲁士标准实现军队现代化，还能密切监视他们的一举一动。此外，正如德国人非常不安地意识到的那样，当恰当的时机到来时，埃米尔将会把他们当成一份珍贵的礼物，赠送给印度的总督。显然，现在是时候离开喀布尔了。

然而，他们现在准备离开喀布尔，内心一定充满着极度的失望。如果他们成功地完成了将阿富汗卷入圣战的使命，并策动埃米尔的军队对印度的英国人展开猛烈的攻击，那么他们很可能已经改变了战争的进程。甚至他们的名字，也会像劳伦斯的名字一样，被人们铭记到今天。事实上，他们遭受了巨大的苦难，面临了无数的危险，到头来却发现一切都失败了。然而，他们现在唯一关心的是，如何才能抵抗协约国的攻击，然后顺利回国。他们知道，一旦离开了埃米尔的领地，也就是古老的礼遇法保护他们的地方，他们就要再次逃亡，英国人和俄国人以及那些掠夺成性的强盗会无情地追捕他们。

1916 年 5 月 21 日，在进入阿富汗近 10 个月后，他们终于离开了喀布尔。为了提高生存机会，躲避抓捕，他们决定分成多支小队，每支各自独立地走不同的路线回国。尼德迈尔选择向西出发，再次到波斯碰运气，而亨提格则骑马向东前行，穿过帕米尔高原（Pamirs），前往中国。亨提格在战争前不久，曾在北京当过外交官，现在他希望充分利用自己对这个国家的了解。亨提格计划以古老的丝绸之路上的小镇叶尔羌（Yarkand）为基地，尽可能地在这个与世隔绝的地区为英国人和俄国人制造麻烦。如果他能煽动当地的穆斯林跟他们对抗，那么他就可以在那里发动小规模的圣战，迫使他们派遣军队到当地，保护英国和俄国公民以及其他利益。最后，他可以偷偷溜走，横跨中国，逃到北京的德国使馆，在那里等待柏林的进一步指令。

在两个月里，亨提格骑马来到了奥克苏斯河（Oxus），然后沿着瓦罕走廊（Wakhan corridor），到达了中国边境。在到达了叶尔羌以后，他马上开始散布关于战争进展的谣言，目的是破坏协约国的声望。他还散布谣言称，数百名德国士兵已经抵达阿富汗，随后还会有更多的士兵抵达。与此同时，他开始向中国政府非法购买武器，并组织当地部落向印度北部和俄国中亚地区发动袭击。

有关亨提格所作所为的消息，很快就传到了驻喀什格尔的英国和俄国总领事的耳朵里，喀什格尔是这个地区的首府，在 100 英里外。总领事们震惊了，他们立即要求中国当局逮捕亨提格及其同伙，因为后者破坏了中国的中立。这支德国队伍规模虽小但势力强大，中国官员害怕对他们使用武力，于是命令亨提格停止活动，否则将加以逮捕和监禁。但是，亨提格无视这一命令，转而出发前往喀什格尔，使得没人保护的英国人和俄国人恐慌不已。虽然还不能确定他的意图，但是之前有传闻说，他计划袭击英国和俄国的领事馆。地方官员现在被迫采取行动，派遣军队去封锁通往该地的几条道路。

中国军队最终在离英国总领事馆只有 15 分钟路程的地方发现了德国人的踪迹。起初，亨提格威胁说，如果中国军队试图阻止，他就会开火。然而，他和他的部下寡不敌众，最后被迫放下武器投降了。接着，他们被带到了地方长官的官邸，并被关在了花园里，负责把守的有 100 名武装的士兵，而中国人则在为如何处置他们而烦恼不已。最终，中国人选择派出重重护卫，将他们带到北京。后来，亨提格从北京出发，经过了美国和挪威，终于在 1917 年的某个时间回到了自己的国家，接着又再次被派往君士坦丁堡，并在那里的德国大使馆工作。

与此同时，尼德迈尔也经历了一些令人毛骨悚然的经历，最终非常幸运地活了下来。在到达赫拉特，也就是之前他和同伴进入阿富汗的第一站后，他命令瓦格纳中尉和队伍的其他人带着行李和秘密文件留在那里，而他自己则设法独自前往土耳其，以寻求柏林的进一步指示，之后他会设法将指示告知留在赫拉特的其他人。他十分正确地预见到，英国人已经从喀布尔的间谍那里，得知了他们的队伍已经离开回国的消息，因此，如果带着整支队伍跨过“东波斯封锁线”，路程将变得极其危险。

尼德迈尔把胡子染得通红，伪装成土耳其人，然后就出发了，这段旅程比去年夏天的那一次更加悲惨。这一次，为了不正面冲进“东波斯封锁线”的包围圈，他选择走了另一条路线。他雇了一个土库曼人护卫同行，首先向北进入俄国的中亚地区，然后转而向西前行，这样就可以绕过封锁线的一头。但是还没走多远，他的随从就丢下了他，任由他被当地土库曼劫匪宰割。他路遇抢劫，受了重伤，在饥渴交加中等待死亡的来临。如果不是因为他的身体和精神异常坚韧，以及普通牧羊人和游牧民的善良，他几乎肯定会死。为了生存，他不得不乞讨。最终，他回到了波斯，来到了德黑兰，不过他不敢在那里逗留，因为害怕被人认出来。1916 年 9 月，他终于安全抵达了土耳其领土，并受命返回德国。在柏林，他被誉为英雄，并被德皇亲自授予了勋章。德皇还邀请他住进皇宫里，这样就可以直接倾听他的故事，并与他讨论东方的局势。

而此时此刻，没有任何关于亨提格的消息传出。因此，人们开始猜测，亨提格和同伴一定都已经死了。几个月后，亨提格终于回国了，他愤怒地发现，他们勇敢无畏的远征（虽然没有成功）的功劳都被尼德迈尔一个人领了。甚至英国人也接受了这种说法。珀西·塞克斯爵士在战前曾跟尼德迈尔一起在麦什德待过，他写道："尼德迈尔的任务彻头彻尾地失败了。然而，他的勇气和进取心是非凡的。"因为这层原因，尼德迈尔和亨提格之间一直相互反感，直到 1984 年亨提格去世，享年 97 岁。尼德迈尔早在差不多 40 年前，就死在了苏联的监狱里。作为一名指挥土耳其裔德军的军官，他曾因为批评希特勒的"东方政策"，被纳粹监禁，结果在战争结束时又落入了苏联军队的手中。在莫斯科的卢比扬卡（Lubyanka）监狱里，他受到了苏联国家安全委员会（KGB）官员的长期审讯，1948 年因战争罪被判处在苏联集中营服刑 25 年。那年 8 月，他在单独监禁期间，向隔壁牢房的一名德国医生发出了最后一条信息，说自己得了重病，然后就去世了，享年 63 岁。即使是在今天，德国的历史学家仍在争论，阿富汗远征到底哪里出了问题。很明显，德国最高指挥部和外交部要负主要责任，他们从一开始就没有明确说明这两个人里面，谁才是特派团的总指挥。这两名英勇而又足智多谋的军官，以自己的行动让英国人寝食难安，如果他们一开始就明确了特派团的总指挥，那么这两名军官的名声就不会被那小小的嫉妒所玷污了。

那些是后话了。现在我们应该还能回想起来，瓦格纳中尉和队伍的其他人带着他们的行李留在了赫拉特，尼德迈尔命令他们等待进一步的指示。几个星期过去了，他们没有得到任何消息，因此猜测尼德迈尔一定已经死了或者已经被捕了。事实上，没收到的原因似乎只是因为柏林的信息没能传过来。然而，由于没有收到消息，瓦格纳和他剩下的 5 名同伴感到很绝望，他们决定试着穿越敌人的封锁线，然后回国。他们把远征队的秘密文件和密码本锁在一个铁箱子里，交给友好的阿富汗官员保管，然后就向西出发了。他们伪装成阿富汗人，成功地穿过了俄国的封锁线，结果却发现自己遭到了敌对的波斯人的攻击。在接下来的战斗中，只有瓦格纳中尉成功逃脱，并最终到达了土耳其。其余人都被抓获了，然后被非常粗暴地带去移交给了俄国人。俄国人又通知了英国人，后者派了一支印度骑兵巡逻队去把囚犯转移到印度。那位指挥押送的年轻英国军官回忆道："当时正下着大雪，天气非常寒冷。囚犯们背对着墙站着，双手被反绑在背后，他们又冷又怕，冻得发紫，饿得精疲力竭。"这名军官还说，押送这些囚犯的俄国人外表很像蒙古人——"一群斜眼的疯狂恶棍"。在被俄国人转交给英国人后，这些德国人看起来像是解脱了。

两个印度的煽动者，拉贾·马亨德拉·普拉塔普和穆罕默德·巴拉卡图拉，留在了喀布尔。除此之外，现在只有瓦斯穆斯仍然在逃。但是，由于他的黄金供应——大部分是从英国银行的金库中掠夺来的——停止了，那些支持他的波斯人的热情也消失了。此外，波斯支持者们越来越怀疑，瓦斯穆斯一直以来只是假装用无线电与柏林的德皇甚至是喀布尔的阿富汗埃米尔联系，而他们都被他那些夸张的承诺和虚构的对话欺骗了。几个月过去了，越来越多的追随者开始消失了。他仍然保有一张王牌——英国人质，但是即使是这些人质，也开始从他手中逃走，不过他还没发现。

瓦斯穆斯劫持人质，除了出于明显的宣传价值外，还希望与英国人交换某些被关押在印度的德国人。因此，他允许奥康纳通过书信跟布什尔的英国人联系，以便达成某种交换协议，不过他会亲自提前阅读所有的信件。但是瓦斯穆斯没有想到，前印度陆军情报官员奥康纳想出了一种办法，通过这些信件与自己的上级秘密联系。为此，奥康纳使用了隐形墨水，他把明矾溶解在水中制成了这种隐形墨水。奥康纳后来回忆说，他最大的问题是“一开始如何告知布什尔的朋友，我们计划通过这种方式与他们交流”。

为了尽可能成功，奥康纳想出了两种办法。首先，他用莫尔斯电码在一小卷纸上写了一则简短的信息来解释自己的意图。他说服了一个在堡垒工作的印度木匠将信息送给驻布什尔的领事，并向其保证，事成之后，会给予丰厚的回报。于是，这名木匠在木刨上钻了一个小洞，并把信息纸条插进里面。奥康纳写道：“用一小块油灰封住了洞口，然后抹上一点泥，这样就看不见洞口了。”与此同时，他告诉毫无戒心的瓦斯穆斯，自己打算学习意大利语——他知道这个德国人不会说这种语言——以填补长期的百无聊赖。在瓦斯穆斯的允许下，奥康纳写信给一个住在布什尔、会说意大利语的女人，要求她设法帮他弄到 3 本书。这 3 本书分别是：《*Rascaldate sul Fuoco*》《*La Parte Bianca*》和《*Di Questa*

Lettera》。这些捏造出来的书名翻译过来是：火上加热……白色的部分……这封信的。瓦斯穆斯被完全糊弄过去了，他允许把这封信寄出去了。

巧的是，奥康纳的这两条信息，布什尔都收到并理解了。至此，他们之间拥有了稳定的秘密通信手段。奥康纳通过这个方法，告诉海边的同事们一个正在策划的大胆的逃跑计划。作为回应，他收到了一张地图和指示，告诉他们去一个秘密会合点的最佳路线，一支武装救援队将在那里把他们接走。奥康纳回忆说，他们甚至收到了一个指南针——“被焊接在‘亨特利和帕默的混合饼干’（Huntley & Palmer's Mixed Biscuits）盒里”。不过，因为其中一两名人质的身体状况，这个计划最后不得不被放弃，毕竟他们无法摸着黑在险恶的地形上，跋涉 30 英里，同时还要应付后面很有可能追来的武装骑兵。

至于留下身体不好的人，奥康纳写道：“我们不甘心丢下他们，让他们面临更多的牢狱之灾，甚至有可能，而且是非常有可能，被那些半野蛮的看守所虐待。”已经有一名人质——印欧电报局的佩蒂格鲁（Pettigrew）——死于心脏病了，他们把他埋在了堡垒外的一个坟墓里。这件事发生于他们被囚禁的早期，当时布什尔的一支武装巡逻队已经到达了离堡垒几英里的地方，并与看守者进行了短暂的交火。奥康纳写道：“可汗和他的追随者变得异常激动，命令我们所有人去院子，要立即处决我们。但后来，我们的部队撤退了，他们平静了下来，可汗后来对这一切都表达了歉意。”尽管如此，佩蒂格鲁对此还是惊吓过度了。

但是，奥康纳与布什尔的秘密通信并不是唯一一件背着瓦斯穆斯进行的事情。瓦斯穆斯不知道，布什尔的英国人与看守人质的坦吉斯坦人正在进行谨慎的谈判。除了其他好处外，英国人许诺释放 16 名被关押的坦吉斯坦人，来交换瓦斯穆斯的英国人质。他们还承诺，重新开放通往海湾地区被封锁的路线，以便让坦吉斯坦人获取至关重要的补给。奥康纳逐渐注意到，坦吉斯坦首领对人质的态度发生了变化。他写道："随着时间的推移，德国没有提供任何帮助，我们的布什尔驻军却持续保有威慑力，他开始意识到，他和他的朋友站错队了。"首领开始给予他们额外的特权，允许他们去锻炼，阅读从布什尔送过来的报纸。不过瓦斯穆斯坚持要先看布什尔的报纸，因为那是他获得战争消息的唯一来源。现在，他们的看守允许他们每周在灌溉农田的沟渠里洗一次澡。这些人质到目前为止，还不被允许使用任何沐浴设施，他们非常感激可以使用奥康纳所说的"泥沟"，因为他们被关在监狱里，泥墙里的气温非常高。

最后，在 1916 年夏天，经过了无休止的讨价还价之后，英国人和他们的坦吉斯坦绑匪之间达成了交换条件。瓦斯穆斯感到非常愤怒和沮丧，因为坦吉斯坦人无视了他的反对意见，没有把交换任何德国俘虏纳入这项协议中。人质交换安排在 8 月 10 日晚上，双方将把人质带到事先安排好的地点。奥康纳和同伴们与坦吉斯坦护卫离开了堡垒，瓦斯穆斯亲自跟他们一起走了一会儿。奥康纳写道："他和我一起骑了一段路，解释了他对我们的态度，并承认释放我们对他的计划是一个沉重的打击。"虽然奥康纳有充分的理由憎恶瓦斯穆斯，但是他——后来成为奥康纳上校——承认自己私下同情这个孤独的德国人。他写道："他的生活一定非常艰难，而且危险不断。瓦斯穆斯过着极其简朴的当地生活，吃着当地的食物，在各种极端的气候条件下，不停地骑马在这个国家四处奔波，从一个地方骑到另一个地方，从一个部落骑到另一个部落，而且总是任由那些奸诈、狂热的人宰割。”

在接近约定地点时，双方按照约定，在半英里外的地方停了下来。奥康纳回忆说：“双方都派出一名使者，骑马过来核实囚犯的数量，然后才进行真正的交换，而我们则坐下来和逮捕我们的人愉快地聊天，等待我们的使者回来。”事情似乎进展得很顺利，然而就在这时，一个意想不到的麻烦发生了。由于混淆了其中一名重要的坦吉斯坦囚犯的名字，英国人到现在才得知漏掉这个人了。奥康纳写道：“这个消息一传开，现场就出现了一阵骚动——部落的人冲了过来，大声叫喊着，骂英国人背信弃义、积习难改，并威胁要把我们统统杀光。”

最后，坦吉斯坦首领成功地使他部落的人平静了下来。双方一致同意，奥康纳作为英国的高级人质，将返回堡垒，直到找到并安全地将那个漏掉的坦吉斯坦人送到布什尔进行交换。这又花了 10 天的时间。奥康纳回忆道：“但是现在情况完全不同了。可汗给我的印象是，我不再是一名囚犯，而是一位尊贵的客人。”最后，在被扣为人质 9 个多月后，奥康纳再次出发前往海岸。他写道：“可汗亲自和我一起骑马走了几英里，然后我们互相告别。”那天傍晚，奥康纳在一名坦吉斯坦护卫的陪同下到达了布什尔，他在那里受到了热烈的欢迎。

瓦斯穆斯在波斯继续潜逃，直到战争结束，他在这期间仍然试图煽动部落成员，攻击英国的目标，不过都是徒劳的。他就这样单枪匹马地挑战大英帝国的力量，因此一直都很令人讨厌。战争结束时，他的梦想终于破灭了，波斯当局逮捕了他，并把他交给了在德黑兰的英国人。他一度逃跑成功，不过很快就又被抓了回来。寇松勋爵和其他人想审判他犯下的战争罪，但最后他被允许返回德国。几年后，他回想起与自己度过了战争岁月的单纯的坦吉斯坦人，他知道自己利用和背叛了他们，内心很过意不去，于是他回到了波斯南部，试图教他们现代的耕作方法，从而提高他们可怜的生活水平。但这一实验最终变成了灾难，于是瓦斯穆斯返回了德国，不久他就去世了，去世时十分潦倒——身无分文、幻想破灭、没有朋友。他享年只有 51 岁，为自己的失败付出得太多了。

然而，在 1916 年夏天，瓦斯穆斯的故事还有一个最后的转折。正如上面提过的，在他第一次到达波斯南部，要在那里对英国人展开行动时，他被亲英部落的人抓住了。虽然他设法逃跑了，赤脚穿过了沙漠，但所有的行李包括公文和文件却没法带走。经过初步搜查后，这些文件被送到了伦敦，存放在了印度事务部的地下室里，被人遗忘了。但随后，一次偶然的机会，敏锐的雷金纳德·霍尔（Reginald Hall）上将得知了这些文件的存在及其被缴获时的状况。霍尔当时是英国海军情报部门的战时指挥官，负责破解敌人的密码。他凭直觉立即下令，要求把瓦斯穆斯的所有东西都拿来给他。他迅速地搜索了一遍，找到了想要的东西——德国战时外交密码本。

这是一次令人震惊的意外收获，这也解释了为什么瓦斯穆斯在丢了行李后会如此焦急地想拿回来。但是，霍尔的发现在几个月之后才开始凸显其价值。与此同时，一个戏剧性的新发展将穆斯林世界的忠诚一分为二，最终使柏林或君士坦丁堡仍可能抱有的希望——用伊斯兰的愤怒来对抗协约国——化为了泡影。

1916 年 6 月 10 日，麦加大谢里夫——伊斯兰教圣地的守卫者——把步枪伸出了他的宫殿的窗户，向对面的土耳其兵营开了一枪。这是期待已久的信号，表明阿拉伯人反抗苏丹统治的起义已经爆发了。

15

潮流转向

阿拉伯起义就这样充满希望地开始了，其目的是结束土耳其人长达400年的占领。麦加大谢里夫、埃米尔侯赛因（Hussain）是穆罕默德的直系后裔，在他原本的秘密计划中，起义应于1916年8月发动。但他最终却不得不将起义提前两个月，因为他担心风声业已泄露。他还担心土耳其人因为自己拒绝圣战并与英国人密谋反叛苏丹，正打算将他废黜。因为，有消息称，当时有一支强大的土耳其纵队跟一支强大的德国特派团正在向南朝麦加进发。土耳其人已经绞死了数十名被怀疑密谋反叛的阿拉伯民族主义者。除了担心侯赛因自身的安全之外，英国人相信，土德军队可能会威胁他们在亚丁湾的重要装煤港，同时也会与驻东非的德国军队建立战略联系，英国人曾与那里的德国军队进行过激烈的斗争。

侯赛因最初告诉英国人，他相信大约会有10万名阿拉伯士兵——几乎占苏丹前线部队的三分之一——在听到起义的消息后会撤离，然后归于他的麾下。然而，尽管侯赛因缺乏训练的非正规部队成功占领了麦加，但土耳其人仍然牢牢地据守着麦地那这座重要的城市，拒绝投降。现在人们开始担心，麦地那的土耳其守备部队有充足食物和弹药，他们可能会在周围的阿拉伯军队中杀出一条路，占领麦加，绞死大谢里夫。虽然阿拉伯人是优秀的游击战士，但他们害怕遭到空中轰炸或炮击。几个星期后，阿拉伯起义看起来几近溃败了。英国人意识到，如果想要挽救局面，就必须在战后承诺以及道义支持之外，给予侯赛因更多的支持。

值此之际，几位精心挑选出来的英国军官——包括 T.E. 劳伦斯，他后来写了那本令人陶醉的《智慧七柱》（*Seven Pillars of Wisdom*），使得阿拉伯起义和他自己永垂不朽——被开罗的军事情报机构调往了埃米尔侯赛因的军队。因为英国人意识到，如果要对土耳其人造成严重威胁，那么起义最迫切需要的是熟练的领导、专业的建议以及与开罗总司令部定期的联系。当务之急是防止土耳其人通过汉志铁路（Hejaz Railway）向被围困的麦地那输送更多的部队、大炮和其他物资。这条铁路是 8 年前在德国的监督下建成的。它的最初目的是将虔诚的穆斯林朝圣者运送到圣地麦加和麦地那。当然，这同时也是为了满足土耳其的战略需要。就这点而言，这条铁路现在正在发挥它的价值。阿拉伯人因为没有现代炸药，也不知道如何使用这些炸药，只能袭击过往的火车，打了就跑，而这些火车则载有众多机枪和步兵护卫。

劳伦斯和他的同事们很快弥补了这些不足，他们炸毁土耳其的火车、桥梁和火车站，并教授阿拉伯人这项新技术。与此同时，皇家海军把埃及穆斯林炮手（英国人作为异教徒不能太靠近圣地）送到了红海海岸，而军舰的枪炮也加入了对土耳其阵地的轰炸。后来，英国飞机也被用来扫射敌人及其补给线。英国军官与阿拉伯军队和开罗之间的联系是通过皇家海军完成的。在这些帮助下，阿拉伯起义渐渐地再次开始走向高潮，其势头沿着通往亚喀巴的朝圣者铁路一路向北延伸，最终到达大马士革。然而，并不是所有人都赞成英国去支持阿拉伯起义。主要的反对者是伦敦和德里印度事务部的官员。他们试图争辩（不过白费力气）说，这样积极支持反抗土耳其人的起义，如果成功了，可能会激起印度穆斯林和印度教徒类似的情绪，反抗英国的统治。英国人现在所冒险要实现的，正是柏林和君士坦丁堡的圣战战略家未能实现的。

然而，如果阿拉伯人认为自己是在为独立而战，那么他们之后必定会大吃一惊。因为我们知道，协约国之间已经秘密商定，一旦土耳其战败，奥斯曼帝国的领土将如何进行瓜分。君士坦丁堡将归俄国人所有，而最称心如意的阿拉伯土地将由英国和法国这两个主要胜利国瓜分。英国人将得到美索不达米亚的大部分地区——包括巴格达和巴士拉——以及外约旦和巴勒斯坦的北部地区，而叙利亚、黎巴嫩、西里西亚和摩苏尔则会直接或间接地划分给法国人。不可否认的是，协议中含糊地提到过要建立“一个独立的阿拉伯国家或阿拉伯国家联盟”。然而，协议不但没有阐释清楚这个国家应该拥有哪些领土，甚至还将其本身也划分到了英法两国的势力范围内。这还不是全部。不久之后，出于战时的权宜之计，协约上又增添了一条关于战利品分配的承诺。由于渴望得到美国的犹太资金、科学技术以及政治支持，英国外交大臣亚瑟·贝尔福（Arthur Balfour）在写给英国犹太复国主义领袖罗斯柴尔德（Rothschild）勋爵的信中表示，如果“现存的非犹太群体”的权利，也就是阿拉伯人的权利，能得到保障，那么英国政府将支持战后在巴勒斯坦建立一个犹太民族家园。当然，阿拉伯起义的领袖们并不知情，他们相信英国驻埃及高级专员亨利·麦克马洪（Henry MacMahon）爵士，认为他已经代表协约国向他们做出了承诺，报答他们支持英国人的事业而非君士坦丁堡发动的圣战。

然而，不久之后，整个世界都知道，这些相互冲突的承诺会自食其果，其带来的血腥和痛苦的后果至今令人难忘。其真相揭露于布尔什维克夺取俄国政权之后。布尔什维克翻阅了沙皇的外交档案，并在无意中发现了协约国之间的一些秘密条约，其中就包括英法分割阿拉伯土地的计划。他们立即公布了这些文件，否定了沙皇政府缔结的那些条约，这使得协约国极其难堪。土耳其人抓住了英国和法国背信弃义的证据，在阿拉伯人面前大肆宣扬。但是那时，一切都太迟了，因为胜利的阿拉伯人骑行在艾伦比（Allenby）将军的右翼，正在前往大马士革的路上，他们梦想着把大马士革变成自己的新首都。阿拉伯起义的故事以及它在战后并不愉快的结局是众所周知的，它与本文主旨无关，就不在这里重述了。我们更关心的是此时在东方发生的同样重大的事件，而不是发生在君士坦丁堡南方的事情。因为在阿拉伯起义爆发不到一个月后，土耳其人和德国人就错过了在亚洲发动圣战的最大也是最后一次机会。

在尼德迈尔和亨提格的特派团离开喀布尔回国两个月后，中亚突然爆发了一系列反抗俄国统治的地方起义。在接下来的 6 个月里，俄国人流的血比上个世纪征服该地区时所流的血还要多。尽管有报道称毛拉们呼吁发动一场圣战，也有传言说土耳其间谍在穆斯林民众中活动，但是起义似乎是自发的，起因是某种特定的恐惧和不满。但是，如果德国人知道俄国的突厥斯坦（就在北方 400 英里的地方）正在酝酿的事情，他们肯定已经赶到那里试图挑起大局了，而不是闷闷不乐地回国。因为这可能正是他们未能在阿富汗点燃的火花。如果有适当的引导，这火花可能会被煽动成一场大火，席卷亚洲大部分穆斯林地区。事实上，当动乱的消息跨过奥克苏斯河开始传到喀布尔时，他们已经远去了，因此没能听到这个消息。

造成动乱的直接原因是征兵这个高度敏感的问题。此前，中亚的土著居民一直免服兵役。但是 1916 年初，由于俄国军队在东线和土耳其遭受了严重的伤亡，俄国决定征用穆斯林当劳工（而不是当士兵），来建造防御工事，从而免除俄国士兵的非战斗任务。当时俄国有一种观点说，沙皇的欧洲臣民正在用鲜血保护那些没有被要求为国家做出任何牺牲的人。因此，要求穆斯林当劳工是正当的。

圣彼得堡认为明智的做法是，不采用通常的按年龄段征募的方式，以免当地穆斯林担心会被召上战场战斗，而且中亚地区人们也没有出生记录。相反，他们同意对每个城镇和村庄实行配额制度，由毛拉和长老来选择自己认为合适的人。俄国当局认为，这样就可以避免麻烦，并从 300 多万的非俄罗斯民族人口中抽调出 25 万人的劳动力。因此，当局在每个地区都任命当地穆斯林官员组成小型征募队编制符合条件的人员名单，同时制定好了每个城镇和村庄必须完成的配额。

然而，这些配额并不仅仅是基于人口数量制定的。在整个制定的过程中，有一项重要的考虑就是突厥斯坦大片棉花作物的收割事宜，这对当地经济和战争都至关重要。为了避免影响到棉花的收割，当局决定通过增加非棉花产区的应征人数，以减轻产棉地区的负担。但是尽管如此，对许多小农户来说，在收获季节哪怕只是少一个儿子或者一个工人，结果也可能是灾难性的，尤其是因为政府将棉花的价格人为冻结在低点，而食品价格却飙升至失控的水平。然而，这并不是唯一一个让被征召者家庭产生怨恨的原因。有一则消息迅速四处传播，说富裕家庭可以通过贿赂那些负责制定征召名单的人，让自己的儿子得以免除义务。事实上，随后的调查显示，这种不正当行为确实大面积发生了。人们还普遍担心，这些年轻的入伍兵一离开自己的城镇和村庄，就会马上被派上战场作战。这种担忧某种程度上可以归咎于把俄语的军事术语翻译成当地突厥语时出现了问题，疯狂的谣言开始四处传播，说这些被征召者在没接受任何军事训练的情况下就被当作士兵派往了前线，或在战场上冒着敌人的炮火挖战壕。

官方第一次宣布征兵计划时，穆斯林们默默地接受了。然而，俄国官员很快就察觉到，人们的不安和敌意与日俱增。塔什干的一名俄国上校报告说，他听到了传言，7 月 18 日的宗教节日期间，当地穆斯林将发动一次起义。甚至一些穆斯林家庭也开始感到紧张。他回忆说："塔什干和撒马尔罕那些富裕的当地人开始把他们的家人从城里转移走，把他们最值钱的东西藏起来。"俄国当局还得到消息说，秘密的本土使者已经被派往南方，前往阿富汗，去那里寻求同宗教人士的帮助。在当时的秘密警察报告中，有很多隐晦地提到了外部煽动者，他们在沙皇的穆斯林臣民中散布异议。俄国人对外国干涉中亚的恐惧由来已久，他们从大博弈时代就开始恐惧英国人，接着又在 19 世纪 90 年代提防君士坦丁堡引发的泛突厥浪潮。然而，柏林和君士坦丁堡制作的圣战传单有一些很有可能已经传到了奥克苏斯河的对岸。俄国截获了一份这样的传单，传单宣称："是时候让我们摆脱异教徒的统治了。哈里发有着强大的盟友。这是真主派来给穆斯林自由的，所以那些不加入的人就是真主的敌人。如果现在不使用武力对付异教徒，那么我们将永远得不到自由。"

第一起动乱出现在 7 月 4 日。当时，在撒马尔罕以东的一个城镇，一群愤怒的暴民用石头袭击了一所警察局，试图夺取里面的武器。守卫打死打伤了 30 名暴徒，才最终将他们赶走。但是，随着消息迅速地在撒马尔罕地区的村庄之间散播着，暴力事件也变得越来越严重，越来越频繁。受害者包括许多负责征召登记的当地官员，他们要么被谋杀，要么逃命去了，他们的家园则被烧毁了。突厥斯坦的其他地区现在也开始发生类似的暴乱，那些地区的暴民再次把仇恨指向那些执行了俄国命令的官员。在某些城镇，人们呼吁发动一场圣战 。

孤立无助的俄国人群体现在受到了严重的威胁，因为他们的男人大多数都已经参战去了。为此，塔什干当局——该地区的军事和行政总部——立即将整个突厥斯坦置于戒严状态。哥萨克部队被紧急派往主要的动乱地区，受命在起义演变成全面革命或圣战之前将其镇压下去。叛乱分子为了阻挠哥萨克部队的到达，拆毁了铁路线，切断了连接塔什干的电报线。但是他们只有原始的武器装备，缺乏正规的领导和整体的行动计划，根本不是那些冷血的哥萨克部队的对手。如果尼德迈尔和亨提格把他们的精力放在突厥斯坦而不是阿富汗，那么这可能会是一个完全不同的故事。结果，在所有的主要人口聚集地区，穆斯林的抵抗很快就被残忍地镇压下去了。

然而，俄国人却不满足于此，他们现在已经杀红了眼，决心要给那些忘恩负义的穆斯林一个永生难忘的教训。有一名穆斯林成功逃脱了哥萨克部队的复仇狂欢，他后来对苏联的一个调查小组说："俄国指挥官命令他的士兵开火和放火。他们袭击了村庄，见人就开枪，强奸了妇女，还犯下了其他暴行。他们放火烧了我们的房子和庄稼，还带走了收割好的粮食。"8 月 20 日，突厥斯坦的总督视察了一些动乱最严重的地区。他把毛拉和长老们召集过来，对他们说："你们都应该被绞死，但是我们饶了你们的命，这样你们就可以成为别人的榜样。"穆斯林现在意识到，对这次征兵的再多抵制也终将徒劳，只能顺从地接受了，不过俄国人同意推迟执行，直到棉花都收割完毕。最终，在 9 月 18 日，第一批年轻的应征者坐上了火车，离开了塔什干前往俄国的欧洲地区。在接下来的一个多月里，还有 36 辆这样的火车将要发出。

然而，在沙皇的中亚地区那些较为偏远的地方，动乱还远未结束。在俄国北部和东部那些遥远的地区，主体族群是游牧民族哈萨克族（Kazakhs）和吉尔吉斯族（Kirghiz）。当消息传来时，他们也和其他地方一样开始发动起义。但是，因为附近没什么军队能够对付他们，他们的起义持续时间更长，而且更加暴力。在塔什干和其他要塞城镇能派出援军之前，当地的俄国居民不得不组织自己的民兵团。这些来自欧洲的农民有着顽强的开拓血统，把这次动乱看作是天赐之物——一个把穆斯林赶出这片他们已经拥有了几百年的农耕土地的机会。在装备精良、组织严密的俄国人的袭击下，成千上万的哈萨克人和吉尔吉斯族人被迫逃命去了，他们抛弃了牲畜，有的人甚至抛弃了孩子和老人。但在其他某些地方，俄国移民们却遭遇惨败，幸运的人逃到附近城镇相对安全的地方，丢下了被烧毁的农场。

到 8 月中旬，在平息了更为重要的地区后，俄国的第一批援军开始抵达哈萨克和吉尔吉斯地区，他们决心要惩罚那些暴动的部落成员。俄国长期以来的殖民哲学是"你打他们越狠，他们安分守已的时间就越长"，因此又一场大屠杀开始了。到 12 月底，最后一丝抵抗都已经被残酷地扑灭了，现在哈萨克人和吉尔吉斯人跟其他地区一样温顺地接受了征兵。在整个突厥斯坦地区，总共有近 4000 名俄国平民外加约 200 名士兵和官员丧生。此外，估计有 9000 个俄国农场被毁。至于有多少穆斯林丧失生命，人们永远也不会知道，不过据说有数万之多。大批哈萨克人和吉尔吉斯人越过山脉，进入了中国，试图逃离流血冲突。这让统计罹难人数变得更加困难。他们中有许多人在途中因饥寒而死亡，而当他们返程回乡时，又死了一批。一位苏联专家估计，在战争年代，俄国在中亚的穆斯林人口减少了一百万，主要就归咎于 1916 年发生的那些事件。

虽然起义给穆斯林人民带来了巨大的痛苦，但是圣彼得堡当局决心惩罚那些他们认为是罪魁祸首的人。在接下来的一系列审判中。总共有 300 多名穆斯林被判处死刑，还有数倍于此的人被判处监禁或流放。然而，俄国人最终只将 50 人执行了死刑，其余都改为了无期徒刑。他们还减免了许多其他的刑罚。这么做主要是因为他们担心在穆斯林中塑造起殉道者的形象，而且他们也开始想化解两个族群之间的恩怨。至于那些腐败的官员，包括俄国的官员，都受到了惩罚。当局还出台了更公平的新法律。为了缓解目前严重的粮食短缺，当局从俄国其他地区用火车运来了大量低价的粮食。后来苏联学者试图用马克思主义的术语，来解释 1916 年起义的真正原因。他们是反俄国的，还是仅仅是反沙皇的？穆斯林领袖们是真正的进步分子，试图摆脱殖民的枷锁，还是只是纯粹的封建宗教反动派，为了自己的利益而追求权力？是否有外来者——土耳其人、德国人或其他帝国主义者——参与其中？根据莫斯科目前对殖民主义的意识形态路线，答案经常发生变化。

在起义被镇压之后的一段时间里，中亚地区一直都很安分，不过时间并不是很长。在不到一年的时间里，俄国革命爆发了，中亚陷入了更加血腥的事件之中，但我们将在适当的时候再说这件事。与此同时，虽然西方战场还继续陷在僵局之中，但是其他地区，战争局势却开始变得有利于协约国起来。

自去年4月份汤森德将军在库特耻辱地向土耳其人投降后，驻美索不达米亚的英国军队就开始一直在悄悄地准备他们的复仇计划。这一次，他们费了很大的力气，以确保不会再犯同样的致命错误，让士兵们像汤森德的手下一样任由土耳其人宰割。1916年12月，英国人准备再次向底格里斯河上游的库特和巴格达进发，这次的军队比不幸的汤森德率领的强大得多，光人数就有15万之众，数倍于汤森德所率。但同样重要的是，这支军队的指挥官不是一名只有印度边境作战经验的军人，而是英国军队里最优秀的名将——斯坦利·莫德（Stanley Maude）爵士，他在苏丹、布尔战争、加里波利和西部前线的行动中战绩斐然。英国战时内阁知道，对于英国人和土耳其人来说，这场战役的结果事关重大。埃尔斯伦在落入俄国人之手之前，许多人都从未听说过它，但是几乎所有人都知道巴格达，这是《一千零一夜》（*Thousand and One Nights*）里面的一座充满传奇色彩的城市。奥斯曼帝国统治了这座城市近4个世纪，如果可以从土耳其人手中夺取这座城市，那么这将极大地恢复英国在东方的威望，同时也会沉重打击到仍然沉浸在加里波利和库特的胜利中的敌人。

但是，除了有心理价值之外，占领巴格达对协约国还有着非常重要的战略意义。占领巴格达之后，莫德的军队就能够与当时在波斯西北部的俄国部队会合。协约国在控制了巴格达后，就可以立即彻底地封锁住通往波斯、阿富汗、印度和俄国的中亚的路线。这将使得印度的军队可以被调遣到其他地区。莫德正向底格里斯河上游推进，而俄国部队则从西方逼近。但是，如果俄国部队要参与占领巴格达的行动，那就需要与莫德保持密切的联络。这并不容易，因为所有的信息都必须要兜一个大圈才能送达——从莫德的角度来说，信息必须先送到伦敦，然后到圣彼得堡，最后经过俄国和高加索地区，才能到达波斯。俄国国内紧张感日益增长，业已处于革命的边缘，武装部队的士气也因此日显低迷。《曼彻斯特卫报》的菲利普·普赖斯报道说："1916 年的秋冬，黑暗的力量正在加强对俄国的控制……统治者和被统治者之间的隔阂日益扩大，唯一的问题是大爆发何时来临？"

然而，当莫德将军开始向底格里斯河挺进时，他却对此知之甚少。起初，尽管他的军队人数比土耳其人多出近 4 倍，但是进军却缓慢异常。敌人指挥有力，英军在每一步都遭遇了强烈的抵抗。每个士兵都知道，顽强的土耳其步兵在防卫方面非常了不起，他们掘壕固守，阵地的准备十分充足——事实上，在接下来的 3 个月里，英军一直试图将土耳其人驱赶出去，最后获得了不少于 4 枚维多利亚十字勋章。但渐渐地，莫德的高超战术和人数优势开始显现出来，1917 年 2 月 24 日，空中侦察显示，土耳其人已经开始从库特撤退。但即便如此，他们的后卫仍在激烈地战斗着，因此，在英国人进入城镇之前，大部分土耳其士兵都能够顺利逃走。汤森德库特投降之辱，现在终于报仇雪恨了。但是，战时内阁担心再次重演进军巴格达的厄运，担心莫德可能会同样落入陷阱，于是，对是否让莫德继续追击犹豫不决。莫德一再保证，他现在面对的敌人已经溃不成军了，他们这才最终同意让莫德继续推进。

莫德的自信很快得到了证实。3 月 10 日，也就是从库特向北进军 6 天之后，英军在前沿阵地观察到巴格达上空出现了一种奇怪的红色光芒。他们很快就弄明白了，土耳其人正在系统地摧毁一切具有军事价值的东西，就像汤森德在库特所做的一样。土耳其的军队已经遭到严重的打击，他们寡不敌众，武器不足。为了不让自己的军队覆灭，土耳其指挥官决定放弃巴格达。值此之际，这名指挥官却遇到了意想不到的好运。正当莫德的部队已经推进到离城市郊区不到 3 英里的地方时，一场令人窒息的沙尘暴却突然阻止了他们的脚步，彻底摧毁了原定的计划。在这个充满东方神话故事的城市里，这一切就仿佛有一个精灵被从瓶子里释放出来了，它把守军们偷偷地带走了。

关于这场战役，英国官方历史称："整支底格里斯河部队一直热切期望到达巴格达。在过去的几天里，巴格达就在眼前，士兵们都渴望成为首批进城的人，有好几次，长官都不得不抑制他们的热情。"现在他们的机会到了。3 月 11 日清晨，苏格兰高地警卫团(Black Watch)的士兵占领了火车站——仍未竣工的"柏林－巴格达铁路"的终点站——并报告说该城市好像已经是个空城了。其他部队很快就证实了这一点，到了中午的时候，英国的国旗就在堡垒上空飘扬了，一位军官乘小艇穿过底格里斯河，把这面旗升了上去。根据官方的英国战争历史学家的说法，这是巴格达在其漫长血腥的历史中，第 30 次被征服了。因此，莫德将军跟尼布甲尼撒（Nebuchadnezzar）、亚历山大大帝、塞勒斯（Cyrus）和《天方夜谭》（*Arabian Nights*）里 8 世纪的英雄哈伦·拉希德（Harun-al-Rashid）齐名了。

占领巴格达对英国人来说，是一场巨大的胜利，国内早已厌战的民众为之一振。然而，对于这些早闻巴格达异域风情和浪漫名声的士兵而言，这却是一件令人失望的事情。官方的历史称：“这座城市坐落在棕榈和橙树林之间，从远处看，尤其是在清晨或傍晚的阳光下，蓝色和金色的圆顶和尖塔闪烁着微光，河流远方的景色秀丽，呈现出一幅美丽的画面。”然而，走近一看，这些想法就都会消失。人与动物的腐烂尸体随处可见，几百条饿得半死的病狗在街道上跑来跑去。在破旧的泥砖房屋之间迷宫般的狭窄小巷里，到处都堆满了散发着恶臭的垃圾。集市上的店铺都关门了，空荡荡的，土耳其人一走，大批阿拉伯人和库尔德人就把店铺洗劫一空了。许多建筑也着火了，堡垒的一些地方也是这样。用于与柏林直接通信的强大的德国新无线电站在巴格达陷落前不久被炸毁了。

但是，如果说现实让莫德的士兵感到失望，那么莫德本人则更加失望。他曾希望，在他的军队和俄国军队的夹击下，可以一举消灭逃跑的土耳其人。然而，他既看不见俄国军队的踪影，也没有他们的消息。土耳其人已经一路向北，逃向摩苏尔了，毫无疑问他们会在那里重新集结起来。如果他们像预想的那样被消灭了，那么他们就不会再对巴格达构成威胁了。这样英国就可以把莫德的主力部队部署到其他地方，从而加快结束这场战争。结果，莫德不得不告知伦敦，他必须保留自己的全部力量，这样才可以向北追击这些土耳其人，以免他们带着增援再次试图夺回这座城市。

巴格达被奥斯曼占领了那么多年，其沦陷沉重地打击了恩维尔因加里波利和库特之胜而极度膨胀的自尊心。当听到巴格达投降的消息时，恩维尔就立刻下令，要不惜一切代价重新夺回这座城市。为了实现这一目标，他开始集结起一支庞大的军队。其实，其他地方也需要这支军队。对德国人来说，英军占领巴格达，也给他们的计划带来了沉重的打击。德国总参谋长冯·兴登堡元帅在他的战争回忆录中承认，失去巴格达“扼杀了德国的许多梦想”。“东进”在开始时是充满希望的。在战争的头两年里，德国和奥匈帝国控制了一大片走廊地区，使得他们得以直接与君士坦丁堡乃至奥斯曼帝国更远的地方相连。他们占领了包括波兰、塞尔维亚和罗马尼亚的大部分地区。至于保加利亚，也就是迄今为止一直缺失的一环，则已决定加入他们的阵营。

柏林至巴格达的铁路贯穿了这条伟大的战略走廊。它从西往东延伸两千英里，修建在英国海军的大炮射程范围之外。在全世界的眼中，这项伟大的工程已经成为德皇在东方野心的象征，是他实现抱负的主要工具。事实上，在巴格达陷落的时候，这条铁路几乎要修建完毕了，只需要炸穿土耳其东南部的山脉，再修建一些隧道即可完工。因此，巴格达陷落这个消息对德皇的自尊心和希望造成了毁灭性的打击。因为，这条铁路煊赫一时的终点站在整个世界面前已经落入了一个强国的手中，而摧毁这个强国对东方的垄断正是修建这条铁路的目的所在。但是，在春天到来之前，更糟糕的消息接踵而至。

此时，协约国已经开始意识到，就目前情况而言，他们不可能指望彻底赢得这场战争的胜利。由于西方战场出现了血腥的僵局，他们最终将被迫进行和平谈判，而这可能只会为德国提供一个急需的喘息空间。现在只有一件事能够真正使天平向协约国倾斜，那就是拥有庞大的人力、财富和其他资源的美利坚合众国参与到战争中。但到目前为止，威尔逊总统和美国人民都没有表现出任何作战意愿，尽管他们乐于为英国及其盟友提供军火和食品。1915 年 2 月，德国为了切断这条横跨大西洋的生命线，决定对协约国的商船发动全面的潜艇攻击。那年5月，英国“卢西塔尼亚”号客轮被击沉，1198人丧生，其中包括114名美国人。威尔逊愤怒万分，德国人勉强表达了歉意并同意对遇难者家属进行赔偿。柏林方面还承诺：“只要这些客轮不试图逃跑或进行抵抗，德军就不会在没有任何预警并确保非战斗人员生命安全的情况下将其击沉。”在此后的一段时间内，袭击变得更具有选择性，但还是继续有美国人丧命，而这又引发了美国新一轮的警告，而德国则进一步作出承诺。

1917年初，德国人意识到，潜艇封锁并没有达到瘫痪美国与协约国之间贸易的预期效果，于是他们决定让潜艇战升级，将在协约国水域内发现的任何国籍的船只都当作目标，包括美国的船只。他们知道，这肯定会使美国卷入战争，但是他们寄希望于，这种举动在可能产生任何影响之前，就能破坏协约国的战争能力。德国外交部长齐默尔曼宣称：“只要给我们两个月的时间开展无限制潜艇战，我们就会结束这场战争，并在三个月内实现和平。”然而，他还准备了另一则妙计，以防自己估计错误。那就是拖延美国的任何干预，使得他的潜艇恐怖活动能够继续下去。一旦美国宣战，他必定会让华盛顿在自家门口就面临重大的危机。

1917年1月16日，在德国宣布发动全面潜艇战前不久，齐默尔曼通过德国驻华盛顿和墨西哥的大使，向墨西哥总统发送了一份绝密的电报，邀请他在美国宣战的情况下，加入德国的阵营。墨西哥和美国长期不和，自1914年以来，因墨西哥要求美国归还在上个世纪中叶占领的得克萨斯、新墨西哥和亚利桑那，美国曾两次对墨西哥采取惩罚性行动。如果墨西哥人同意加入德国的阵营参战，齐默尔曼承诺，在战后的和平协议中，将帮他们收复失地。

这份电报还请求墨西哥协助他们尝试诱使当时是协约国成员的日本改变立场，在太平洋袭击美国。

这份电报极其重要，德国人从3条不同的线路将其发送，因为战时通信经常受到干扰，而德国自己的跨大西洋线路已经被切断。肆无忌惮的齐默尔曼决定，使用美国国务院的专用线路作为其中一条线路，这是美国国务院授予他的权利，目的是加速威尔逊总统的促和努力。这份电报是用密码写的，而美国人当时既不破译密码，也不阅读其他政府的外交信函，因此，华盛顿对这份电报的邪恶内容一无所知。然而，齐默尔曼并没有料想到，在这方面英国情报机构比美国人要谨慎得多。

齐默尔曼只是急切地想要尽快向墨西哥人传达他的信息，但是他万万没想到，从驻柏林的美国大使馆发出的电报是要先通过陆路到哥本哈根，再从英国通过跨大西洋海底电缆到达美国的。因此，他完全不知道——其实英国政府也不知道——这条路线所发出的所有通信都会经过海军上将霍尔的海军情报人员之手。读者应该还记得，霍尔在翻查缴获的瓦斯穆斯行李时，已经拿到了绝密的德国外交密码。他还发现，德国人似乎不知道密码已被泄露，他们仍在使用这些密码。瓦斯穆斯显然没有警告柏林密码本已经丢失，他为什么这样做很令人费解，不过也许他是害怕齐默尔曼愤怒，或者他相信英国人不会在他逃脱时丢弃的大量宣传材料中发现密码本。他当时确实费了很大的力气想找回他的行李，这让当时负责的英国人有点困惑，也使霍尔预感到行李里面可能有什么东西。

查阅截获的外交电报是高度敏感的，毫无疑问也是非法的，这个任务由所谓的“40号房”（Room 40）完成。这是一个专门设立的密码破译小组，由才华横溢但古怪的知识分子组成，隶属于霍尔的海军情报收集组织。据称，他们在破解被截获的无线电报方面有着非凡的技能，使得德国的所有奇袭都不可能成功。就在 1 月 17 日，也就是齐默尔曼发出电报的第二天，霍尔的两位密码学家就开始着手处理这份声名狼藉的电报了。其中一位是和平时期的牧师——威廉·蒙哥马利（William Montgomery），另一位是年轻的出版商——奈杰尔·德·格雷（Nigel de Grey）。虽然德国人对密码的些许改动给破解带来了困难，但他们还是靠着瓦斯穆斯的密码本，成功弄明白了电报的核心内容。他们意识到，自己眼前的文件有着重要的政治意义，就立即警告了霍尔。霍尔马上意识到，这是德国背信弃义的确凿证据，凭此可以将美国人拉进这场战争之中。齐默尔曼电报不仅揭露了德国企图将墨西哥和日本卷入战争的阴谋，还披露了德国决定用其潜艇对美国的船只发动一视同仁的攻击。总的来说，这是一个王炸，但也给霍尔带来了一个极其棘手的政治问题。

如果要在美国公众舆论中引发预期的效果，英国显然要给华盛顿出示证据，证实齐默尔曼的诡计。美国国务院可能会怀疑证据是伪造的，于是他们会想知道，英国人是如何获得这份最高机密的电报的，有这种疑问是很合情合理的。因此，要揭露这份电报，英国就得承认自己拦截了美国大使馆和国务院之间的通讯。甚至连霍尔自己的政府也不十分清楚“40 号房”具体是做什么的。不管电报的内容是怎么样的，一旦披露了电报是如何获取的，几乎可以肯定的是，华盛顿和伦敦之间会发生争吵。为了避免这种尴尬以及其对英美关系可能造成的危险，霍尔知道，他必须找到其他方法，再把电报的另一份副本弄到手，这样他就不必泄露自己的秘密了。

霍尔两星期来一直拿着那封电报，不跟任何人讲起它，同时他也在考虑如何解决眼下的困境，而他的密码破译人员则在苦苦思索那些迄今未能破译的片段。虽然威尔逊总统继续表示，希望美国能避免卷入这场战争，但是现在有一种明显的可能性，那就是美国可能会像协约国所希望的那样，在U型潜艇恐怖袭击之前就加入战争。如果那样的话，霍尔就没有必要再拿出他的电报了，或者至少不必解释他是如何获得这份电报的了。但是，就在全世界都等着看美国采取何种行动时，霍尔找到了解决问题的办法。谨慎的调查显示，德国驻华盛顿的大使最有可能通过正常的商业电报系统将齐默尔曼的加密电报转发给驻墨西哥城的德国大使。毕竟电报的内容已经高度加密了，而且美国和墨西哥都是中立国家。事实上，如果齐默尔曼想要自己的指示迅速得到执行，那么他真的没有其他更好的办法了。如果是这样的话，霍尔推断，一定有一份电报的副本存放于墨西哥城的中央电报局。像往常一样，霍尔的直觉是对的，英国大使通过正当或肮脏的手段把副本拿给了他。霍尔很高兴，因为这份电报用的是瓦斯穆斯的原始密码，而不是更复杂的新版本。这表明，德国驻华盛顿的大使知道，他在墨西哥的同事没有更新后的密码。这使得霍尔的密码破译人员，能够破译出那些迄今为止一直破解不出来的片段，同时霍尔也可以甩掉之前那个烫手山芋，将这份背信弃义的电报透露给战时内阁的首脑们。

与此同时，局势又有了两个新的进展。正如齐默尔曼在他的电报中所预测的，1 月 31 日，柏林向世界宣布，德国打算发动无差别的潜艇战，打击所有为协约国运送补给的美国和其他中立国的船只。因此，大量前往英国和其他地方的船只不确定要怎么做，只得在最近的港口寻求庇护，等待其政府或所有者的建议，再决定下一步的行动。显然，这样做虽然未能阻断英国及其协约国盟友急需物资的流动，但也起到了减缓的作用，而这正是德国人想要的。3 天后，威尔逊总统与德国断绝了外交关系，两国的大使也分别回国了。然而，仍然没有迹象表明，威尔逊准备加入这一场他和他的绝大多数美国同胞都不愿参加的战争。伦敦的战争内阁现在决定，只有一种方法可以迫使威尔逊出手，并让美国公众不再自鸣得意。那就是，私下向威尔逊总统展示霍尔将军掌握的证据，证明德国对美国背信弃义。

2 月 23 日，英国外交大臣亚瑟·贝尔福爵士请求美国大使到外交部与自己会见，因为他有一些非常重要的事情要相告。贝尔福后来说，将那封解密的电报递给美国人的那一刻是“我这辈子最激动的时刻”。这位大使被自己所读到的内容震撼到了，他相信了贝尔福关于其真实性的说法，并很快就向华盛顿的国务院发出警告，说他要把“一封非常重要的电报交给总统和国务卿”。接着这位大使就坐了下来，写了一封急件，描述英国情报部门如何从墨西哥城的情报来源获得了这封电报，以及他们是如何使用两年前从瓦斯穆斯那里获取的密码来破译电报内容的。他的急件和电报一到国务院，就马上被送到了白宫，交给了总统。英国人担心美国总统可能认为电报是伪造的或者是一场恶作剧，然后不予理会，但是他们不必担心。一个在场的人说，威尔逊在读这封电报的时候“非常愤怒”，因为这封电报清楚地表明，齐默尔曼在与他进行和平谈判的同时，一直在秘密策划着针对美国的阴谋。

为了可以宣称这是美国的情报行动（因为英国不希望德国人

知道，他们正在监视柏林的外交通信），美国人设法从墨西哥城电报局那里搞来了第二份电报副本。美国国务院的专家使用英国人借给他们的瓦斯穆斯的密码进行解密，得到了相同的文本。3月1日，美联社向全美各地的报纸发出了这封该死的电报。各大报纸都用头版头条讲述了整个故事，震惊了整个美国。《芝加哥每日论坛报》(*Chicago Daily Tribune*)宣称:《美国揭露战争阴谋》(*US BARES WAR PLOT*)。《波士顿日报》(*Boston Journal*)附和:《威尔逊证实了德国的战争阴谋》(*WILSON CONFIRMS GERMAN WAR PLOT*)。《纽约论坛报》(*New York Tribune*)报道称:《德国要求墨西哥寻求与日本结盟，对美国发动战争》(*GERMANY ASKS MEXICO TO SEEK ALLIANCE WITH JAPAN FOR WAR ON US*)。它还在副标题中补充称：齐默尔曼向墨西哥发出的信息揭露了令人震惊的阴谋——如果美国开战，就从边境发动袭击——回报是得克萨斯、新墨西哥和亚利桑那。国会面临战争要求。这一揭露引发轰动，对美国公众产生了深远的影响，他们现在已经开始认识到，与德国开战是不可避免的。

威尔逊命令进入战区的美国船只应该配备武器，然而他似乎仍在犹豫着。其后，德国U型潜艇击沉了5艘美国商船，造成包括妇女和儿童在内的美国人死亡，这时威尔逊才放弃了促和的所有希望。击败德国的决心取代了他所说的武装中立（armed neutrality）。4月6日，威尔逊总统确信，他得到了整个国家的支持，于是对德国宣战，不过他没有对土耳其宣战，因为美国与土耳其没有争端。

究竟是什么促使美国卷入战争，历史学家们就这个问题还没有达成一致意见，但是海军上将霍尔的情报人员对齐默尔曼电报的拦截、解码和发布，毫无疑问地起到了一个重要的、可能是决定性的作用。然而，如果没有瓦斯穆斯丢失的密码本，他们就不可能成功地发动这绝妙的一击。如果这样的话，齐默尔曼就可以保守他的秘密，而美国可能会在更久之后才参战，甚至可能久到协约国被迫进行和平谈判时都未参战。不过几乎可以肯定的是，瓦斯穆斯根本不会知道，他丢失的密码本给他的国家带来了什么损失，因为当这个密码本在事件中所扮演的角色被曝光时，他已经死了。然而，如果他有机会知道了此事，他这个德国扩张主义的极力拥护者将会震惊异常。因为可以说，正是因为他没能警告柏林这本密码本可能落入了英国人的手中，才间接地让德国付出了战争的代价。虽然美国向法国派遣军队还需要很长时间，但饱受战争之苦的协约国现在感到十分欣慰，因为美国这个充满活力的新强国——拥有庞大的人力和资源——站在了他们这一边。为此，他们又重新获得了信心。美国的军队和飞机最终抵达了法国，及时扭转了局势，击败了疲惫的德国军队。

但是在 1917 年春天，当美国人还在为是否要加入协约国阵营而烦恼时，俄国国内却发生了更加重大的事件。当时德国人和土耳其人几乎要放弃共同征服东方的梦想了，这些事件将给他们带来胜利的新希望。然而，在印度，正当英国人以为土耳其和德国的威胁已经结束时，这些不利的新事态又让英国人产生了新的恐惧。这场大博弈的故事还没结束，新的篇章即将翻开，这个新篇章注定要改变整个历史进程。

第三部

彻底垮台

“英帝国主义者试图用他们的宣传来证明，土耳其和德国军队在占领了外高加索之后，将穿越里海，进入突厥斯坦。在突厥斯坦，将有超过十万名德国和奥匈战俘加入他们，之后他们将进入阿富汗和印度。因此，对俄国的干预是对印度的必要保护。”

——利奥尼德·米特罗辛（Leonid Mitrokhin），《三次任务的失败》（*Failure of Three Missions*），莫斯科，1987 年

16

俄国大崩溃

1917 年 3 月的俄国大革命，逐渐瓦解了各地的沙皇军队。俄国退出了这场战争，无疑使土耳其军队免于在东方全军覆没。如果按照原计划，7 万多名俄国高加索士兵与莫德将军的 15 万名士兵在巴格达以北联合作战，早就可以一举消灭土耳其的军队了，后者当时已经被打得毫无招架之力、士气低落。结果，土耳其人得到了一个重要的喘息空间，他们重新集结起来了，奥斯曼帝国也因此拖到 18 个月后才终于崩溃。

然而，即便没有革命，土耳其东部残酷的冬季也一直在严重削弱着俄军的战斗力，在这期间，双方都不得不为了生存而放弃战斗。在裸露的山坡上，一批接一批的部队被冻死，到处都有人被冻伤或者被冻死。由于梯弗里斯和卡尔斯的补给线受破坏严重，一些地区的俄国士兵每天只能靠半磅面包维生，只能用驴、狗和猫的肉和骨头熬汤。斑疹伤寒等疾病也增加了伤亡人数。俄军士气也开始下降了，军队中流传着关于国内问题和欧洲东线战场的谣言，使得士气愈发低迷。3 月的第一个星期，粮食暴动引发了圣彼得堡的革命，沙皇尼古拉二世继而退位，据说有 100 多万人逃离部队。战争完全没有要结束的迹象，其可怕的需求让人们精疲力竭，而沙皇的独裁统治更是让人深恶痛绝。各个阶层的民众很快都到了忍无可忍的地步了。事实上，罗曼诺夫（Romanovs）家族统治了俄国3个多世纪，倒台后却几乎没有人为其哀悼。取而代之的是克伦斯基（Kerensky）的临时政府，它受到了绝大多数俄国人的欢迎，无论他们的阶级或政治信仰如何。

当革命的消息从圣彼得堡传出后，相较于其他地方，高加索的人们尤为振奋。3月15日，沙皇被推翻的消息传到了梯弗里斯，人们马上一片欢腾。据《曼彻斯特卫报》的菲利普·普赖斯报道，俄罗斯帝国的整个结构开始瓦解。“首先，警察从街上消失了；接着，政府机关关闭了；随后，一群革命者和学生逮捕了所有剩余的宪兵。他们还占领了秘密警察的处所，并在那里逮捕了负责人及其妻子。”3天后，人们在高加索的大广场上举行了一场群众大会以庆祝革命，并决定未来的去向。菲利普·普赖斯写道，这是“高加索地区历史上最伟大的日子之一”，人们都骑着马或坐着牛车从远处山上的村庄里赶来。参与者除了成千上万的格鲁吉亚人、亚美尼亚人和阿塞拜疆人之外，还有住在山上的野蛮的部落人——莱斯吉人（Lesgians）、阿瓦尔人（Avars）、车臣人（Chechens）和斯旺提人（Swanetians）——他们身披黑色的长斗篷，头上戴着羊皮帽子。几个世纪以来，他们一直生活在高加索的偏远地区，由自己的封建首领统治着。他们中有许多人不知道自己到底是俄国沙皇的臣民，还是土耳其苏丹的臣民。然而，为了证实听到的谣言，他们怀着好奇赶了数英里的山路过来。

梯弗里斯驻地的士兵以及骑马的军官都涌进了大广场，急切地想要庆祝这个消息，并决心发表自己的看法。接着，人们把那些刚从当地牢房里释放出来的政治犯举过肩膀。自从1905年的革命失败以来，这些政治犯中有许多人就一直被关押在牢房里。人们欢呼雀跃，城镇的几支乐队在欢呼声中演奏了3遍《马赛曲》。菲利普·普赖斯报道说："所有人都把头露了出来，山区部落的人摘下了蓬松的毛皮帽子，而俄国学生的长发在微风中飘动。"几天前还在唱《天佑沙皇》（*God Save the Tsar*）的士兵，现在向激动人心的革命赞歌举枪致敬。在那个星期天的下午，每一个向热切的人群发表演说的人都谈论着民主，每个人的心里都充满了和平的希望。所有人都在祈祷，希望俄国很快就能退出这场战争，这场战争已经让太多人失去了亲人。最后，这一历史性的会议在一片欢欣鼓舞中结束了，这在该地区血迹斑斑的历史上是前所未有的，古老的宿敌相互拥抱，并且发誓要永远友好。参加这次会议的群众，急忙返回自己的城镇、村庄和军营，带回了关于圣彼得堡发生的重大事件的最新消息，这些重大的事件正在整个伟大的俄罗斯帝国蔓延。

菲利普·普赖斯是格洛斯特郡的地主，战前曾在中亚地区游历过。战争爆发后，他先是在欧洲的东线，然后又在土耳其东部的高加索地区待了近两年。期间的种种所见所闻深深地影响了他。和当时许多思想开明的人一样，普赖斯同情俄国的人民大众，他亲眼看见了人民所遭受的苦难，"他们像绵羊一样被屠杀"。他乐意看到沙皇专制统治的结束以及革命的到来。他和其他许多人一样相信自己正在见证俄国的新曙光。他写道："涅瓦河两岸响起了枪声，穿过乌克兰平原回荡在哥萨克大草原上，跨过高加索雪峰回荡在亚美尼亚荒凉的高原上，越过里海回荡在突厥斯坦的沙漠和肥沃的绿洲上。人们终于看到了光明，并将自己从中世纪的黑暗中解放了出来。"不久之后，他离开了高加索，前往莫斯科和圣彼得堡，去报道那里惊人的事态发展。

考虑到高加索地区的革命动乱和不稳定，以及圣彼得堡的最高指挥部的状况，俄国人未能在美索不达米亚与莫德将军会师也就不足为奇了。俄国人在拿下了埃尔斯伦之后，就朝西向君士坦丁堡挺进了，虽然现在他们已经停了下来，但在土耳其东部，俄军仍在坚守阵地。事实上，克伦斯基的新政府乐观地向英国和法国保证，俄国将会继续参战，并忠实地履行协约国的义务。毕竟，俄国人已经得到了承诺，作为帮助打败土耳其的其中一个奖励，他们将得到君士坦丁堡，这是他们长期以来一直虎视眈眈的温水出海口。此外，菲利普·普赖斯看到，革命此时仍主要局限于后方的部队，尤其是梯弗里斯驻地。直到 1917 年 11 月布尔什维克革命发生后，土耳其东部前线的俄国军队才最终瓦解，士兵们赶回国内，以免回得太晚，得不到承诺的在土地再分配中应有的份额。

与此同时，在高加索地区，主要革命者和当地族群代表在梯弗里斯（格鲁吉亚的首都以及前沙皇的军事总部）举行了会晤。他们成立了一个临时政府，自称外高加索委员部（Transcaucasian Commissariat）。委员部由孟什维克党员、社会革命者和其他团体组成，但是没有布尔什维克党员。他们试图将高加索地区从全面的无政府状态和种族暴力中拯救出来。委员部的内阁有 12 人，分别是 3 名格鲁吉亚人、3 名亚美尼亚人、3 名阿塞拜疆人和 2 名俄国人，而主席则由一名格鲁吉亚人担任。每个人都有自己的分管职位，从战争到农业，从教育到供应。大多数人对克伦斯基政府感到十分满意，因为这个政府扫除了所有可恶的沙皇政权的残余。在布尔什维克于圣彼得堡夺权并宣称自己是俄国的合法统治者之后，这个新的外高加索委员部拒绝承认布尔什维克的权威。

在这样一个充满血腥和种族冲突的地区，能够使目的如此一致是一项了不起的成就。然而，在高加索地区，人们并没有普遍接受外高加索委员部的法令。在里海边的石油重镇巴库，富有魅力的斯捷潘·邵武勉（Stepan Shaumian）领导下的布尔什维克占据了上风。邵武勉是列宁的密友，也是一位资深革命家。巴库拒绝服从于梯弗里斯当局，并宣布效忠在圣彼得堡（又称彼得格勒，战争爆发后，当局为了消除德国的印迹，而将其改名）新成立的布尔什维克政权。除此之外，还有更深层次的内部分裂威胁到了梯弗里斯政府以及巴库政府（后者尤受其苦）。虽然格鲁吉亚人和亚美尼亚人作为古老的基督教民族是能够共生共存的，但是巴库和阿塞拜疆周围的穆斯林和亚美尼亚人却有着长期痛苦的相互敌对的历史，这曾经导致过频繁的屠杀和反屠杀。沙皇政府有时候并不反对这样的事情，因为他们发现，让这些极度动荡的民族互相残杀，他们就能更容易进行统治。

现在，随着高加索地区沙俄统治和土耳其东部俄国军队的瓦解，阿塞拜疆的穆斯林意识到他们的机会来了。虽然他们既没有武器，也没有组织从邵武勉以及他在巴库的布尔什维克同志那里夺取权力，但是他们可以确保大门对土耳其人敞开着。他们与土耳其人同宗教，族群也相近，对其始终抱有支持之意。如果有一支土耳其军队进入高加索，向巴库挺进，那么他们就会发现，迎接他们的是一支大约有 100 万士兵的第五纵队。此外，在更遥远的东方，在中亚，还有数百万穆斯林同样支持土耳其人。就像我们所看到的那样，在 1916 年，他们曾试图摆脱俄国的统治，不过失败了。就像他们的阿塞拜疆邻居一样，他们也很乐意欢迎一支土耳其军队的到来，因为后者承诺会将他们从异教徒的统治中解放出来，不管统治者是沙皇、布尔什维克、孟什维克还是社会革命党。

如果有这样一支土耳其军队挺进而来的话，那么邵武勉（亚美尼亚人）的生命就会受到威胁，就连他在巴库的布尔什维克同志也会在劫难逃。这种可能性也浇熄了许多亚美尼亚人的热情，他们中有很多都是新加入的逃离土耳其东部战争的难民。但亚美尼亚人并不是唯一应该担心的人。如果土耳其人，或者德国人，进军高加索，然后进入中亚，那么他们将对印度构成非常严重的威胁。即使只有少数土耳其或德国军官渗透进来，宣扬泛土耳其主义或圣战带来的令人兴奋的福音，也可能实现尼德迈尔、亨提格和瓦斯穆斯未能实现的目标，因为现在没有俄国军队来粉碎这一行动。一旦点燃了高加索或中亚，火焰就可能会穿过波斯和阿富汗，向南蔓延到印度。

英国人迟迟未能察觉到，那些过去一直由圣彼得堡掌控的地区内，现在正发生着什么事情。事实上，他们受蒙蔽了，误以为土耳其东部前线一切正常。圣彼得堡的一位高级官员向英国武官保证："俄国是一个泱泱大国，可以同时应付战争和革命。"结果，布尔什维克革命后，东方事态的发展速度让伦敦的战时内阁措手不及。随着俄国军队在土耳其东部瓦解，印度的防御突然出现了一个巨大且完全没有防备的缺口。伦敦已经开始接到报告，称穆斯林自由战士正在袭击从土耳其回国的俄国部队，并夺取他们的武器。

不久之后，协约国收到了一条令他们非常愤怒的消息，他们觉得，俄国人在背后捅了他们一刀。1917 年 12 月 3 日，德国和布尔什维克的谈判代表在被烧毁的波兰城市布列斯特 – 利托夫斯克（Brest- Litovsk）会面，试图在两国之间达成单独和平。双方都同样渴望看到俄国退出战争——布尔什维克党是因为他们认为这是帝国主义之间的一场敌对战争，他们希能望集中精力，沿着乌托邦的标准，建立一个新社会，而德国人则希望能够及时把大量的军队转移到西线，以便发动计划中的春季攻势。这是一次完全不同寻常的会面。历史学家约翰·惠勒-贝内特（John Wheeler-Bennett）写道："命运早已经注定，让有史以来最具有革命性的政权的代表与当时统治阶级中最保守的军事阶层的代表坐在同一张桌子上，让一个巴伐利亚贵族、一个金羊毛骑士和一个普鲁士少将与一群布尔什维克党领袖进行平等的谈判，后者最近才刚刚从流放中归来，或者从监牢里出来，身上的衣服还带有牢里的臭味。"

德国人向布尔什维克提出了苛刻的条件，要求波兰、乌克兰、波罗的海的省、芬兰和高加索地区投降，并要求俄国把占领的要塞卡尔斯及其周边地区全部归还给土耳其。布尔什维克的首席谈判代表是当时还鲜为人知的莱昂·托洛茨基。他巧妙地运用了辩论技巧，一直闪烁其词，把谈判拖延了长达 9 个星期，希望革命能蔓延到德国和奥匈帝国，从而使得俄国可以在没有任何损失的情况下，结束这场战争。但是，德国人对他迟迟不签署条约感到愤怒，于是他们开始继续进军，最终迫使列宁下令接受柏林的条款。不过后来，在德国战败后，这些条款都化为乌有了。然而，俄国退出战争的决定，同时也在伦敦和德里引起了巨大的反响。

土德军队从高加索地区的缺口涌入，这种噩梦般的可能性已经够糟糕了，但这并不是当时折磨着英国防务官员们的唯一一件事情。在散落在俄国中亚各地的战俘营中，有 4 万名体格健壮的德国和奥匈士兵，他们是在东欧被沙皇军队俘虏来的。那些看守他们的俄国士兵丢下了他们，现在他们自由了。他们就是一支潜在的军队，足以威胁整个印度。事实上，德里已经接到报告，称这些原战俘中的一些军官正试图将他们组织成一支战斗部队，准备与一支正行军穿过高加索地区缺口的土德先锋部队接头，或者如果他们能设法得到武器的话，就单独行动。俄国军队的瓦解带来了进一步的恐慌。“德国城市的街道一片漆黑。”鲁登道夫将军写道，他在德国的军事等级中仅次于兴登堡。飞机和潜艇的行动受到严格的限制。德国迫切需要石油。如果他们能得到巴库巨大的油田，那么形势就会发生变化。此外，在突厥斯坦里海以东的地区，有 20 万吨已收割的原棉，可以用来制造炸药和军服。德里和伦敦达成了一致，无论如何，都不能让这些重要的战争物资落入敌人的手中。

然而，派遣部队去填补那个缺口却是根本做不到的，因为英国已经抽调不出其他士兵了。而且就算还有士兵的话，也没有办法让他们及时赶到那里。距离最近的英国军队是在巴格达的莫德的部队，但是他们是不能调用的，因为那样的话，巴格达很容易就会被重新占领，而且如果这支军队想要赶到高加索缺口地区的话，他们首先要穿过 500 英里被土耳其控制的领土，并占领途中的摩苏尔。就算他们能做到这些，但他们怎么样才能得到补给呢？战时内阁可不想再冒险，使莫德的军队承担过多的任务，让库特那样的灾难再次发生。更糟糕的是，莫德将军本人突然罹患霍乱，3 天后就去世了。地点就在德国陆军元帅冯・德・戈尔茨 18 个月前死于斑疹伤寒的那座房子里。现在可不是匆忙采取任何危险的新行动的时候。然而，在仍有时间的情况下，必须堵上高加索地区的缺口。

战时内阁只能想到一种办法，可以实现这一目标，那就是说服当地居民组成民兵组织，保卫自己的家园。英国方面将向他们提供必要的资金、训练和支持。至于武器和弹药则只有从那些由土耳其东部撤离的俄国部队那里获取了。碰巧的是，英国刚好有几名军官在那里，能够组织这一切。他们是一支战时小特派团的成员，受命派驻位于梯弗里斯的沙皇高加索总部。革命结束后，他们继续留在了那里，试图说服俄国人继续抵抗土耳其人，同时也看到了周围迅速恶化的形势，焦虑万分。但是，由于特派团缺乏资金，负担不起民兵的经费，也买不起当地的武器，所以，这个提供资金并设法将其送至梯弗里斯的任务就落到了在近 600 英里外的驻德黑兰英国公使的身上。与此同时，伦敦和德里的参谋人员正在寻找其他方法来阻止预料之中的土德进军。

沙皇军队瓦解后，在印度外围防御系统中，并不只留下了这一个缺口。一旦俄国军队回国，俄国人控制下的“东波斯封锁线”北部区域就将门户大开，阿富汗将再次变得容易受到敌人的渗透。这个 300 英里宽的缺口必须得填补上，而要做到这一点，唯一的办法就是将负责英国封锁区域的巡逻队和哨站向北延伸到俄国的边境，但这也会使得封锁线变得更大更松散。德黑兰对英国进一步侵犯波斯主权提出了抗议，不过英国对此置之不理。“东波斯封锁线”关系重大，而波斯人仍是墙头草，英国人可不想冒险。

这支英国特派团在梯弗里斯的第一个任务，是要确定在高加索地区的众多种族和宗教团体中，谁最有可能顽强抵抗入侵者，因此值得协约国支持他们。在三个主要民族中，阿塞拜疆的穆斯林有着亲土耳其的倾向，显然是不值得信赖的。事实上，对他们应当加以监视。格鲁吉亚的基督教徒虽然对土耳其人怀有敌意，但是他们与德国人在19世纪早期就有着历史纽带，令人十分担忧。事实上，在战争爆发时，德国间谍已经渗透到格鲁吉亚，试图利用这些纽带，不过没有取得成功。此外，民族主义情绪强烈的格鲁吉亚人在经历了一个多世纪的沙皇统治后才重新获得了自由。他们会反抗任何威胁他们自由的人。因此，经判断，他们值得谨慎支持，尤其是在对抗土耳其人时。

很明显，最值得英国支持的是亚美尼亚基督教徒。他们的古老家园直接挡住了土耳其人向巴库挺进的道路，这给了他们一个反抗历史宿敌的有力理由。此外，他们当中有许多人曾在沙皇的军队中服役，有着足够的能力进行猛烈而坚定的战斗。这不仅是因为他们害怕土耳其人，而且圣彼得堡承诺，在战争胜利后，将允许他们在俄罗斯帝国里实现某种形式的独立。现在所有这样的希望都破灭了，但正如一位英国情报官员所言，亚美尼亚人"完全有理由战斗到底"，因为土耳其人认为亚美尼亚人与协约国站在同一阵营，因此很明显会对此进行报复。事实上，当俄国军队从埃尔斯伦附近的前线撤离时，亚美尼亚的非正规军代替了俄军，在战壕中誓死坚守阵地。他们还努力将其他地方的亚美尼亚部队转移到高加索地区。

如果土耳其获胜了，那么很明显，不幸的亚美尼亚人自然会失去一切，但如果协约国胜利了，那么他们会得到全部想要的。因为威尔逊总统和其他协约国领导人已经在竭力主张，战后让亚美尼亚人在土耳其东部建立一个独立的国家，作为对他们所受苦难的补偿，以及作为他们忠诚于协约国的回报。这一举动得到了英国人的大力支持，不过这并非没有英国自身利益的因素在里面。

因为当时，也就是在 1917 年 12 月，战时内阁根本不相信，停战就一定会使土耳其和德国打消在该地区的长期野心。在一份秘密的备忘录里，战时内阁敦促建立一个亚美尼亚国家，将其作为“阻止图兰主义运动发展的唯一屏障，以免运动从君士坦丁堡蔓延到中国，为德国提供比控制巴格达铁路对世界和平更为危险的武器”。虽然事后，战时内阁的这种恐惧被证明不过是近乎偏执的妄想，但这种噩梦其实从大博弈早期就开始困扰着英国。战时内阁当时的恐惧不过是这一噩梦的复活而已。

敌人正在敲击着高加索地区的大门。当地虽然成立了一个多民族的临时政府外高加索委员部，但是在梯弗里斯试图组织民众抵抗的英国特派团官员很快就发现自己陷入了种族对抗和猜忌的泥潭。他们所面临的问题复杂异常，超出了叙述的范围，任务的开展变得更加困难和危险。如果英国人向其中一方提供资金和其他援助，就会马上被视为与这一方结盟，从而威胁到这一方的其他对手。更糟糕的是，无论是在巴库还是在克里姆林宫的布尔什维克党人，很明显都会把英国或者协约国对高加索地区的任何干涉视为出于殖民主义野心的敌意行为，即使这完全是为了保卫通往印度的战略通道。事实上，战时内阁已经开始把布尔什维克看成纯粹的敌人，因为布尔什维克背信弃义，把协约国出卖给了德国人，使协约国陷入了困境。因此，保护印度的边界比与他们保持良好的关系更重要。此外，当时伦敦的分析人士认为，列宁的革命政府执政的时间不会比克伦斯基的更长。但是对于那些不得不与布尔什维克打交道的人来说，分析人士的观点并不能让他们感到轻松一点。

现在要有这样一个人，突然介入这个融合了不同民族、不同语言、不同宗教、不同志向、不同恐惧的沸腾大锅，在这个故事中，这个人注定要扮演一个不同寻常甚至匪夷所思的角色。他的任务十分艰巨，要将英国的黄金分给敌对的各方，同时还要试图与那些没得到黄金的各方保持良好的关系。在这个被仇恨、嫉妒和不信任撕裂的地区——今天同样如此——这似乎是自寻死路。但这个被选中的人却十分适合去做这件事。他就是已经 40 岁的埃涅阿斯·兰纳德·麦克唐纳（Aeneas Ranald MacDonell）少校，一名外交官出身的情报官员。

麦克唐纳曾在巴库居住过许多年。之后，他被任命在那里担任英国副领事，一当就是 7 年。因此，他对高加索地区的民族、政治、语言和风俗都非常熟悉。（要知道，仅在巴库，就有不少于 45 个不同的民族和种族。）他还与这个多语种地区的许多重要人物有着密切的关系。在接下来紧张的几个月里，这些知识和关系对他来说将至关重要。但是麦克唐纳还有另外一个身份，这也许使他比大多数人更容易掌握高加索部落事务的极端复杂性。那就是，他跟许多不得不与之打交道的当地官员及其他人一样都是高地人，而且他是苏格兰高地人的第 21 代世袭酋长，本身也是一名古代氏族的首领。

1917 年 12 月，英国外交部同意，授予麦克唐纳少校军衔，并把他调到英国驻梯弗里斯的军事特派团中，去执行“特殊任务”。这标志着麦克唐纳冒险的开始，在这次冒险中，他很幸运，得以死里逃生。

17

高加索的火药桶

麦克唐纳少校从巴库乘火车抵达了梯弗里斯，却发现这个外高加索首都正充斥着毫无根据且相互矛盾的谣言，人们都在猜测着梯弗里斯可能遭逢的命运。梯弗里斯受到西方的土耳其人的威胁、北方的德国人的威胁、内部的布尔什维克的威胁，前景看起来一片惨淡。外高加索委员部这个临时政府几乎没什么权力，民众自己也没有真正的意愿要抵抗。土耳其、德国和布尔什维克的特工们相当公开地在街上走动，几乎毫不掩饰自己效忠哪一方，因为他们相信没人有权逮捕他们。麦克唐纳回忆说："当地弥漫着一种极度黑暗的不确定气氛。欧洲前线传来的消息很少，而俄国传来的消息令人担忧且总是自相矛盾的。"即使英国的军事特派团对形势也只有最粗略的了解，他们收到的几封电报大多难以破译。麦克唐纳报告说："只有格鲁吉亚贵族，似乎对一切都有把握。他们确信自己很快就会被消灭，至于是被谁则无关紧要。但是，在有人出来消灭他们之前，他们打算好好享受一番，把剩下的钱都花得一干二净。似乎没有人在乎未来如何。"城里到处都是懒洋洋的士兵，在时尚的戈利文斯基景观区（Golivinsky Prospect）的咖啡馆、旅馆和夜总会里，穿着华丽军服的军官和黑眼睛的格鲁吉亚美女随处可见。麦克唐纳回忆道："只要还有醇酒和美女，格鲁吉亚人就心满意足了。”

英国特派团无法与伦敦及俄国其他地区取得联系，他们的唯一生命线是麦克唐纳从巴库出发时乘坐的那条铁路，因为巴库还可以与德黑兰保持一定的联系。但是就连这种联系也随着革命爆发及俄国高加索军队之瓦解，而遭到了严重的破坏。大部分机动车和铁路车辆都被逃亡的部队征用了，几乎没什么火车还在运行。麦克唐纳的这趟旅程足足用了 36 个小时，而通常 6 个小时就足够了。他是一名外交官，习惯了舒适地前往梯弗里斯，但那些日子现在已经一去不复返了。所有人只能顾好自己。结果，火车过于拥挤、危险重重，许多乘客被迫爬上了车厢顶，或者坐到了缓冲器上。麦克唐纳坐在自己的行李箱上，几乎动弹不得，他很庆幸能在一节行李车厢里找到了一个位置，车厢里还有其他大约 60 名乘客，其中有些家庭还带着小孩。除了火车停下来时，他们可以下车到铁轨上方便，其余时间他们唯一的卫生设施只有一个定期倒空的公用水桶。在即将到来的重大时刻里，麦克唐纳将需要了解这条长达 300 英里的铁路线的每一寸地方。因为这条铁路将被用来走私德黑兰拨过来的秘密资金，去资助那些仍在抵抗敌人的人。然而，如果要填补印度外部防御的缺口，英国就必须尽快决定如何以及向谁分发这笔资金。

为了避免卷入该地区激烈的内部纷争，英国决定让列比廷斯基（Lebidinsky）将军把这笔钱分发给他们选出来的人。列比廷斯基是俄国的军官，名义上还指挥着高加索的军队。麦克唐纳后来写道：“从一开始就清楚地知道，不能指望格鲁吉亚军队，他们的步兵大多是布尔什维克党人，而他们的骑兵则宣称只打算保卫自己的领土。”如我们所见，最值得支持的是亚美尼亚人，他们仍然坚守着埃尔斯伦和特拉比松附近的古老家园，顽强地抵抗着土耳其人。因此，通过列比廷斯基将军，他们被给予了 100 万卢布——据说是在高度机密的情况下。但是他们的主要对手格鲁吉亚人和阿塞拜疆人很快就听到了这笔款项的消息，他们非常愤怒。麦克唐纳把泄密归咎于“亚美尼亚人的大嘴巴……他们吹嘘说，英国特派团的主要任务是帮助他们”。为了安抚格鲁吉亚人和阿塞拜疆人，英国同意，如果他们与亚美尼亚人携手，坚守从土耳其到高加索的阵线，那么他们也能得到资金。

希望非常渺茫。有一些格鲁吉亚指挥官，一边乐呵呵地把钱装进自己的腰包，一边坚称自己仍然忠于协约国，而且信誓旦旦地向麦克唐纳说：“比起享受美酒、女人和歌曲，我更愿意去杀土耳其人。”然而，麦克唐纳回忆说，他们很快就证明了自己是“非常糟糕的士兵”。阿塞拜疆人则断然拒绝了英国的提议，并从前线撤回了他们剩余的部队。他们不愿与自己同宗教的同族表亲土耳其人交战，而且可能很快就会欣然接受土耳其人的帮助。他们的当务之急是保护自己的领土利益不受那些威胁他们的人的侵害。这首先指的是布尔什维克，他们认为布尔什维克只不过是披着新伪装的俄国殖民者。由“高加索列宁”斯捷潘·邵武勉领导的布尔什维克实际上已经控制了巴库，这可是阿塞拜疆心脏地带最大最富有的城市。更糟的是，邵武勉本身是亚美尼亚人，已经有令人担忧的迹象表明，在他的鼓动下，亚美尼亚民族主义者和布尔什维克党员已经在巴库达成和解，目的明显是合力对付阿塞拜疆人。

发生这种情况是可以理解的，因为阿塞拜疆人预料到今后会有麻烦，早就在迅速积累武器了。他们积累的武器大部分是通过强行解除回国的俄国军队的武装得来的。1918 年 1 月，他们对一辆往返于巴库和梯弗里斯的军列发动了血腥的伏击，杀死了 1000 名俄国士兵，并夺取了 1.5 万支步枪和大量弹药，布尔什维克和亚美尼亚人对此大吃一惊。正是这样的武器积累让阿塞拜疆人能够拒绝英国提出的无法接受的条件。总之，高加索地区的局势极其混乱，甚至可以说一触即发。几个星期之后，局势迅速恶化。

此时，麦克唐纳正坐着他所说的“我的小火车”，定期往返于巴库和梯弗里斯之间。这列火车有三节车厢——一节卧铺车厢，一节餐车，还有一节给他的官方护卫队。从巴库前往梯弗里斯时，他携带了大量卢布，以分发给亚美尼亚人和其他人。他把这些卢布巧妙地藏在镜子后面、通风口里面以及其他各种角落里。麦克唐纳不想让阿塞拜疆人知道他在干什么。这些钱大部分是要给他们的宿敌的，因此火车很可能会遭到袭击和抢劫。从梯弗里斯到巴库的回程中，他经常偷偷转运人口——大多数是布尔什维克或其他人想要抓捕的男男女女，这些人渴望逃往波斯。许多人是前保皇党和他们的家人，正要逃离革命的怒火。

随着高加索局势的恶化，旅途变得愈发危险。在某次旅途中，麦克唐纳一行就遭到了敌对的阿塞拜疆人的袭击。暴徒们用步枪和机关枪扫射火车，所幸并未命中目标，因此也没有造成伤亡。那一小支护卫队被严令不得回击。麦克唐纳后来写道：“明智的指令！只要向那群暴徒开一枪，那么去下一站的铁轨就没有了，成千上万武装的鞑靼人就会同时发动攻击，我们和这辆小火车的末日就到了。”但这并不是他在巴库到梯弗里斯的铁路上的最后一次冒险。不久后，爱德华·诺埃尔上尉加入了他的秘密任务，诺埃尔是 1918 年 2 月由波斯派来的英国情报官员，目的是弄清楚高加索这片与外界联系断绝的地区情况究竟如何。诺埃尔还要判定，协约国可以用什么来抵抗土德联军向里海及更远地区的挺进。于是，诺埃尔和麦克唐纳一起从巴库出发，踏上了最后一次走私卢布的旅程。

麦克唐纳的专列以前有三节车厢，有自己的火车头和武装护卫队，现在已经缩减到只剩一节车厢了，附在一列仍敢运行的临时客运列车后面。尽管如此，车厢里还是塞满了秘密的卢布，这些卢布是诺埃尔从德黑兰带来的。“我们这趟旅程花了 3 天时间，而且危险重重。”麦克唐纳写道。他们还没走多远，火车头就突然脱轨了。不知道是谁拿走了一根轨条。在铁路工人和乘客的共同努力下，火车才回到了轨道上。于是，在延误了几个小时后，他们又重新出发了。第二个障碍是一名醉醺醺的俄国军官，他自称是波托夫斯基（Potopsky）伯爵，在火车中途靠站停车时上来，无拘无束地坐在了麦克唐纳的车厢里。麦克唐纳回忆说：“他当时告诉我们，他加入了革命者的行列，还向我们大声宣讲人民的自由。”伯爵不知怎么就发现了他们携带着大量的秘密卢布，于是他又说，他要阻止他们“带着给革命敌人的钱”去梯弗里斯。

这个伯爵一看就是喝醉了，所以麦克唐纳和诺埃尔并没有把他的威胁当回事。然而，在下一站停车时，伯爵却试图要控制火车头，并打算把这列火车开回巴库。麦克唐纳回忆道：“我们在下一站就把他打发走了，但是伯爵还是没完没了。他成功地说服了一车正从梯弗里斯返回的部队，让他们掉头追击我们。于是接下来我们在一条摇摇晃晃的轨道上，度过了最惊心动魄的 4 个小时。”有一段时间，后面的追兵几乎要追上来了，甚至能够向麦克唐纳和诺埃尔的车厢后面开火。幸运的是，伯爵和他的布尔什维克朋友们真的精疲力竭了，他们被迫放弃了追击，没能进一步接近。如果被他们追上了并找到了那些要给仍忠于协约国的人的钱，那么麦克唐纳和诺埃尔就会倒大霉了。他们很可能会被当成帝国主义的间谍，当场就被击毙了，而这正是他们的真实身份。

麦克唐纳和其他人一样观察着诺埃尔的举动。诺埃尔完全把危险置之度外，这给他留下了深刻的印象。“诺埃尔，”他写道，“是一名正规军官，受过政治情报工作训练。我觉得，他是我见过的最勇敢的人之一。”他看起来一点也不害怕或是担心自己的人身安全。“诺埃尔的惊人之处在于，”麦克唐纳补充说，“他很容易就能让别人受到这些品质的感染。”不久之后，我们就会看到，诺埃尔将需要鼓起所有的勇气，来度过一段艰难的历程，而这段历程可能会让小人物崩溃。然而，让我们先回到前面的叙述，因为他和麦克唐纳在铁轨上遭遇的事情还没结束。他们从一方敌人的手中死里逃生，现在却不幸落入另一方敌人的手中。这次是亲土耳其、反亚美尼亚的阿塞拜疆人。阿塞拜疆人在伊丽莎白特波尔（Elizavetpol）建立了自己的非官方政府，而伊丽莎白特波尔就在巴库到梯弗里斯的铁路的途中。

“我们的火车被拦截了，”麦克唐纳写道，“诺埃尔和我被警卫拘留了。”审讯持续了两天之久，麦克唐纳很乐意让诺埃尔在此间掌握全权，因为他对此十分专业。他们的审讯官似乎是一名伪装成阿塞拜疆人的土耳其情报官员，指控他们向亚美尼亚人走私武器和金钱。“在这两天里，”麦克唐纳回忆道，“我看到了一次非常巧妙的虚张声势。”诺埃尔察觉到审讯官产生了怀疑，于是便要求他们搜查火车。这当然是麦克唐纳一行最不希望发生的事情。不过诺埃尔坚持要这样做，但是他明确要求，在进行搜查时，波斯总领事应当在场。阿塞拜疆人与波斯外交官接洽，波斯外交官强烈建议他们，作为一个没有经验的新政府，不要冒险侮辱和激怒像英国这样强大的国家。诺埃尔说得一口流利的波斯语，在与波斯人打交道方面有着相当丰富的经验。他准确地算到，这位外交官会不惜一切代价避免直接卷入与英国政府的争端中。“第二天，我们获得准许，可以继续踏上前往梯弗里斯的旅程。”麦克唐纳如释重负地写道，因为在他的脏衣服下面，藏着不下两百万卢布。但即使到了这时候，他们从巴库前往梯弗里斯的冒险之旅还没有完全结束。

抵达当时名义上仍是高加索首府的梯弗里斯后，他们发现，对协约国来说，局势已经相当不利了。现在说服任何人——无论是亚美尼亚人、格鲁吉亚人还是俄国人——向前线派兵的希望都破灭了。1918 年春天，埃尔斯伦、特拉比松、凡城和卡尔斯一个接一个地向土耳其投降了。现在土耳其人似乎在 1914 年前的边境线上，集结着他们的军队，打算其后便向高加索地区发起最后的进攻。麦克唐纳写道：“高加索地区偏远的部落都在忙着宣布独立，建立所谓的共和国，使局势变得更加混乱。”到处都在进行着小规模的战争，派系与派系之间相互交刃，世代的恩怨让鲜血流干。格鲁吉亚人甚至在谈论要邀请德国人进入，哪怕只是为了保护他们不受土耳其人的侵占。向梯弗里斯走私更多的资金现在显然已经毫无意义了，而且麦克唐纳和诺埃尔发现这是极端危险的。那支英国的军事特派团准备穿过群山向北逃亡，以免德国人到达之后把他们关押起来，而麦克唐纳和诺埃尔则决定返回巴库，因为如果要阻止土德联军的挺进，解除印度的威胁，他们在巴库就有重要的事情要做。

毫无疑问，这次根本不可能简单地把麦克唐纳的车厢和下一列开往巴库的火车连接起来，因为再也没有这样的火车了。阿塞拜疆人控制了大部分铁路，他们认为所有的火车都是可以劫掠的，因此现在交通几乎停止了。当地也没有适合开车的道路，更没有车辆可以开完这样的路程。除了铁路，另一种办法就是骑马，但是整个地区都陷入了血腥的内战，骑马同样非常危险。就在这时，麦克唐纳和诺埃尔得知，梯弗里斯的布尔什维克打算武装出动。前面有一列装甲列车开路，后面跟着不少于 7 列军用列车，载着 1 万名武装士兵，正准备出发前往据点巴库。一列客运列车按照计划殿后，麦克唐纳和诺埃尔获得许可，把自己的车厢附在了这列列车后面。考虑到他们在来时与喝醉的俄国伯爵以及他的布尔什维克朋友们发生的摩擦，这可能显得很令人惊讶。但显然，之前那次摩擦只是一件孤立事件。英国军事特派团和那一小群外国的外交人员发现到目前为止，那些与他们打交道的布尔什维克党人都还算相当得体地对待他们。毕竟，这还只是布尔什维克掌权的初期。直到最近，英国人和俄国人一直都是亲密的盟友，而尚在谨慎摸索中的莫斯科也从未下达过相反的命令。直到几个月后，也就是 1918 年 7 月，斯大林才下达了臭名昭著的指令，要逮捕所有在高加索地区的协约国军事特派团和外国商人。然而，如果当地的布尔什维克党人知道了麦克唐纳和诺埃尔跟谁坐在同一节车厢里，那么这两名英国军官将会面临非常严重的后果。

这两名乘客的护照显示，他们分别是美国传教士杰西·约曼（Jesse Yonan）牧师和他的妻子。据说这位传教士身患重病，正在返回美国的路上，而他的妻子则在照顾他。他们的三餐总是单独送到自己的包间里，在前往巴库的 5 天旅程中，几乎没有其他乘客见过他们。显然，约曼牧师大部分时间都在睡觉。然而，这对夫妇的真实身份却与护照上的大相径庭。这位患病的传教士其实是一名沙皇时代的高级军官——波洛夫佐夫（Polovtsov）将军。布尔什维克为了捉到他，生要见人死要见尸，设置了极为丰厚的奖赏，因为正是波洛夫佐夫将军在 1917 年 7 月镇压了列宁第一次反克伦斯基政府的政变，迫使列宁逃往芬兰，这让他在布尔什维克死亡名单上位居前列。列宁已经下令，任何协助他或他妻子的人，一经发现，都将面临强制性死刑。

这位将军和他的妻子在旅行时所使用的护照都是真的，以前确实属于约曼牧师和他的夫人，但他们两个应该都已经死了。麦克唐纳之前在梯弗里斯的黑市（在那里，有钱几乎可以买到任何东西），通过非法手段拿到了这两本护照。除了他和诺埃尔之外，没有人知道这对夫妇的真实身份。但是即使有假护照，不让别人看见他们也依然至关重要。因为他们虽然已经尽其所能地去改变自己的外貌，但是如果让别人看见，还是很可能会被认出来。要知道，随行列车上的许多布尔什维克士兵不久前还隶属于这位将军的麾下。现在，这些士兵正不知不觉地将要帮助将军和他的妻子逃离，护送他们穿过这个冲突不断的危险地区抵达巴库。在那里，这对夫妇期望能乘船去往波斯。事实上，在接下来几天的激烈战斗中，这些士兵中很多人会被打死，因为反布尔什维克的阿塞拜疆人将拼命阻止他们前往巴库增援。

装甲列车负责打头阵，后面则跟着 9 列火车，每列火车之间隔着半英里，现在正以每小时 15 到 20 英里匀速驶出梯弗里斯车站。除了“中立”的英国车厢悬挂着米字旗，所有列车都悬挂着巨大的镰刀和锤子旗帜，车上还配有机关枪、狙击手和瞭望员。

麦克唐纳写道，这支奇怪的队伍“就像一条巨大的蜈蚣，从天的这一边跨到天的另一边”。就在麦克唐纳及其同伴正准备跟他们那些不太靠得住的布尔什维克士兵一起迎接打击时，在圣战战场的其他地方，新的行动正在开展中。

读者应该还记得，伦敦战争内阁正在疯狂地想要填补高加索的缺口，以防止土耳其人和德国人利用这个缺口进行渗透，甚至向东进军阿富汗和突厥斯坦。麦克唐纳、诺埃尔和英国军事特派团的其他成员在高加索散发黄金、巩固印度的努力只不过是权宜之计而已。伦敦和德里在同一时间已经匆忙制定了一项更宏大的计划，目的是挫败土德进军印度的行动。不过苏联历史学家后来坚称，英国的秘密目标是粉碎高加索地区的布尔什维克主义，将这个石油资源丰富的地区并入大英帝国。

英国的总体计划，包括在 1918 年春夏派出三支特派团前往防务官员们认为最容易攻入印度的三个地区。特派团中最小的一支队伍只有 3 名军官和外交官，由 F.M. 贝利上校（F. M. Bailey）带领，他是一名经验丰富的政治官员，战前去过西藏探险。这支队伍将被派往俄国突厥斯坦的塔什干。塔什干不仅是布尔什维克在中亚活动的总部，最近被当局释放的大批德国和奥匈战俘也集中在这个地区。贝利的紧急任务是查明布尔什维克对印度的意图，并设法阻止这些前战俘与正在进军的土德联军会合，甚至是与布尔什维克联合，从而威胁阿富汗的稳定，并最终威胁到印度。贝利与布尔什维克在接下来的 16 个月里周旋的非同寻常的冒险经历被完整地记录在我的早期作品《点燃东方》（*Setting the East Ablaze*）一书中，因此就不在这里重复了。然而，另外两支特派团的明确目标就是要阻止敌人进入高加索地区，他们是我们叙述的核心，因为随着危机加剧，他们会发现自己陷入了困境。

其中一支特派团由资深军事情报官员威尔弗雷德·马勒森（Wilfred Malleson）少将带领，成员包括几名军官和军士，外加一小支印度护卫队。马勒森受命前往“东波斯封锁线”北端靠近俄国边境的麦什德，然后从那里密切监视特兰斯卡斯皮亚（Transcaspia）的事态发展，因为敌人可能会从巴库向东进军经过这里。他还将尝试与边境地带那些愿意并有能力在英国的帮助下抵抗土德联军入侵的人建立友好联络。此外，如果有必要的话，他要摧毁特兰斯卡斯皮亚的铁路，防止入侵者使用。因为如果没有这条铁路，敌人几乎不可能向东运送一支庞大的部队，穿过没有水的卡拉库姆（Karakum）沙漠。一位苏联历史学家曾经说过：“马勒森的任务，实际上是直接把英国军队调进来，支持国内的反革命力量，从而推翻突厥斯坦的布尔什维克政府。特派团起初是要阻止布尔什维克控制铁路西段和里海的港口克拉斯诺沃茨克（Krasnovodsk）。”他指责说，此举的最终目的，是将“足够强大的军事力量”带到那里，“不仅要占领特兰斯卡斯皮亚，还要占领整个中亚地区”。

另一支特派团由会说俄语的莱昂内尔·邓斯特维尔（Lionel Dunsterville）少将指挥，由 10 多名军官和军士组成一支先遣队。这支队伍起初受命从巴格达出发，穿过波斯的西北部，然后抵达梯弗里斯，接管麦克唐纳及其同伴手中的任务，说服亚美尼亚人和其他人抵抗土耳其人和德国人。在适当的时候，后方将以最快的速度再征募 400 名军官和高级军士，并把他们派往梯弗里斯，与先遣队一起训练当地的新兵，以填补俄国部队瓦解后留下的缺口。然而，当英国军事特派团于 5 月 3 日匆忙离开梯弗里斯，德国人通过乌克兰进入了格鲁吉亚首都后，这一想法被放弃了。相反，巴库将成为抵抗敌人的地方，邓斯特维尔和他的队伍要奉命去那里。但是又有其他问题出现了。巴库现在掌控在布尔什维克的手里，他们坚决反对英国军队出现在那里（他们怀疑英国军队是来推翻他们的）。先遣队穿过波斯北部山脉的路线也被许多敌对的部落民切断了，他们是由德国和土耳其军官训练的。邓斯特维尔的特派团根本就不是一支战斗部队。事实上，如果他们打算走这条路，那么这支由十几名军官和军士组成的小先遣队，再加上几名司机，将会被杀得一个不剩。

邓斯特维尔很清楚，如果没有增援，特派团不可能占领里海南部的港口恩泽利（Enzeli），他们本希望从那里出发前往巴库。此外，如果让人知道他们带着一袋袋的黄金（抵抗土耳其人的经费），那么即使他们留在原地也无异于自杀，因为这条通往恩泽利的道路很容易遭到伏击。因此，他们决定一边撤退到安全的波斯城镇哈马丹（Hamadan），一边等待在山对面 300 英里外的巴格达的增援部队的到来。他利用从布尔什维克手中逃出来的特务和俄国人在哈马丹密切关注巴库的事态发展，并监视土耳其军队的行军。与此同时，为了避免土耳其人将注意力转向哈马丹，他招募并训练了当地的库尔德和波斯士兵，并计划在必要时带领他们打游击战。除此之外，他没有其他可以做的了，只能焦急地等待增援部队的到来，这样他就能一路打到恩泽利了。他非常清楚，在这段时间里，土耳其人一直在快速向巴库挺进，而且现在还有一个严重的可能性，那就是梯弗里斯已经落入了德国人的手中了，英国人这一次可能也晚了一步。

麦克唐纳少校和诺埃尔上尉，以及他们的 7 军列布尔什维克护卫，正小心翼翼地向巴库行进。他们两人此时对上述之事知之甚少。离开梯弗里斯的第一天，他们没有遇到任何阻拦，但是第二天早上，他们进入了亲土耳其的阿塞拜疆人（或者说鞑靼人，当时通常是这么称呼他们的）占领的地区。此时，为了阻止布尔什维克到达巴库，血腥的战斗开始了。“敌人是由土耳其军官领导的土著部落，他们在距离铁路一英里处的山麓盘踞着。”麦克唐纳写道。为了不让他们靠近，装甲列车上的野战炮朝他们开火。然而，这些土著也控制了前面的火车站，火车要想继续前行，就必须把他们赶出火车站。士兵们在装甲列车的炮火的掩护下下了车，袭击了车站。“车站周围和村庄里的战斗持续了大约4个小时。”麦克唐纳告诉我们。最后，车站被点燃了，敌人被迫放弃了它，火车又能继续前进了。敌人继续从附近的山麓向他们开火，但距离太远了，因而无法造成太大的伤害。当他们的火车安全地经过燃烧着的车站时，麦克唐纳和诺埃尔看到遍地都是尸体。

麦克唐纳回忆说，从那时起，他们逐渐深入阿塞拜疆人占领的地区，“每一个车站都必须攻下来”。最激烈的一场战斗是攻占梯弗里斯至巴库的中点站伊丽莎白特波尔。“经过了整整一天，”麦克唐纳写道，“布尔什维克士兵才把车站拿下并将其烧毁。等火焰小到可以通过但又不至于让敌人重新占领车站时，我们才得以通过车站。”热浪的确太高了，车厢的油漆都起泡了。尽管客运列车有着重重的护卫护送，但在早些时候还是遭到了炮火袭击，并产生了一些伤亡。其中包括列车司机和司炉工，他们二人都受了伤，但却表现得最为勇敢，后来乘客们对他们表示感谢，并慷慨解囊捐赠。那位美国传教士，或者更准确地说是波洛夫佐夫将军，因为躺在床上得以幸免。“离我很近的一声巨响把我惊醒。”

他在回忆录中回忆说，“一开始我还以为是我的左轮手枪不小心走火了。但是我很快就发现，车厢两边的墙上都有洞，就在我躺的铺位上面。”他说，从那以后，“我们火车上的大多数乘客宁愿平躺在车厢地板，也不愿坐在舒适的座位和铺位上了”。

他们的险境还没结束。那天晚上，他们的火车撞上了前面那列火车的尾部，把线路完全堵住了。结果，在把火车头从残骸中拖出来后，他们不得不按原来的路线往回走，直到有地方可以让他们换到另一条线路上。这时，装甲列车和护送列车根本不知道发生了什么，它们已经在前往巴库的路上了。“我们现在孤立无助，手无寸铁。”麦克唐纳写道，“利亚基（Liaki）是敌人的最后一个据点，就在我们前面，我们得在那里给火车的引擎装满水。现在我们已经落后部队好几个小时了，我们慢慢地朝利亚基驶去，不知道会遇到什么。”当他们绕过最后一个弯道时，四周似乎寂静一片，车站亦空无一人——“我们看到的第一个没着火的车站。”麦克唐纳说。

当司机为火车装水之时，麦克唐纳和诺埃尔走进了附近的村庄。“那是一片废墟，”麦克唐纳回忆说，“街上到处是死人，成群的狗嗅着尸体。”然后，他们通过双筒望远镜，突然看到有人正列队向村子走来。这些人显然是士兵。“他们大概在两英里外，走得很慢，但肯定是想要包围我们。”麦克唐纳写道。麦克唐纳和诺埃尔急匆匆地跑回车站，警告司机要赶紧离开，但是并没有催他，也没有打断他添加燃料。麦克唐纳和诺埃尔知道，形势一触即发。但他们还是尽量装出一副镇静的样子，在站台上走来走去，不对其他乘客透露一个字。因为如果他们提醒了其他乘客，那么这些乘客就会把司机团团围住，这样反而会让他更慢。“那时候真的既担心又激动，”麦克唐纳写道，“但最终火车头加满了。”火车开动了，慢慢加快了速度。“此时鞑靼人已经进村了。”麦克唐纳写道。袭击者看到自己的目标跑了，赶紧开枪射击。“我们顶着他们的射击，冲过了离车站几百码远的那座桥。”他补充说。很快他们就安全地逃出敌人射程之外。这真是一件非常惊险的事啊。

虽然这趟旅程充斥了种种危险，但也并非没有轻松甚至狂喜的时刻。在五天五夜的旅途中，他们有时会被连续耽搁好几个小时。爱德华·诺埃尔回忆，“在车站燃烧时发出的噼啪声和轰鸣声中”，他玩起了高赌注的扑克，还喝了香槟。他写道，每当前方有战斗时，“那些爱冒险的人就会爬上树，拿着双筒望远镜，想弄清楚前方发生的事情”。即便如此，当他们的火车最终驶进巴库时，大多数人还是感到如释重负，他们比最后一列护送列车晚到了几个小时。然而，尽管这次延误让他们焦急不安，但这至少说明车站已经不会挤满士兵了，从而降低了有人认出波洛夫佐夫将军和他妻子的风险。这对夫妇被偷偷带到了麦克唐纳相对安全的家里。

然而，现在的问题是，巴库受到布尔什维克的严格控制，如何才能把这对逃亡的夫妇秘密送到邻近的波斯。他们两人如果想要获得出境签证，就需要跟当局的负责人员见面。将军后来写道：“他们中的很多人，都对我很熟悉。”麦克唐纳决定赌一把。他重新回到英国领事这一官方职位上，亲自去签发出境签证的人那里，跟他们解释说，这对年老的传教士夫妇经历了危险重重的旅程，心有余悸，早已疲惫不堪，因此无法亲自前来。然而，作为美国公民，他们急于尽快回国，以便能让丈夫接受专业的治疗。麦克唐纳在这一事件中冒着极大的个人风险，因为在那个动荡不安的时代，外交豁免权几乎没有任何作用，任何协助或庇护波洛夫佐夫夫妇的人都会被判处死刑。但是他赌赢了，拿回了他们的护照，上面盖有重要的印章。与此同时，他发现有一艘不定期货船即将驶离巴库前往恩泽利，于是他设法为波洛夫佐夫夫妇弄到了船上的卧铺。那天晚上，在夜幕的掩护下，这两名俄国人悄悄地登上了那艘船。虽然在那段危险的日子里，麦克唐纳很享受有他们的陪伴，但是他们的离开还是让他深深地松了一口气，麦克唐纳说："我很高兴能完成自己的使命，接下来的一切就看天意了。"

诺埃尔上尉跟波洛夫佐夫夫妇一起乘船前往了恩泽利。他希望能从那里联系到邓斯特维尔将军，向他详细地汇报高加索地区的混乱局势。然后他打算返回巴库，继续自己在那里的情报工作，因为巴库现在是英国关注的焦点。波洛夫佐夫夫妇最终到达了安全的地点。但是诺埃尔就没那么幸运了。

18

巴库大屠杀

了解到爱德华·诺埃尔上尉的一切后——了解的人出乎意料的少——人们就会不可思议地想到约翰·巴肯笔下的那位才华横溢却又难以捉摸的主人公桑迪·阿布特诺。的确，诺埃尔简直就像是从《绿斗篷》中走出来的（桑迪在这本小说中第一次登场）。现实生活中的诺埃尔和虚构的桑迪有很多共同点。诺埃尔和桑迪一样，也出身于贵族家庭，他的祖父是盖恩斯伯勒伯爵（Earl of Gainsborough）。诺埃尔和桑迪一样，也是一位杰出的语言学家，精通波斯语、阿拉伯语和俄语，在亚洲民族中如鱼得水。诺埃尔和桑迪一样，也是个优秀的骑手，而且枪法精准，喜欢去偏僻和危险的地方冒险，还善于乔装打扮。诺埃尔似乎无所畏惧——格特鲁德·贝尔（Gertrude Bell）称赞他那“无所畏惧的勇气”，而其他人也证实了这一点。他一刻也停不下来，在战争期间进行了各种冒险。他还被授予了令人梦寐以求的“麦格雷戈奖章”（MacGregor Medal），以表彰他自大博弈以来为“保卫印度”所做出的贡献。诺埃尔的一位上级阿诺德·威尔逊（Arnold Wilson）爵士说，他以“惊人的移动速度”穿过那些险恶的地区，使他成了波斯部落里的传奇人物，而他随后在西北边境的冒险经历也为他赢得了类似的名声。“不管他在哪里任职，”另一位跟他同时期的巴兹尔·古尔德（Basil Gould）爵士回忆说，“他总有一颗永不止息的心，这让他成了一个家喻户晓的人物。”然而，在这个时期的苏维埃历史学家看来，他只不过是“英国间谍诺埃尔”。

多少有些偶然，就在战争爆发前几年，那时还是一名年轻的印度陆军中尉的诺埃尔第一次引起英国当局的注意。在当时，英国官员是严禁进入波斯的，除非得到政治官的授权——一般很少能得到批准。诺埃尔无视这一点，在一次休假中，他伪装成亚美尼亚人溜进了波斯，希望能不被发现。然而，诺埃尔的出现很快就被珀西·考克斯爵士的情报网侦探到了。他立马被带到了考克斯这位大人物面前，以说明自己的意图。这一事件可能会毁掉他的职业生涯，但这位年轻军官的胆识以及他那口流利的波斯语，给考克斯留下了印象深刻。精明的考克斯非但没有惩罚他，在狠狠地训斥了他一顿后，反而立即让他接手领馆的工作，并剥夺了他剩余的休假时间。不久之后，在考克斯的推荐下，诺埃尔被调到了精英政治部门，那里是培养大博弈玩家的传统摇篮。

早在他职业生涯的这个阶段，年轻的诺埃尔的传奇故事就开始流传了。有一次，他回国探亲的时候钱不够花了，于是当船在炎炎夏日穿过红海时，他顶着锅炉室里的火炉热气，一路上担任司炉工。1909 年和 1910 年，他曾两次从英格兰一路骑行到印度，途中住宿过贝都因营地和土耳其村庄。他的自行车曾吸引过一大群小男孩，他们都想试骑一下。“诺埃尔的关键性格是，”一个同时代的人写道，“如果有人说这是不可能的，那么他就会觉得自己有必要去试一下。”但是他也有着一流的头脑，他的上司们都高度评价他作为一名政治官员的能力，愿意给他分配非常复杂的任务。

阿诺德·威尔逊爵士说，诺埃尔在战时的冒险故事，“都可以写成一本书了”，并且表示希望有一天诺埃尔能把它写出来。另一位前同事则形容他是一个“成就非凡的人”。然而，就像巴肯的“桑迪”一样，诺埃尔也是神秘莫测的。他不写日记，也不写回忆录，就连战时写的情报报告也不多。仅有的一些报告还被英国外交部扣留了，原因是“还过于敏感”。就连诺埃尔同样在波斯当过情报官员的弟弟（已去世）也没能告诉我什么，而我发出的打听消息的广告，也没得到任何回应。因此，当诺埃尔于 1974 年逝世后，他的冒险经历的很多细节也随之而去，这令人感到十分遗憾。然而，他确实留下了关于其中一次冒险的记录。那是 1918 年 3 月 18 日，他在恩泽利下了那艘俄国的不定期货船后，就开始了这次冒险之旅。这是一次没有人愿意效仿的冒险。事实上，这也很可能是诺埃尔的最后一次冒险。

诺埃尔打算悄悄地溜出恩泽利，向南穿过山区到达哈马丹。邓斯特维尔将军和他的小特派团正在那里焦急地等待着来自巴格达的增援。不管怎么说，恩泽利在官方上由布尔什维克控制着，他们现在对待外国人还相当得体，对英国人也是这样。因此，诺埃尔预计他们不会找麻烦。一路上最难走的地方是在恩泽利以南 70 多英里处的山区地带，因为武装的穆斯林部落正牢牢地守在那里，阻挡着邓斯特维尔的前进。这些波斯部落因该地特有的茂密植被被英国人戏称为“丛林军”（Jungalis 或 Junglies），人数约有 3000 人，由一个被称为米尔扎·库丘克可汗（Mirza Kuchuk Khan）的人统领。这名首领背景复杂。他是一名激进的波斯民族主义者，曾经发誓要将所有外国人赶出自己的国家，但是却又心怀感激地接受了德国和土耳其的军事援助。他是一名社会主义者和革命家，还与布尔什维克建立了友好关系。他的主要敌人是革命前一直占据着波斯北部大部分地区的沙皇军队。“他在打击沙皇军队方面取得了相当大的成功。”诺埃尔写道，“他的方法是袭击俄国的车队或者孤立的前哨基地，但是如果受到正规部队的反击，他就会退到森林里。自从沙皇垮台以来，他的士兵人数和声望都大大增加了，而且胆子也变得越来越大。”虽然布尔什维克控制着恩泽利港，但是他似乎并不担心这一点，因为布尔什维克向他保证过，他们对他的国家没有领土上的野心。库丘克可汗的“丛林军”跟布尔什维克一样，虽然都强烈反对邓斯特维尔一行人出现在波斯，但是都还没与他们交战。因此，足智多谋的诺埃尔相信，他可以毫不费力地冲过“丛林军”的封锁，不过他没有确切地告诉我们打算怎么做。然而，到头来，不知道这些打算也不会影响我们后面的叙述。

诺埃尔不知道，在巴库的布尔什维克党人已经开始怀疑他在那里的活动。他们向库丘克可汗发出警告，说诺埃尔正在前往恩泽利的路上。诺埃尔有一位老朋友是恩泽利海关总署署长，他当时正待在这位老朋友的家里安排自己向南的行程。然而，在跟老朋友共进午餐时，他发现自己陷入了危险之中，但是为时已晚。一个波斯仆人急忙跑进来报告说，楼下有 6 名全副武装的“丛林军”，要求见主人。他们的头儿要求，马上把诺埃尔交给他们。抵抗是不可能的，但是诺埃尔急忙把一个装有密码的外交信袋扔进了主人家的俄式大炉子里。信袋一着火，他就砰地关上炉子的门，下楼去面对那些要抓他的人了。他被押送到附近的一所房子里，有 4 名“丛林军”看守着他，同时在安排将他转移到别处。他从关押自己的房间里可以看到海港码头，那里有几艘船，俄国人正把船上的东西卸下来。诺埃尔意识到，如果要逃跑，必须现在就走，否则他就会被转移到看守更加严密的地方了。于是，他决定趁看守不注意，便突然向码头上离他最近的一群俄国人跑去。他能说一口流利的俄语，希望能在看守追上之前的几分钟里，说服俄国人帮助他。

“我一直等着，直到看到有大约二三十名俄国人从离临时监狱只有 200 码的地方经过，”诺埃尔写道，“我才一把推开了看守者，跑了出去。”他把追兵远远地甩在后面，冲到了俄国人的面前，抓住一个高大的人的胡子，喊道：“把我从这些波斯人手里救出来！”起初，他似乎得救了，因为俄国人同意把他带到他们的政委那里去。“但是在码头，”诺埃尔继续说，“有上千个波斯搬运工正忙着装船，他们现在放下了手头工作，聚在一起准备看戏。”此外，“丛林军”也不准备交出他们的囚犯。“接着就是一场拔河比赛，”诺埃尔写道，“而我就是那根绳子。搬运工们兴致勃勃地加进来，我逐渐感到俄国人让步了。我蓬头垢面，遍体鳞伤，被匆匆推到了水边。在那里，我被装进了一只小船，小船划过一个狭窄的潟湖，来到了对岸的一个‘丛林军’驻地，那里没有俄国人或其他人的干扰。”

诺埃尔的第一感觉是强烈的遗憾，他认为自己将错过高加索和中亚其他地区正在发生的重大事件。“我不能再参与创造历史了，”他写道，“也不能再参与这个极其刺激的博弈了——占领高加索，在黑海到帕米尔高原一带建立一系列新的国家。在那些日子里，这些连做梦都想不到的事情正在实现。世界在变化，一切似乎都有可能。”他的第一次逃跑计划失败了，但是他已经在计划第二次了——“有一种想法驱使着我，我仍然离外面的世界很近，而在不久之后，我肯定会找到上帝隐藏在丛林里的道路。”诺埃尔很快就注意到，逮捕他的人已经拿出了烟枪开始抽起鸦片来了。他意识到，如果自己能让他们一直吸食下去，那么他们最终就会因沉迷其中，而无力追赶他了。

“他们手上的鸦片烟，”他写道，“似乎并不多，但如果直接给他们钱，让他们去买更多的鸦片，意图未免太过明显了。”于是他问他们是否愿意帮自己买一些。他们看起来很惊讶，但是欣然拿了他的钱。诺埃尔在波斯部落旅行期间曾尝试吸食鸦片，因此对鸦片的效果很熟悉。他以某种办法让看守者误以为他沉迷吸食，但实际上并没有真的去吸。因此，过了一段时间，他开始模仿吸食鸦片的人，发出特有的咳嗽声，表明自己已经“兴奋到了极点”（kaif）。他在等待看守者放松警惕，一旦时机成熟，他就会站起来，漫无目的地在外面瞎逛，做出一副要大小便的样子，他相信，在这种情况下，这些看守不会再跟着监视他了。但是，在“丛林军”的一名军官和护卫队来了之后，这种希望突然完全破灭了。“看守我的人怯生生地站了起来。”诺埃尔回忆道，“军官严厉地斥责了他们，然后命令我去收拾东西，跟他上船。”过了一会儿，他们就出发了。

“小船划了整整一夜，”诺埃尔写道，“我坐在船上，平稳地穿过了一个又一个潟湖。天快亮的时候，我们靠岸了，在一个木码头上了岸。押送队伍给我们找到了几匹小马，我们骑着马穿过了一片茂密的矮树林。”到处都笼罩在薄雾中，诺埃尔很难辨认他们走的是哪个方向。骑了几个小时后，他们在一个小村庄停了下来，这个小村庄只有 6 间小屋，分散在当地一个地主的房子周围。因为没有任何监狱，“丛林军”决定先把他关押在这个偏僻的地方，再决定如何处置他。直到这时他才知道自己被抓捕的原因。他知道之后感到十分震惊，因为“丛林军”计划以种族灭绝罪来审判他。

诺埃尔离开巴库后不久，那里就爆发了流血冲突。数千名穆斯林被亚美尼亚人屠杀，“丛林军”似乎认为诺埃尔应该对此负责。要想知道为什么会这样，就有必要简要地回顾一下导致这场血腥动乱的事件。在得知诺埃尔被捕后不久，当时仍在巴库的麦克唐纳就收到了一条信息，要求他紧急拜访邵武勉左翼联盟里的某位重要穆斯林人物。邵武勉的联盟虽然自称巴库苏维埃（Baku Soviet），但其中也有穆斯林，还有其他既不是布尔什维克也不支持他们目标的人。麦克唐纳和接待他的穆斯林主人喝着茶，吃着饼干，略显谨慎地讨论了一下当下的总体政治形势，就起身准备要走，想着自己到底为什么被邀请过来。他很快就知道了。阿塞拜疆人把手伸进桌子，拉出一沓文件。他从这沓文件中拽出了一个信封。麦克唐纳马上就认出来了，这是他给诺埃尔的，让其一到英国边界安全的地方，就把这封信寄给自己的妻子。麦克唐纳的主人为打开了这封信而道歉，并把信递给了麦克唐纳，说这封信没被发现有什么不妥之处。他说，“丛林军”在诺埃尔上尉的行李里发现了这封信和其他文件。然而，其他文件的问题就大了。“这些文件清楚地表明，”他对麦克唐纳说，“你和他都参与了帮助波洛夫佐夫将军逃脱布尔什维克追捕的行动。”他有点幸灾乐祸地补充说：“如果这件事传到邵武勉和他的政委的耳朵里，你的麻烦可就大了。”

不用他说，麦克唐纳也知道这一点。他问阿塞拜疆人是否打算告知邵武勉。“不打算，”他被告知，“除非你想执行诺埃尔的某些计划。”这让他很为难，他已经接到命令要这样做，因为诺埃尔现在已经无法行动了。用他自己的话说，他的任务是“策划或者创造这样一种局势”，使邓斯特维尔将军能够进入巴库，并组织当地人阻挡土耳其人的进军。实际上，这意味着要策划推翻巴库苏维埃的成员，包括反对英国军事干预的邵武勉，以及那些急于迎接土耳其人来帮自己从俄国的统治中解放出来的穆斯林。“当时，”麦克唐纳说，“这项任务看起来已经毫无希望了。”不过，他向阿塞拜疆人保证，如果英国政府有这样的企图，才不会将其托付给“一个像我这样没受过专业训练的人”，因为它有一个高效的特勤部门可供使用。于是他们就不再谈论这个话题了了，不过麦克唐纳不安地意识到，他的外交外衣，就算没有被全部揭开，也已经被揭开一半了。逃跑是不可能的。他知道自己肯定会受到严密的监视，而且即使想办法逃到恩泽利，也会遭到和诺埃尔一样的命运。再者说，他收到的命令是在仍有希望阻挡土耳其人的情况下留在巴库。

巧的是，麦克唐纳其实不需要担心。现在的巴库风云突起，接下来的事件就会驱散人们脑子里的其他想法，不管他们的政治或种族关系如何。波洛夫佐夫的逃跑问题已经成为历史，而英国干预的威胁也暂时不被提及了。生存成了各派系关心的主要问题。然而，这场危机的到来并不令人意外。虽然邵武勉已经在他自己的布尔什维克、亚美尼亚人和巴库的穆斯林之间建立了一个联盟，但这个联盟从一开始就非常脆弱，被恐惧、猜疑和嫉妒所撕裂。虽然出于权宜之计，各主要派系愿意组成临时的联盟，但是各方的目标却大不相同。他们之间相互憎恨，特别是阿塞拜疆人和亚美尼亚人之间。就像历史上一样，巴库再次成了一个火药桶，只差一根火柴来把它点着。1918年4月，火药桶爆炸了。

在英国的资助下，亚美尼亚人的军事实力日益增长。巴库穆斯林对此惊恐万分，于是秘密地向其他地方的同宗教者寻求帮助。一支革命前效忠于沙皇的穆斯林骑兵部队给予了响应。这支部队打败了里海连科兰港（Lenkoran）的布尔什维克驻军，兴奋不已。他们中一些小分队现在已经起航前往巴库了。这支小分队于3月30日抵达，引起了布尔什维克和亚美尼亚人的极大恐慌。官员们被派往码头，想要弄清楚他们的意图，却被炮火击退了，有许多人死了。然而，这些新来的人最终被一支更强大的布尔什维克部队解除了武装。但随后，有更多的骑兵师部队抵达，4月1日，用麦克唐纳的话说，“巴库这个大锅沸腾了”。

没人确切地知道是谁开了第一枪，但这座城市很快就变成了战场，到处都在仓促地挖战壕设路障。俄国的炮艇停在港口，其船员大多支持布尔什维克及其左翼盟友，他们加入了对抗穆斯林的战斗，无情地轰炸了后者所在的城区，造成了可怕的屠杀和破坏。但是亚美尼亚人决定了这次争端的走向。起初，他们宣称自己是绝对中立的，并不会加入争夺巴库控制权的斗争。他们将部队撤回亚美尼亚区，并且纯粹按照自卫的目的进行部署。但是他们的中立只在战斗的前几个小时得以保持。在亚美尼亚极端民族主义组织“达什纳克”（Dashnaks）的强大压力下，他们的领导人决定与布尔什维克联手对抗穆斯林。在接下来的6个月，他们将为此付出沉重的代价。“在前3天，哪方会占上风还很难说。”麦克唐纳写道，“但最后鞑靼人和骑兵师被击退了，到第5天的时候，城里一个重要的穆斯林人物都不剩了，他们的房子也所剩无几了。”6000名布尔什维克和4000名亚美尼亚士兵，把约10 000

名武装的穆斯林以及数名前沙皇军官打得狼狈不堪。

英国人艾达·杜瓦·杜丽（Ida Dewar Durie）目击了这场战斗，她是一名英国军官的妻子，丈夫是驻梯弗里斯军事特派团的成员。因为局势看起来德国人很快就会接管梯弗里斯，所以她离开了那里，前往了看起来相对安全一点的巴库，与她同行的还有其他协约国军官的妻子和平民。她住在欧洲旅馆（Hotel d'Europe）里，焦急地等待着来自丈夫罗伯特的消息。这时她发现自己陷入了巴库之战，并从卧室的窗户目睹了战斗的过程。她在一封写给家人的信中，描述了她和另一位住在她房间里的英国妇女所看到的一切。当时，旅馆周围的街道上，战斗跌宕起伏，炮艇的炮弹震动着整个城镇。

“我们很好奇，也很焦虑，一整天都不顾一切地盯着窗户外面。”在黑暗的房间里，她们透过百叶窗上的缝隙，看到窗户里和街上其他有利位置上枪管在闪光。在她们的屋顶上方也架着一挺马克沁机关枪，一整天都在不停地开火。她接着说，旅馆“已经面目全非，冷冷清清，脏乱不堪。在一片漆黑的大堂和楼梯里，挤满了紧张不安的人，稍微有一点警报，人们马上就会跑回楼上去”。旅馆坐落在布尔什维克控制的区域里，士兵们进进出出，“汗流浃背，面红耳赤，上气不接下气”，时不时地“在电话里嘶哑地喊着不顾一切的命令”。

在杜瓦·杜丽夫人房间的马路对面，有一家瑞典红十字会的医院，那里本来就已经挤满了从欧洲东线战场运送过来的德国和奥匈战俘伤员。医护人员发现，现在他们也不得不处理当地的伤亡人员了。“每隔几分钟，就有一个死了或者受伤了的人被抬着双脚和头搬进来。这是我第一次低下头看到布满血迹的苍白的脸，死者身上黑色且凌乱的毛发都竖着。”它们的颜色让她想起了“很久以前我在凡尔赛宫看到的巨大战争照片”中死者的脸。枪声突然响起，那些把伤员从车里搬下来的人被吓了一跳，差点就把一名受伤的男子摔了。所有被送到医院的伤员似乎都是布尔什维克或亚美尼亚人，因为杜瓦·杜丽夫人没提到她有看到任何鞑靼伤员，除了散落在街道上的尸体。事实上，搜索队伍会定期去旅馆“搜寻躲避他们的鞑靼人”，有一次她看到两个穆斯林被一群布尔什维克党人粗暴地拖着。“我当时正在看着，突然没有任何预兆地，那群人停了下来，向囚犯的头开了枪。”开枪者接着就脱下了死者的靴子，把尸体扔进了水沟里，任由其泡了两天。

对面医院的医护人员有时候会出来，把门口的血清洗掉。但是，随着越来越多的伤员到来之后，他们终于放弃这样做了。她注意到，有一些担架手是德国和奥匈战俘，他们“工作得十分出色”。虽然战斗还在进行着，但依然有男人、女人和孩子络绎不绝地从下面经过，他们带着许多行李和被褥。友好的士兵一路帮着那些看上去上了年纪的贵族妇女们，而一个歇斯底里地尖叫着的年轻女孩则被带进了旅馆休息。在休息了一段时间后，她那富有但愁容满面的父母又来催促她了。她的母亲已经头发灰白，显得疲惫不堪，“恳求她振作起来”。还有一些人是鞑靼人囚犯，他们的武装护卫队的刺刀上挂着白旗。这时候，到处都出现了食物极度短缺的问题，杜瓦·杜丽夫人和她的同伴几乎每一顿都只能吃面包、奶酪和里海鱼子酱，因为这家旅馆的餐厅已经很久没开了。楼下街道的商店被洗劫一空，杜瓦·杜丽夫人看到一名饥饿的士兵，他本应该守卫这家旅馆，却“飞快地穿过街道，为自己抢了一些东西”。不久之后，他慷慨地把偷来的饼干给了她一些，这让她感觉有点尴尬。

到了这时候，穆斯林领导人知道，自己已经没希望推翻布尔什维克及其盟友，夺取巴库的控制权了。他们太笨了，相信了亚美尼亚人表面上的中立，而且还被海军猛烈的轰炸吓到了。因此，为了避免全军覆没，他们要求议和。由于列宁敦促布尔什维克要对少数民族保持克制，争取他们支持自己的事业，于是邵武勉同意停火。但是，亚美尼亚人看到自己终于将宿敌击退，现在都跑出来要报仇雪恨。于是战斗就这样继续了下去，直到几乎所有的穆斯林不是被赶出城市就是被屠杀。到了第 50 天，虽然这座城市的大部分地区仍在燃烧，但是所有的抵抗都停止了，街上满是死伤的人，几乎全部都是穆斯林。

杜瓦·杜丽夫人从窗户里冷冷地看着尸体被抬了起来，然后被随意地扔到马车上。“有一些尸体，”她写道，“被掠夺完之后几乎是赤裸的。可以看到军官们正在搜查死者的衣袋，掏出沾满鲜血的笔记本和文件，他们的手、胳膊乃至肘部都是红色的。”虽然枪声已经停止了，但是住在旅馆里的人还是十分担心。穆斯林聚居区突然刮起了一阵大风，火势迅速蔓延，失去了控制。有人告诉杜瓦·杜丽夫人，这是布尔什维克和亚美尼亚人故意放的火，目的是要把穆斯林赶出去。有人警告他们，如果风向改变从北方吹来，那么旅馆就会被烧到。他们几个晚上没睡觉了，已经累得要命，现在只好收拾行李，准备逃到海边去。“我们看着半圆形的火焰烧过来，离我们是如此之近，”她写道，“直到午夜，风才开始渐渐地减弱了，我们知道又一项危险终于消除了。”然而，她还要再等两个月，才能在梯弗里斯以北 100 英里远的弗拉季高加索（Vladikavkaz）与丈夫团聚。即使是在那时候，她的麻烦还没有结束，因为布尔什维克把特派团成员关押起来了，她迫不得已，只能伪装逃跑。

穆斯林起义失败了，巴库苏维埃保住了。邵武勉立即向列宁报告说："对我们来说，这场战斗的结果是辉煌的。敌人被彻底消灭了。我们向他们下达了条件，他们无条件地签字了。"阿塞拜疆的消息人士声称，有多达 12 000 名穆斯林被杀害，其中包括老人、妇女和儿童，但是邵武勉坚称，死亡人数不超过 3000 人。不过他承认，亚美尼亚部队的参与，"在某种程度上，使内战具有了民族屠杀的性质"。他还补充说："穆斯林穷人遭受了严重的苦难。"然而，他继续向列宁保证，那些没有逃离巴库的穆斯林，"现在已经跟布尔什维克团结一致了"。起义被镇压了，亚美尼亚人伤亡无数，实力也受到削弱了，于是邵武勉开始在政治和军事上加强对这座城市的控制。为了说服亚美尼亚人将他们最好的部队与他的部队合并，他提出，为了更好地抵抗土耳其人，双方必须联合起来，因为土耳其人的战争目标显然超出了他们在《布列斯特－利托夫斯克和约》的条款下应该得到的。即便如此，邵武勉的权力也仅限于这座城市。周围的大部分地区，包括关键的铁路干线，仍然牢牢地掌握在亲土耳其的阿塞拜疆人手中，这导致该市居民的粮食严重短缺。一位历史学家后来这样说："巴库是一个布尔什维克岛，位于反布尔什维克的海洋的中心。"

就在巴库的鞑靼人被镇压之后，爱德华·诺埃尔上尉马上就发现，那些逮捕他的"丛林军"指控他，要他为这次屠杀负个人责任。在军事革命法庭上，3 名法官对他进行了提审，他要求原告拿出关于这一疯狂指控的证据。"令我沮丧的是，"他写道，"法官得意地拿出了我的支票簿的存根，我在恩泽利试图逃跑失败后，他们从我的口袋里拿走了这本支票簿。这本支票簿是我用来支付英国给亚美尼亚部队的资助的，以便让他们继续抵抗土耳其人。虽然这些钱是通过俄国军事当局秘密给到他们，但是这些存根清楚地揭示了灾难性的事实。”诺埃尔咒骂自己，在那些人来抓人的时候，他应该把这本有问题的支票簿跟那个密码本一起丢进主人家的那个炉子里烧毁了。现在他要为自己做无罪辩护，他声称自己与大屠杀无关，而且当时根本就不在那里。

原告对此不加理会，反而更加无情地极力主张自己的控告。“我不是向亚美尼亚人付了很多钱吗？大屠杀不是几天后发生的吗？大屠杀前我不是已经很小心地离开了巴库吗？”法官们无视了诺埃尔的回答，宣布指控他的证据充分确凿。“我显然对数千名穆斯林的死负有责任。”他回忆说。接着，3位法官庄严地宣读了他们的判决。诺埃尔被判处死刑，枪决将在第二天黎明执行。

19

诺埃尔上尉的奇异冒险

当诺埃尔在波斯北部的某处丛林监狱中思考自己的命运时，麦克唐纳发现自己要执行的任务是独自说服布尔什维克，让他们允许英国人帮助他们从土耳其人手中拯救这座城市。因为现在已经很清楚，恩维尔帕夏，这个书桌上挂着拿破仑和腓特烈大帝画像的人的领土野心丝毫没有因为他在埃尔斯伦和巴格达的失败而减弱。至少英国人已经清楚地知道，他不打算满足于《布列斯特－利托夫斯克和约》同意划分给他的领土。他的目的越来越明显，他要巴库，这显然是违反和约的。在接下来的日子里，麦克唐纳焦虑不安，他发现自己在玩那危险而孤独的游戏时，已慢慢地陷入了阴谋与背叛的泥潭中。

自从他离开梯弗里斯到巴库以来，高加索地区的政治局势一直在迅速地发生着戏剧性的变化。到 1918 年 5 月底，高加索联盟的任何残余形式都已经瓦解了。格鲁吉亚、亚美尼亚和阿塞拜疆相继迅速宣布从俄国独立出去。由于害怕被土耳其人解放，格鲁吉亚人抢先一步，邀请了德国军队。柏林方面二话不说就答应了，不仅承认了这个新国家，而且还派遣军队帮助保护其边境。亚美尼亚人宣布自己的古老家园埃里温为新首都，这座城市正处于土耳其人进军的路线上。他们继续抵抗着土耳其人，虽然他们知道，随着敌人调来更多的军队，他们很快就不得不求和了，否则就会全军覆没。另一方面，鞑靼人则热切地盼望着土耳其人到来，他们把土耳其人视为救世主，希望其能将自己最终从古老的压迫者俄国人以及新的压迫者布尔什维克手中解放出来。他们梦想着，在土耳其的帮助下，先对亚美尼亚人进行血腥的报复，因为亚美尼亚人参与屠杀了这个城市的穆斯林，再把巴库变成自己的新首都。与此同时，他们继续从后方袭击那些仍在抵抗土耳其进军的亚美尼亚部队。

并不是只有那些家园挡住了土耳其人前进道路的族群们会把彼此看作仇敌，自相残杀。土耳其人与其德国盟友之间也已经开始出现了另一条裂痕。我们知道，他们从一开始就没有多么亲近，尽管迄今为止，他们基本上能把所有的裂痕掩盖住。然而，现在为了在高加索以及更远的地区获得重要的战争物资和新领土，他们之间开始展开激烈的争夺，这可能会破坏他们共同的战争目标。巴库的巨大油田，至少在短期内，是所有战利品中最令人满意的，土耳其和德国都迫切需要石油，来为他们日益依赖石油的战争机器提供燃料。与他们争夺巴库的石油和其他经济资源的是列宁，他迫切需要这些资源来振兴俄国萎靡不振的经济，因为俄国的经济受到长达 4 年的战争的摧毁，还遭到了革命的严重干扰。仅仅出于这个原因，他就绝对不会同意英国军队进入巴库。尽管英国政府作出了保证，但是他确信，一旦英国军队进入了巴库，他们就永远不会离开，最终会把整个地区，连同其原材料，一起并入大英帝国。即使是土耳其人，如果他们成功占领了巴库，最终也会比背信弃义的英国人更容易摆脱。

恩维尔担心输给德国，早就已经开始将土耳其部队从巴勒斯坦前线转移到高加索地区，准备向巴库挺进。然而，如此大规模的军队调动需要数周的时间来组织，因此巴库暂时得到了喘息的机会。当时，艾伦比将军的部队已经占领了耶路撒冷，在这种情况下，将这些急需的部队撤出巴勒斯坦，无异于对那些留下来保卫巴勒斯坦和叙利亚的土德军队落井下石。柏林方面对此强烈反对，但无济于事。德国开始愈发担忧土耳其背信弃义。他们担心恩维尔一旦派兵到高加索和中亚地区，就有可能会退出其他战线的战争，甚至可能与协约国达成单独的和平，从而使德国陷入困境。此外，如果德国人和土耳其人为高加索地区的原材料发生了争夺，那么德国人目前是争不过的，因为任何一个可以空出来的德国士兵都需要被派到法国或其他地方。因此，柏林方面说服恩维尔要三思，提议派遣一支主要由德国士兵组成的联合部队，去阻止巴库落入英国人的手中。至于如何分配巴库的石油和该地区的其他资源，到时候可以通过外交手段，以商业的形式与莫斯科达成谅解。但是恩维尔下定决心，不让任何人干涉他在中亚建立一个新的奥斯曼帝国的梦想。他下令，土耳其军队立即准备向巴库挺进，不得有误。

1918 年春天，高加索的局势就是这样的。也是在这种背景下，麦克唐纳开始执行他那个几乎不可能完成的任务，去尝试说服巴库苏维埃的领袖邵武勉主席，让他邀请邓斯特维尔将军来帮忙组织该城的防御工事。读者应该还记得，当时邓斯特维尔和他的特派团成员被困在了波斯北部，正焦急地等待着来自巴格达的增援部队。他本打算从里海的恩泽利港乘船前往巴库，但是去恩泽利的路却被库丘克可汗的“丛林军”堵住了。“丛林军”同时与土耳其人、德国人和布尔什维克结盟（一种奇特的结盟关系），邓斯特维尔根本不可能通过谈判让他们放行。终于，在6月初，邓斯特维尔的援军穿越了崎岖的山路开始到达。不久之后，大约一千名英国和廓尔喀士兵在轻型火炮的支援下进攻了“丛林军”的阵地，给在人数上占优势的波斯民族主义者造成了重大伤亡。通往恩泽利的道路现在已经开辟出来了。然而，邓斯特维尔除了在恩泽利建立基地，也没有什么可以做的，只能等着看麦克唐纳是否能改变邵武勉的想法。与此同时，他开始打听诺埃尔的消息，因为诺埃尔在3个月前就失踪了，再也没有任何消息。

事实上，在被判处枪决之后，诺埃尔仍然活得好好的。审判结束后，他被送回了丛林中的监狱里，他以为那将是自己在世界上活着的最后一夜。不过，他的狱卒和唯一的看守很明显为他感到难过。诺埃尔写道，那天晚上很冷，“所以他们往火盆里堆了木炭，然后扇了扇，吹了吹，直到火苗蹿出来发出亮光”。接着他们拿出了三杆鸦片烟枪，其中一杆是为诺埃尔准备的。因为诺埃尔的手被绑着，他们还把烟枪送到他的嘴边。接下来是很长一段时间的沉默，在此期间，这两个人开始交换眼神。诺埃尔能感觉到有什么特别的事。然后，其中一个人转向他，有点神秘地说：“收起你的心，因为明天会和你现在害怕的不一样。”接着他满怀期待地看着他的同伴，好像在寻求帮助。“是的，”另一个人说，“一切都会好的。他们并不是真的想杀你。所做的一切都是为了吓唬你，让你招供。”尽管如此，诺埃尔还是在想，他们是不是为了哄他开心才这样跟他说的。

第二天早上，那3名判处他死刑的法官带着十几个全副武装的“丛林军”来了。“高级法官问我，现在是否已经准备好坦白一切，以便救自己一命。我把之前的辩解重复了一遍。之后，我被带出了房子。我想吸引昨晚那个狱卒的注意，但是他坚决地把目光移开了。”在离村子 200 码远的地方有一片开阔的田野，田野的一边有一排树。诺埃尔被带到一棵树前，行刑队就在 20 步远的地方列队面向他。法官们一直在劝他坦白。诺埃尔认为，他们打算装到最后一刻，相信他最终会崩溃。但是这个计划失败了。突然，一个信差骑马赶来，手里拿着一封信，并把信交给了高级法官。很显然这名信差没有掐算好时机，他应该等到要下令开火的最后一刻再来。法官看上去有点困惑，但还是把信打开了。“他犹豫了一会儿，”诺埃尔写道，“才宣读他接到命令，我的死刑要延期执行。”不过，这并不是缓刑，只是暂缓执行。法官们和枪决队都骑马走了，诺埃尔被带回了他的监狱，监狱里那个和善的狱卒脸上挂着微笑，分明是在说“我早就告诉过你了”。很快，当他们又单独在一起时，狱卒低声对诺埃尔说，你的噩梦不会再重演了。事实上，那是诺埃尔最后一次见到法官，也是他最后一次听到屠杀的指控。然而，他的苦难还远未结束。

现在诺埃尔又满脑子在想逃跑计划了。“在看守我的哨兵中，有一个人非常愿意为我提供帮助。”他写道。不久之后，那个人主动提出要帮助他逃跑。“等轮到他在深夜看守我的时候，我们计划一起溜出屋子。”他会带领诺埃尔穿过森林的小路，到达一个能让他去到邓斯特维尔将军那里的地点。但是一路上需要食物，这意味着要花钱。诺埃尔把剩下的大部分现金都给了这个人，并开始从每日口粮中省下面包，将其藏在房间烟囱的一个小洞里。但是日子一天天过去了，这个人却不断地为拖延逃跑找借口，诺埃尔开始有所怀疑。最后当这名哨兵向诺埃尔要他的手表来资助逃跑计划时，诺埃尔拒绝了。接下来，几名武装的“丛林军”来了，拿走了他的秘密粮食储备。然后他们命令他收拾行装，准备晚上离开。

“夜幕降临后不久，我被蒙住眼睛骑上了一匹长毛小马。我们从村子出发，一头扎进了森林里。在骑了几个小时后，有人把我眼睛上的绷带摘了下来，告诉我可以下马了。”诺埃尔发现自己正站在森林深处的一块小空地上,那里只有一所孤零零的农舍。他将由这家农舍的主人及其家人看守。“丛林军”非常自信，认为没有欧洲人能从这个偏僻的地方穿过茂密的森林逃出去，因为这里比以前关押他的村庄监狱还要偏远，所以他们决定不留下任何守卫。尽管如此，他们还是警告他说，如果他真的蠢到要逃跑的话，“第二天早上我就会在离房子半英里远的地方被发现，绝望地被荆棘缠住”。即使他能挣脱这些荆棘，他还有可能会陷入沼泽。不管怎样他都跑不远，很快就会被抓回来。

事实上，在仔细观察了周围之后，诺埃尔认为从这里逃跑比从以前的监狱逃跑更容易。他从 10 英尺高的房子里，可以看到远处的地方，在茂密的森林带之外，有一片白雪皑皑的山峰。“如果我能到达山那边，”诺埃尔写道，“我应该就能走出库丘克可汗的领地，走到盟友的地盘。我一定要到达那些山那里，因为我估计，从我这里到山麓之间的森林不会超过 10 英里。”还不止这些。“上一个关押我的地方，”他说，“是在一个人口密集的地区。那里离山麓远得多，除了要避开卫兵之外，几乎找不到一条能让我不被发现的路。相反，从这里的房子逃出来是很容易的，而且在森林里几乎遇不到其他人。”他总结道：“不管有多困难，我相信我也能穿过这 10 英里的森林。一旦我到了山麓那边，我只要一直沿着山谷走，很快就能走出丛林，进入游牧部落，我相信一路上他们会帮助我。”

那些看守他的人，为了防止他逃跑，只采取了一个预防措施，那就是晚上把他的鞋子拿走。鞋子被放在一个睡在房子下方地面上的人那里，由其妥善保管。那家的狗也睡在旁边。“我的问题是，”诺埃尔写道，“如何拿到我的鞋子。”作为计划的一部分，他开始养成每天傍晚前在空地上散步的习惯。回来后，他会脱下鞋子，把鞋子放在看守的人放它们的地方，然后就躺下睡觉。“我打算用鞋带把鞋子系在一起，然后通过我房间地板上的一个洞，用绳子把鞋子钩上来。”他用一块捡来的弯铁做成钩子，但是要弄到绳子就难多了。最后，他说服了看守的人给了他一根针和棉线，用来缝补他的衣服。“我费劲地把棉线编成绳子，”他写道，“一直到绳子足够长了。”还有其他问题，包括没有指南针以及如何伪装。在没有指南针的情况下，他希望借助星星来定向，而他无意中听到了一段对话，使他想到了一个借口，可以解释一个陌生的欧洲人独自在森林里干什么。似乎在战前不久，波斯当地的一位地主把一大片森林卖给了一位亚美尼亚木材商，但是因为战争，这个项目搁浅了。“我突然想到，”诺埃尔说，“我可以冒充巴库亚美尼亚人的俄国代理人，是被派来调查森林的情况的。”他竭力把他所听到的与这笔交易有关的一些人的名字牢牢地记住。

他基本准备好出发了。现在只剩下一个问题。那就是在一片漆黑中，如果没有任何光亮，他如何才能在几乎无法穿行的森林里找到路呢？在这个穷乡僻壤，显然不可能弄到火把。唯一的解决办法就是等待满月的那天，这意味着他要把逃跑计划推迟10天。但是在接下来的一个星期，天空中断断续续地下起了大雨，这样他就不可能徒步穿行了，因为森林里本来就到处都有危险的沼泽。

诺埃尔别无选择，只好将整个计划再推迟一个月，等下一次满月的时候再走。虽然这令人十分失望，但却也有一个好处。天气渐渐暖和起来了，在开阔的森林里露宿就没那么难受了。终于，天气和月光都恰到好处了。诺埃尔把多余的衣服塞进被褥里，看起来让人觉得他还躺在被窝里，然后从他睡觉的阁楼爬下梯子，走进楼下的大客厅里。

他写道："这一家人睡满了整个客厅，要么裹着毯子躺在地上，要么就是四肢伸开躺着。我踮着脚尖穿过他们，小心翼翼地走着，以免踩到任何人。一块木板吱呀地响了一下，我停了下来等着。没有人动。最后我来到地板的那个洞旁边，然后趴下来钩我的鞋子，把它们拉起来后，又踮着脚尖穿过了客厅。"接着，他把杆子当作楼梯，悄悄地滑了下来，迅速地向森林跑去。借着月光，他刚好够看清前方，不会撞上树木。"我兴奋极了。"他回忆道，"我在回家的路上了。"在月光下，他能找到正确的方向，一路上走得很快。"但是我因为成功出逃感到太兴奋了，"他回忆道，"根本不曾注意到那些不得不穿过的荆棘。过了一个多小时之后，我才发现自己穿的法兰绒长裤被撕成了短裤，双腿满是划痕流血不止。"即便如此，他实在是太兴奋了，既不感到疼痛，也不感到疲劳。

现在，诺埃尔已经远离了扣押他的人，后面也没有任何追捕的迹象。就在这时，他突然遇到了一个意想不到的障碍。他面前出现了一片很宽的稻田，除了穿过它，并无其他路可走。不幸的是，为了不让野猪和其他动物接近这些珍贵的农作物，稻田周围战略性地安排了守夜人。"这些人中很多都有狗，这些狗听到了我的声音，还闻到了我的气味，它们开始吠叫起来。"诺埃尔写道。

守夜人立刻开始互相呼叫，向他走了过去。“我狂乱地跑了起来，”诺埃尔回忆道，“挣扎着冲过泥浆和水坑，但是狗和围着我的守夜人一直追得很紧。”没过多久，他发现自己被夹在了荆棘丛生的灌木丛中，被狂吠的狗和拿着棍子威胁他的人包围了。如果他不想被狗撕成碎片，或者不想被这些愤怒的人拿棍子打爆头，那么他就要迅速给出一个令人信服的解释。

诺埃尔急忙把编造好的故事告诉了他们，说自己是巴库木材商的俄国代理人，还说自己不知怎么地就在森林里迷路了。这些人相信了他的解释，他们的语气也马上从敌视变成了同情。诺埃尔十分惊讶，感到如释重负。这些人给他指明了新的方向，他可以继续往前走了。但此时的诺埃尔早已体力透支，身上也布满擦伤，这些现在开始产生负面影响了。“我发现自己感到前所未有的疲倦。我似乎已经没有力气把脚从泥巴里抬起来了，泥巴像胶水一样粘住了我的鞋子。前进的速度极其缓慢。到处都是多刺的灌木丛、泥沼和水。”但是到天亮时，他发现自己成功走了好远，已经接近山麓了。然而，他的腿和脚被有毒的刺划伤了，现在都肿得很厉害。“最后，”他写道，“我不得不用一把旧刀片把我的鞋子划开，这样我才能继续走下去。”这时，诺埃尔已经穿过了可怕的荆棘和沼泽，来到了山麓。他已经精疲力竭，躺下就睡着了。当他醒来时，天开始下起雨了。但是他知道，自己很快就会走出库丘克可汗的领地，获得安全。

他挣扎着走了整整一天，在偶然发现的一间樵夫的空小屋里又睡了一会儿。此时，他已经疲惫不堪，而且受伤了，所以走得非常缓慢。到了晚上的时候，他仍然找不到地方过夜。然后，他突然发现了一条旧小路，他知道这条小路最终一定会通向某个住所。几分钟后，他在黑暗中看到了一座房子。“我进去了，”他写道，“看见一些波斯人围坐在房间中央的篝火旁喝茶。我模模糊糊地认出他们是骡夫。”诺埃尔非常幸运，他发现自己是在一家类似于旅馆的“茶馆”（chai-khana）里，旅客可以在这里休息和吃东西。“这种茶馆的老板见惯了各种各样的旅客，”他说，“所以没有人特别注意到我。”他身上还有少量的小硬币，可以用来买了一些热牛奶。他为逃跑储备的不新鲜的面包还剩下一点。吃完这些东西后，他筋疲力尽地躺在了“铺在房间四周的木板椅上，这些木板椅是给所有人睡觉的床”。这是一次致命的判断失误。他后来写道，这间“茶馆”显然位于一条常用的商队路线上，因此会引起那些追捕他的人的注意。但是他当时实在太累了，没有考虑到这些危险。

“一双粗糙的手，”他回忆说，“把我弄醒了。我想要起身，但是被按住了，好像我是一头野兽。”有人用火把照着他，他认出这个人是看守他的人，他刚从此人家里逃出来。“他非常兴奋，”诺埃尔写道，“我不能怪他。如果我逃跑了，他一定会受惩罚。库丘克可汗肯定不相信，没有他的帮助我能穿过森林。”看守他的人不敢一上来就告诉库丘克可汗诺埃尔逃跑了，而是派了两个人循着诺埃尔的痕迹追过去。与此同时，他又召集了一群朋友一起进行追捕，但是没过多久，他们就失去了诺埃尔的踪迹。他们决定走诺埃尔偶然发现的那条商队路线，也纯属偶然。事实上，看守他的人后来告诉他，他们在决定搜查那间“茶馆”的时候，几乎已经放弃了找到他的希望。

为了确保诺埃尔在夜里不会再次逃跑，抓捕他的人现在把他的手脚都捆了起来。然而，当他指着自己那严重肿胀裂开的双腿给他们看时，这些人就同意把双腿上的绳索松开。他们还给他端来了茶。诺埃尔写道，尽管他们在刚重新抓到他的时候很愤怒，但这些人其实都是善良的人。读者应该还记得，诺埃尔因为能以惊人的速度穿越险恶的地区，从而在同僚们中间以及南方的部落里，赢得了近乎传奇的名声。抓捕他的人相信，他们的丛林除了他们自己之外，任何人都无法穿过，因此他们同样很惊讶，问他“用了什么魔法”走了这么远。“我的壮举，”诺埃尔写道，“显然大大提高了他们对我的评价。”

诺埃尔显然不能走路了，所以天一亮，他们就把他扶上一匹小马，沿着他来时的方向把他带回去，但是并没有回到他逃出来的那间房子。“有几天，”他回忆道，“我待在一个大村庄里，他们用药膏给我的脚进行治疗。接着，有一天早上，我骑上了一匹小马，由三名武装的人押送，在森林里走了几个小时后，来到了一块小空地。那里住着一位贫穷的农民、他的妻子和整个大家庭。”但是，这次他们不想再冒险了。“我一下马，”诺埃尔说，“他们就做了一对又大又重的铁马脚镣，锁在了我的脚踝上。这种足枷是放马出去吃草时用的，戴上之后几乎动弹不得。戴着它们极其不舒服。但我发现，把一根绳子系在连着两个脚镣的链子的中间，然后用手拉着绳子把链子提起来，这样我就能小心翼翼地像蜗牛一样移动，而不会严重地伤到脚踝了。”到了晚上，有人把他带进那家人住的那间简陋的房子里，然后把那条连着他的脚的铁链绕在一根木桩上，让他无法逃跑。

然而，为了双重确保诺埃尔不会再次试图逃跑（也许他能在其他人都熟睡的时候使用魔法），于是他们命令一个 20 岁的年轻人和他一起睡。此外，在几英尺远的地方，一盏用植物油和灯芯做成的灯一整夜都亮着。“日子过得单调得可怕，”诺埃尔写道，“看起来几乎没有逃跑的希望。”他无事可做，于是用了好几个小时，来分析上次逃跑失败的原因。他因为自己操之过急，把自己骂了一顿。他应该等到天气再暖和些再走，到那时在森林里露宿就没那么难受了，而且也会有许多野果可以吃。此外，他应该走得慢一些。这样，他的双脚就不会被荆棘划得血肉模糊，他也不会躲到“茶馆”那里，而这正是他失败的原因。

几个星期过去了，诺埃尔没有听到任何消息，也没有跟其他人接触，他不得不忍受“幽禁的地狱”。对于他这种性格的人来说，被关起来过着与世隔绝的生活，“既可怕又震惊”，他担心自己会发疯。“我把我记得的每一小段歌词、诗句或演说都背了一遍。”他还通过研究周围的野生生物来打发时间。他注意到，一到晚上，“像棕色瓢虫一样又黑又大的虫子”就会从木板里爬出来，然后径直向他爬过来，但是它们对睡在他身边的年轻人却不感兴趣。有一天晚上，他没有把虫子杀死再数它们的尸体，而是决定换一种玩法。他拦下了一只正径直向他爬过来的虫子，然后把它放在了睡着了的年轻人身上。“但是这只虫子又直接爬回了我这里。”他说，“我重复了很多次，才改变了这只虫子的决心。”这一次，它留在了年轻人身上。“我以为他会醒过来，”诺埃尔写道，“但是他意识到虫子在他身上活动后，唯一的反应只是轻微地抽搐一下，并没有醒过来。”然而，诺埃尔就是通过这种幼稚的游戏，才能在 3 月 18 日被抓后的那漫长而痛苦的几个月里，努力地保持自己的理智和士气。他只能猜测协约国的战争进展如何。

事实上，在伦敦看来，战争情形无疑还是不容乐观的。德国 U 型潜艇和齐柏林飞艇的进攻的确已经被压制住了，美国军队也正在跨越大西洋，准备加入协约国的军队作战。但是在 1918 年春天，西线战场上的形势一片黯淡。因为在 3 月 21 日，鲁登道夫将军发动了一次精心策划的大进攻，目的是打破僵局，把协约国的军队击退。在此之前，任何试图结束血腥僵局的努力都失败了，双方都付出了沉重的代价，却根本无法推进多远。而这一次，鲁登道夫一共动用了 60 多个师，其中还包括那些刚从俄国前线调来的。这次攻势主要的目标是英国军队，因为他认为英国军队是最脆弱的。这位德国将军知道，美国人现在还没正式投入战斗，因此这是他摧毁敌人的最后机会，或者至少也要摧毁他们继续战斗的决心。他的大进攻几乎就要成功了，因为在接下来 4 个月的艰苦战斗中，他的军队给协约国造成了近 100 万人的伤亡，并俘虏了 22.5 万名士兵。此外，他的军队已经推进至离巴黎不到 37 英里的地方。

然而，那年春天，英国担心的不仅仅是西线战场的战况。我们知道，高加索是通往中亚的大门，战争内阁极度担心土德联军在高加索取得突破性的进展，这会对英国构成极大的威胁。波斯的局势也让待在那里的人愈发警惕。德黑兰在官方上仍然是中立的，但是在沙赫的内阁以及一些部落中有强大的反英势力。鲁登道夫先前胜利的报道极大地增强了他们的力量，而且在战争的最后一个春天，许多普通的波斯民众越来越相信，德国必定会取得胜利。在这些人的压力下，德黑兰政府谴责了英国在波斯的军事存在，宣称他们既威胁了波斯的独立，也破坏了波斯的中立。这些军事存在包括邓斯特维尔将军的特派团、“东波斯封锁线”以及由珀西·塞克斯爵士招募和指挥的英属“南波斯步枪队”。“南波斯步枪队”取代了亲德的瑞典宪兵队，其成立的目的是清除实际上已经接管了波斯的德国武装特工团体，并致力于恢复法律和秩序。英国在采取这一行动之前，曾多次警告德黑兰，如果沙赫政府不能保护其境内的协约国的居民和利益，那么英国将自行采取行动。

德国胜战频传，沙皇军队亦匆忙从北部撤离，波斯政府为此深受鼓舞，现在要求解散“南波斯步枪队”。英国人以德黑兰不能保证协约国公民及其财产的安全为理由，拒绝解散。对此，德黑兰谴责说，“南波斯步枪队”是一股强加给它的外国势力，违背了它的意愿。这其实也表明该国许多地区的反英情绪高涨。4月，“南波斯步枪队”内部爆发了严重的骚乱。几名英国军官被杀害，叛乱以及大规模逃兵现象也开始出现。在塞克斯的命令下，那些被抓住的叛徒和逃兵被立即处决了。但是这些问题持续存在着，还蔓延开来，甚至出现了一整个部落对英国宣战的情况。有传言说，尼德迈尔正在返回波斯的路上，试图重新点燃圣战的余烬。为此，陆军元帅道格拉斯·海格（Douglas Haig）爵士——一名久经沙场的印度军人，现在是西线的总司令——建议军事占领波斯所有的城镇，来保护印度边境。这当然是不必要的。在经过了最焦虑不安的几个月后，塞克斯用那些匆忙赶到布什尔的增援部队成功地肃清了自己部队内部的叛乱，也解除了敌对部落对英国人的生命和利益的威胁。

1918 年的整个春天，英国的战时内阁、新成立的东方委员会以及军队的高层，就在土德联军到英属印度之间的地区应该推行的战略和政策，展开了激烈的辩论。关于那里究竟发生了什么，他们困惑不已，相互之间有着相当大的分歧。有些人想让邓斯特维尔前往巴库（不管有没有得到布尔什维克的批准），趁还有时间组织起那里的防御。他们认为布尔什维克不过是德国扩张主义雇佣的代理人。然而，另一些人仍然觉得，可以与布尔什维克达成某种合作，阻止土耳其人进入巴库，或者至少得到布尔什维克舰队的帮助，阻止土耳其人越过里海抵达克拉斯诺沃茨克，那里是至关重要的外里海铁路的起点。还有一些人认为，1918 年 5 月差点就落入土耳其人手中的大不里士面临着比巴库更加迫切的威胁。他们担心，土耳其人有可能在还没有占领巴库的情况下，就从大不里士向东推进越过波斯了。俄国的驻军很早之前就撤离了，在不断推进的土耳其人和阿富汗之间，只剩下邓斯特维尔将军的小部队以及他在当地招募的民兵了。确实有报告称，恩维尔同父异母的弟弟努里帕夏已经启程去指挥这场凯歌不断的东向进军。讨论中，还有人提出了一些其他的阻止土耳其人的疯狂计划，包括派遣一小支英国部队去巴库炸毁油井，以及部署日本军队（其政府已经派出他们的军队）来填补缺口。伦敦的一名高级官员甚至建议向阿富汗人提供武器，德里急忙否决了这一想法，他们认为，这些不可预测的邻国拥有的武器早就足以构成威胁了。

苏维埃的历史学家一直坚持认为，这一切的背后，隐藏着一个精心策划的英国总计划。他们没有看到现实中的混乱、优柔寡断、情报缺乏和思维混乱，而是将其视为伦敦从大博弈时代起就一直采取一种险恶策略的延续。他们认为英国人想抓住当下突然出现的新机遇来践行这一策略。冷战时期的历史学家利奥尼德·米特罗辛（Leonid Mitrokhin）在 1987 年写道：“俄国的革命和内战似乎为英国战略家实现古老的梦想，创造了一切必要的条件。”他坚称，英国的目标是“占领外高加索，从这个新的苏维埃国家手中吞并高加索地区，并将该地区变成一个殖民地”，完全不顾当地居民的意愿。米特罗辛声称，他们打着保卫英属印度的幌子，命令邓斯特维尔要在高加索地区建立根据地。接着，在反革命势力的帮助下，他要推翻巴库苏维埃，并夺取整个高加索地区、里海和周围所有地区的控制权。这位会说俄语的英国将军为了实现这些肆无忌惮的目标，拉了“整整40福特货车的黄金和白银过来”，此外，还派出了“经验丰富的特工”铺平道路。他补充说，在所有特工当中，最优秀的是麦克唐纳少校，他是“驻巴库的英国领事兼特工”。

20

单枪匹马与布尔什维克周旋

如果麦克唐纳听到自己被描述为“一名经验丰富的特工”，那么他肯定会嘲笑不已。但自从他那不幸的同事诺埃尔被抓以来，他一刻都没闲着。事实上，巴库已经发生了太多事情，这位前英国领事发现，自己现在正单枪匹马地与布尔什维克周旋。他接到的直接指示是，在还有时间的时候，努力去说服顽固的邵武勉接受英国的军事援助。他认为，要想完成这个目标，唯一的办法就是亲自登门拜访这位叱咤风云的人物并与他进行私下的交谈。他还急切地想弄清楚，邵武勉是否知道自己与被通缉的沙皇俄国将军波洛夫佐夫的逃亡有关——读者可能还能回想起来，这一罪行是要被判处强制性死刑的。

“一天深夜，我去了邵武勉的公寓拜访。”麦克唐纳回忆道，“开门的是他 10 岁的小儿子。我介绍了自己是谁。小男孩做了个鬼脸……然后退了几步。”小男孩开始大声训斥麦克唐纳。“你这个资产阶级……你这个该死的有产阶级寄生虫。”他尖声嚷道。听到怒骂声，邵武勉夫人急忙来到门口。“在一阵笑声之后，”麦克唐纳写道，“我被领进房子，来到了这位伟人的面前。”他看到那位革命家靠在一张椅子上，正专心地看着一份厚厚的文件。当麦克唐纳进来时，邵武勉才把文件放到了一边。“房间，”麦克唐纳写道，“洋溢着中产阶级的气息。在大桌子的一端放着邵武勉的晚餐。另一端是这个小男孩最近学习用的课本。在一张椅子上放着一些要缝补的衣服，是邵武勉夫人离开房间时匆忙放下的。很难想象，这个温馨的家庭的主人是一个残暴的革命者，要消灭所有反对他的理论的人。但这是真的。”

邵武勉立刻从椅子上站起来，拿出一瓶酒，热情地接待了他的客人。虽然这两人都知道彼此是政治上的对手，但他们似乎很合得来。在与自己的革命同僚认真地辩论了一天之后，邵武勉很可能也觉得麦克唐纳的冷幽默和脚踏实地的态度能让自己感到放松。邵武勉与他的大多数布尔什维克同僚不同，他受过良好的教育，而且久经世故，很可能会很乐意和麦克唐纳这样的人交谈。“我认为他喜欢我，”这位英国军官总结道，“不过我觉得，对他来说我是个无足轻重的对手。”从麦克唐纳对随后发生的不寻常事件的描述中，我们也可以明显地看出，他对邵武勉的个人评价很高，尤其是邵武勉在解决这座如今与世隔绝的城市严重的食品短缺问题时所采取的果断措施。此外，邵武勉与许多其他布尔什维克不同，他更愿意用说服来实现自己的目标，而不是使用恐怖手段。

首先提及英国干涉问题的是邵武勉本人。“你的邓斯特维尔将军要来巴库把我们赶出去吗？”他责备地问麦克唐纳。麦克唐纳向他保证，邓斯特维尔只是一名士兵，除了帮助他抵御土耳其人、保卫巴库之外，没有任何其他目的，不过邵武勉嘲弄地反驳道：“你真的相信一名英国将军和一名布尔什维克政委能够很好地进行合作吗？”还没等麦克唐纳回答，他继续说：“不！我们会组织自己的军队来打击土耳其人。”麦克唐纳试图与他争辩，不过都是徒劳的，因为很明显，邵武勉相信红军的增援部队正在从布尔什维克控制的里海北端的阿斯特拉罕（Astrakhan）向巴库挺进，因此，他不需要带有政治风险的英国援助。

然而，麦克唐纳与这名布尔什维克领袖的第一次会面确实表明了一件有用的事情。麦克唐纳安心地发现，邵武勉似乎不知道自己在波洛夫佐夫将军夫妇的逃亡中所扮演的角色。如果邵武勉确实已经有所察觉，那么他在当时也并没有表露出任何痕迹。相反，他告诉麦克唐纳自己在任何时候都很乐意与其再次见面。但他不允许麦克唐纳还像以前当英国领事时那样，通过巴库唯一与外界联系的无线电，使用外交密码发送信息。邵武勉坚持，从现在开始，一切信息都必须使用明码（en clair）。很明显他想知道，关于巴库和高加索其他地方的情况，麦克唐纳会告诉自己的上级什么，他更想知道麦克唐纳会从上级那里得到什么指示。麦克唐纳迅速警告德黑兰，让其转告伦敦只给自己发不介意给布尔什维克看的信息，而且也不能采用加密的形式。

邵武勉的新决定让麦克唐纳几乎马上就陷入了困境。应伦敦方面的要求，麦克唐纳已经准备好了一份关于巴库局势的详细报告，其中也包括他与邵武勉会面的总结。但这位布尔什维克领袖似乎已经开始重新考虑是否拒绝英国的援助。麦克唐纳回忆道："邵武勉拒绝让我传送自己的电报，但两天之后，他却给了我一份他拟就的版本。"在这里面，他要求得到英国的保证，如果他接受了援助，那么整支部队必须由"巴库士兵委员会"（Baku Soldiers' Committee）加以指挥。这个机构应有权解雇个别军官和人员，甚至包括邓斯特维尔本人，也有权进行军事法庭审判，而城市的整个防御将继续由邵武勉自己的军事顾问组织。虽然麦克唐纳知道伦敦根本不会接受这些条款，但是他别无选择，只能不予置评地全部发过去。麦克唐纳不知道，即使在他向邵武勉施压要求其接受英国的帮助时，英国国内的一些军界人物仍然强烈反对让邓斯特维尔前往巴库，因为他们担心这可能是一个死亡陷阱，另一个库特。虽然邓斯特维尔本人很想去，因为他相信仍有一线希望，可以从土耳其人手中拯救这座城市，但就在邵武勉宣布他的条件时，伦敦其实还没有做出最终的决定。无论如何，在英国当局眼中，邵武勉的要求都太过荒谬了，因此不值得加以理会。

麦克唐纳很快就发现，即使是在布尔什维克中，也有一些人把邓斯特维尔当成他们唯一的希望，并主张以英国人可以接受的方式邀请他。而巴库的亚美尼亚领导人则悉数同意邀请邓斯特维尔。但邵武勉是一位令人敬畏的领袖，也是一个纪律严明的人，不允许周围的人跟他唱反调。此外，众所周知，他跟列宁是密友，深得列宁的信任，因此他的观点占了上风。尽管如此，麦克唐纳还是有所怀疑，所以总是频繁地去拜访他，并试图改变他的想法。“我一直是个受欢迎的访客——除了吃饭的时候。”麦克唐纳回忆道，“在朋友家吃饭不太妥当，因为你吃了他家的一份配给。”

麦克唐纳和邵武勉的小儿子现在成了忠实的朋友。“当他的父亲在阅读成堆的文件时，我们经常会玩他的玩具铁路。我通常扮演被废黜的大公，职业是扳道员。我总是因为犯错误或者食品列车延误到达而被骂，有时还被狠狠地揍一顿。有一次我还被处决了。我经常惊叹，我们制造出那么多噪音，邵武勉怎么还能工作，但是他说，不管是什么原因，他都不会让孩子们离开房间。对他来说，孩子们比所有理想都更能给予他鼓舞。”在麦克唐纳看来，邵武勉似乎不需要睡觉。“家人都去睡觉了之后，”他回忆说，“我就会听他说几个小时关于‘理想的国家’的演讲和理论，在这个‘国家’里，每一个个体都会为整个国家而工作，就像每一个细胞都会为健康的人体工作一样。”接着我们会进行激烈的争论，有时持续到天亮。

麦克唐纳在这时候才第一次发现，在巴库有部分人正在策划阴谋，以推翻邵武勉和布尔什维克，并直接向英国求助。事实上，甚至有传言说，布尔什维克的一些海军人员正在考虑派军舰到恩泽利，去接邓斯特维尔及其手下。现在越来越少的人相信，在土耳其人发动他们期待已久的进攻时，大约 6000 名布尔什维克士兵和 4000 名亚美尼亚士兵就能够保卫这座城市，虽然邵武勉似乎仍然相信。这些反邵武勉的阴谋让麦克唐纳陷入了两难境地。到目前为止，他得到的命令只是努力说服邵武勉改变主意，让他不要拒绝英国的帮助。但由于所有来自伦敦或德黑兰的秘密指示都已停止，所以他的上级无法让他及时了解最新的进展，也无法给他下达新的指示。他当然也没有被告知过，如果邵武勉还是顽固不化的话，就要试图推翻他。然而，即使麦克唐纳不希望看到邵武勉或他的家人受到任何伤害，他也意识到，如果布尔什维克被那些更欢迎邓斯特维尔到来的人取代，那么伦敦的利益将得到最大的保障。他此时此刻所能做的就是密切关注事态的发展，同时继续努力说服邵武勉明白其中的道理。

突然之间，事情就发生了。“一天早上晚些时候，在与邵武勉坐聊通宵之后，我正在吃早饭，”麦克唐纳回忆说，“一个年轻的女孩按响了我家前门的门铃。”这位访客看上去有些衣冠不整，她介绍自己是玛丽·尼古拉耶芙娜（Marie Nikolaievna），问麦克唐纳是否可以私下谈谈。一进门，她就递来一封信。信是英国军事特派团的负责人给麦克唐纳的，特派团之前驻扎在梯弗里斯，但现在已经向北迁了100英里，安全地躲开了德国人。来信者强调，他不能为送信人担保，他告诉麦克唐纳，这个女孩是自愿要充当秘密信使的。这封信谨慎地避免提到任何不妥的内容，只是简单地告诉了麦克唐纳，特派团目前在什么地方。玛丽的脸给麦克唐纳留下了深刻的印象，那是“一种非常坚定的表情”。她告诉麦克唐纳，自己要开始为布尔什维克工作，负责打字以及传信给他们的前哨基地。事实上，她打算以此来掩盖自己的真正活动——暗中监视布尔什维克党人，从而促成他们的垮台。“她宣称已准备为自己的皇帝牺牲，”麦克唐纳写道，“并认为我也有类似的情操。”很显然，她是想主动提供间谍服务。“我谢过她，”他写道，“并且告诉她，我还不想死。”

玛丽对此很生气。“你以为我是个布尔什维克的间谍。”她说。麦克唐纳没有理由不这么想，所以他继续谨言慎行。“我向她保证，”他回忆道，“英国人除了帮助布尔什维克阻止土耳其人进入巴库之外，别无他想，因此没有必要进行监视活动。”这再次激怒了玛丽。“你这句声明，”她尖锐地对麦克唐纳说，“怕是都快成了标语！”麦克唐纳现在疑惑不已，赶紧问她是怎么知道他以前说过这话的。在他的记忆中，他只对邵武勉说过。玛丽告诉他，这是镇上的笑话。据说他每天要对邵武勉说3遍。麦克唐纳认为，这多少有点责备的意味，但令人难堪的是，这很接近事实。“的确，”他揶揄地补充说，“我自己也有点厌倦了。”尽管如此，他还是非常小心，一刻也不放松警惕，以防玛丽是邵武勉派来窥探他的真正意图的“卧底”。

现在她把身子探过了他的书桌，激动地恳求他。“为什么，”她问，“你为什么不把他们除掉？布尔什维克永远都是你的敌人。”

她向麦克唐纳保证，有数百名沙皇军官就藏在城里，还有数千名忠诚的俄国工人在油田工作。此外，还有航空学校的飞行员，他们都是保皇派，只是在等待一个领袖。“发动他们，”她恳求道，“把那些渣滓赶出去！”但是麦克唐纳把对她说过的话又重复了一遍——英国政府无意干涉俄国的国内政治。玛丽一言不发地盯着他看了几秒钟。接着，她问他是否已无转变的余地。“我点了点头，”他写道，“她突然大哭起来。”麦克唐纳告诉我们，在那之前，他坚信她是被派来监视他的布尔什维克间谍。“可是现在，”他继续说，“她的眼泪显得太真诚了。”他决定冒这个险。

当她擦干眼泪后，麦克唐纳建议，她在为布尔什维克首领们跑腿时可以顺便帮他带些信。“只是普通的报告，”他向她保证，“任何人都能看。”玛丽笑了。“你还是不相信我。”她斥责道，“但如果你想要信使，我可以安排上百个，都是像我这样的女孩。”她告诉他，这些女孩都是热心的反布尔什维克人士，她们组成了一个网络，在俄国各地充当信使，为沙皇的复辟运送指示和文件。为了不引起注意，她们经常和难民或农民一起结队而行。她对麦克唐纳说：“我们这些女孩子和学生正在组织通讯网络，这将拯救俄国和我们的弟兄。”

多年后，麦克唐纳写道：“事实证明，玛丽·尼古拉耶芙娜跟其他出色的俄国女性一样常常让男人为自己仅仅是个男性而感到羞愧。她信守诺言，组织起定期的通讯，这在后来对我和我的工作都至关重要。这些女孩不时出现，有时打扮成乞丐索要食物，有时兜售小商品。她们把信息藏在鞋底或者外套的皮革纽扣里，又或者其他可以用来藏匿的地方。她们中有一些人还不到十几岁——这些小女英雄没有出现在历史书中。”最后当巴库落入了土耳其人手中的时候，麦克唐纳非常担心她的安全。但令他欣慰的是，他看到她和一群俄国军官上了一艘驶去安全地方的船。“当我们到达恩泽利时，”他写道，“她就消失了，从此我再也没听到关于她的消息了。”

当时秘密登门拜访麦克唐纳的不止玛丽一个人。神秘的沙皇军官和其他人都陆陆续续去拜访过他，要为他提供服务，因为他们觉得麦克唐纳要进行反布尔什维克的活动。“他们当中有许多人，”他写道，“一看就是布尔什维克间谍，他们想知道我在做什么，但其他大多数人可能是真心的。”不过，他对所有人保持慎言慎行。他建议他们向负责保卫巴库的布尔什维克当局提供他们的军事技能和经验。他解释说，如果邵武勉邀请邓斯特维尔将军，那么邓斯特维尔也会这么希望的。有一次，一位前沙皇上校对麦克唐纳的建议非常愤怒，他威胁说，如果麦克唐纳不道歉，他就要打人了。但麦克唐纳承担不起任何风险。事实上，这样的事情使他非常尴尬。“这些前沙皇军官的来访，”他写道，“自然让我受到了怀疑。”邵武勉开始对麦克唐纳冷淡起来，还对他说，如果有什么重要的事情要说，就去办公室，别再去家里了。“我怀念跟他的家人见面的那些愉快的时光，”麦克唐纳回忆道，“很遗憾，我不能再和他的小儿子扮演被废黜的大公了。”麦克唐纳自己的妻子和孩子早就被送回英国安全的地方了。

“我现在受到了密切的监视。”他回忆道，“后面有人跟踪你，这让你的后背有一种奇怪的感觉。”他还说，即使几年过去了，如果有人在他身后走很长时间，这种不安的感觉就会又回来。布尔什维克还不是很擅长跟踪人，不过当他们认为你发现自己被尾随时，就会采用一种叫“传递你”（passing you on）的网络继续跟踪。身体非常健壮的麦克唐纳有时候会故意让那些跟踪他的人精疲力竭，让他们在午后的高温中汗流浃背，而他自己则会躲进欧洲旅馆里喝冷饮。“可怜的小恶魔，”他写到自己这种行为的一名受害者，“他把外套搭在胳膊上，把衬衫解开，拿着帽子扇风。”麦克唐纳忍不住问这个不幸的人，是否享受刚刚的散步。他们穿过了城市中更偏远、更崎岖的地方，麦克唐纳知道，在这些地方，监视者不可能把跟踪他的任务转交给同事。的确，他曾多次调皮地停下来，好让那个气喘吁吁地尾随他的人追上自己，以免其被迫退出这个游戏。“我觉得，”麦克唐纳写道，“他恨不得一枪崩了我。”

此时，麦克唐纳还不知道，伦敦终于对邵武勉失去耐心了，他们决定对其采取更加强硬的态度。麦克唐纳第一次得知此事是在 7 月 10 日，当时一名年轻的英国情报官员伪装成波斯裔亚美尼亚商人来到巴库。驻麦什德的英国情报组织负责人马勒森将军派雷金纳德·蒂格－琼斯（Reginald Teague-Jones）上尉过来，是想确切地了解巴库的情况，并向麦克唐纳传达战时内阁的新战略。“他告诉我，”麦克唐纳回忆说，“英法两国政府的新政策是支持反布尔什维克势力……至于他们是保皇党还是社会革命者，这都无关紧要，只要他们准备把布尔什维克驱逐出去。”这实际上就是对布尔什维克宣战，只不过没有正式通知莫斯科而已。不用说，这对麦克唐纳和其他英国军官有着深远的影响，因为他们正在布尔什维克内部活动。他们当中，蒂格－琼斯上尉所受到的影响最大，他注定要在即将发生的重大事件中扮演非凡的角色。

蒂格－琼斯是一个非常专业的人，麦克唐纳很快就能看到这一点。如果有谁天生就适合当情报官员的话，那肯定是蒂格－琼斯。

他的童年和成长经历让人想起吉卜林笔下的金，金是一个孤儿，在他还是个孩子的时候，就被招募并训练以响应将来大博弈的召唤。和金一样，蒂格－琼斯的出身也不太清楚，不过他的父亲是一名语言教师，似乎在他 13 岁的时候就去世了。他的母亲还有另外两个年幼的孩子要抚养，生活陷入了困境，住在圣彼得堡的好心的朋友们提出要把小雷金纳德从她身边带走，并承担教育他的责任。他在很小的时候就展示出自己的语言天赋，并被送到位于沙俄首都的一所由德国人开办的语言学校学习。他在语言学校里，很快就掌握了德语、俄语和法语，他还亲身经历了革命政治——在 1905 年的俄国革命中，15 岁的他差点儿就被一群激愤的暴民压死了。

回到英国后，他又在伦敦大学里待了两年——至于学习什么，我还查不到——到 1910 年才前往印度。在那里，21 岁的他成了一名警察。他很快就发现自己卷入了边境情报工作，有时需要伪装，同时在他本已强大的语言武器库中加入了波斯语和其他亚洲语言。他的长官们并没有忽视他那不同寻常的才能，很快就把他调到了英属印度政府的外交和政治部门，这个精英机构过去曾在大博弈中培养了许多最著名的人物。战争爆发时，蒂格－琼斯是在这里工作的。他再次被调去充分运用自己的天赋，这次是任职于波斯湾的军事情报部门。随着巴库危机的加剧以及随之而来对印度的威胁，他被认为是可被派去那里的理想人选，以查明邵武勉在做什么，以及如何才能最好地加以应对。

“蒂格－琼斯的精力和热情令人惊叹。”麦克唐纳回忆道，“虽然我对自己与邵武勉的关系感到良心不安，但他还是带着我。战争就是战争，不管怎么说，都是肮脏的事情。我情愿把一切都交给受过训练的蒂格－琼斯。”但是他的客人急着要赶回麦什德去向马勒森报告。“一个非常重要的事实是，”蒂格－琼斯在日记中写道，“土耳其人正在朝着巴库稳步前进。”只有亚美尼亚人和反布尔什维克派系准备与他们作战。第二天晚上，他又打扮成行旅商贩，乘渡船穿过里海，回到了克拉斯诺沃茨克港口。他打算从那里再乘火车向东赶，最后骑马到麦什德。但他要先在克拉斯诺沃茨克处理一些紧急的事情。他发现木码头上挤满了焦急的民众，他们迫切地想了解巴库的最新消息，他们中有许多人在巴库有朋友和亲戚。这座城镇陷落了吗？它能坚持多久？土耳其人离得有多近？但是，蒂格－琼斯没有时间可以浪费了。他挤过人群，径直向城里走去。

蒂格－琼斯所关注的是那里大量的原棉库存，这是俄国中亚地区的主要出口商品，从克拉斯诺沃茨克到塔什干之间的每一辆备用铁路货车、货场、铁路侧线和路边站都堆满了棉花。这些棉花扎成一捆捆，整齐地堆积成小山，排列在港口的码头上，等待着被运往里海北端的阿斯特拉罕。棉花是制造某些炸药的重要原料，也有着其他重要的战时用途，德国人和土耳其人都迫切需要它。此外，众所周知，布尔什维克同样急于将其变成现金。蒂格－琼斯在巴库就听说了，在阿斯特拉罕有一支德国特派团，他们的任务是尽可能多地购买棉花。他还了解到，巴库和克拉斯诺沃茨克的布尔什维克当局已经同意，立即派船只将棉花运往阿斯特拉罕。蒂格－琼斯知道，如果想挫败德国的计划，他就必须迅速采取行动。

起初，他想在那天晚上亲自去把码头上的棉花都毁了。他的计划是把油倒在几捆棉花上，然后点火烧了它们。这也会毁掉整个港口，从而阻止其他棉花的出口。但这种做法也会致使这个与世隔绝的小镇上的人被不幸地饿死，所以蒂格－琼斯开始寻找其他的解决办法。他之前拿到了一位俄国高级海运官员的名字，此人暗中是反布尔什维克的。于是蒂格－琼斯立即去拜访了这个人。在蒂格－琼斯表明身份后，他们首先讨论起了当前的总体局势。其后，这名俄国人向他询问起巴库发生了什么事情。蒂格－琼斯对这个人印象深刻，并觉得自己可以给予其以信任，于是马上直截了当地把自己来访的目的说了出来。

蒂格－琼斯了解到，当时港口有三艘船在装货。其中至少有两艘船将在午夜时分左右起航，而它们在码头的位置将由另外两艘准备好的船接替。不久之后，其他的船预计也会到达。蒂格－琼斯问，如何才能阻止这些船起航？俄国人搔了搔脑袋说，没有简单的解决办法。蒂格－琼斯敦促他想个办法阻止这些货物被运走。那个人突然面露喜色。“我有个想法。”他若有所思地说，“这只是一个设想，但它可能会奏效。”但他问能否让一个完全值得信赖的朋友参加这个计划。蒂格－琼斯看到没有别的办法了，于是点了点头。俄国人立刻说明了他的巧妙计划。

据这名俄国人说，他的朋友在克拉斯诺沃茨克的无线电台工作，那个无线电台当时是由布尔什维克控制的。这个朋友能够一直留在那里工作，是因为无线电的发射机经常会出故障，而他是镇上唯一一个懂得修发射机的人。蒂格－琼斯之后会看到，这个朋友对自己的计划至关重要。因为如果要停止装载棉花，那么就必须——或者看起来——是官方要求的。运送棉花的命令是由阿斯特拉罕的布尔什维克当局下达的。因此，任何相反的命令也必须从那里发出——或者看起来是那样。此外，命令必须通过无线电发出，因为这是这两个相距50英里的城镇之间唯一的直接通信手段。

这便是让他的朋友加入这场计谋的意义所在。于是他们马上传信，邀请这个朋友加入。

那名俄国人的计划是让克拉斯诺沃茨克的无线电台接收到来自阿斯特拉罕的紧急信息，命令立即停止装载棉花。当然，这个命令是他们自己写的。此后不久，在克拉斯诺沃茨克当局有时间质疑这个命令之前，发射机就会坏掉。由于这种情况经常发生，因此不会引起任何不必要的怀疑。不用说，发射机坏掉是他们的朋友一手策划的，接着布尔什维克会像往常一样，请他来修理。“我们不仅要取消棉花的装运，”俄国人说，“我们还要把船送走，这样等到无线电恢复的时候就没有船可以用了。”不过，蒂格－琼斯问道，如何把这些假信息输入到接收信号流中呢？他们无线电台的朋友想出了解决办法。他知道其中一个处理输入信息的信号员强烈反对布尔什维克。只要给予适当的诱导，他肯定会同意“接收”他们的虚假信息，并以通常的方式将其转给当局。

他们下一步的任务是构思一条可信的信息。“我知道该怎么说，”他们无线电台的同谋者说，“因为我最近看见有很多这样的信息传出。”他接着说，克拉斯诺沃茨克苏维埃执行委员会将被命令立即停止所有棉花的装载，因为所有可用的船只都要空出，以便将石油和汽油运往阿斯特拉罕。已经装载的船只要立即卸货，然后驶往其他港口。但是他表示，如果布尔什维克最终发现了真相，他担心自己的安全。在这一点上，蒂格－琼斯能够使他安心。“如果情况不妙，”蒂格－琼斯对他说，“你可以逃到波斯去，我们的人会在那里保护你。”蒂格－琼斯马上焦急地看了看自己的手表。时间不多了。他担心，这些船只可能会比预期更早地完成装载，并在午夜零点前就出发驶向阿斯特拉罕。他抽出一把刀，小心地把外套的内衬划开，并从里面取出一沓 10 卢布的钞票，转交给他们无线电台的朋友，由其贿赂信号员。这个朋友其后挥了挥手，匆匆地朝着无线电台的方向走去。

“那天下午，”蒂格 - 琼斯在日记中写道，“无线电台坏了。最后一条传来的信息是一则措辞强硬的命令，要求克拉斯诺沃茨克苏维埃执行委员会停止装载棉花，并将所有已经装载的棉花卸下。”这条命令引发了许多牢骚和争论，因为它的到来是如此突然，与原定的计划相悖，它还造成了收入的严重损失。城里开始流传着胡乱猜测的谣言，说从巴库撤离或者从恩泽利运送邓斯特维尔将军的部队都迫切需要这些船只。但是克拉斯诺沃茨克没人敢违抗阿斯特拉罕的命令。结果，没有一捆棉花能够离开港口。等到布尔什维克和德国人发现所发生的事情时，他们已经无力回天了。关于这个我们后面会再谈。

蒂格 - 琼斯完成了任务，于是急于尽快返回麦什德，报告巴库、克拉斯诺沃茨克以及向东穿越沙漠的铁路沿线的情况，因此，第二天下午，他坐上了开往 400 英里外的卡赫卡（Kaahka）的火车，从那里他将骑马向南翻越群山进入波斯。他很熟悉这条路线，因为他就是从这条路来的。但是这一次，他知道火车上或沿途都没有食物供应，因此带上了能够在克拉斯诺沃茨克买到的少量食物。在来的途中，他差不多 5 天没吃过一顿像样的饭，而且不得不睡在肮脏拥挤的车站地板上。

蒂格 - 琼斯知道，如果土耳其人（可能还有德国人）占领了巴库，并且渡过里海到达了克拉斯诺沃茨克，那么他们就会沿着外里海铁路向东进军阿富汗和印度北部。在麦什德的英国特派团接到命令，如果上述情况发生，那么应当在敌人利用这条铁路之前，就设法摧毁它。然而，他们没有这条铁路的详细地图，不能根据地图找到铁路最薄弱的地方。当蒂格－琼斯乘坐的火车向东缓缓穿过卡拉库姆沙漠的热浪时，蒂格－琼斯却谨慎地留意着，看在必要时有什么排水管或者桥梁可以炸毁。但是，这条铁路线是在大博弈高潮时期修建的，俄国军事工程师在修建时已经想到了这种威胁，因此他没发现什么薄弱的地方是在几小时内修复不了的。

24 个小时之后，他乘坐的火车驶进了特兰斯卡斯皮亚的首府阿什哈巴德（Ashkhabad）。在那里，蒂格－琼斯听到了令人震惊的消息。两天前的晚上，也就是 7 月 12 日晚上，一场政变把执政的布尔什维克推翻了。因此，这个城镇仍然相当混乱。然而，他在短暂的停留期间，就已弄清楚发生了什么事。住在城里的军营里的俄国铁路工人带领当地的反布尔什维克分子，占领了一个军火库，并拿走了里面的武器。他们把这些武器免费分发给所有人，于是一群武装暴徒攻进了布尔什维克的总部。一些官员被开枪打死，另外 9 名一直欺压平民的官员则被吊死。一个自称为阿什哈巴德委员会（Ashkhabad Committee）的新临时政府，就在他乘坐的火车于车站加水的时候成立了。临时政府的政治倾向仍未清晰，不过它完全由欧洲的俄国人组成，大部分是社会革命党的铁路工人，当时他们是布尔什维克的主要对手。虽然委员会声称代表土库曼穆斯林的利益，但是委员会的成员中没有一个是穆斯林，因为他们认为穆斯林太无知了，根本无法理解革命政治。

当然，阿什哈巴德的布尔什维克倒台对英国人来说是一件极其重要的进展。蒂格－琼斯知道，要尽快把这个消息告诉马勒森将军，然后由其发电报通知德里和伦敦。但是他不知道，在他乘坐的火车缓缓驶往卡赫卡的时候，这场政变的影响已经扩散至了其他地方。阿什哈巴德起义的消息很快就传到了梅尔夫（Merv）和克拉斯诺沃茨克，这两个城市的布尔什维克也遭遇了类似的血腥命运。火车离开阿什哈巴德4个小时后，到达了卡赫卡，蒂格－琼斯下了车。他从克拉斯诺沃茨克已经提前发来电报，要求准备向南骑行去波斯时使用的骡子，但他发现电报根本没送到。不过，有人在集市上给他介绍了一名骡夫，骡夫同意带他去麦什德，不过价格高得离谱。蒂格－琼斯自己给这趟旅程定了一个为期两天的目标，只比他10天前从麦什德过来所花时间的一半多一点，不过那名骡夫坚持说这是不可能的。他们离开卡赫卡前往俄国边境时，太阳已经下山了。

这趟旅程令人十分疲惫。沙漠炙热之极，然而山上却冷得要命（即使是在7月）。蒂格－琼斯知道，时间一小时一小时地过去，自己所掌握的情报也越来越过时，他毫不留情地赶着骡子和骡夫向前走。有时候他骑着骡子，有时候他走路，拖着踢着骡子走，决心要保持速度，并且证明骡夫错了。然后，在很远的地方，他终于看到了波斯城镇的灯光。两小时后，就在午夜即将来临之前，极度疲惫的蒂格－琼斯骑着骡子穿过古老的大门进入了麦什德。这花了他两天的时间。他立即前往英国领事馆，马勒森将军的情报人员就在那里。

21

阴 谋

与此同时，随着土耳其人进一步向巴库这座被包围的城市挺进，麦克唐纳却发现自己在那个夏天陷入了一场孤注一掷的阴谋，企图推翻布尔什维克统治者。苏维埃历史学家指责他——“按照英国情报部门的命令”——策划了这场阴谋。虽然他在伦敦的上级急于看到邵武勉倒台，但是麦克唐纳似乎并不是幕后的真正主谋。不过他还是密切参与其中，这点他自己也承认了。他得到了伦敦的完全批准，参加了一个秘密的主谋会议——这些头目主要是前沙皇军官和社会革命者。他还从藏在家中的200万卢布英国政府资金中，取出钱来资助这场阴谋。此外，他在回忆录中披露，他还参与了由伦敦授权的摧毁巴库油井的计划，以免让这些油井落入土耳其人的手中。

尽管如此，麦克唐纳却对组织政变的仓促方式感到不满。他写道：“每一位沙皇上尉都公开宣称自己是上校或将军，整个事件就像是一出喜歌剧。”政变的主谋大多数是格鲁吉亚人，他们既不喜欢也不相信亚美尼亚人，急于将后者驱逐出去。他们认为，一旦政变有成功的迹象，亚美尼亚人就会迅速转而反对邵武勉。麦克唐纳试图说服这些阴谋者推迟他们的计划，直到邓斯特维尔将军充分获知事态的进展。他指出，英国军队从恩泽利抵达巴库尚需一段时间，在这段时间里，在一个四面楚歌、四分五裂的城市里，没有恰当的领导，也没有一个有能力管理或保卫这座城市的组织，几乎任何事情都有可能会发生。但是没有人能阻止那些头脑发热的密谋者，他们团结在一起只是因为担心土耳其人在占领这座城市后的所作所为，以及他们对布尔什维克的反对。

发动政变的日期已经确定了，麦克唐纳别无选择，只能同意。该计划是号召油田工人罢工，并让其全员聚集在巴库的海滨地区。发言者会在那里谴责邵武勉没有做好充分准备，应对即将到来的土耳其进攻。接着，他们将一致发起投票，支持呼吁英国人来拯救巴库。等到那些仍然忠于邵武勉的部队和警察忙于控制那些不守规矩的石油工人时，数百名据说藏匿在该镇的俄国前军官将突然发动武装起义，包围布尔什维克的总部，并逮捕邵武勉和他的随从。与此同时，按照安排，在港口的海军人员和航空学校的学生会加入，从而阻止任何人集结去援救邵武勉。最后，一旦政变成功了，亚美尼亚武装部队将被部署在街上和城里的重要地点，以维持法律和秩序。由于麦克唐纳与亚美尼亚领导人的关系很好，因此他的任务就是在适当的时候把亚美尼亚人带进来。至于穆斯林，他们已经不足为虑了，因为在最近的屠杀中，那些没被杀死的大多都已经逃到农村去了，准备迎接土耳其人的到来。

“接下来的几天，”麦克唐纳后来写道，“也许是我一生中最扣人心弦的时刻。我们都卷入了一场非常危险和刺激的游戏。”如果一切都按计划进行，那么邵武勉似乎肯定会完蛋了，邓斯特维尔将军和他的部队也将很快抵达巴库。接着，灾难突然降临了。在政变的前一天，其中一名密谋者头目被布尔什维克的秘密警察逮捕了。麦克唐纳看着他被押走了。“那个时刻真的太糟糕了。”

他承认，“我担心他会表现出认识我的迹象，于是就躲进了一家商店里。”现在的关键问题是，这名俄国上校在麦克唐纳所说的“布尔什维克监狱劝诱的氛围”中，是否会坦白一切。如果他都坦白了，那么他们就只有死路一条了。后来又传来了更坏的消息，说策划这起密谋的两名次要人物也被逮捕了，而且在他们身上发现了某些人的名字和其他见不得光的材料。然而，在那个时候，剩余的密谋者头目们没有办法知道布尔什维克发现了多少。因此，他们只能决定继续执行这个计划，但是对这些人被逮捕的消息进行保密，以免其他参与这起密谋的人丧失勇气、不知所措。“我们的安全，”麦克唐纳写道，“取决于政变的直接成功——在那之后就没有布尔什维克人来逮捕我们了。”

这时，他已经设法把消息带给邓斯特维尔了，告诉他正在发生的事情。现在的问题就是等到第 2 天上午 10 点，到时候石油工人们就应该聚集在海滨地区，然后看看会发生什么事情。“我清楚地记得，我站在客厅开着的窗户旁边，俯瞰着海湾。”麦克唐纳回忆说，“我可以看见舰队停泊在大约半英里以外的地方。天刚亮不久，我第一次往外看的时候，那艘旧炮艇就已经启动起来了，但到了 9 点半，船还停泊在那里，我没看到船上有什么动静。”可是他知道，它们如果要在 10 点钟之前就位，就必须立即出发了。

然而，他从观察的地方，看不到海滨地区，那里应该随时都会发生大规模的示威活动。“10 点钟，这个重大的时刻到了，然后又过去了。我留心地想要听到步枪噼啪的响声。我留心地想要听成千上万的工人们的喝彩声，听他们要求英国人到来。但是没有一丝声音打破寂静，而且舰队还是停泊在那里不动。”接着，一艘舰艇突然离开了港口，朝其中一艘军舰驶去。麦克唐纳用他的双筒望远镜，看到一些人上了军舰。“他们不是水手，”他可怖地写道，“他们是警察。”现在已经很清楚了，整个密谋已经被出卖了。

10点半的时候，麦克唐纳再也按捺不住了，于是他走到镇上去，想看看发生了什么事。“街上到处都是巡逻队、士兵和警察。”他写道。但是商店却都开着，就好像什么事情也没发生一样。他在石油工人本该去的海边，发现了一个被丢弃在那里的小木制讲台，“就是示威者总是为演讲者准备的那种”。他匆匆赶到一个密谋者头目下榻的旅馆，却发现那人突然坐了凌晨的渡船去了克拉斯诺沃茨克。麦克唐纳放在猪皮皮箱里给那人的那笔可观的卢布已经不见踪影。随着进一步了解，他逐渐弄清了所发生的事情。事实上，就像他所担心的，一名被拘留的人向审讯他的布尔什维克泄露了秘密。结果，一群重要的密谋者在夜间被逮捕了，其中包括一些原定要去袭击邵武勉总部的沙皇军官。那天早上，石油工人试图进城时，发现道路被布尔什维克武装部队堵住了，他们的领导人也被逮捕了。事实上，大多数主要策划者现在不是被逮捕就是消失了。这让麦克唐纳觉得自己已经完全暴露了，秘密警察随时都会找上他。

然而，布尔什维克起初似乎忽视了麦克唐纳，这或许是因为他们没有意识到他在密谋中扮演的角色。相反，由官方控制的巴库报纸，把愤怒的矛头直接指向“沙皇反革命者”，报道称是“布尔什维克的洞察力和工人们不屈不挠的意志”挫败了这些人的邪恶密谋。报纸上完全没有提到英国的任何参与，也许是害怕这样会鼓励越来越多的普通民众欢迎邓斯特维尔将军的介入。与此同时，邵武勉正在向莫斯科发出越来越绝望的电报，请求派遣红军过来保卫巴库。他在报告中说，他的亚美尼亚部队迄今为止一直在英勇地抵抗不断前进的土耳其人，但是现在士气也变得低落了。他声称，这是由于“英国人的鼓动”和一些指挥官的“怯懦”，这些指挥官要求邓斯特维尔的援助。“我恳请你们赶快。”邵武勉恳求莫斯科。但是列宁和斯大林除了赞美他如此坚决地拒绝英国的援助外，只从阿什哈巴德给他派了 170 名的骑兵，另外从中亚增派了 780 名士兵，让他们前往巴库以西不到 100 英里的地方，与 2 万名亚美尼亚士兵一起，努力挡住前进的土耳其人。然而，他们面对的是 9 个装备齐全的土耳其步兵师，士兵数量至少是他们的 3 倍。

这时候，邵武勉的审讯人员逐渐从他们的囚犯身上获取了这个流产密谋的细节，怀疑的矛头开始越来越指向麦克唐纳。麦克唐纳接到的第一个警告是，他发现自己的电话线被切断了。而且跟踪他的人不再小心害怕被发现了。“我看到在我的前门有人，”他写道，“而且他们明目张胆地跟着我。”他假装什么事也没发生过一样，登门去拜访邵武勉，结果却被一个看门的粗鲁水手拦住了。从那以后，麦克唐纳发现自己卷入了一连串越来越离奇的事件中，事态开始迅速发展。

一开始，他通过一个可靠的渠道收到了一条简短的信息，信息只是要求他第二天上午一定要在家。第二天中午，一名客人从他家的后门拜访了他。乍一看，来访者似乎是卖东方地毯的行旅商人，麦克唐纳以收藏这些地毯而闻名。麦克唐纳把他请了进来，于是那名客人把许多精美的地毯铺开在地板上，让麦克唐纳挑选。其后，此人偷偷地环顾四周，确定房子里没有其他人后，就向麦克唐纳伸出手，做了自我介绍。“我是马蒂夫（Martev）上校。”

他自我介绍道。接着，他脱下自己的一只高筒皮靴，把手伸了进去。随着靴子里传出一声轻微的咔嚓声，上校从中抽出了一张折好的纸条。“是我自己发明的。”他一边得意地说，一面拍了拍靴子的侧面，然后又把它穿上了。他把纸条递给麦克唐纳，麦克唐纳马上看了起来。

这张纸条是其中一位重要密谋者写的，他是一名俄国牧师，麦克唐纳非常信任他。牧师警告他，布尔什维克在是否要逮捕他的问题上存在分歧。“似乎大多数人都赞成将我送到革命法庭进行审判，”麦克唐纳写道，“但是邵武勉和其他一些人反对。”纸条指示他在当天晚上，要大摇大摆地到指定地方去参加一个聚会，他在那里会得到进一步的消息和建议。那天晚上，麦克唐纳按响了聚会举办者家前门的门铃，那些跟踪他的人则守在房子的对面。主人将麦克唐纳邀请进去了，并招待他吃了一顿俭朴的晚饭（因为食物极度短缺）。其后，主人又邀请他到另一个房间，去欣赏自己的一些波斯地毯。然而，主人马上就把他带到了房子的后面，通过一架梯子爬上到了屋顶。“当时没有月亮，四周漆黑一片。”麦克唐纳回忆说，“我的脚似乎深深地陷进了铺在屋顶上的软沥青里。有一次，我差点就被一根电报线绊倒了。我们向右拐，然后看到手电筒的灯光在我们前面大概 10 米远的地方闪了一下。”接着他们从另一架梯子爬了下去，一位年轻的姑娘正在下面等着。姑娘一句话也没说，也没有解释，只是把麦克唐纳领到一间光线昏暗的房间里，他看到房间里的床上有一套布尔什维克士兵的制服。她示意他穿上，并领着他和他的主人从后面的楼梯下来，来到一条街道的出口，然后他们离开了。

这两个人用这种精心设计的方法摆脱了跟踪麦克唐纳的人，

然后冒着夜色走了几分钟，来到了另一所房子。麦克唐纳想知道，如果他的外交部长官们现在看到他穿着红军士兵的军服，会说些什么。他们到了这所房子后，一名亚美尼亚中年妇女出来迎接了他们。如果有过路人看到，只会以为她是在欢迎她的军人儿子回家。她把他们领进屋子并带进了楼上的一间房间，房间里有3个麦克唐纳不认识的人，但这3人显然是在等他们。其中一个人向麦克唐纳解释说，他现在肯定会被布尔什维克逮捕并且进行审判了。然而，他的朋友们已经做了非常谨慎的安排，以确保案子最终会败诉。他说，布尔什维克会给他安排一个律师来帮他辩护。他要接受这个提议，因为这个人实际上是朋友。说话者随后向他简要地介绍了与他的律师一起制定的战略，并要求他严格地遵循这个战略。结束之后，麦克唐纳被带回到第一所房子，他在那里换回了自己原来的衣服，然后从屋顶回到聚会上。现在聚会已经结束了，因为马上就到10点钟的宵禁了。“我和其他客人一起离开，”麦克唐纳回忆说，“然后马上就被那个毫不知情的流氓盯上了，他之前跟踪我到聚会，现在又跟着我回家。”

正如麦克唐纳的神秘朋友警告的那样，不久之后，他被逮捕了。“我刚吃完晚饭，”他写道，“一辆黑色的大轿车开到我的门前，车上有秘密警察的头儿和3名士兵。”他们彬彬有礼，一边道歉，一边解释说“邵武勉同志”迫切希望见到他。一到布尔什维克总部，麦克唐纳就被押送进了一个大房间，房间里有几排椅子，对面有一张长桌，桌上铺着革命的红布。邵武勉本人和几名巴库政委坐在桌子旁边，认真地讨论着摆在他们面前的一些文件。许多人满怀期待地坐在桌子对面的椅子上，而其他的人，包括士兵、水手和工人，有的走来走去，有的站着低声交谈。押送麦克唐纳的士兵向邵武勉报告了他们的到来，之后看守他的士兵就退出去了，而他则被带到桌子前，有人给他搬来了一张椅子。

邵武勉小心翼翼地避开麦克唐纳的目光，他告诉麦克唐纳，他们希望就巴库最近发生的事件以及他与这些事件之间的关系，问他“几个问题”。麦克唐纳立即要求知道他为什么被捕，因为他仍然是一名正式的英国外交官，这违反了国际法。邵武勉看上去有些尴尬，并向麦克唐纳保证说，他并没有被逮捕，这些士兵只是为了保护他。接着，邵武勉问麦克唐纳是否需要法律上的代表。麦克唐纳回想起前一天晚上的指示，就回答说想要，并且无辜地问，他是否应该请自己的律师。邵武勉向他保证，这是没有必要的，因为他们会派一个十分优秀的律师给他。话音刚落，一名亚美尼亚人走了出来，向麦克唐纳作了自我介绍，然后把他领到了房间另一头的一张桌子前。

这里还有两名布尔什维克官员，他们将一起询问他，然后决定是否对他提起诉讼。如果他们决定对他提起诉讼，那么巴库革命法庭将会听取这个意见。麦克唐纳发现，这个机关已经判处其中一名主谋死刑了，而且下令悬赏要取那个在政变当天早晨（带着麦克唐纳的卢布）乘坐克拉斯诺沃茨克渡轮逃跑的人的人头。不过，他确信，自己去那里只是回答一些问题。“我对这种微妙的区别感到很满意。”麦克唐纳挖苦地回忆道。在审讯的过程中，他告诉这两名官员，他的政府给了他明确的指示，要他说服邵武勉接受英国的帮助，以保护巴库免受土耳其人的攻击。他补充说，如果英国政府想发动政变，他们肯定不会交给他，因为他对这种事情一点儿也不专业，而他们毫无疑问有很多专业人士可以安排。至于那些已经被逮捕的人，他认识其中一些并不奇怪，因为他已经在巴库住了好几年了。他没有理由怀疑他们中的任何人参与了反对布尔什维克的阴谋。两名官方调查人员仔细地记录了这一切。

“现在，”麦克唐纳写道，“轮到那个我被告知要期待的线索上场了。”他的律师递给他一沓打印的文件，据说是在那个被判处死刑的主谋的行李中发现的。律师问他，以前是否见过这些文件。麦克唐纳仔细地翻阅了这些文件，而其他人则静静地看着。他很快就找到了前一天晚上朋友们告诉他要注意的东西。“用这台机器打出来的文件，”他对审讯他的人说，“字母 B 后面偶尔会跳一个空格，而字母 E 的中间的那一条短横线会残缺。”这两个人因为料不到接下来会发生什么事，便对他的说法表示认同。紧接着，麦克唐纳从口袋里掏出了一封信，那封信上面有邵武勉的签名，是警察头子交给他的，要求他接受调查。他指出信上有着同样的缺陷。这立即在现场投下了一枚重磅炸弹。他盯着两位官员的脸说：“所有这些文件和信件都是在这间办公室里打出来的。”

这两个人显然大吃一惊。他们拿起这些文件和信件，仔细地比较起了打印出来的字。“不可能！”其中一个人倒吸了一口气，不敢相信地说。麦克唐纳回答说：“恰恰相反。”他还补充说，这一发现证实了一个谣言，即邵武勉自己策划了这场阴谋，目的是证明他有能力粉碎这场阴谋，并找出哪些人背地里反对他。接下来是一阵漫长而尴尬的沉默。过了一会儿，他的律师问他：“这就是你的回答吗？”麦克唐纳点了点头。接着，这三个人迅速从桌子上站起来，退到了另一个房间里，邵武勉和其他几位委员也立即去那里见了他们。在他们商议的时候，一名红军士兵显然是受命来密切监视麦克唐纳的，因为在麦克唐纳等待自己的命运被判决时，那名士兵小心翼翼地稍微靠近了他独自坐着的地方。

最后，在过了很长一段时间之后，他们显然制定了一个策略，邵武勉和他的同事们出现了，他们邀请麦克唐纳在长桌前坐下来。麦克唐纳坐下来后，有人给他端了一杯茶和一些饼干，接着他被问了一连串关于他自己的问题。所有这些问题都是无伤大雅的，没有一个问题稍微提及这个密谋，或者提到他在密谋中的可疑角色。麦克唐纳非常清楚其中的原因。他身后的公众席上坐着的观众期待或者至少希望能看到一些轰动的东西。邵武勉最不愿让他们听到，麦克唐纳重复一遍关于反革命文件来源的诽谤指控，因为这马上就会在城里传开。他的神秘朋友们是如何安排这件事的，麦克唐纳完全不知道，不过这很可能救了他的命。因为这显然迫使邵武勉和革命法庭的成员采取防御态度，使得诉讼过程只不过是为了保全面子。麦克唐纳写道："整件事悲惨地结束了。"在将近凌晨一点的时候，大多数公众席都空了。大约在一点半的时候，他被告知无罪释放，可以回家了，不过他被警告，不能离开巴库或者试图与邓斯特维尔将军联系。

逮捕他的秘密警察头子马上开着自己的车，穿过空无一人的街道，把麦克唐纳送回家，这次没有武装士兵一起。"我太累了，也太紧张了，不想和他多寒暄几句，"麦克唐纳写道，"但很明显他有话要说，所以我请他进来，喝一杯加苏打水的威士忌——这是我自己真正渴望的东西。"这位曾在沙皇手下担任类似职务的警察头子，在确认没有人偷听后，建议麦克唐纳尽快离开巴库，说这样做才是明智的。事实上，如果麦克唐纳想在恩泽利与邓斯特维尔将军会合，这名警察头子也许可以帮他偷偷地离开巴库。"然后他谈到了他的债务，"麦克唐纳回忆道，"以及这些债务给他带来的困境。"麦克唐纳把这当作一个暗示，反问他是否能帮他解决这个问题。“他立即惊恐地拒绝了，”麦克唐纳写道，“说这太像旧社会的作风了。”尽管如此，麦克唐纳还是清楚地收到了这个信号，他决定继续坚持。

渐渐地，警察头子不再那么拒绝了，而且几天后，一切问题都解决了。“英国纳税人的200英镑，”麦克唐纳写道，“就可以还清他的债务了，而且也让我登上了‘图拉’号（Tula）轮船前往恩泽利。”他的新朋友把跟踪麦克唐纳的人叫走了，第二天早上麦克唐纳就溜上了船，但是没有带行李。船上一名可信任的船员把他带到了机舱，并藏在锅炉后面的一个小洞里，没有乘客或船员能看到他。麦克唐纳不得不顶着令人窒息的高温，在那里等了一整天，直到船起航，才能够离开自己的藏身之处，回到甲板上的小屋里，把他那湿透的衣服晾在那里。第二天，他看起来不像一名英国外交官，更像是一位苦行僧，在恩泽利下了船，然后立即前往那里的英国总部。邓斯特维尔将军当时在加兹温（Kazvin），他的小部队的大部分成员驻扎在那里。恩泽利的英国官员立即作出安排将麦克唐纳送到加兹温，以便他能够直接向将军报告巴库的最新情况，随后再向驻德黑兰的英国公使报告。“能够再次与自己的同胞团聚真是太好了。”麦克唐纳在与布尔什维克的大博弈中，度过了担惊受怕的几个星期，他心怀庆幸地写道。

几天后，当收听由布尔什维克控制的巴库广播电台播放的新闻广播时，麦克唐纳为自己的逃离感到庆幸不已。一名勤务兵从英国的接收电台跑过来，说一个俄语广播不断提到他的名字，问他能不能过来翻译。“我从中得知，”他写道，“在我失踪后，布尔什维克对我进行了正式的审判。”他在缺席的情况下，被认为有罪并被判处枪决。“很遗憾，”他补充说，“一些没能像我一样逃离的人也被判刑了。”回想起来，似乎很有可能是邵武勉为了避免与英国人全面摊牌（毕竟英国人在附近有部队），才故意让麦克唐纳逃脱了革命的审判，而他那位负债累累的警察局长只是利用了这点。无论如何，麦克唐纳都非常幸运地逃过了一劫，而其他人却为此付出了沉重的代价。

不久之后，在 7 月 31 日，一则更加耸人听闻的消息从巴库传到了英国人的耳中。邵武勉终于被推翻了。他未能准备好保卫城市，抵御快速逼近的土耳其人，由此带来的恐惧逐渐转变成了近乎恐慌，越来越多以前支持他的人抛弃他了。最后，以 259 票对 236 票，巴库苏维埃决定向英国求助。邵武勉极度愤怒，他宣布，他和剩余支持他的人不会参与其中，而且他们将立即退出巴库苏维埃并从巴库撤离。“我们的心痛着，嘴里诅咒着，”他情绪激动地说，“我们这些来这里准备为苏维埃政权而死的人被迫离开。”接着，他们把能集结的所有武器和弹药都装上了几艘停泊在巴库港的船，然后带上他们所有的部队和支持者，乘船前往了阿斯特拉罕，那是里海唯一一个仍受布尔什维克控制的港口。

邵武勉一离开，巴库的控制权就迅速而无情地落入了那些自称“里海舰队中央委员会独裁政权”（Centro-Caspian Dictatorship）的社会革命者手中。他们主要由俄国人组成，也得到亚美尼亚人的支持。他们一致同意需要英国的帮助，于是立即向邓斯特维尔将军发出紧急呼吁，请他在还有时间的时候赶到巴库。与此同时，他们派出了快速的海军舰艇，去追捕并押回那些逃跑的布尔什维克党人，这些舰艇还受命要将那些急需的武器装备一起带回巴库。这很快就完成了，而且据报告称，邵武勉和他的政委同志们现在正在这座城市的一所监狱里苦苦挣扎，而这所监狱之前还受他们自己控制。

邓斯特维尔将军等待已久的时刻终于到来了。他的参谋们慌忙征用合适的船只，要将官方称的“邓斯特部队”运往巴库，而麦克唐纳则得到了一套新的制服换下了他逃跑时穿的衣服，并被派去告知“里海中心的独裁者”支援已经在路上了。拯救巴库及其珍贵油田并使它们免于落入恩维尔之手的竞赛终于开始了。

22

巴库战役

“从海上看，巴库的景观，”邓斯特维尔将军写道，“非常壮观。”在城镇的中心，矗立着俄国东正教大教堂独特的圆顶，顶端有一个闪闪发光的金球和十字架。眺望里海，沿着海岸是成排的宏伟建筑，它们曾经属于在这里发家致富的富裕家庭。在上世纪末，巴库是世界上最富有的城市之一。在沙皇帝国的这个偏远角落发现的巨大油田，让世界各国的企业家和冒险家纷纷涌向此地。专家估计，巴库的石油足以给整个世界供热和照明。这里的石油多到，人们只要向巴库附近的里海扔一根火柴，海上就能燃起大火，而且持续燃烧几分钟。

在短短的几年时间里，这座小镇就变成了另一个克朗代克，这里可以一夜暴富，也可以一夜变得一无所有。巴库的新兴富豪，其中有一些甚至目不识丁，都在海滨为自己建造了富丽堂皇的大宫殿。巴库新铺设了优雅的林荫大道，道路上奔跑着的都是时髦的马车，著名的欧洲奢侈品商店也在这里开设了分店。离这一切都很遥远的是大油田，那里木井架林立，一直延伸到城镇一边的大海。这里的石油工人都挤在棚屋里，而原油躺在黑得发亮的油坑里，从钻孔里渗漏出来，到处都弥漫着原油散发出的令人作呕的甜腻味。巴库的油田产出的石油，曾经超过美国所有油井的总产出。

但是1918年8月17日，当英国人在巴库那沉睡的港口下船时，这段曾经辉煌的历史只剩下一点残余的痕迹了。像瑞典出生的诺贝尔兄弟这样的百万富翁们早已离去，欧洲人开的优雅的商店早就关门了，而且马车也不再在路上奔跑了。在战争和革命的余波中，巴库已然衰败，尽管它的衰落早在战争或布尔什维克掌权之前就开始了。由于恶劣的工作环境，油田发生了一系列马拉松式的罢工，石油行业陷入了瘫痪，石油产量常常降至极低的水平。血腥的种族冲突有时会导致大屠杀，加上沙皇政府的暴力镇压行动，对该行业造成了进一步的破坏。由于对巴库的未来缺乏信心，油田老板认为投资最新技术没什么意义。战争使这个城镇更加远离国际市场，只能依靠有补贴的国内市场。总而言之，这一切加速了这个曾经富裕的城市的衰落，让革命者有机可乘，他们用令人兴奋的新福音，为邵武勉短暂的巴库苏维埃以及现在听起来好大喜功的“里海舰队中央委员会独裁政权”铺平了道路。

那个夏天的早晨，邓斯特维尔将军的船驶近了码头，他和他的参谋们正在仔细研究这座城镇的防御地形。巴库的背面是高耸的荒山，可以从三面俯瞰城中，而土耳其人就在这些山后面的某个地方。如果他们有大炮，而且能把大炮弄到这么高的地方，那么他们就能用大炮随意摧毁这个城镇，以及邓斯特维尔的小部队。因此，如果要拯救巴库及其宝贵的油田，就必须不惜一切代价阻止土耳其人占领高地。然而，邓斯特维尔最紧迫的任务，是了解目前土耳其人以及巴库防御部队的部署情况。正是出于这个原因，他先派麦克唐纳过来，紧接着又派了一小支先遣部队过来，他们已经到巴库好几天了。

邓斯特维尔的“克鲁格”号（Kruger）一靠岸，他就收到了“里海舰队中央委员会独裁政权”的5名首脑发来的紧急信息，询问何时才能见到他。与此同时，先遣队的指挥官登上了船，向他简要介绍了目前的情况。他们到达时，发现前线几乎没有任何防御，而土耳其人预计第二天就会发动进攻。很明显，当地指挥官以及他们的士兵都指望英国人来代替他们进行战斗。邓斯特维尔后来写道，也许麦克唐纳的工作做得太好了，因为很快就可以看出来，市民们期待着“一船又一船”的英国士兵在码头下来。因此，当汉普郡团的小先遣队下船时，他们感到非常失望。“不过，”邓斯特维尔写道，“仅仅看到这些健壮的士兵，他们就受到了鼓舞，第二天土耳其人发动袭击时，镇上的每个人拿起了自己的步枪，冲上前去加入战斗，结果土耳其人在混乱中被击退了。”

英国的先遣部队还发现，巴库的防线在城市周围形成了一个19英里长的新月形，位置十分不利。“步枪射击坑的位置太差了，”他们向邓斯特维尔报告说，“里面的人只能向空中射击。”防线上既没有带刺的铁丝网，也没有用来交通的壕沟。而一些地方离土耳其人的前沿阵地则不到1英里。据推测，负责这座城市防御事务的是1万名大多三心二意的当地志愿军，其中包括3000名俄国人和7000名亚美尼亚人。他们都有步枪，但基本没有接受过正规的军事训练。大多数人认为自己已经够拼命了，而有些人甚至主张与敌人举行会谈。至于那些在最近的大屠杀后留在巴库的穆斯林，他们中即使不是全部人，大多数也都是准备欢迎土耳其人的，这表明有一支潜在的危险的第五纵队，或者说内部的敌人。

真正的敌人是恩维尔帕夏的那6万名“伊斯兰军”的先锋队，他们由1.4万名久经沙场的土耳其士兵组成，预计在适当的时候还会有新的增援。一旦巴库落入他们的手中，他们就计划带着圣战的旗帜，穿过里海进入更远的穆斯林土地，解放住在那里的突厥民族，并且在沙皇以前的领地里开辟出一个新的奥斯曼帝国，恩维尔则计划作为苏丹统治这个国家。先遣队警告邓斯特维尔说，土耳其人的前沿阵地已经很靠近城镇，十分危急。“敌人的炮台有飞机协助侦察，可以随时轰炸港口，摧毁船只，”他们报告说，“特别是如果他们携带了重炮的话。”幸运的是，到目前为止还没有发现重炮的迹象。与此同时，先遣队在等待邓斯特维尔和主力部队到来时已经转移到了前线最薄弱的地区。

如果巴库的人民对先遣队的规模已经感到失望，那么当看到英国的剩余部队在码头登陆时，他们就更无法安心了。因为所有的“邓斯特部队”加起来都从来没有超过1000名士兵。读者可以回想起，他们的任务并不是试图自己保卫巴库，而是将俄国人和亚美尼亚人的志愿军，训练成一支能够抵挡土耳其军队的力量，直到其他地方可以派出部队来增援。在最坏的情况下，巴库会陷落，但英国能在此之前组建起一支小规模的临时海军部队，从而阻止土耳其人越过里海，抵达克拉斯诺沃茨克并占领那里至关重要的铁路末端。为了达到这个目的，一些皇家海军军官才加入邓斯特维尔一行。他们的任务是设法弄到合适的船只，并为其配备英国的大炮，以便来控制里海。他们已经征用了两艘完全不同的船只，如果英国人还没有来得及站稳脚跟，土耳其人就成功占领了这座城镇，那么就可以用它们来迅速撤离“邓斯特部队”。这两艘船就停泊在了“克鲁格”号的旁边，由武装警卫守着。

与此同时，邓斯特维尔在巡视了一遍战场后马上就确信，情况比他想象的还要糟糕。土耳其士兵的数量有着压倒性的优势，如果他们坚决要发动一场真正的进攻，他知道即使自己的部队和当地的志愿军再怎么英勇而坚定地去战斗，也都救不了巴库。事实上，土耳其人之所以犹豫，可能是在等待进一步的增援，也可能是误以为英国人在巴库部署了大量的兵力。如果原因是第二个的话，那么他们发现真相只是时间的问题，“内部的敌人”——他们在巴库的穆斯林朋友——很可能会向他们发出警告。

但是，在1918年的夏天，尽管巴库的情况看起来很糟糕，其他地方的战争消息却比过去长期以来都要好。在西线上，鲁登道夫将军的大进攻已经停止，他的部队本来已经攻到了离巴黎不到37英里的地方，但现在这60个师都被击退了。他打破西线长期僵局的总体计划招来了灾难性的反弹。8月8日——协约国反击的日子——是欧洲战争的转折点，也在随后被鲁登道夫称为德国军队的“哀悼日”。在接下来的几个星期里，协约国军队虽然付出了巨大的代价，但是取得了一次又一次的胜利，在多个地方突破了德军的防线。德国军队本以为协约国已经到了穷途末路，现在却发现敌人的资源似乎是取之不尽的，而且其挺进是不可阻挡的。就连德国皇帝现在背地里也承认，他统治世界的梦想已经破灭了，他犯了一个可怕的错误。然而，欧洲的战争还将持续3个月，尽管胜负一天天变得越来越确定。与此同时，另一个主要战区——巴勒斯坦——传来的消息也同样令人鼓舞。有报告称，土耳其人和他们的德国顾问之间产生了不和，甚至发生了暴力冲突，艾伦比将军正在为他的部队向北大规模挺进大马士革做准备。

然而，这一切并不会让邓斯特维尔将军及其微弱的军队感到宽慰，他们那时正在巴库周围贫瘠的高地上为抵抗土耳其人压倒性的军力而做准备。最近的英国部队驻扎在600英里之远的巴格达，因此邓斯特维尔根本无法指望得到任何增援，如果他们被困住了也将得不到任何救援。尽管如此，当他们开始严肃地为巴库的防守做准备时，确实也遇到了一些值得高兴的事情。他们第一次尝到了鱼子酱，鱼子酱在里海的这个港口仍然相当丰富，士兵们给它起了个昵称，叫“鱼酱”（fish jam）。他们还遇到了一起关于德国军事特派团的奇特事件。一小队德国参谋人员以为这座城市已经落入了土耳其人的手中，他们从更远的海岸乘船过来，并在抵达港口后要求把他们带到土耳其人的总部。据说，他们的土耳其盟军告诉他们打算在特定的某一天占领巴库，因此他们也就相应地从梯弗里斯出发了。等到他们发现自己的错误时，为时已晚，一名英国中尉手持左轮手枪逮捕了他们，并把他们移交给了巴库当局。

终于有了诺埃尔上尉的好消息，人们一直担心他已经死了。“丛林军”最终释放了他，现在他突然出现在巴库，他有着一个不同寻常的故事可以讲述。在邓斯特维尔的军队彻底击败“丛林军”后，“丛林军”被迫与英国人达成协议。双方约定，用诺埃尔来交换英国人关押的“丛林军”囚犯。为了防止诺埃尔再次逃跑，“丛林军”一直给他戴着镣铐。他的身体状况十分糟糕，“丛林军”的首领库丘克可汗觉得就这样把他送回去很难堪，于是下令给他增加特殊的口粮，试图让他恢复一点在丛林监狱中减少的体重。只有到那时才能把他拿去交换。这样就有点麻烦了，因为诺埃尔的体格天生偏瘦，跟大多数波斯人不一样，因此，在那些看守者的眼里，他似乎恢复得非常慢。“然而，在我有望得到释放之前，”诺埃尔后来写道，“我必须达到波斯的胖的标准，那的确是非常胖。”库丘克可汗发现诺埃尔似乎没怎么恢复，于是派了一名手下前去调查。诺埃尔向他解释说，英国人总的来说是一个比较瘦的民族，而且最终让他相信，“即使吃光了世界上所有的食物，我也变不成一个胖子”。

两天后，也就是 8 月 27 日，他被移交给了在恩泽利附近的拉什特的英国人，“身上还穿着 5 个月前的破衣服”。尽管诺埃尔经历过如此多的困苦，他还是立即要求把自己送到巴库与邓斯特维尔会合。巴库是他早期与麦克唐纳冒险的地方，他认为自己对当地的了解在那里可能会很有用。他这样做还有另外一个原因:“我渴望弥补我失去的时间，并亲眼看到事情结束。”他在拉什特的集市,设法买到了一件俄式的高领上衣,一条系在腰上的镶边腰带，几条长裤和几双黑色的长筒皮靴。最后他还买了一顶黑色的高毡帽。“第二天，”他写道，“我到了巴库，看上去像一名向邓斯特维尔将军报告的布尔什维克政委。”无所畏惧的诺埃尔立即提出了一个大胆的计划，袭击他所熟悉的地方的土耳其交通要道。邓斯特维尔尽管认为这次冒险“极其危险”，不过他也觉得很有可能会成功，就同意让诺埃尔试一试。但是这一行动需要周密的计划，而且因为后来的事态最终未能执行，对诺埃尔来说，这或许反而是幸运的。后来，诺埃尔因在战争期间参与的各种秘密行动，被授予“杰出服役勋章”（DSO），这对一名下级军官来说是非凡的荣誉。

诺埃尔并不是唯一一名出现在巴库的年轻英国情报官员。蒂格－琼斯上尉也去了那里，他也不想错过即将在巴库上演的大戏。前文我们提到，蒂格－琼斯上尉骑马去了麦什德向他的长官马勒森将军报告巴库和克拉斯诺沃茨克的局势以及阿什哈巴德的布尔什维克被推翻一事。他自愿返回阿什哈巴德，了解那里更多的情况，并试图摸清那里的新统治者对英国人的态度。他再次打扮成商人，一到那个城镇就立即与自称“阿什哈巴德委员会”的反布尔什维克新当局取得了联系。“他们看起来就是典型的铁路工人，又脏又没刮胡子，显然非常害怕。”蒂格－琼斯后来在自己的日记中写道，“命运和形势迫使他们领导了一场革命。布尔什维克政权的暴政把他们逼到了绝境。他们起义推翻并杀害了暴君，现在才开始意识到自己是孤立无助的。”他们向蒂格－琼斯询问了在波斯北部的英国军队的实力，之后又忧心忡忡地问他，如果布尔什维克派塔什干的红军守备部队来镇压他们，那么他们是否能得到英国人的任何援助。

蒂格－琼斯解释说，自己不能代表伦敦和德里的上级做决定，但承诺会把他们的请求用电报发给马勒森将军，马勒森将军必定会去征求上面的意见。他发了电报，接着马勒森和“阿什哈巴德委员会”的代表进行了讨论。其后，一小支英属印度部队被从“东波斯封锁线”抽调派到特兰斯卡斯皮亚。印度的防务官员认为土耳其人很有可能会夺取巴库，并进而控制克拉斯诺沃茨克的铁路线末端，他们现在最渴望让这些地区继续留在盟友的手中，因为伦敦越来越把布尔什维克视为德国煽动的反协约国阴谋的棋子，并认为他们完全不值得信任。因此，蒂格－琼斯在搭建了阿什哈巴德的反布尔什维克当局与马勒森之间的联系后，就继续出发前往克拉斯诺沃茨克，想弄清楚布尔什维克被推翻后，那里的情况怎么样了。最后，他乘坐渡船来到了巴库，表面上是要向马勒森报告这个陷入困境的城镇的最新情况，但实际上是因为，这里显然是任何雄心勃勃的年轻军官最好的去处。很快，他就被指派加入邓斯特维尔的队伍，受命建立一个情报部门以及一个间谍网络。

至于马勒森则被他抛之脑后。

邓斯特维尔将军及其队伍在抵达后，一直火急火燎地要把当地的俄国部队和亚美尼亚部队重新组织起来，并且加强他们抵抗土耳其人进军的决心。他们失望地发现，不计其数的委员会取代了正规的指挥结构。他们还发现，士兵们去参加政治会议，或者跑回镇上去与自己的女人或家人共进下午茶时，整个前线地区就会无人防守。他们只挖了寥寥几条战壕，并在被要求多挖时回应说："我们为什么要挖？只有懦夫才会这样做。我们要战斗！"邓斯特维尔回忆说，他们会时不时地排成一排，用步枪朝空中开火，似乎是要吓唬敌人。"他们经常在没有任何进攻迹象的情况下这样做，而离得最近的土耳其人就在2000多米远的掩体后面。"他补充说。这支军队虽然强烈反对布尔什维克，但仍是一支革命军。他们缺少一个有效的首领，因此也没有纪律、法律、法规或者惩罚。他们可以随意地服从或者忽视任何命令。

邓斯特维尔承认，生活在土耳其东部山区的亚美尼亚村民十分顽强，他们曾经以及现在都在勇敢地与敌人作战，但他直言不讳地指责，他们那些住在巴库城里的表亲胆小懦弱。然而，这种怯懦是可以理解的，邓斯特维尔补充道。"他不是天生的军人，也不是受过训练的军人，只是一个食不果腹、身材矮小的工厂工人。他只被塞了一支步枪在手里，就被命令去战斗了。他没有装备，没有正规的教官，没有像样的军官，也没有定期安排的食物供应。他坐在战壕里，子弹呼啸而过，炮弹在头顶爆炸，他知道大多数战友已经偷偷溜回了城里，正和姑娘们一起喝茶。那他为什么不也去呢？"将军还说，在这种情况下，估计世界上没有任何一支军队可以表现出多大的勇气。

在发现这座城市的防御工事及其所谓的守卫军的糟糕状态后，会讲俄语的邓斯特维尔立即向“里海舰队中央委员会独裁政权”的5名首脑施压，要求让他全权指挥巴库的防御，但遭到了坚决的拒绝。他提出建议他们当中应有一个人统领全局，他们却一致坚持认为，他们当中没人觉得自己有能力承担这样的责任。他们对英国军队的规模表示愤怒和失望，声称自己被误导了，以为会有更多的军队。邓斯特维尔和这5个人之间的关系从一开始就很紧张，随着日子一天天过去，以及土耳其人越来越逼近，他们越来越难合作。

但是导致邓斯特维尔和“独裁政权”产生裂痕的，不仅仅是巴库的陆地防御。邓斯特维尔尽心竭力要建立一支临时的里海海军，遭到了独裁者们的强烈反对，他们反对任何英国海军出现在俄国海域的想法。相反，他们建议，把已经从巴格达出发缓缓运过来的轻型海军火炮，装备在他们自己的船上，取代那些俄国制造的火炮，因为它们对应的弹药现在几乎用完了。有了这些大炮，他们就可以保护邓斯特维尔的海上通讯——他与恩泽利之间唯一的通讯方式。此外，一旦巴库陷落，他们还可以阻止土耳其人去克拉斯诺沃茨克。然而，邓斯特维尔不可能同意由这些完全捉摸不透的人来掌控。结果，除了“克鲁格”号和另外两艘留出来紧急撤离部队的船只，他的小海军部队只能得到两艘适合改装的船只。面对这种无休止的阻碍，邓斯特维尔十分沮丧，他有时候很想推翻这5个人，然后控制这座城市。

如果这还不够，他现在又遇到了另一件恼火的事情——失去他刚刚获得的情报官员——私自留下来的蒂格－琼斯。事实已经证明，蒂格－琼斯在组织间谍网络上的贡献对他来说是无价的。因为，即使蒂格－琼斯故意忘记了麦什德的马勒森将军，这位将军当然不会忘了他。很快，马勒森就要求他回来。起初，处境艰难的邓斯特维尔对马勒森的请求置若罔闻。但是他不知道，马勒森在东部 500 英里的地方也面临着一场严重的危机。因为就在那时候，塔什干的布尔什维克部队正坐火车前往阿什哈巴德，决心要用强大的军队力量，恢复莫斯科在那里的统治。叛军“阿什哈巴德委员会”发出了绝望的请求，作为回应，一支由 40 名旁遮普人组成的印度陆军机关枪支队，在一名英国军官的率领下，迅速前往梅尔夫附近的一个地方。那里位于阿什哈巴德以东 200 英里处，委员会力量薄弱的部队，正准备在那里抵抗布尔什维克。然而，旁遮普人的几次机枪扫射精确异常，驱散了震惊的攻击者。虽然只是一场小冲突，但这是自克里米亚战争以来，英俄两军的首次交火。

正如我们看到的那样，德里极度希望不让阿什哈巴德落入布尔什维克的手中，所以从“东波斯封锁线”派出了更多的英属印度部队。这批部队正在前往阿什哈巴德地区，以加强委员会薄弱的军队力量。因此，马勒森迫切需要蒂格－琼斯上尉前往阿什哈巴德，向自己汇报那里的事态发展，并且与委员会协调军事行动。德里下达了严厉的命令，因此邓斯特维尔别无选择，只能让他回到马勒森的麾下。由于要错过即将到来的巴库战争——以及要和他刚刚遇到的一位迷人的俄国女孩分离——蒂格－琼斯感到十分沮丧。他在 8 月 24 日乘坐渡轮离开了巴库，前往克拉斯诺沃茨克，然后再次坐上了开往阿什哈巴德的火车。

蒂格－琼斯离开两天后，一支 1000 人的土耳其军队在炮兵和骑兵的支援下对巴库最薄弱的防线发动了一场坚决的进攻。英国人很清楚，他们的目的不是要占领这座城市，而是要加强对它的压制，为最后的进攻做准备。由于巴库志愿军极度不可靠，这段防线薄弱的关键点现在一直都由英国军队把守着。这次被重点进攻的地点是由北斯塔福德郡团的一个连负责。在那天的大部分时间里，他们都未能等到受命前来的亚美尼亚增援部队，但还是成功地用步枪和机枪火力阻止了前进的土耳其人。连续四波的进攻就这样被击退了，但是亚美尼亚人仍然踪影全无，根本没有去攻击敌人的侧翼。“当地的军队扮演着他们一贯的吃瓜群众的角色。”邓斯特维尔悻悻地写道。

虽然邓斯特维尔竭尽全力地将英国军队调派到那里，但是他们到达时还是太晚了，北斯塔福德郡连队的阵地已经无法守住了。伤亡极其惨重。邓斯特维尔得到消息，那天晚上，大概只有 6 个人活着回来。这个连的所有军官以及 80 名士兵都牺牲了。土耳其人实现了他们的目标，迫使邓斯特维尔在离城镇更近的地方建立新的防线。“但如果受到袭击的是当地军队，”他写道，“那么土耳其人就能长驱直入城镇的中心了。这一次，是北斯塔福德郡团的这个连的英勇表现拯救了巴库。”

此时，土耳其人已经调集了更多的大炮，开始轰炸城镇中心。欧洲旅馆就在城镇的中心，英国人将其征用来作为自己的总部，不过很快就清楚地发现，这里是被土耳其人挑选出来重点轰炸的地方。炮弹还落在附近港口的“克鲁格”号周围。“对我的船、欧洲旅馆和整个城镇的炮击现在变得十分精确，我不得不怀疑敌人在城镇内有一条直通的电话线，而且有一个接线员就在我自己周围方圆 100 码之内。”将军回忆道。但是对该地区进行的彻底搜查却没有任何发现。最后，那家旅馆遭到了严重的破坏，邓斯特维尔不得不把总部搬到另一家旅馆。这家旅馆很快也被夷为平地，迫使英国人再次搬迁。他们怀疑自己中间有间谍，后来的事实证明他们的怀疑是有道理的。战争结束后不久，一名土耳其上校向麦克唐纳打招呼，问麦克唐纳是否还记得那个向英国人售卖骡子饲料的红胡子鞑靼人。麦克唐纳回答说，他清楚地记得那个人。“好吧，”上校笑着说，“那个红胡子的老鞑靼人就是我。”

土耳其人在 8 月 31 日发动了第二次大规模袭击，距离第一次袭击只有五天。在夜幕的掩护下，他们设法把十几挺机关枪拖到了离英军的山顶阵地不到 500 码的地方。这个阵地由北斯塔福德郡团的另一个连守着，总共有 80 人左右，根据判断，这里明显是土耳其人的目标。土耳其的机关枪在防弹盾牌的保护下已经被巧妙地架设好了，能够从侧面扫射英军的战壕。但他们也很容易受到侧面或者后方的攻击，而且巴库的守卫军立即受命前往前线帮助英军打击他们。与此同时，土耳其人朝守军猛烈开火，杀死了指挥这个连的中尉。当再一次清楚地看到巴库的部队无意前来支援时，邓斯特维尔将军只能命令英国士兵撤退，以免他们全军覆没。不久之后，另一支英国部队——这次是皇家沃里克郡团的一个连队——在面对势不可挡的敌人时不得不匆忙撤退，当时本应该保护其侧翼的亚美尼亚部队突然消失了。结果，巴库本已薄弱危险的防线又一次被缩短了，重新建立的防线离城市更近了。现在，邓斯特维尔和他的参谋已经十分清楚，除非说服巴库守卫军的 1 万名士兵，与他们的 1000 名英国士兵并肩作战，否则这座城市在劫难逃，邓斯特部队也会全军覆没。

这位将军亲眼看到巴库的士兵——“背对着敌人”——迅速逃离了前线，他决定给巴库当局最后一次机会，让他们管好自己的士兵。否则，他知道自己别无选择，只能从海路撤离自己的军队，然后向独裁者们建议，让他们把这座城市拱手让给土耳其人，希望这样能阻止发生更多的流血冲突。平民已经开始出现恐慌。亚美尼亚人和其他难民被土耳其的轰炸吓坏了，他们挤上了船，正准备离开巴库，逃到克拉斯诺沃茨克，他们知道，一旦这座城市陷落，土耳其人必定会发泄内心的愤怒。他们非常清楚，5 个月前对巴库穆斯林的屠杀，尚需用鲜血来偿还。

那天晚上，邓斯特维尔给独裁者们写了一封紧急信件，描述了他亲眼所见的巴库守卫军的懦弱行径，并且指出军队根本就没有战斗的意向，要保卫巴库是徒劳的。他在回信中收到了邀请，去参加当天晚上巴库战争委员会的紧急会议。“房间里挤满了各个委员会的成员。”他后来写道。除了独裁者们和他们的军事顾问，还有巴库亚美尼亚全国委员会、工人代表、士兵代表、水手代表和农民代表。每个委员会都有不同的拯救城市的计划，他们的代表详细地阐述了各自的计划。在邓斯特维尔看来，所有的计划都同样是没有用的。一名水手说了整整一个小时，反复宣称他们将战斗到流尽“最后一滴血”。邓斯特维尔和他的参谋十分清楚，这完全是空话，而且什么都改变不了。凌晨 1 点，他们最终绝望地离开了，“留下参会者继续他们徒劳无益的讨论”。

此时，由于不会再有什么奇迹般的意外进展了，邓斯特维尔已经下定决心，要在土耳其人突破剩下的防线涌进城里之前，尽早撤离自己的部队。他已经收到报告说，土耳其的增援部队正在全速赶往巴库，还有其他部队被派遣去控制巴格达到恩泽利的道路，从而切断他的补给和通讯线路，并阻止英国增援部队（如果有的话）的到来。在高度保密的情况下，他的参谋军官立即着手制定一项计划，以便全部的英国军队能从海上撤离。当这些准备工作正在进行的同时，英国军队继续把守着前线最薄弱的地方，似乎一切都很正常。与此同时，土耳其人明显正在集结他们的军队，准备发动最后的进攻，一举拿下巴库，而且大家都心知肚明，那一天很快就到了。

接着，令人出乎意料的是，邓斯特维尔走了一次大运。一位阿拉伯军官（有报告称是一名亚美尼亚人）带来了这件幸运的事情，这名军官在土耳其军队服役，自己逃了出来，然后偷偷跑到英国的防区。他带来了土耳其人计划对巴库发动全面进攻的确切日期。他告诉邓斯特维尔的情报官员，袭击在 9 月 14 日凌晨进行，也就是两天之后。但他无法告诉他们，在这条长达 14 英里的防线上，土耳其人具体会袭击哪个地方。正常情况下，通过这种方式获得的如此重要的情报一定会受到极大的怀疑，即使考虑到阿拉伯人或亚美尼亚人都没有理由不怨恨土耳其人。然而，这位逃来的军官，碰巧是其中一位独裁者的熟人，后者保证这位军官绝对值得相信。邓斯特维尔写道，他的情报极其宝贵，“因为它使我们能够派出所有的部队作战”，即使他们还必须猜测哪里将会受到袭击。

正如这位军官所预测的那样，土耳其人在 9 月 14 日黎明前发起了进攻。他们先用大炮进行了猛烈的轰击，随后派出了大量的步兵（总共约有 8 到 10 个营），向山上一个叫作“狼峡”的大裂缝周围的防御阵地发起进攻。这些阵地是居高临下的，它们本应该是城市最容易防御的地方。然而，在一两个小时内，占领这些阵地的巴库部队就被土耳其人赶走了。“他们现在实际上已经占领了紧挨这座城市的高地，离城郊只有几百码远。”邓斯特维尔写道，“就这次进攻而言，所有部队都提前得到过预警，然而整条防线上最难攻的地方竟然还能如此轻易地落入敌人的手中，这真是太令人难以置信了。”不管怎样，土耳其人向城里的进一步推进被邓斯特维尔自己的士兵暂时挡住了。然而，他们没有足够的兵力把土耳其人赶出高地，而且邓斯特维尔知道，敌人只需要再花几个小时就可以把他们的大炮拖上那里。“一旦大炮都到了那里，”他写道，“那么整个港口就任由它们蹂躏了。”因此，英国军队必须在此之前就完成撤离，以免满载士兵和伤员的船只成为土耳其炮手容易袭击的目标。

大逃亡的详细计划已经下发给连长和其他军官了。现在，只需要邓斯特维尔最后一声令下，整个行动就会启动。但是，即使在这个时候，他也只是命令用来撤退的船只待命，并没有真正下令撤离。他仍然希望能够说服巴库的守军，通过发起反攻，把土耳其人从“狼峡”附近的重要高地上赶下来，从而使巴库免遭几乎肯定会发生的大屠杀。他后来写道，击退“在获得关键位置后被牵制了 12 个小时”的敌人，几乎不需要付出多少。但这一希望却很快就破灭了，因为有消息传来说所有想要集结巴库守军的努力都失败了。此时，为了不让自己的军队也跟着覆灭，他知道他们必须马上离开这个在劫难逃的城市，否则巴库就会成为另一个库特。当他最后一次召集所有的人员时，他的脑海里不停地浮现出库特守军的命运。事实上，虽然他并不知道，但伦敦已经开始流传着这样的谣言，说一切都完了，巴库已经落入了土耳其人的手里。

快到下午 5 点时，邓斯特维尔下达了撤出巴库的命令。整个撤离行动被妥善地分为了数个阶段。他们在夜幕的掩护下行动，希望能在敌人发现之前，完成撤离目标。行动必须保持最高机密还有另一个原因。“一旦我们打算撤军的消息传遍整个城镇，”邓斯特维尔写道，“所有人都会把我们当作敌人，我的士兵将不得不在街上杀出一条路，才能到达船只那里。”他还担心，他们开船离开时，独裁者们会命令海军舰艇向他们开火，虽然黑暗会提供某种程度的掩护。为了防止他的士兵在穿过城镇的路上遭到暴徒的袭击，他下令要尽可能低调地在街角处部署警戒哨兵，同时牢牢地守住港口的所有入口。

晚上 8 点，部队开始从前线撤离。右边的沃里克部队和伍斯特部队最先开始撤军。左边的斯塔福德部队负责掩护撤军，他们必须在自己的位置再坚守一个小时，直到其他人都安全上了船。与此同时，病员和伤员都被抬上了两艘临时改装而成的医疗小船——“库尔斯特”号和“阿博”号。伤者处理站的最后一个伤员都被送上船了，于是这两艘船趁着夜色扬帆而去，希望不被人发现。战死的士兵被他们的战友埋葬了，而失踪的士兵则只能不管了。其后离开的是 1200 吨级的“克鲁格”号，这艘船将运送大部分的部队。而第四艘船是 200 吨级的“亚美尼亚”号，它被留出来用作一个漂浮的弹药库，以便尽可能多地把未用完的军火运走。如果一颗炮弹直接击中它，几乎不用多说，它爆炸产生的威力就足以把城镇的大部分地区夷为平地，而且很有可能把“克鲁格”号炸得从水面飞起来。

幸运的是，就在太阳下山的时候，战场突然变得平静起来。经过了连续 14 个小时的战斗，双方都精疲力竭了。这不仅极大地加快了邓斯特维尔部队从前线秘密撤退的速度，而且也意味着不需要在最后一刻摸黑将伤亡人员送到港口。因此，现在“库尔斯特”号和“阿博”号就可以起航向恩泽利进发了。“它们得到的指示，”

邓斯特维尔写道，“是不管遇到什么重大的阻碍，都不要反抗，万一遇到军舰，要服从一切命令，并且解释说船上只有病人和伤员。”结果，这两艘船都顺利地离开了巴库，没有引起任何不必要的怀疑，第二天就抵达了恩泽利。

到了晚上 10 点，前线的撤军已经全部完成，土耳其人或者巴库当局都没有听到风声。但是，就在最后一批英国士兵安全上船时，他们要撤离的消息迅速传遍了整个城镇。邓斯特维尔第一次知道这件事时，是巴库部队的一名士兵骑着马来到停泊着“克鲁格”号的码头入口处，要求知道发生了什么事。“你们为什么要抛弃我们？”他生气地喊道，“立即停止这些行动。”接着，他掉转马头，去拉响了警报。过了一会儿，其中两名独裁者来了，他们气喘吁吁地要求见邓斯特维尔。他们警告邓斯特维尔说，任何撤回部队的企图都将被视为变节，并将受到相应的惩罚。他们看不见邓斯特维尔的士兵，因为士兵们现在已经在甲板下面，或者隐藏在黑暗中了，于是他们对邓斯特维尔说：“如果你已经把你的部队从前线撤出，那么你就应当立即把他们送回原来的地方去。”

邓斯特维尔提醒他们，他早些时候已经警告过他们，除非他们自己的军队准备好进行有效的抵抗，否则他将别无选择，只能撤回他的士兵，因为他的士兵一开始就不是被派来保卫巴库的，而是来帮助他们保卫自己的城市。“我的部队，”他对他们说，“在一整天长达 16 个小时的战斗中，没有得到过任何喘息的机会，也没有得到过你们部队的任何真正的支援，你们的部队几乎没有参与战斗。在这种情况下，我拒绝再徒劳地牺牲英国士兵的生命。”至于把他们送回前线，他补充说：“我不会下达这样的命令。我马上就会起航。”其中一位独裁者对此非常愤怒，他说：“那我们的舰队就向你们开火，击沉你们的船只。”

这两名独裁者立即转身向舷梯走去。将军的一个参谋低声说：“为什么不逮捕他们，然后也把他们带走？”但是，邓斯特维尔反对劫持人质，相反，他命令“克鲁格”号和弹药船“亚美尼亚”号起航。他知道，独裁者需要一段时间，才能达成共识要采取什么行动，然后才能向舰队下达开火命令，这些舰队的一些船员对英国军队非常友好，因为英国军队一直在竭尽全力地帮助他们。此外，这两艘船在离开时将关掉所有的灯，而炮艇没有探照灯，因为探照灯已经被征用来供前线使用了。因此，即使开火的命令下达了，巴库的舰队想在黑暗中找到“克鲁格”号和弹药船“亚美尼亚”号并对它们进行精确的轰击也是十分困难的。

到了晚上 11 点，一切都准备就绪了，英国高级海军军官戴维·诺里斯（David Norris）准将下令开船。他们主要担心的是必然会遇到的巡逻舰。他们在悄悄驶过去的时候只能屏住呼吸，祈祷那些值班的人在黑暗中发现不了他们。“一切都很顺利，”邓斯特维尔写道，“直到我们正好在巡逻舰对面的关键时刻，后者正从一排停泊着的驳船后面缓缓驶过。”接着，“克鲁格”号所有的灯突然都亮了起来，把所有人都吓了一大跳。邓斯特维尔在他的回忆录中将其归咎于“一名幸灾乐祸的船员”，不过他们没找到罪魁祸首。巡逻舰的舰桥上马上就有人向“克鲁格”号发出强硬的要求。“你们是谁？马上停船。”它命令道。诺里斯忽视了这个要求，马上全速向公海进发。巡逻舰开了炮，但是炮弹没有击中。“克鲁格”号很快就安全地驶出了射程之外，而且诺里斯知道，他们的速度已经足够快了，不用害怕被旧式的俄国炮艇追击。

但是他们的秘密现在已经暴露了，而“亚美尼亚”号，那个漂浮的炸弹，在他们身后黑暗中的某个地方，似乎因为某种原因耽搁了，她尚需要冒险冲出封锁。她是由阿尔弗雷德·罗林森（Alfred Rawlinson）上校指挥的。罗林森的父亲亨利·罗林森（Henry Rawlinson）爵士是大博弈的领军人物之一，而罗林森则继承了父亲热爱冒险的喜好，自愿承担了这项危险的任务。由于巡逻舰已经完全警觉到正在发生的事情，邓斯特维尔不由得担心，罗林森和他的少数船员会遭遇最坏的情况。邓斯特维尔知道随时都可能会有一颗炮弹落在他们携带的弹药中，因此，他时刻注意听着有没有出现爆炸的巨响声。但是罗林森所担心的不仅仅是巡逻舰。就在最后一刻，人们得知，这艘船的船长和船员强烈反对出航，担心可能会被炸成碎片。在他们准备起航时，独裁者的一个代表来到了码头，禁止他们离开。罗林森不像邓斯特维尔那么谨慎，他把这个人关在一个船舱里，由武装警卫看守着，就这样解决了这个问题。但是由于耽搁了，“亚美尼亚”号在“克鲁格”号离开半个小时之后才起航，而且直到那时候，罗林森还在用手枪指着船长的头。他们冲向公海时，巡逻舰盘问了他们，并朝他们开炮。然而，所有这些炮弹竟然都奇迹般地没击中烈性炸药和弹药，也没有落在吃水线下面。

第二天，“克鲁格”号驶入了恩泽利，发现“库尔斯特”号和“阿博”号已经在那里了。但“亚美尼亚”号却踪影全无。之前当她从巴库向南驶出来时，从“克鲁格”号的舰桥上就没看到她的踪影。而现在，她的安全更让人担忧了。“时间一分一秒地过去了，”邓斯特维尔写道，“我对再次见到她已经丧失了信心。”接着，在“克鲁格”号到达 12 个小时之后，地平线上突然出现了浓烟。那是失踪的“亚美尼亚”号，大家都松了一口气。炮弹直接击中了她6次，但她仍然漂浮在水面上。邓斯特维尔部队的欢迎仪式深深地打动了罗林森。“他们一看到那艘他们都以为没有生还希望的船驶进来，看到她破破烂烂的船身，看到那面小小的英国国旗骄傲地飘扬着，都不约而同地站了起来，给了我们一个真正的英国欢迎仪式。”他写道。邓斯特维尔还穿着睡衣，在“克鲁格”号的舷梯上面迎接了罗林森，好像后者死而复生一样。他抓住罗林森的双手，不停地重复说：“你做得很好！”接着，他把罗林森带到他的船舱，虽然还是凌晨，他还是倒了一大杯加了苏打水的威士忌，塞到了上校的手里。

虽然邓斯特维尔的士兵所做的牺牲除了延缓巴库的陷落之外，并没有取得什么成效，但是撤离行动却没有造成任何英国人的伤亡。然而，在实际的战斗中，根据伤亡人数统计，已经有180名士兵死亡、失踪或受伤——几乎占了原部队的20%。战后，英国人在重新占领巴库的短暂时间里在“狼峡”附近的高地上为那些在战斗中被战友埋葬的士兵建了一座小型的战争公墓。随后这座城市落入了布尔什维克的手中，毫无疑问，这座公墓消失了，而且今天也没有留下任何痕迹——或者是我没有发现。不过，邓斯特维尔手下牺牲的士兵的名字，被刻在了英国战争公墓的一块石碑上，俯瞰着伊斯坦布尔的博斯普鲁斯海峡。

苏维埃的历史学家即使到了1987年，还在指责英国人为了自己的战后目的，故意让巴库的守卫军自生自灭。他们认为，英国人知道战争很快就会结束，就让土耳其人替自己干了消灭棘手的当地军队这一脏活，从而为他们占领该地区，特别是该地区的石油的目的，铺平了道路。英国人自己当然不这么认为，因为在那一刻，战争似乎根本没有结束的迹象。撤军之后，英国人在该地区颜面扫地，伦敦和德里出现了很多指责的声音。邓斯特维尔成了替罪羊，他在恩泽利就被解除了职务，另一位将军接替了他。

事实上，在巴库落入土耳其人手中之前，不是只有邓斯特维尔的士兵设法逃离了巴库。超过 8000 名当地士兵和其他人也乘坐一批批的小船逃出了这个城镇，他们根据各自的政治倾向分别逃往了阿斯特拉罕或者克拉斯诺沃茨克，因为布尔什维克还牢牢地控制着阿斯特拉罕，而克拉斯诺沃茨克则由他们的竞争对手“阿什哈巴德委员会”控制着。在逃亡者中，除了那 5 名独裁者和他们的随从，还有另一群人数不多但很重要的人。其中包括巴库的前布尔什维克统治者——斯捷潘·邵武勉以及巴库苏维埃的其他领导成员。自从独裁者的炮艇在海上逮捕了他们后，他们就一直在巴库的大监狱里受折磨，等待着审判。然而，他们非常清楚，如果他们落入土耳其人的手中，他们的命运会比独裁者给予的更加悲惨，因为土耳其人及其当地的鞑靼盟友认为亚美尼亚人在大屠杀期间疯狂杀害了该地的穆斯林，他们对此要负个人责任。

就在英国人要离开的最后一刻，邵武勉等人在巴库有影响力的朋友们成功地解救了他们，使他们逃过了即将到来的大屠杀。他们匆忙挤上了一艘拥挤的难民船——开往阿斯特拉罕的“土库曼”号，他们知道，到了阿斯特拉罕就安全了。至少，在那个决定命运的夜晚，当这 26 名巴库政委乘坐的船离开这座要陷落的城市时，他们相信阿斯特拉罕是他们要去的地方。

23

血流成河的街道

巴库政委生命中的最后那几天长期以来一直笼罩着浓厚的神秘气氛。这些事件的所有目击者都早已逝世——其中许多人是死于各种暴力——而且没有相同的两种说法。例如，人们永远不会知道为什么“土库曼”号在9月14日晚上离开巴库后，突然改变航向前往克拉斯诺沃茨克。根据其中一种说法，船员害怕去阿斯特拉罕，于是说服船长转向驶往克拉斯诺沃茨克。另一种说法是，这艘船的燃料不足，到不了布尔什维克的驻地那里，但是可以抵达克拉斯诺沃茨克，因为后者比较近。根据蒂格－琼斯的说法，是船长本人决定前往克拉斯诺沃茨克的，因为他得知有布尔什维克在船上，于是故意出卖他们，把他们交给了他们的敌人。还有一些人说，这些政委有武器，不过另一些人则否认了这一点。

苏联历史学家一直坚持认为，是英国特工秘密安排，让“土库曼”号转向驶往克拉斯诺沃茨克，他们非常清楚邵武勉及其同僚在那里会碰到的遭遇。麦克唐纳和邓斯特维尔在随后对英国撤军的描述中，不经意间给苏维埃的指控提供了素材，尽管这与实际证据相去甚远。麦克唐纳透露，他在前往恩泽利之前不久，登上了“土库曼”号，并“与邵武勉及其同僚一起喝了一瓶甜香槟酒”，这被认为是十分可疑的。实际上，麦克唐纳告诉我们，他为此受到了邓斯特维尔的严厉斥责，邓斯特维尔向他指出，他可能会被布尔什维克挟持作为人质，并且被带到阿斯特拉罕。苏联的研究人员肯定忽略了这一点，正如麦克唐纳所说的，邓斯特维尔“不想卷入政委们的政治阴谋”，于是下令把他们带到阿斯特拉罕，而他当时就在现场。

但是，苏联历史学家引用最多的是邓斯特维尔将军的陈述。将军透露，他的两名手下——一名少校和一名中士——在“土库曼”号离开巴库的时候，就在船上的一群难民中。根据他的说法，他们在撤离时的一片混乱中被意外抛在了后面，但是在最后一刻成功爬上了“土库曼”号，这才得以逃离。然而，苏联人认为，这两个人很明显是故意潜入船上的，他们与船长合谋，将政委们送到了克拉斯诺沃茨克。鉴于这样的冒险行为一旦出现差错，这两名手下会陷入巨大的危机，并最终落入阿斯特拉罕的布尔什维克手中，因此，邓斯特维尔似乎不太可能同意这样的计划。毕竟，有更简单的方法可以铲除这些政委，只要确保把他们留在巴库，土耳其人及其鞑靼人盟友就会把他们解决掉。

不管“土库曼”号改变航向的原因是什么，邵武勉和他的同僚第二天早上一醒来，就发现自己刚跳出泥潭又进入了火坑。他们一定会感到很寒心，因为他们刚刚从一群敌人手中逃出来，刚刚逃离了土耳其人的愤怒，却发现自己的船现在停泊在了克拉斯诺沃茨克，要知道布尔什维克在统治那里的短暂期间就已经臭名昭著了。起初，他们的出现并没有引起多大的注意，因为每天都有满载难民的船只从巴库驶来。当船长开始激动地鸣笛时，当局才意识到有什么不寻常的事情发生了，于是立即派警卫船前去调查。政委在船上的消息很快就传到了镇上的司令官那里，这名司令官是位坚韧的哥萨克军官，名字叫库恩（Kuhn）。“土库曼”号被命令停泊到一个有武装部队守候的码头。邵武勉和他的同僚被逮捕了，并且被押进了城里。他们被粗暴地扔进了一个临时监狱（镇上的监狱已经人满为患了），就在政府办公小楼的后面。

库恩司令官立即发电报给自己在阿什哈巴德的上级，询问他应该如何处置这些囚犯，因为这些人虽然没有武器，但是在一个任何人都不能相信的孤立城镇里，他们显然是危险的人物。他指出，存在一种非常严重的危险，这些经验丰富的革命者会聚集支持性力量，在克拉斯诺沃茨克发动一场反政变，其影响可能会迅速向东蔓延到反布尔什维克的首府阿什哈巴德。邵武勉及其同僚来到了特兰斯卡斯皮亚地区的消息在阿什哈巴德引起了极大的恐慌。现在堂而皇之地自封为“特兰斯卡斯皮亚政府”（Transcaspian Government）的阿什哈巴德当局觉得自己一点儿也不安全，他们跟库恩一样，不希望把这些危险的人留在自己身边。阿什哈巴德和克拉斯诺沃茨克之间开始频繁发送电报进行商讨，以便决定邵武勉等人的未来及最终命运。不久，马勒森将军和他在印度的上级就发现，自己卷入了如何处置这 26 名巴库政委的苦恼事件中。但是就马勒森手下一名军官而言，库恩司令官对这些政委的逮捕将会产生最为离奇和深远的影响。这名军官就是雷金纳德·蒂格-琼斯上尉，他在 9 月 15 日巴库陷落之前不久就离开了那里，因为马勒森需要他前往阿什哈巴德效力。马勒森刚刚与特兰斯卡斯皮亚的新统治者签署了一份协议，承认“布尔什维克主义和土德入侵的共同危险”，并且承诺为其提供英国的军事支持，来对抗从塔什干过来的布尔什维克部队。作为回报，特兰斯卡斯皮亚当局应允许英国派遣一支小部队到克拉斯诺沃茨克，以阻止土耳其人在铁路末端登陆。

蒂格－琼斯在克拉斯诺沃茨克下船时才第一次得知，在阿什哈巴德以东 80 英里的卡赫卡，英属印度军队与塔什干的布尔什维克部队爆发了战斗。他认为马勒森要他去阿什哈巴德的计划已经赶不上变化，而且他最担心这次也像在巴库时那样错过重大事件，于是他决定立刻赶去卡赫卡。“如果前线的形势真像表面看起来的那样严峻，那么那里将会迫切需要每一个士兵，当然还有我们能得到的每一位军官。”他写道。他赶上了下一班火车，希望能在沿途各车站打听到关于战斗的最新消息。他最终到达了卡赫卡，那里有一个火车站和一个村庄。他发现马勒森已经派了第 16 旁遮普步兵团中的 500 名士兵去那里，这些士兵由丹尼斯·诺利斯（Denis Knollys）上校指挥。他们与一支来自阿什哈巴德的反布尔什维克的部队并肩作战，后者包括 100 名俄国士兵、800 名亚美尼亚士兵和大量的土库曼骑兵。用诺利斯上校的话来说，这支反布尔什维克部队的士兵虽然外表光鲜，但是“完全不可靠……无论在进攻还是防守中都一无是处”，他们来或者走都是随心所欲的，而且不服从任何人的命令。

对他们来说，敌人主要是俄国的布尔什维克部队，但也有一些来自塔什干附近营地的前战俘，主要是奥匈帝国战俘。虽然这些战俘对布尔什维克主义的意识形态兴趣不大，或者根本就不感兴趣，但是他们得到了承诺，一旦他们驱逐了英国人并且镇压了反革命分子，就可以自由回国了。如果他们不这样做，就只能留在中亚饿死，因此他们便同意去战斗了。他们都是训练有素的士兵，在接下来争夺特兰斯卡斯皮亚的控制权的战斗中，展现出强大的作战能力。事实上，布尔什维克军队如果没有他们，只不过是一群革命的乌合之众，就像阿什哈巴德的守卫部队一样。

布尔什维克对阿什哈巴德部队发动突然袭击时，土库曼人首先逃离了他们本应防守的要塞，使得其他阵地严重暴露在了敌人的火力下。其他部队看到这种情形也撤退了，只留下旁遮普士兵单枪匹马地保卫卡赫卡。迎着来自印军阵地的步枪和机关枪的火力，敌人向火车站和村庄挺进。现在的形势看起来相当危急，因为守军没有带刺的铁丝网拖延布尔什维克前进。但是诺利斯将一直作为预备队的旁遮普步兵的一个连派出，最终使得那一天转危为安。当布尔什维克军队接近车站时，旁遮普士兵突然用枪上的刺刀向他们发起冲锋。“这种前所未有的战斗方式让敌人大吃一惊，”诺利斯写道，“他们立即开始撤退。”事实证明，这是战争的转折点，因为布尔什维克士兵不愿再面对旁遮普士兵那血迹斑斑的刺刀了。虽然战斗持续了一整天，但卡赫卡还是得救了。敌人遭受了严重的伤亡，他们现在已经知道，他们还不够强大，无法从意志坚定、训练有素的守军手中夺取这座城镇。此外，诺利斯和他的旁遮普士兵知道，汉普郡团的一个连、一队炮兵和一支印度骑兵部队马上就能从麦什德赶到了。

然而，卡赫卡的争夺之战并非没有离奇的时刻。人们一度认为，布尔什维克已至强弩之末，想要投降了。“他们采用了一种常见的布尔什维克战术，放下了手中的武器，然后表现出一副想要和解的样子。”蒂格－琼斯写道。但是两名使者在被派到那里时，却发现他们其实是在呼吁阿什哈巴德部队投降。他们宣称，俄国人不应该与同胞作战，并坚持说他们与印度人井水不犯河水，如果印度人同意放下武器投降，会受到慷慨的款待。这个提议被轻蔑地拒绝了，而且战斗很快又爆发了，因为有人不小心开了一枪，所有人都急忙寻找掩护。

就是在这次战斗中，蒂格－琼斯不幸被机关枪的一颗流弹击中了。伤口在腹股沟那里，使得他无法行走了。他在接受了英国医务人员的治疗后被送上了一列火车，与其他 40 名伤员一起撤到了阿什哈巴德，阿什哈巴德那里有一家小医院，原本是为生病和受伤的铁路工人开设的。医院现在沿着革命（尽管不是布尔什维克）的路线运行，不再区分送来的伤员是军官还是士兵，欧洲人还是印度人，穆斯林还是印度教徒。尽管如此，蒂格－琼斯的床被安置在了一名重伤的年轻英国中尉旁边，他不会说俄语，所以蒂格－琼斯可以为他翻译。这名军官是被人从背后开枪打中的——蒂格－琼斯坚信他是被阿什哈巴德部队中一个暗中支持布尔什维克的士兵故意打中的——而且两天后就死了。“他离开了这个世界，”蒂格－琼斯伤心地回忆道，“以一种比所有人能想象到的更勇敢的方式”。

蒂格－琼斯就比较幸运了，在俄国医务人员的悉心照料下，他恢复了健康。不到 10 天，他就能站起来并且拄着拐杖一瘸一拐地走路了。就在这时候，巴库陷落以及随后发生的屠杀的消息传来了。在从他们在城里的间谍那里得知英国人已经突然撤出了巴库后，土耳其故意拖延进入城镇的时间。这是为了让当地的鞑靼非正规军能为之前被亚美尼亚人屠杀的穆斯林报仇雪恨。在两个可怕的夜晚，他们被允许强奸、抢劫和杀人。“圣巴托洛缪大屠杀之夜的恐怖，”一位幸存的亚美尼亚人写道，“与 9 月 15 日和 16 日在巴库发生的杀戮相比，简直是小巫见大巫。在一些地方，尸体堆积如山。有条街上到处都是小孩子的尸体，年龄都不超过 9 岁或 10 岁。许多人是被刀剑或刺刀杀死的，或者被割断了喉咙。”他还说，即使是久经沙场的土耳其士兵在最终进入该城时也对自己发现的情况感到恶心，他们立即制止了屠杀，还射杀或绞死了一些行凶者。

亚美尼亚人估计受害者人数接近 9000 人，而苏维埃报纸《消息报》（*Izvestia*）和德国情报官员威廉·利顿（Wilhelm Litten）都给出了一个更高的数字，威廉·利顿声称受害者人数在 2 万至 3 万之间。然而，数字相差如此巨大的原因可能在一定程度上是由于大批亚美尼亚人和其他人在最后一刻从海上逃离了，其中许多人再也没有回来。无论真相如何，这场屠杀将会恶化这座城市长期以来的种族间的流血冲突。“一个人说到一个小镇的街道血流成河，”一位英国政治官员说，“那他通常是使用了一种修辞手法。但如果指的是 1917 年到 1919 年间的巴库，那就是字面上的意思了。”

我们已经知道，邵武勉和其他的巴库政委中的大多数人不是亚美尼亚人就是基督教徒，他们也属于那些比较幸运的人，躲过了穆斯林的愤怒屠杀。尽管他们现在挤在克拉斯诺沃茨克的一间臭气熏天的公共监狱里，没有像样的卫生设备和被褥，但是他们至少还活着。然而，要想弄清楚他们接下来遇到了什么事情，就得进入一个交织着谎言、逃避、丢失的电报、推诿责任和宣传的迷宫中，而这使得从那以后的真相变得十分错综复杂。由于一些我们后面会提到的原因，所有卷入这一事件的人都极其迫切地想要推掉自己的责任或者在其中的参与。

现在，逮捕他们的哥萨克司令官库恩越来越急于摆脱这些革命煽动者，最好是丢给阿什哈巴德的当局。他的两个小监狱里已经挤满了布尔什维克分子和其他囚犯，他担心这些政委可能会越狱，甚至被营救，从而给自己带来极其严重的后果。然而，出于类似的原因，他在阿什哈巴德的上司跟他一样也不想关押这些危险的人物。似乎只有两种可能的解决方案。一种是试图说服英国人——也就是驻麦什德的马勒森将军——接管他们并且安排武装护卫队押送他们到印度，他们在那里就不会给任何人带来麻烦了。另一种解决办法就是枪决他们。在特兰斯卡斯皮亚当然不会有人为他们落泪，因为布尔什维克在短暂的统治期间早就因为残暴而声名狼藉了。但另一方面，如果不幸布尔什维克最后又再次掌权了，那些杀害了他们英雄的人必定会遭到可怕的惩罚。因此，从一开始就应该让英国人接手这些人，那样或许才是更明智的做法。

因此，阿什哈巴德通过电报指示驻麦什德的新任代表立即与马勒森将军会面，讨论此事。从当时的英国档案来看，马勒森似乎同意了接手这 26 名政委。他已经从蒂格 - 琼斯（他现在已经活动自如，可以重新工作了）那里得知他们在克拉斯诺沃茨克。9 月 18 日，马勒森给印度总参谋长发了如下电报："阿什哈巴德政府被要求将上述领导人交给我押送到印度。这些人此时留在特兰斯卡斯皮亚是极度危险的，因为目前可能有一半的俄国人只要看到一丝敌人取胜的迹象就会再次变节。"出于这个原因——根据马勒森手下的一名澳大利亚军官 C.H. 埃利斯（C. H. Ellis）上校的说法——马勒森与阿什哈巴德的代表达成了一份协议。不管在什么情况下，都不能允许政委们乘坐外里海铁路离开克拉斯诺沃茨克，因为这条铁路上经常会发生叛乱和反叛乱，支持布尔什维克和反对布尔什维克的都有。一定要找到其他的方法或者路线，把囚犯转移给马勒森看守，最明显的就是走海路到恩泽利，然后从陆路去麦什德，最后再转移到印度。

马勒森想要在布尔什维克煽动者制造事端之前，就把他们从这个极度动荡的地区弄走，此外他还有另一个重要的原因要把邵武勉及其同僚弄到手。读者应该还记得，不久之前，F.M. 贝利上校被派率领一支小规模的英国特派团，经由喀什格尔前往中亚的布尔什维克总部——塔什干。他们的任务是查明列宁对英属印度的意图，并且尽力挫败传闻中德国组建临时前战俘大军进攻印度北部的计划。然而，在特派团于 8 月抵达那里之后，伦敦和莫斯科之间的关系已然急剧恶化。从那以后，再也没有任何关于贝利的消息传出来，恐怕他和他的队伍都被当地的布尔什维克关起来了。如果事实是这样的话，那么邵武勉和他的革命同党将会成为有价值的人质，可以被用来交换特派团的成员，以及其他不幸落入布尔什维克手中的英国人。

事情发展至此，水开始变得越来越浑浊，因为关于麦什德、阿什哈巴德和克拉斯诺沃茨克在接下来的两天里所发生的事情，几种不同的描述之间出现了越来越大的差异。虽然真相可能永远都不会为人所知，但是鉴于即将发生的事情，以及由此给英苏关系造成的长期破坏，这些分歧需要厘清。在马勒森和埃利斯后来对与阿什哈巴德代表会面情况的描述中，他们根本不是迫于代表的压力才同意接管巴库政委，而是积极主导了整个进程。事实上，根据他们的说法，他们的客人在同意发电报把马勒森的提议告诉他在阿什哈巴德的上级之后，还充满担心地补充了句："如果现在还不算太晚……"他们问了他这话是什么意思，他说他担心阿什哈巴德可能已经决定了如何处置这些囚犯。马勒森立即向蒂格-琼斯发出电报，提醒并且敦促他去了解关于此事的确切状况。就在同一天——也就是 9 月 18 日——蒂格-琼斯发电报报告说，阿什哈巴德政府当天晚上要召开紧急会议，对政委的命运做出决定，他还补充说，不清楚他们打算如何处置他们。

当然，所有这些都让英国人——更不用说马勒森和埃利斯——看到了有利的一面。然而，对于在马勒森的总部发生的事情，还有另一种完全不同的说法。将近半个世纪后，当这件神秘的事情稍微浮出水面时，另一位目击者说出了他记忆中那天发生的事情。1956 年 3 月 4 日，曾在马勒森手下任职的威廉・纳什（William Nash）上校写信给《观察家报》（*The Observer*），宣称“我清楚地记得”，阿什哈巴德当局曾联系过将军，就应该如何处置政委征求他的意见。纳什说，他们的请求是以电报的形式发出的，他亲自把电报交给了马勒森——“当时他因为患了严重的疟疾而躺在床上”——问他应该怎样回复这封电报。“他跟我说，”纳什写道，“这本来是俄国内部的事情，因此他没有办法干预。因此，我发了一份俄文的电报，大意是说，他们应当按照自己认为合适的方式处置这些政委。”

纳什对事件的回忆，在蒂格－琼斯的日记中得到了部分的证实，后者的日记直到 1988 年去世后才得以曝光并出版。根据他的日记，阿什哈巴德当局给他们在麦什德的代表发了一封电报，“要求他去说服马勒森将军接管囚犯，并把他们引渡到印度”。蒂格－琼斯写到，将军在回复中解释说，“很难找到必要的卫兵把他们送到印度，并且建议特兰斯卡斯皮亚当局找其他方式来处置他们”。从蒂格－琼斯的日记中看不出来，他究竟是真的看到了这些电报，还是像他后来宣称的那样，只是阿什哈巴德当局如实或故意地告诉了他这些电报的内容。尽管蒂格－琼斯从来没有打算出版这篇日记，但它确实写于这些事件发生的时候，而且很可能描写了他自己当时所相信的事情。然而，他后来在把自己理解的情况与马勒森和埃利斯记录的版本进行了比较后，就同意了他们的说法。确实，要不是纳什对在麦什德所发生的事情的描述也大不相同，人们可能会简单地认为，蒂格－琼斯确实改变了自己的看法，只是没有费心去修改自己的日记而已。正因如此，人们不得不得出这样的结论，有人在某个地方隐瞒了真相，因为马勒森和纳什不可能都是对的。即便如此，跟布尔什维克随意篡改事实相比，这不算什么，我们接下来会看到。

与此同时，邵武勉及其同僚在又热又拥挤的牢房里，似乎没有意识到自己陷入了严重的危险，因为在向东300英里外的阿什哈巴德，他们的命运将交由争夺权力的对手决定。他们相信，最终他们会被用来交换人质，因为阿斯特拉罕、莫斯科和其他地方的布尔什维克同僚们劫持了很多人质。但是，他们似乎很天真，没有意识到他们在特兰斯卡斯皮亚的布尔什维克同志已经引起了那里人民的强烈仇恨，也没有意识到愈演愈烈的内战开始在全国各地造成流血事件。如果他们在被捕后的第二天早上读了《中亚之声》（*Voice of Central Asia*），那么他们对自己的前景可能就不会那么乐观了。“昨天，”报道说，“巴库布尔什维克的政委，包括斯捷潘·邵武勉，被捕了。”报道接着发出警告：“我们不会放弃使用死刑和酷刑。这样，我们才可以为成千上万在布尔什维克酷刑室里受折磨的同志们报仇。”尽管尚不清楚他们将采取什么做法，但现在可以确定的是，巴库政委将要为他们其他地方的同志所犯的罪行——在未出庭的情况下，在阿什哈巴德一间烟雾弥漫的房间里——负上责任。

出席那次重大会议的特兰斯卡斯皮亚政府领导人包括主持会议的丰季科夫（Funtikov）主席、副主席库里洛夫（Kurilov）和这个新国家的外交部长齐曼（Ziman）。丰季科夫以前是一名火车司机，他是个粗俗的人，对伏特加酒情有独钟。库里洛夫以前也是一名铁路职工，他经常带着一把上了膛的大手枪，而齐曼这个古怪的人则是一名相当体面但神经兮兮的校长。蒂格－琼斯作为马勒森的代表也受邀参加了这个袋鼠法庭。丰季科夫是第一个发言的，他已经有点醉醺醺了。“主席，”蒂格－琼斯在随后交给英国外交部的报告中写道，“进行了发言，大意是说，麦什德那边已经告诉他们，马勒森将军已拒绝接收囚犯并告诉阿什哈巴德的代表，政府必须自行安排。”事实上，这与纳什上校多年后的回忆相符。“当时有人提出，”蒂格－琼斯接着写道，“当地监狱已经人满为患，克拉斯诺沃茨克也以同样的理由拒绝关押囚犯，因此别无选择，只能枪决他们。”蒂格－琼斯在他的日记中补充写道，齐曼和另一位发言者反对枪决政委们，但是他们没能提出任何替代方案。

有人批评蒂格－琼斯，说他没有站起来反驳丰季科夫关于马勒森不插手此事的发言，没有指出马勒森其实是要求一旦安排好了这些人的交通，就尽快把他们交给英国人。但是，蒂格－琼斯说，他当时并不知道马勒森通过阿什哈巴德的代表提出了这样的要求，只是后来才得知。至于马勒森到底告诉了那位叫多科夫的俄国人代表什么，他当时只能相信丰季科夫所说的版本。“要么多科夫向丰季科夫撒了谎，”他写道，“要么丰季科夫向我撒了谎。”然而，如果纳什的说法可信的话，那么他们两个人都没有说谎。但是，有人可能会问，为什么当时马勒森在当天早些时候给他在印度的上级发了电报，说他已经要求阿什哈巴德当局将政委移交给他关押？我们可能无法知道这个问题的答案，以及围绕着这几个人的命运的无数其他问题的答案。

会议从9月18日傍晚开始，一直持续到了深夜。“那些争论，”蒂格-琼斯写道，“没完没了地继续着，最后，在一切还没有确定下来之前，我就离开了会议。”考虑到随后发生的事件，他受到了谴责，因为他没有看完整场会议，没有采取更多的行动，把政委们从明显的私刑中解救出来。然而，公平点说，读者应该还记得，他违背医生的建议，还没恢复好就出院了，仍然需要拄着拐杖，一瘸一拐费力地走着。因此，他当然有可能缺乏毅力，就一个与他无关的问题，与一名醉醺醺的俄国铁路工人和其他兴奋过度的人争论。他离开的时候，与会者已经激烈辩论了数个小时，却仍然跟开始时一样，未能决定政委们的命运。此外，他几乎没有理由同情邵武勉及其布尔什维克同僚。毕竟，在仍有希望阻止巴库落入土耳其人手中的时候，邵武勉等人无所不用其极地阻止英国驻防巴库，这妨碍了英国的战争进展。的确，在蒂格-琼斯看来，布尔什维克现在就跟德国人和土耳其人一样，都是英国的敌人。在他的腹股沟处的机枪子弹足以证明这一点。

直到第二天晚上，在向丰季科夫施压，要求他给出解决方案之后，蒂格-琼斯才得知了真相。“他自信地告诉我，他们最终决定枪决这些囚犯，而他，丰季科夫，在前一天晚上就派库里洛夫去克拉斯诺沃茨克安排了。”虽然蒂格-琼斯无法从阿什哈巴德这边获得更多的信息，但是他立即发电报警告马勒森。然而，巧的是，麦克唐纳少校在马勒森的敦促下，此时正在从恩泽利前往克拉斯诺沃茨克的路上，想要弄清楚那里究竟发生了什么事情。不幸的是，他于9月22日才赶到那里，那时候已经太晚了，什么也做不了。

与此同时，在克拉斯诺沃茨克，事态开始迅速展开。关于9月19日晚上在那里发生的事情，我们所掌握的唯一第一手资料是其中一位政委的描述。他是一位23岁的亚美尼亚布尔什维克党员，名叫阿纳斯塔·米高扬（Anastas Mikoyan），他将来会成为苏联共产党的最高领导人，最终成为最高苏维埃主席团的主席。他不仅在那天晚上不知怎么地避开了其他巴库政委的命运，为自己赢得了“第二十七名政委”的外号，而且他还是为数不多的在上世纪三四十年代的斯大林清洗中幸存下来的老牌布尔什维克党员。他的幸存引发了许多刻薄的猜测，据说每当斯大林想要折磨米高扬时，就会问他是如何逃脱了其他26名巴库政委的命运的。然而，最可能的解释是，库恩司令官在其中一名政委的口袋里发现了一份巴库政委的名单，而米高扬的名字不在名单上面。因为上面只有那些在巴库坐过牢的政委的名字，而米高扬并没有坐牢。事实上，正是米高扬设法在巴库陷落前的最后一刻解救了他们，然后亲自和他们一起踏上了不幸的囚禁之旅。

在描述他们在克拉斯诺沃茨克监狱度过的最后一个不幸的夜晚时，米高扬回忆道：“我们有些人躺在长椅上，有些人躺在地板上。有些人坐着，有些人在打瞌睡。”然后，在20日凌晨2点左右，他们突然被钥匙开锁的咔嚓声惊醒了。武装警卫冲了进来，命令他们离开牢房，走到走廊那里。他们问警卫要把自己带到哪里，警卫回答说：“这里没地方关押你们了，所以你们要去阿什哈巴德的监狱。”年轻的米高扬问，自己是否可以跟他们一起去，却遭到了拒绝。但在与他们分开之前，邵武勉告诉他：“他们很快就会释放你。你要设法去阿斯特拉罕，然后再去莫斯科。去见列宁。把我们这里发生的一切都告诉他。建议他抓一些重要的社会革命者和孟什维克党员，并用他们来交换我们。”接着，邵武勉和其他人被押着穿过了沉睡的城镇，来到了火车站。在米高扬所说的“一轮变幻莫测的月亮”下，他们在车站被静静地驱赶上了一节空的货车厢，跟警卫们一起锁在里面，然后火车朝着阿什哈巴德的方向，向东驶入了沙漠。后来，正如邵武勉所预言的那样，米高扬和邵武勉的两个年轻的儿子被释放了，但是到了那时候再想去就救政委们也已经晚了。

24

死亡列车

就在当天黎明前不久，一名维修工人沿着外里海铁路走路回家，他听到一列火车从克拉斯诺沃茨克方向驶来的声音，大吃了一惊。因为他知道，在这样的时间里，本应当没有任何火车会沿着单轨铁路到这个偏僻的地方来。当火车驶得更近的时候，他可以看到火车上没有灯光，这种情况即使是在这个混乱的时代也是闻所未闻的。他感到迷惑不解，于是爬上了路堤，藏在了一丛骆驼刺后面，想看着这列鬼火车通过。火车反而静静地滑行着停了下来，距离他在黑暗中蹲着的地方很近。

其中一节车厢的门突然猛地打开了，几名武装警卫跳下了火车。紧跟着他们的是一群双手被反绑在背后的囚犯。不管这 26 名巴库政委在 3 小时前离开克拉斯诺沃茨克时相信自己将迎来什么命运，现在他们都不可能对即将发生的事情抱有任何幻想了。命令是用俄语下达的，他们被枪指着，走到了路堤的疏松砂岩处。他们对此表示抗议，却又被推进了不远处的沙漠里。这时，警卫给他们提供了眼罩。有些人接受了，有些人拒绝了。藏起来的铁路工人目睹了这一切。

接着这些难逃一劫的人在沙丘顶上排成一列，他们在黎明的天空下十分显眼。警卫们面对政委们站着，其中一些政委开始高喊不屈的言辞。行刑者举起了他们的步枪。一声令下，就是一阵扫射。大多数囚犯当场死亡，但也有些人只是受了伤，并且试图逃跑，却被警卫开枪或用棍棒打死了。现场马上陷入了一片可怕的宁静中，行刑者把尸体一个接一个地拖到沙丘的一个低洼处，来往的火车看不到那里。他们从克拉斯诺沃茨克来的时候特地带了铲子，现在正好铲沙子把这些尸体埋住。为了确保所有犯罪证据都被掩盖起来，警卫们最后环顾了一下四周，然后才走回火车那里，看起来他们对自己整晚的工作很满意。

就在这时，其中一名警卫突然看到了那名铁路工人。惊魂未定的他只能从藏身之处出来，解释了一下自己是谁——一个名叫阿列克谢·迪迪金（Alexei Dirdikin）的俄国人——以及为什么在这里。当铁路工人询问发生了什么事时，警卫们告知他不要多管闲事，并警告他永远不要把刚刚所看到的事情告诉任何人。至于警卫们当时为什么不当场把他灭口则尚不清楚，不过可能是他们收到的命令并没有涵盖在如此偏僻的地方被人看到的可能性。警卫们马上又爬回了火车上，火车继续向200英里外的阿什哈巴德行驶而去。惊慌失措的迪迪金急忙赶回家，但他在路上遇到了铁路工头和一群像他一样的维修工人。他气喘吁吁地把刚才所看到的事情告诉他们，并把他们带到政委们被杀害的地方。他们都被所发现的事情吓坏了，并给这些被杀害的人挖了一个公共坟墓，这样在沙漠里游荡的野生动物就不会攻击他们的尸体。最后，他们在那里进行了祈祷，然后就匆匆离开了。

因为当时处于危险的时代，他们彼此约定，不告诉任何人自己看到的事情。然而，警卫们似乎又重新考虑了如何处置迪迪金的问题。第二天，在附近的山上，人们发现了他的尸体。他被杀害了，但他在此之前把一切都告诉了他的家人。他的家人又告诉了主持葬礼的牧师。牧师把这件事详细地记录了下来。半个多世纪后，在牧师去世很久之后，他的叙述才被曝光出来。上文的描述大部分是基于他的叙述。

这就是斯捷潘·邵武勉和他的巴库政委同僚们骇人听闻的命运。他们被冷血地谋杀了，由此诞生了一部伟大的俄国革命史诗，苏维埃的每个学生在接下来的70年里都会受到熏陶。此外，他们的死亡将使得英国和这个新的苏维埃国家反目成仇，直接影响到了列宁、托洛茨基和斯大林本人，仇恨将断断续续地持续到俄国共产主义的垮台。然而，由于内战动荡不安，而且特兰斯卡斯皮亚和莫斯科之间的所有通讯都中断了，列宁很长一段时间之后才得知这些政委的命运，他非常震惊和愤怒。不过，经蒂格－琼斯上尉警告，英国人很快就知道了这件事。马勒森接到指示，发了电报给阿什哈巴德当局，表达了英国政府对这一野蛮行径的反感。很明显，英国政府也为失去了这些政委而苦恼，因为本来可以用他们来交换贝利上校和其他失踪的英国人。然而，马勒森在与印度通信的过程中毫不掩饰地指出，这次处决在政治上对英国是有利的，因为这意味着就布尔什维克这点而言，阿什哈巴德政府目前已经“自断后路”了。他补充说，他们本应当更聪明一点，紧紧抓住邵武勉及其同僚，如果布尔什维克最终取得了胜利，就可以“用这些人来保全自己”。

此时，麦克唐纳少校已经抵达克拉斯诺沃茨克，他立即着手调查，要找出应当对杀害这些政委负责的人。我们知道，蒂格－琼斯已经将责任归咎于丰季科夫和库里洛夫。特兰斯卡斯皮亚的主席自己承认，他派了库里洛夫去克拉斯诺沃茨克安排这次处决。

但是麦克唐纳现在又找到了另一个罪魁祸首——库恩司令官，他曾公开吹嘘自己亲自组织了这次处决。他甚至告诉麦克唐纳，他在火车清单上把这些难逃一死的人标记为“货物”，并且告诉押运的指挥官，一旦任务完成，就把这张清单销毁。为了不让人误解他的指示，他给行刑的人准备了3把铲子。事实上，他们后来向他抱怨说，如果有更多的铲子，他们本可以掩盖好这次可怕任务的证据。后来，库恩告诉麦克唐纳，他收到了这些人的消息说：“你的命令已经执行完毕。”库恩随后夸口说：“你看，我一旦下定决心，就会把事情做好。他们永远不会像说英国人一样地说我，不会说我提到的军队，来的只有两名勤务兵、一辆福特货车和一名将军。”——嘲讽“邓斯特部队”。

对英国人来说，这件事就到此为止了。“有很长一段时间，”蒂格－琼斯在日记中写道，“我们没听到关于这件事的更多消息，几个星期后，我们就把它忘得一干二净了。”马勒森将军和他的手下手头有更紧迫的事情要做，因为根据报告说，在巴库的土耳其人正准备购买前俄国的里海舰队，目的是要把部队送到克拉斯诺沃茨克。无论如何，外里海铁路这把指向阿富汗和印度的短剑绝不能落入土耳其人的手中，当然也不能落入从另一边构成威胁的布尔什维克的手中，以免他们与土耳其人结成对抗英属印度的邪恶联盟。对英国人来说，至少《布列斯特－利托夫斯克和约》已经表明，布尔什维克是会做出这样背信弃义的事情的。如果英国人想继续控制这条铁路的关键路段，那么他们别无选择，只能与阿什哈巴德政府结盟，无论这个政府的双手沾满了多少鲜血。

更糟糕的是，丰季科夫和他的同僚越来越不得民心，经常镇压人民。“粮食严重短缺，最初引领塔什干叛乱的铁路工人再次表现出不安分的迹象。”马勒森手下的一名官员埃利斯上校写道。这反过来又引发了一场政治迫害，针对那些涉嫌窝藏布尔什维克支持者的人。丰季科夫还把自己最糟糕的行为归罪于英国人，并在背后散布消息说是他们坚持要做这些事情的，包括处决那些政委，而他自己一直强烈地反对那样做。然而，也正是英国人现在正在准备保全他，当然这也是出于英国自身利益的考虑。

要想保全丰季科夫，其关键就在阿什哈巴德以东 200 英里处的沙漠中。这里有梅尔夫的大绿洲，乃是传统上供应阿什哈巴德大部分食物的地方。然而，在那时候，布尔什维克牢牢地控制着这个地方。他们知道，只需要抓住这个地方，最终就可以迫使阿什哈巴德屈服，或者迫使其日益饥饿和不安的人民起来反抗他们的统治者。一旦阿什哈巴德沦陷，特兰斯卡斯皮亚各地的抵抗就会迅速瓦解，这样他们就能控制从塔什干到克拉斯诺沃茨克的整段铁路。马勒森也十分清楚这点。需要做的事只有一件，那就是设法从布尔什维克手中夺取梅尔夫以及存储在那里的急需的粮食。马勒森向他在印度的上级请求许可，被告知可以自行判断，然后采取行动。事实是，英国政府在对待布尔什维克这一问题上就没有统一的政策或战略，因为没有任何国家承认布尔什维克，他们在那时看起来也不会掌权太久。事实上，即使英国内阁内部也没有达成一致的意见。决定权只能留给那些在现场的人。马勒森后来写道，这就像“希腊人的礼物”。如果事情进展顺利，“那么一些在 2000 英里外坐在安乐椅上的先生就会邀功”。但如果事情出现了差错，那么媒体或议会就会出现批评的声音，接着就会有人“被无情地拿来当牺牲品”。

这条穿越沙漠的单轨铁路几乎是得到特兰斯卡斯皮亚的一切

的“敲门砖”，包括占领梅尔夫的绿洲。由于没有公路，而且路途遥远，这条铁路成了到达那里的唯一途径。事实上，双方的军队几乎都生活在火车里。这些火车排成长长的队伍移动，前后都各有一列装甲列车，以防止任何突然的袭击。火车上都有士兵、枪支、马匹和食品。水是装在大桶里运送的，而饭则是用露天车厢上的野战厨房做的。此外，还有医疗车，特兰斯卡斯皮亚的医疗车上有俄国的护士。“如果特兰斯卡斯皮亚的士兵有这些护士四分之一的勇气，”一位英国军官酸溜溜地说，“那么它就是一支优秀的军队了。”

一切都围绕着这条铁路，所以要向梅尔夫挺进，英属印度特遣队的指挥官诺利斯上校和特兰斯卡斯皮亚的指挥官们遇到了不同寻常的困难。就双方而言，布尔什维克拥有更好的装甲列车和火炮。“敌人的部队，”诺利斯回忆说，“实际上被一个可移动的堡垒保护着，这个堡垒装备着枪炮，其射程远远超过了任何可以用来进攻的武器的射程。如果你要向它大举进军，那么它就会移开。如果你晚上在射程内架好枪，那么它只需移动到射程之外，然后再从容地炮击你，因为你根本就没有掩护。如果你绕到后面去，它就会向前移动，而且因为你既得不到水，也得不到补给，所以你必须原路返回，当然前提是你还能返回。”只有另外一种可能，那就是用尽一切办法绕过这个可移动的堡垒，设法占领布尔什维克控制的位于阿什哈巴德到梅尔夫中点位置的小镇杜沙克（Dushak）。这就是诺利斯和特兰斯卡斯皮亚的指挥官们实际采取的策略。

诺利斯和特兰斯卡斯皮亚的指挥官们拟定了作战计划，打算去袭击杜沙克镇上毫无戒备的守军。要想达成这一目标，他们必须让步兵、骑兵和炮兵在夜间沿着铁路线分别向南北方向行军。其中，步兵和炮兵会绕过铁路向北移动，并于白天在沙漠中的一座废弃村庄里休息，尽量不被发现。印度的骑兵会穿过山麓丘陵向南行进，离开铁路附近布尔什维克能侦察到的范围。与此同时，装甲列车将缓慢向东行进，争取能吸引到敌人的注意力。最后，土库曼骑兵将绕道穿过沙漠，到达守军阵地的后方。他们将摧毁那里的铁路，从而切断布尔什维克的撤退路线，同时阻止他们从塔什干用火车增派部队过来。

黎明时分，特兰斯卡斯皮亚的所有部队将同时对杜沙克发动进攻。他们不仅需要占领杜沙克，还应当尽可能多地摧毁布尔什维克力量，迫使其余的人逃命，并由印度和土库曼的骑兵加以追击。当然，保密是至关重要的，因为成功取决于出其不意。但这一问题着实令人担忧，因为这支部队里面藏匿着不少布尔什维克的间谍和支持者。为此，有必要故意散布谣言称，印度的大量增援部队即将带着飞机和重型火炮赶来，为更久之后的协同攻击做好准备。这是希望敌人的间谍们会听信这些谣言，然后告诉布尔什维克，让他们失去警惕。散布这样的消息也是为了进一步削弱他们在卡赫卡刺刀战后业已低下的士气。

10 月 12 日夜里，一切都准备好了。第 19 旁遮普团的两个连、400 名特兰斯卡斯皮亚步兵和大约同等数量的土库曼非正规军从铁路北部向废弃村庄前进，他们白天将驻扎在那里，然后在夜幕的掩护下再向杜沙克挺进。他们带了一组英国轻型火炮和两门俄国野战炮。与此同时，第 28 印度轻骑兵部队的两个中队向南骑行进入山麓丘陵地带，他们将穿过山麓进入杜沙克，而习惯沙漠作战的土库曼骑兵则分散开来，以便能够迂回到敌人的后方。整个晚上，一切都按照计划进行着，第二天黎明前，英军、特兰斯卡斯皮亚部队和土库曼部队就开始在黑暗中悄无声息地移动就位了。到目前为止，还没有迹象表明敌人预料到了他们的进攻。这要么是因为布尔什维克听信了英国人计划在以后发动大规模进攻的谣言，要么是因为丰季科夫的秘密警察成功地消灭了特兰斯卡斯皮亚军队中的布尔什维克间谍。接着，就在布尔什维克守军要被打个措手不及的时候，事态突然急转直下。

虽然说法不一，但似乎是两支旁遮普巡逻队在黑暗中相互开火，让布尔什维克立即警觉到了危险。尽管部队还没有占据攻城的有利位置，然而，现在已经没有回头路了。进攻的命令立即下达了。现在是拂晓时分，当进攻的士兵出发穿过他们和最近的布尔什维克阵地之间的开阔地带时，他们可以被清楚地看到。这里完全是平坦的，除了一些方向不利的小明渠或干水道外，几乎没有可供掩护的地方。进攻的士兵很快就发现，自己受到了架在他们面前的 30 挺机关枪和轻型火炮的猛烈射击。在随后的激烈战斗中，英国士兵和印度士兵伤亡惨重，旁遮普士兵很快就失去了他们所有的英国军官，后者不是死了就是受伤了，还有其他近 200 名士兵或伤或亡。第 28 印度轻骑兵部队目前与布尔什维克士兵在城镇的另一边血腥交战，他们伤亡的情况没有那么糟糕，只有 6 人死亡，11 人受伤。考虑到特兰斯卡斯皮亚部队的规模，他们的伤亡情况更轻，总共有 7 人死亡，30 人受伤。然而，这是因为当机关枪开火时，他们中的大多数人立即趴倒在了明渠里，而土库曼非正规军则直接在沙漠中消失了。

勇敢的旁遮普士兵虽然伤亡惨重，而且现在由印度裔的军官和军士带领着，但是他们仍在机关枪和炮火的致命火力下独自挺进着。最后，他们到达了杜沙克站周围的布尔什维克阵地，他们在那里可以用他们那长长的、闪闪发光的刺刀摘取致命的战果。敌人马上溃不成军，惊慌失措地逃进了火车站，那里是唯一可供掩护的地方。接着，车站里突然传来了一声巨大的爆炸声。似乎有一枚英国或俄国的炮弹落在了一节装满弹药的车厢里，杀死了很多躲在那里的人。这吓到了其他人，他们中的许多人都朝山上逃去，结果却被印度骑兵的马刀砍倒了。其他人爬上了当时在车站的三辆装甲列车。其中一辆试图向东逃跑，却被土库曼骑兵拦截了，他们屠杀了车上的列车员和大部分士兵。然而，另外两辆装甲列车却成功在混乱中逃了出来，向西驶去，而那些本应该阻止他们的特兰斯卡斯皮亚部队却不见了踪影。

事实上，他们在其他地方忙着。他们看到布尔什维克士兵逃窜，突然就恢复了勇气，并从藏身的明渠中跑了出来，与土库曼士兵一起正忙着洗劫布尔什维克放弃的仓库物资。他们根本不考虑敌人可能在计划着什么，而是狂热地把他们的战利品，包括从食物到机关枪的一切东西，装到掠夺而来的马背上，提前返回了卡赫卡。与此同时，布尔什维克士兵根本没有放弃。他们利用了特兰斯卡斯皮亚部队中的混乱，开始从通往梅尔夫的下一站捷詹（Tejend）方向调来新的部队。他们之所以能这样做，是因为土库曼骑兵没能按命令切断铁路线。与此同时，那些乘火车成功地向西逃跑的敌军又重新集结起来了，他们开始返回杜沙克。此时，准备阻挡他们的只有一支英属印度小特遣队以及仅有的 80 名没有逃离或参加抢劫狂欢的俄国正规军。

就在同一天中午前不久，布尔什维克同时从东方和西方发起了一场半心半意的反攻。守军由 150 名旁遮普士兵、130 名印度骑兵、一队炮兵和留下的俄国士兵组成。其他人都带着他们的战利品消失了。虽然敌人没有很坚决地发动进攻，但守军还是很快就意识到，这么小的一支部队不可能永远坚守杜沙克。现在，布尔什维克随时都有可能从塔什干或其他沿着杜沙克以东铁路线的驻地，通过火车将大量军队以及重炮调来。为了避免被围困的命运，守军决定趁着为时未晚有序地撤退。首先撤退的是旁遮普士兵，他们带着受伤的战友，由骑兵和炮手掩护着。布尔什维克不知为何竟然退缩了（也许怀疑撤离是诡计），这才让这些剩下的守军得以顺利撤离，而不用再遭受任何伤亡。尽管如此，对于英国人来说，这次冒险还是令人非常失望的。他们本应摘取决定性的胜利，最终占领梅尔夫，却因为怯懦贪婪的特兰斯卡斯皮亚士兵和土库曼士兵失败了，还为此付出了高昂的代价。即便如此，布尔什维克付出的代价实际上也要高得多，因为在那五六个小时的战斗中，他们估计至少损失了 1000 名士兵，以及大量的武器和弹药。

值得称赞且令所有人惊讶的是，阿什哈巴德的官方报纸将这次惨败归咎于他们自己军队的“可耻行为”，同时极力称赞“英勇的印度步兵和印度骑兵”。阿什哈巴德的官方公报还谴责了特兰斯卡斯皮亚军队，指责他们浪费了“消灭布尔什维克的黄金机会”。至于布尔什维克这边，则试图为自己军队的糟糕表现和他们所遭受的巨大伤亡作出解释，他们在描述战斗时加入了一个完全虚构的苏格兰团，并将参与战斗的英属印度军队从 500 人增加到 4000 人。与此同时，他们欢呼这一行动是他们的一次彻底的胜利。

马勒森在听到英军的伤亡以及从杜沙克撤退的消息时，感到沮丧以及深深的失望。他立即向他在印度的上级施压，要求派遣更多的部队到当地。他认为，只要有 3 个骑兵团、3 个炮兵连、1 个步兵旅、几辆装甲车和几架飞机，他就能把整个中亚的布尔什维克消灭掉。在这之后不久，一条更令人振奋的情报传到了他的总部。在 10 月中旬的时候，布尔什维克竟然突然从杜沙克撤出，使其处于不设防的状态，同时他们也从下一个通往梅尔夫的城镇捷詹撤出了。此外，他们似乎不打算回来了，因为他们已经摧毁了他们身后的铁路线，以防有追击。他们的士气似乎比想象中的还要糟糕。他们不想再仅仅为了守住沙漠的偏僻一角而去面对凶猛的旁遮普士兵，也不再准备去对抗挥舞着马刀的印度骑兵。

接下来甚至还有更好的消息。马勒森接着收到消息，说布尔什维克从梅尔夫也撤退了，而且他们正在把军队撤走，穿过奥克苏斯河回到布哈拉（Bokhara）。只是他们这么做的原因尚不清楚，不过可以想象的是，有关英国将向塔什干推进的精心传播的谣言，其效果超出了人们最大胆的预期。不管是出于什么原因，11 月 1 日，英国部队和特兰斯卡斯皮亚军队占领了梅尔夫的大绿洲，他们就这样不需再开一枪就达到了最初的目标。这样，那里种植或储存的大量肉类、谷物和其他食品，马上就出现在了阿什哈巴德集市上，极大地缓解了人民的困境，当然还有他们的脾气。到处都是一片欢欣鼓舞，因此丰季科夫和他的反布尔什维克同党们得以继续掌权几个月。

布尔什维克军队看起来就像是在逃亡，马勒森将军希望能向东追击他们，如果有必要的话，将一路追到布哈拉、撒马尔罕和塔什干，因为有报告称，他们在那里越来越不受欢迎。马勒森和他的军官们几乎不同情任何形式的革命者，而且他们对布尔什维克的厌恶感尤为强烈。布尔什维克不仅杀害了自己的皇室，还与敌人达成了背信弃义的协议，而且他们的革命思想还严重破坏了军纪，就像其在巴库和现在在杜沙克所表现的那样。事实上，马勒森最担心的一件事是布尔什维克的细菌会感染自己的印度军队。因此，当印度下达了一份高级命令，禁止他越过梅尔夫，并要求他不惜一切代价避免卷入反布尔什维克运动时，他感到非常失望。特兰斯卡斯皮亚军队试图单独追击，结果却发现自己被一路追回了梅尔夫。

这时，已经开始入冬了，双方的军队都撤退到各自的火车上，以躲避寒风和大雪。由于布尔什维克不愿与英属印度的军队正面交锋，而且马勒森也被禁止越过梅尔夫发起进攻，因此在特兰斯卡斯皮亚的战斗几乎停止了。然而，在其他地方，随着战争进入最后几个星期，重大的事件正在发生着，不过当时还没有人能预见到战争会以多快的速度结束。就连帝国总参谋长也在向战时内阁警告，认为可能要再过一年才能取得欧洲战场的胜利。尽管如此，从法国和巴勒斯坦这两个主要的战场上传来的消息，却是非常振奋人心的。在西线，鲁登道夫没能用他的重拳打破 3 年的僵局，德国人正在向著名的兴登堡防线全线撤退，这也是他们剩下的最后一道防线。在巴勒斯坦，敌人也在逃亡，因为艾伦比的军队，在 1.5 万名骑兵的带领下，由阿拉伯非正规军护卫着侧翼，正向北冲向大马士革，这是仅次于夺取君士坦丁堡的战果。

在君士坦丁堡，恩维尔帕夏曾向他那些厌战的内阁同僚们保证，德军在法国的撤退是鲁登道夫的一项聪明的战略计谋，目的是把协约国的军队诱入一个陷阱，然后彻底地加以消灭。起初，这些内阁同僚们接受了这个说法，但随着西线战场和巴勒斯坦的态势迅速恶化，他们意识到土耳其和德国都难逃厄运了。那些濒临饿死的普通土耳其人也认识到了这一点，他们对那些把自己拖入战争的人的怨恨与日俱增。英国战俘现在可以自由地在君士坦丁堡的街道上行走了，他们抱着嘲弄的心态模仿德国人走正步，逗乐了土耳其围观者。德国公民，无论是军人还是平民，都越来越担心自己的人身安全。随着这样的敌意加深，德国大使秘密地将君士坦丁堡德国银行里的黄金转移到大使馆的金库。他不仅害怕暴徒，还害怕土耳其政府，因为土耳其政府一直在调查这些银行目前持有的资产。

战争现在已经接近尾声，只有恩维尔仍然相信，从奥斯曼帝国的废墟中，可以重新建立起什么。不管有没有德国，他还是希望能将战争开展下去，因为他还没有放弃自己多年的梦想，即利用自己在土耳其东部和高加索的军队，在中亚建立一个新的土耳其帝国。甚至，他还可以从高加索的一个要塞出兵，从协约国手中再次夺回土耳其。他终究是一个梦想家，似乎有意将目光从周围痛苦的现实上移开，甚至可能自我欺骗，以为鲁登道夫真的是在把协约国引向一个精心设计的陷阱。但随着战争临近结束，他发现自己与那些不那么乐观的内阁同僚们愈行愈远。因为除了高加索前线，其他地方的形势已经越来越绝望，曾经强大的奥斯曼帝国在他们眼前分崩离析。它的大部分地区——包括麦加和麦地那（伊斯兰的两个最神圣的城市）、汉志、埃及、西奈、巴勒斯坦、外约旦，以及美索不达米亚（今天的伊拉克）的大部分地区——都落入了协约国或阿拉伯人的手中，将于战后交由战胜国瓜分。真正剩下的只有土耳其的心脏地带、叙利亚和美索不达米亚的北部，但这些地区的日子似乎也屈指可数了。土耳其人从布尔什维克那里了解到，他们的首都曾被许诺给俄国。虽然列宁已经放弃了对其的任何索求，但这并不意味着如果他们战败了，君士坦丁堡仍将掌握在土耳其的手中。

土耳其军队在巴勒斯坦的溃败在很大程度上要归咎于恩维尔，因为他将许多最好的部队从那里转移到了高加索地区。留下来的德国军队要执行阻挡艾伦比这一毫无希望的任务，内心都充满了极度的怨恨和痛苦。但他们仍然勇敢地战斗着，尽管自己寡不敌众，盟友四处逃窜。“他们受到攻击时，就会停下来，抢占位置，按命令开火。”劳伦斯在《智慧七柱》中写道，“没有匆忙，没有哭泣，没有犹豫。他们是光荣的。”但他们现在却无力拯救大马士革。1918 年 10 月 1 日，它落入了协约国和阿拉伯军队的手中，随后贝鲁特和阿勒颇很快也陷落了。与此同时，土耳其人又遭受了另一项重大的打击，保加利亚向协约国投降了，这实际上切断了君士坦丁堡和柏林之间的所有陆路联系，并使奥匈帝国的东南部暴露在协约国的攻击之下。土耳其人认为，更糟糕的是，这使得君士坦丁堡更容易受到驻军在萨洛尼卡的 50 万英法联军的攻击。

10 月 5 日，协约国收到了第一个明确的信号，土耳其统治集团的一些成员渴望讨论和平条件了。三巨头之一的塔拉特向威尔逊总统提出了谨慎的试探，希望他广为宣扬的主张放弃所有秘密协议的“十四点计划”（Fourteen Points）或许能让奥斯曼帝国避免被分裂和被瓜分的命运。10 月 8 日，三巨头和其他内阁成员一起辞职，此后的数日里，土耳其处于无政府状态。接着，在 10 月 14 日，刚刚继位的苏丹，任命了一个新的内阁。新内阁不包括恩维尔、塔拉特和杰马勒。这三个人意识到自己的日子已经不多了，于是匆忙逃离了这个国家，乘坐一艘德国军舰穿过黑海逃走了。他们及时地保住了自己的性命，因为苏丹痛恨恩维尔给自己的国家带来的耻辱，他希望以叛国罪审判恩维尔和其他两人，然后绞死他们，以此来安抚协约国。此外，他还知道，这一举动会很受他的臣民欢迎，因为这三个人给他的臣民带来了如此巨大的苦难和悲惨。

土耳其的末日现在很快就要到了——对于英国战时内阁的一些成员来说太快了，他们担心，在英国占领其希望控制的那些关键的中东地区之前，战争可能就会结束。其中一个重要的地区是摩苏尔油田，目前仍在土耳其人的手中。在美索不达米亚的英国指挥官马歇尔将军接到命令要"占领尽可能多的石油产区"。事实上，一些土耳其历史学家指责英国故意推迟签署停战协议，以便让马歇尔有时间从他们手中抢夺这一战利品，而当他刚刚抢夺成功后，一支演奏《天佑吾王》（*God Save the King*）的土耳其乐队就遇到了他的军队。

无论这一说法的真相是什么，英国人代表协约国拒绝了土耳其提出的第一个提议，并表示其中的条件是不可接受的。土耳其人坚称，除非接受他们提出的条件，否则他们将继续战斗。然而，伦敦视其为一种无力的威胁，因为除了高加索地区，土耳其人在其他地方的军队都在逃亡。与此同时，奥匈帝国意识到自己和盟友的战争都已经无望，只好投降了。最后，在英国人的恫吓下，土耳其人于10月30日在"阿伽门农"号战舰上签署了停战协议。根据协议，所有的战斗将在第二天中午停止。这是一次完全无条件的投降，允许协约国占领奥斯曼帝国的关键战略区域，包括君士坦丁堡。

现在只有德国仍然拒不投降，拼命地坚守着横跨法国东部和比利时的最后防线。然而，随着周围的盟友纷纷投降，他们的军队士气也几乎崩溃了，叛乱和其他混乱相继出现。革命即将发生，11 月 4 日，叛军在战列舰“恺撒”号（Kaiser）上升起了红旗。其他的军舰拒绝离开港口，船坞和兵营的水手和士兵则按照布尔什维克的标准自行组织起革命委员会。尽管如此，在前线的许多部队仍忠心耿耿，做出了英勇但毫无希望的尝试，来阻止协约国的进攻。

显然，所有进一步的抵抗都已是徒劳。11 月 6 日，一群代表离开了柏林，开始与协约国谈判。他们在法国受到了协约国最高指挥官福煦元帅的接见。福煦定下了基调，从一开始就宣布：“你们是来乞求停战的。”然后他向代表们提出了协约国的苛刻条件，并坚持要他们在 72 小时内就决定接受还是拒绝。代表们立即打电话把这些条件告知了柏林，这在那里引起了极大的恐慌。然而，德国人没有资格争辩，因为战场和国内的局势都在迅速恶化。前线的许多部队现在都在忍饥挨饿，而在柏林、科隆和汉诺威，革命者占领了街道。普通德国人祈求和平，几乎任何条件都可以接受，而且要求皇帝退位的呼声也越来越高。事实上，德皇曾命令军队准备内战，却被自己的将军们告知，军队已经不再支持他了。在国会大厦的台阶上，革命者非正式地宣布成立了一个共和国。在所有的这些混乱中，人们都没法弄清楚当时的德国是否还有政府。

德国总参谋长冯·兴登堡元帅现在掌握着德国的命运。正是按照他的建议，德皇威廉退位了，其统治世界的救世主愿景最终破灭了。第二天，由于担心军队会把自己送上革命法庭，德皇逃往了中立的荷兰，并在那里得到了庇护。与此同时，兴登堡命令德国的停战代表接受协约国的最后通牒，无论它的条件多么令人难堪，因为他知道，他那支残破的军队已经无力抵抗敌人日益强大的力量了。具有讽刺意味的是，正是兴登堡在《布列斯特－利托夫斯克和约》中向俄国人强加了苛刻的条款，当然现在这些条款都失效了。

第2天凌晨5点——1918年11月11日——在福煦总部所在的一节火车车厢里，停战协议最终被签署了。6个小时后，也就是在11点整的时候，所有战线的一切枪声都停止了。战场上陷入一片可怕的寂静。寂静持续了几分钟，这是所有人都能记得的最长的时间，因为双方的军队都不敢呼吸，都在等着看它是否会持续下去。接着，突然传来一种奇怪的声音，像是一声巨大的叹息，在战线后面很远的地方都可以听到。那里的人把它比作一阵狂风的声音。但那是人的声音。“这种声音，”约翰·巴肯难忘地写道，“是人们从孚日山脉到大海的欢呼声。”

在可怕的四年之后，一切突然都结束了，期间有近1300万人丧生。然而，协约国也为他们的胜利付出了高昂的代价，残酷的计算表明，他们在战斗中的死亡人数至少比敌人多100万。事实上，根据推测，仅大英帝国的死者如果一行4人并肩沿着白厅行进的话，那么这支鬼魅军队需要三天半的时间才能全数通过和平纪念碑（Cenotaph）。但是，枪声虽然已经停止了，苦难却还没有结束。另外还有两千万人——其中许多人已经因饥饿和贫困而愈发虚弱——将死于战争后肆虐世界的流感大暴发。

除了令人震惊的死亡人数之外，四个帝国——德意志帝国、奥匈帝国、奥斯曼帝国和俄罗斯帝国——都已经在“东进”的残骸中消失了。世界上最强大的军队失败了，普鲁士不可战胜的神话终于破灭了，而德皇威廉押了重注的圣战不过是他的顾问以及他们的印度和波斯同党的一厢情愿罢了。更让他蒙羞的是，威廉将看到他曾经觊觎已久的奥斯曼帝国分崩离析，被他的敌人瓜分，而他那可恶的英国表亲则分得了很大一份。甚至柏林到巴格达的铁路——他的扩张主义计划的关键——最终也没有完全建成。总而言之，他不计后果的梦想，以及他的共犯恩维尔帕夏的梦想，都遭到了彻底的粉碎。

但即使德国投降了，对于那些发现自己深陷漩涡的人来说，故事还没有结束。事实上，也许还有最离奇的故事要讲。

25

蒂格 - 琼斯消失了

尽管协约国愤怒地要求以战争犯的身份将德皇威廉引渡并处以绞刑，但是荷兰政府拒绝交出他。他就这样逃脱了惩罚，尽管他给世界以及自己的臣民带来了如此多的杀戮和苦难。事实上，他除了失去皇位之外，极其轻松地脱身了。因为在接下来的 22 年里，直到 1941 年 82 岁去世之前，他一直过着帝王般的舒适生活，靠的是他在德国的大片庄园带来的收入。他还写了两卷自圆其说的回忆录，并在他买的宏伟的荷兰城堡里指导林业工作。他在波茨坦的宫殿里的祖传肖像、家具和整个大理石楼梯都被运到这第二个家里。尽管如此，他因为害怕被暗杀或被绑架，一直都不敢冒险，离开他那保卫森严的庄园。他再也没有踏进他深爱的德国。

1940 年，希特勒的装甲车入侵了荷兰，英国政府向威廉提供庇护，但是他婉言谢绝了。希特勒也建议他，为了自身安全，他应该结束流放，回到他以前在德国的一个庄园，但威廉同样拒绝了。然而，当巴黎落入德军之手时，他给元首发了一封热情洋溢的电报。第二年，他死于血栓，希特勒要为他举行国葬，但是他已经留下遗言，说希望能被葬在自己的荷兰城堡里。跟他于 1922 年结婚的遗孀，一直活到目睹了德国在另一场战争中战败，并于 1947 年死于俄国的一个拘留营里。

与威廉相比，土耳其的战时领导人——恩维尔、塔拉特和杰马勒——就没那么幸运了。他们一起逃离了君士坦丁堡，以免被处以绞刑。之后塔拉特秘密地去了柏林，他在那里有一些老朋友，他知道他们会给他提供庇护。在接下来的 3 年里，他使用假身份，一直生活在德国首都的一所廉租小屋里。接着，在 1921 年春天的一个早晨，他突然在街上被一名杀手枪杀了。杀害他的凶手是一个代号为“复仇女神”（Nemesis）的亚美尼亚复仇杀手集团的成员，已经跟踪他好几个月了。其后，凶手被逮捕，并被指控谋杀了塔拉特。但是，利曼·冯·桑德斯（Liman von Sanders）将军为这个人讲话，而且法庭也获知这个人的家人死于亚美尼亚的大屠杀——作为内政部长的塔拉特，对此负有极大的责任——因此他被无罪释放了。同年，又有两名与大屠杀有关的土耳其人在柏林被杀手杀害，还有一人在罗马被暗杀。

第二年夏天，住在梯弗里斯的杰马勒帕夏站在布尔什维克秘密警察总部外面时，被两名“复仇女神”的枪手击毙了。不久之前，他发表了自己对这些事件的看法，即《一名土耳其政治家的回忆录》（*Memoirs of a Turkish Statesman*）。他在回忆录中试图推卸自己对亚美尼亚大屠杀的一切责任。然而，他同时声称亚美尼亚人是自食其果,因为他们自己投入了敌人——入侵的俄国人——的怀抱，并且杀害了土耳其和库尔德村民。不能否认的是，许多亚美尼亚人被俄国人招募进了特别部队，《曼彻斯特卫报》的记者菲利普·普赖斯证实了这一点，不过这很难成为君士坦丁堡对他们进行种族灭绝的理由。

三巨头中最后一个因其战时罪行而遭到报应的是恩维尔帕夏，不过他并不是死于亚美尼亚人的手中。他先逃到柏林，然后又跑到了莫斯科。他向列宁保证，如果布尔什维克帮助他恢复在土耳其的权力，作为交换，他将把英属印度交给俄国的新主人。1921年11月，列宁接受了这一提议，允许他前往中亚。他在那里开始了自己的斗争，号召穆斯林拥护圣战的旗帜。但恩维尔并没有放弃在中亚建立一个伟大的新奥斯曼帝国的梦想，他背叛了布尔什维克，把矛头指向了他们，而非英国。他带领“巴斯玛奇土匪”（basmachi）——当地的穆斯林自由战士——为从莫斯科独立出来而战斗。起初，他们取得了相当大的成功，1922年2月甚至占领了杜尚别。随着他战胜布尔什维克的消息传遍中亚，越来越多的新兵涌向他的旗帜，尽管他们中大多数人不理解他所宣扬的泛突厥理念。但是渐渐地，布尔什维克组织起来了，局势开始扭转，恩维尔最终发现自己被列宁的军队困在了现在的塔吉克斯坦。1922年8月，他带领一支自杀式的骑兵队，对布尔什维克的机枪手们发起了进攻。至此，他那戏剧性且反复无常的结局迎来了落幕。关于这个，我已经在《点燃东方》一书中叙述过了，那本书描写了当前故事结束后的动乱时期所发生的事情。

但是，除了德皇威廉、恩维尔、塔拉特和杰马勒，还有一些人在德国和土耳其战败后，发现自己要逃避协约国或者其他的法律制裁。其中包括印度的革命者，他们曾在安全的柏林两次试图通过煽动武装起义，推翻英国在印度的统治。他们知道，如果要避免被英国人绞死，他们必须找到一个安全的新避风港，他们在那里可以继续开展反对英国在印度统治的革命运动。美国曾经是显而易见的最好选择，因为正是在加利福尼亚，印度移民最先开始了他们的运动。但是现在再去那里已经不合适了，因为美国在参战之后，对那里的德国特工和印度革命者进行了一场政治迫害，大批相关人员被逮捕，并在其后接受了当时美国历史上持续时间最长的一次审判。

这场著名的“印德密谋审判”持续了5个月。总共有17名印度人、9名德国人和4名德国裔美国人被指控在美国的领土上一起密谋煽动武装起义反抗英国在印度的统治。这是美国有史以来最奇怪的审判之一。“在被告席上，”一位记者写道，“金发碧眼的德国军官咄咄逼人，旁边坐着皮肤黝黑、戴着头巾、有气无力的印度教徒。”为了让陪审团能够了解这个远及印度的密谋内在的复杂性，了解其中的跨越太平洋的秘密武器运输计划，法庭的一面墙上挂了一幅绘有半个世界的地图。在地图的旁边，用大写字母写着那30名被告的名字，因为美国人根本不认识这些人。审判中最轰动的时刻是，其中一名印度人突然拔出一把隐藏的手枪枪杀了一名同伙，因为他误以为那个人一直是为英国人办事的。随后，他立即被一名法院警卫开枪击毙了。最后，除了一名被告外，其他所有人都被判有罪。法官将这场密谋的主要责任归给了德国最高司令部，判处所有主要被告各种期限的监禁，这远低于英属印度法庭对在那里受审的革命者所判处的刑罚。要知道，在那里有许多革命者被判处了绞刑。

与此同时，在柏林的印度人看到其他所有的逃跑途径都对他们关闭了，于是在1919年转而向革命的俄罗斯寻求庇护和支持。在莫斯科，他们被布尔什维克视为争夺印度的宝贵盟友，受到了热烈的欢迎。拉贾·马亨德拉·普拉塔普和穆罕默德·巴拉卡图拉看到自己在喀布尔毫无进展，于是也去了莫斯科与他们会合，打算在布尔什维克那里碰碰运气。他们解放祖国的梦想以及他们其后的遭遇，我也都记录在《点燃东方》中了。

然而，这本书还有一个奇特的结尾要讲述。那就是降临在蒂格－琼斯上尉身上的不幸，而且这一离奇的不幸会伴随他的余生。1919 年 2 月，马勒森将军接到了来自伦敦的命令，要求立即把他的英属印度部队撤出特兰斯卡斯皮亚，因为现在土德对印度的威胁已经结束了，即使这意味着要抛弃不幸的特兰斯卡斯皮亚政府，让他们独自面对布尔什维克。马勒森将军对此反馈说，如此匆忙的撤军会使他的军队暴露在布尔什维克的攻击之下，更不用说还要承受来自特兰斯卡斯皮亚军队的可以理解的愤怒，于是伦敦又给了他 8 个星期的时间，让他可以谨慎地安排撤军行动。只有少数军官被允许知道正在进行的事情，以免消息泄露出去。相反，有谣言传出，称马勒森计划通过假装从梅尔夫撤离，来引诱布尔什维克落入圈套，而实际上是打算在（子虚乌有的）援军的帮助下，从后方切断他们的退路。布尔什维克上钩了。4 月 1 日，只比原计划晚了一天，最后一支印度特遣队撤往了波斯边境，而英军则乘坐火车前往了克拉斯诺沃茨克的港口，并在那里登船离开。英国人的这次撤离，就像早些时候从巴库撤离一样，一直保密到最后一刻，因此引起了特兰斯卡斯皮亚领导者的恐慌，他们只能徒劳地恳求马勒森留下来。

英军现在已经撤离，布尔什维克在强有力的增援下开始沿着铁路线向阿什哈巴德挺进，这一次他们的指挥官是伏龙芝（Frunze）将军，他是一名有能力的军人和战略家。不久之后，特兰斯卡斯皮亚的首都又回到了布尔什维克的手中，而特兰斯卡斯皮亚政府则逃到了克拉斯诺沃茨克。伏龙芝的部队最终在 1920 年 2 月夺取了克拉斯诺沃茨克，至此莫斯科控制了整个特兰斯卡斯皮亚地区。这种状态一直持续到 70 年后苏联解体。在随后的 12 个月里，格鲁吉亚、亚美尼亚和阿塞拜疆这三个一度短暂独立的高加索地区也很快遭遇了同样的命运。然而，这些事态发展就像奥斯曼帝国和前德国殖民地在战后的解体一样都超出了这本书的叙述范围，而且也在任何意义上都与蒂格－琼斯上尉和 26 位巴库政委的离奇事件毫无关系。

直到英国人从特兰斯卡斯皮亚撤出后，布尔什维克才最终得知了政委们的命运。在此之前，他们一直以为政委们被囚禁在某个地方，这当然是因为特兰斯卡斯皮亚政府竭力地压制了这些人被处决的消息。莫斯科对这个令人震惊的发现感到异常的愤怒，并立即对那些参与者展开了追捕。布尔什维克早就对英国人介入内战深恶痛绝了，现在他们很快就断定，这件事要怪罪英国人。当然，英国政府极力地否认了这一指控。此时，两国的关系已跌至新低谷。与此同时，布尔什维克将巴库政委追授为革命烈士，苏维埃的每一个学生都被教导说，是英国人冷血地杀害了他们。起初，布尔什维克并没有试图就他们的指控点名任何单个人。

直到那时，蒂格－琼斯本人也没有对这件事多想，因为行刑的那天早上，他离现场有 200 多英里远，而且从来都没见过任何一名受害者。此外，他非常清楚是谁下达了命令——丰季科夫——因为这个人自己这样告诉过他。从麦克唐纳在克拉斯诺沃茨克的调查来看，他还知道，是库恩司令官安排了那辆死亡列车以及随后的谋杀。此外，这种残酷的杀戮是争夺权力的革命对手惯用的手段。在内战期间，即使没有几万人，也有几千人是这样死去的，包括许多其他的政委和官员。

巴库的一家报纸刊登了一篇文章，指控蒂格－琼斯对 26 位布尔什维克英雄的死负有个人责任，至此蒂格－琼斯的噩梦开始了。

这篇文章的作者是一位名叫瓦迪姆·柴金（Vadim Chaikin）的社会革命党律师，他声称对这起大屠杀的起因进行了全面的调查。他的主要证人是垮台后就一直待在阿什哈巴德监狱里的前主席丰季科夫。柴金声称从丰季科夫那里得到了一份宣誓过的证词。这份证词称，是蒂格－琼斯要求枪毙这些囚犯，他还在事后表达了自己的满意，因为这一行动"符合英国特派团的意愿"。柴金要求英国政府对这起谋杀案进行全面的调查，称他愿意提供不利于蒂格－琼斯的证据。他还向英国官员发出挑战，如果他的指控不属实，可以用诽谤罪在英国法院起诉他，并提出要到伦敦参加听证会。不久之后，柴金出版了一本 190 页厚的书，在书中他更详细地重复了他对蒂格－琼斯的指控。他在这本书中，要求把蒂格－琼斯带到国际法庭，以面对战争罪的指控。

由于柴金是一名社会革命党员，而不是布尔什维克分子，对当时与干涉势力陷入了激烈争论的莫斯科宣传机器来说，他具有相当大的价值，因为他支持巴库政委，除了希望看到正义得到伸张之外，似乎没有什么其他特别的企图。然而，一个没那么仁慈的观察人士可能会想知道，柴金是不是想讨好布尔什维克，同时试图把所有的责任都推到蒂格－琼斯身上，这样他的社会革命党朋友就能免于受到指责，毕竟蒂格－琼斯不能否认，在决定杀死政委们的那天晚上，他就在阿什哈巴德。如果这确实是柴金的目的，那么他注定是徒劳的，因为布尔什维克在谴责英国人谋杀的同时，还向任何他们能找到的人发泄自己的愤怒，无论这些人是社会革命党员，还是其他什么人，甚至只是与这次事件有些微或间接的联系。他们一共逮捕了 42 名这样的人，除了其中一人外，其他所有人都于 1921 年在克拉斯诺沃茨克受审后被枪毙了。即使是已经失去了用处的柴金本人，不久之后也被关进了布尔什维克的监狱里——也许因为他知道的太多了——他的余生都要在那里度过了。

然而，29 岁的蒂格－琼斯上尉对此并不感到宽慰，因为他发现自己正面临着来自布尔什维克全体领导层的愤怒。在没有丝毫证据的情况下，斯大林和托洛茨基都先后加入了这场政治迫害。斯大林本人是高加索人出身，他谴责英国人是“食人族”，称他们冷血地杀害了布尔什维克英雄。托洛茨基在一本讨论当时在高加索和特兰斯卡斯皮亚发生的事件的小书中，宣称政委们“在没有经过调查或审判的情况下被枪毙了……被蒂格－琼斯，他是驻阿什哈巴德的军事特派团的头领”。他的这一指控是基于他口中的柴金的“确切且无可辩驳的证据”。他还进一步指控驻特兰斯卡斯皮亚的英国军事机构“协助和教唆犯罪”，并帮助其他参与了大屠杀的人“逃避审判和法律制裁”。

与此同时，布尔什维克现在已经重新控制了特兰斯卡斯皮亚和高加索地区，他们在铁路旁的临时坟墓里挖出了政委们腐烂的遗体，并将其先临时安葬在阿什哈巴德，最后又送回到了他们的家乡巴库。1920 年夏天，他们被安葬在巴库以他们名字命名的大广场上。一座令人瞩目的纪念碑矗立在他们的公墓上，坟墓的中心有一名工人低头哀悼，手里捧着一股永不灭的火焰。在广场周围，这 26 名受害者的雕像间隔放置着。与此同时，人们开始在一个巨大的红色花岗岩浮雕上，生动地描绘出行刑的现场，行刑队面前那些宁死不屈的人物，象征着“勇气”“道德信念”“不屈不挠的精神”和其他布尔什维克的美德——这需要 25 年的时间才能完成。巴库的其他地方，包括街道、地区、各种机构和一座火车站，都以革命烈士的名字重新命名,而他们的一些故居——包括邵武勉的,麦克唐纳少校曾和他儿子在那里玩过玩具火车——都变成了纪念博物馆或者圣地。

然而，最重要的是，布尔什维克决心让英国的干涉者——尤其是蒂格-琼斯上尉——在这起事件中扮演坏人，这起事件后来被写成了一部伟大的俄罗斯革命史诗。大量的官方绘画、雕塑、电影、书籍、诗歌、安魂曲和其他宣传作品立即涌现而出，所有的作品都在向人们灌输着英国人被认为扮演的角色。布尔什维克的统治阶层是否相信这一点，可能永远都不会为人所知，但这显然是一个绝佳的机会，可以用来抹黑内战时期特兰斯卡斯皮亚和其他地方那些支持他们敌人的人。艺术家和作家被自己的革命热情冲昏了头脑——或者更有可能是为了取悦于他们赖以生存的领袖们——他们竞相诋毁英国人，常常将其描绘得甚至比柴金所宣称的还要恶劣。其中一幅关于行刑现场的著名画作，出自俄罗斯艺术家伊萨克·布罗德斯基（Isaac Brodsky）之手，显示在场的英国军官不少于5名，其中一些军官显然在敦促行刑者。此外，在画作的前景中的，一名军官与蒂格-琼斯有几分刻意的相似，而一些对这个场景的书面描述称，是蒂格-琼斯命令政委们下车，并且亲自指挥了行刑。

即使对蒂格-琼斯这种久经沙场的专业人士来说，被谴责为杀害别国英雄的冷血凶手，也一定是一段不寒而栗的经历。他一开始就知道布尔什维克会做出什么样的事情，所以他有充分的理由害怕遭到报复（暗杀或者绑架），然后任由布尔什维克在巴库或莫斯科上演一场审判秀。英国公民查尔斯·戴维森不是被革命法庭误判为间谍而处决了吗，而英国政府不是还在试图为这一事件寻求赔偿吗？不是有一群全副武装的布尔什维克暴徒与契卡特工一起，闯进了英国驻彼得格勒的大使馆，海军武官克罗米（Cromie）上尉不是在试图反抗他们的时候被枪杀了吗？布尔什维克针对外国国民的暴力或其他虐待事件数不胜数，这只是其中的两起。此外，莫斯科的暗杀小组力量强大而且又很记仇，这已经不是什么秘密了——托洛茨基后来也发现了这一点。布尔什维克领导层策划了针对蒂格－琼斯的诽谤活动，因此蒂格－琼斯知道，如果他落入指控者的手中，那么不管他是怎么落入的，都不会有好日子过了。此外，当时布尔什维克还没有与英国建立外交关系，因此他们不必过于顾及外交部要遵守的礼节，也不必过于担心国际法的约束。

现在——1922 年的春天——蒂格－琼斯在伦敦休假，准备回到战前在印度的政治工作中。和他在一起的是他的新婚妻子瓦丽娅・阿列克谢耶娃（Valya Alexeeva），她是蒂格－琼斯 4 年前在巴库遇到的迷人的年轻俄罗斯姑娘，他安排她从布尔什维克统治的俄罗斯逃了出来。大概就在这个时候，蒂格－琼斯决定从公众的视线中消失，这也有可能是他的上司建议的。5 月 23 日，他通过改名契将自己的名字改为罗纳德・辛克莱（Ronald Sinclair），不过没有在报纸上对此发表任何声明。据称，他的两个姐妹也改了名字，因为她们担心如果不改名字，会不小心让穷追不舍的布尔什维克特工找到她们的兄弟。

然而，英国外交部并不打算就此罢休，因为莫斯科对英国参与处决的指控也玷污了英国的声誉。6 月，外交部要求蒂格－琼斯准备一份详尽的材料，以驳斥柴金一书中对他的所有指控——他们设法拿到了这本书——因为托洛茨基、斯大林和其他人的指控都是基于这本书提出的。随后，外交部将根据他的回答，针对莫斯科方面的指控起草一份正式回应。身负着未完成的公务，蒂格 – 琼斯显然无法轻松地隐姓埋名。在他把自己的名字改为罗纳德 · 辛克莱将近 3 个月后，外交部仍然称呼他为“蒂格 – 琼斯上尉”，还把跟这件事有关的信件寄到他原来的地址——汉默史密斯区卡斯尔敦路 29 号。后来，文件中不再提及他的下落，所有的信件也都由他的银行转交给他，不过还是用着“蒂格 – 琼斯”这个名字。然而，这也许只是逐渐消失的把戏中的一步。在通信中，直接用“罗纳德 · 辛克莱”这个名字代替“蒂格 – 琼斯”，不仅有可能会露出马脚，还会在伦敦和德里的官僚中引起混乱。因为虽然他已经得到允许在问题解决并做好未来打算前可以延长休假，但是现在蒂格 – 琼斯 / 辛克莱又回到了印度政府的工资单上。因此，他似乎暂时同时保持着这两种身份，他的新名字和地址只有少数需要知道的同事才知道。

在咨询了马勒森将军和当时在麦什德的其他军官后，蒂格 – 琼斯在 11 月提交了他对柴金指控的反驳，以及他自己对政委们被杀事件的描述，这是他在阿什哈巴德所看到的。他驳回了柴金的指控，写道：“我想强调的是，这些指控完全是伪造的，根本没有任何依据。”至于柴金本人，蒂格 – 琼斯将其描述成一个“彻头彻尾不择手段的政治冒险家”、一条“豺狼”和一个“追求损人利己的恶棍”。他还补充说，如果苏维埃当局适当地调查了柴金的说法，那么“柴金……毫无疑问会遭受跟成千上万同胞一样的命运”。虽然蒂格 – 琼斯当时并不知道，那个让他饱受折磨的人此时似乎已经受到官方的怀疑，他自由的日子已经屈指可数了（他最终在 1941 年被处决）。

在蒂格－琼斯自己对当时发生在阿什哈巴德的事情的描述中，他坚持自己在日记中所写的内容——是丰季科夫主席下令处死政委，是丰季科夫派库里洛夫到克拉斯诺沃茨克与库恩司令一起安排了这件事。然而，有一个地方还是与马勒森的说法存在尴尬的分歧，马勒森声称自己已下令将政委移交给他送往印度，以便作为潜在的人质，而蒂格－琼斯在当时的日记中重申，他认为马勒森并不想接管这些人。在他向外交部提交的长达1500字的报告中，他接受了马勒森的说法，宣称不是丰季科夫对他撒了谎，就是丰季科夫被自己在麦什德的代表故意误导了。不管如何，人们已无法知晓这只是一次互相串供，还是就是事实的真相。但是，那天晚上发生在阿什哈巴德的神秘事件还有一个更大的转折。蒂格－琼斯死后，人们在他的文件中发现了一份文稿，标题是《与土库曼人、鞑靼人和布尔什维克的冒险》（*Adventures with Turkmen, Tartars and Bolsheviks*）。他在其中甚至提出，他实际上并没有出席那场决定政委们命运的重大会议。我必须把这种可能性留给其他人去探索，但是如果它出现在共产主义瓦解以及随后英俄关系解冻之前，莫斯科的强硬派历史学家可能很乐意把这整个有争议的事件挖出来。

最后，蒂格－琼斯在反驳了柴金对他和他的同事的所有指控后，要求莫斯科撤销这些指控，并且撤回柴金的所有书，还要在官方报纸《消息报》上完全否定这本书以及书中的指控。他补充说："我保留以诽谤罪起诉瓦迪姆·柴金的权利，以及对任何或所有刊登了对我的任何指控的报纸提起诉讼的权利，在这样的时刻，俄罗斯要有一个文明和负责任的政府。"他的声明被直接送到了外交部，于1922年11月12日被签署了。

12月20日，英国政府在给苏维埃外交部副委员马克西姆·利特维诺夫的一封正式信函中，通知他英国政府已经对所有有关巴库政委死亡的现有证据进行了彻底的调查，但未能发现柴金提出的指控有任何根据。“除了证明这些指控毫无根据外，”信函中说道，“掌握在国王陛下政府手中的证据还表明了一个事实，这些指控是建立在虚假陈述的基础上的。”在信函的最后，英国政府要求立即撤销所有的指控，并在苏维埃的官方媒体上对此发表一份声明。

但是莫斯科显然不打算就这么轻易放弃它的宣传优势，因为它知道这很有可能在日后会成为一个讨价还价的重要筹码。这两个大国仍然没有外交关系，因此也未互设大使或大使馆，苏维埃的答复是通过英国的贸易代理人发出的。尽管答复的措辞温和，但完全驳回了英国的抗议。“政委被处死就发生在英国军队军事占领特兰斯卡斯皮亚期间，仅仅这个事实，”信中说道，“就足以让英国最高司令部对这样的事情承担责任。”信件接着说，“在这片被占领土上，被关押的政委的命运就掌握在英国军事当局的手中”。这是“无可争议的”。信中再次把蒂格－琼斯当成罪魁祸首，并补充说，莫斯科将欢迎任何“确凿的证据”，证明在特兰斯卡斯皮亚的英国当局与这起屠杀无关。“但是在缺乏此类证据的情况下，”信件最后说道，“很遗憾，不能考虑英国政府关于撤销这些指控的请求。”

布尔什维克完全驳回了英国人的要求，这显然粉碎了剩下的一丝希望，他们没有放弃对蒂格－琼斯的仇恨，他再也无法恢复正常的生活了。因此，他在这个时候才完全消失，绝不是巧合。的确，他成功地掩盖了自己的行踪，从此任何试图追踪或发现他行踪的人都可以找借口说自己是想知道布尔什维克有没有先找到他并偷偷地加以灭口。在那之前，外交部的档案中什么也不隐藏，但在 1922 年底之后，档案里就再也找不到他的踪迹了。由于这件事的政治敏感性，以及蒂格－琼斯直到最近都还活着的事实，因此涉及他后来的职业和活动的文件——总之，在写这本书的时候——似乎被隐瞒了。然而，之后将可以看到，官方闭口不言的原因，除了害怕他遭到布尔什维克的报复外，可能还有另一个原因。

所有这一切就引发了这样一个有趣的问题，蒂格－琼斯在他人生中接下来的 30 余年的职业生涯里做了什么。如果不是遇到这件事，他本可以在印度的政治机构中做一份有前途的工作。即使当局因为当时的情况而不得不让他提前退休，但是像蒂格－琼斯这样精力充沛、喜欢冒险的年轻人，不可能在余生中都一直无所事事。而且人们好奇，他作为罗纳德·辛克莱遇到老朋友时，是如何应对的。难道他只是面无表情地说："对不起，你一定搞错了。我叫罗纳德·辛克莱。也许我长得像？"或者正如他的前同事和朋友们出于善意的原因在私下里传的那样，蒂格－琼斯已经不复存在了，如果认出他或者谈论他，可能会让他的生命受到严重的威胁？当然，他在战时情报部门的前同事们都知道他需要消失，毫无疑问，他们中的一些人可能帮助了他掩盖行踪。外交部和印度事务部的某些官员可能也知道他的秘密，而且税务局的某些人当然也会知道，以免蒂格－琼斯因为欠税被追查。

但是，70 年之后，直到蒂格－琼斯在 99 岁去世后，关于他失踪的岁月的真相才一点一点地浮出水面，不过直到现在还很不完整。在研究这本书的时候，我花了一段时间，试图找出这位前英国情报官员的下落。事实上，我能找到的只有他改的名字——罗纳德·辛克莱。此外，我还认为他肯定已经死了。接着，1988 年 11 月 22 日，我在《泰晤士报》上看到了标题为《罗纳德·辛克莱》的讣告。显然，作者并不知道他的真实身份，讣告提到了他写的一本书，这本书讲述了两次世界大战之间的一段波斯之旅。因此，我为《纽约时报》又写了一篇讣告，这次是用他的真名写的，他这么多年来一直成功地保守着自己的秘密，现在再也没必要保护这个身份了。

我希望，由于我的坦白，现在有那段缺失的岁月里认识他的人能站出来，解释一切。没有人出现。一年后，蒂格－琼斯的战时日记出版了，书名为《消失的间谍：1918 年一支前往俄罗斯中亚的秘密特派团的日记》（*The Spy Who disappeared: Diary of a Secret Mission to Russia Central Asia in 1918*）。我为这本书写了一篇引言和结束语，详细介绍了我当时所能了解到的关于他以及他在巴库政委事件中所扮演的角色，并提出了关于那段失踪岁月的问题。这一次，有一两个在 20 世纪 30 年代认识他作为罗纳德·辛克莱的人确实联系了我。然而，他们都没有发现他的真实身份，也不知道他以什么为生。他们声称和所有人一样，在得知真相时感到非常惊讶。

然而，与此同时，一条重要的线索浮出水面，表明他的失踪可能不仅仅是为了躲开布尔什维克的愤怒，因为在罗纳德·辛克莱的许多文件中——没有一份文件提到过“蒂格－琼斯”这个名字——他的出版商偶然发现了一个棕色的马尼拉纸大信封，是白厅用的那种。上面用铅笔写着“辛克莱少校，军情五处”。令人失望的是，信封是空的，无法确定这封看似内部公务信件的年代。但是，也许这就解开了他一直以来的踪迹的谜题。战时情报官员蒂格－琼斯上尉的身份消失后，他又以罗纳德·辛克莱少校的身份出现，是一名和平时期的情报官员。这当然非常合理。他有着卓越的语言技能和其他专业技能，战前作为印度警察有调查煽动性组织的经验，最近又在特兰斯卡斯皮亚和巴库熟悉了布尔什维克的策略，因此他是情报机构无法失去的宝贵人才——尤其考虑到他是受布尔什维克的诡计所迫才不得不改名的。读者应该记得，当时伦敦把令人兴奋的马克思主义新福音视为对民主的严重挑战，印度则视其为对英国统治的威胁。

蒂格－琼斯继续以他的新名字从事情报工作这一说法还有其他佐证，我发现他与 C.H. 埃利斯成了终身朋友，埃利斯是他战时在麦什德的同事，当时在军情六处任职，后来成了军情六处的第三把手。我从埃利斯的儿子彼得那里了解到，这两人多年来见过很多面，这表明他们的职业关系和社交关系都很密切，毕竟他们都是那个世界的人。埃利斯的儿子后来也成了一名情报官员，他几乎把辛克莱当成了自己的叔叔，但是就连他也从来都不知道罗纳德·辛克莱的真实身份。他告诉我，自己在看《消失的间谍》这本书并得知真相时，和其他人一样感到十分惊讶。

人们可能会问，蒂格－琼斯，也就是现在的罗纳德·辛克莱，在两次大战期间的军情五处从事什么和平时期的情报工作？最有可能的答案是，他不在军情五处的伦敦总部，而是为德里情报局工作，也就是当时印度政府的特勤局。特勤局当时由大卫·皮特里（Davicl Petrie）爵士领导，他后来成了军情五处的部长。皮特里和蒂格－琼斯一样，以前也是旁遮普的一名警官。皮特里早对蒂格－琼斯在政治工作方面的特殊资历和经验了如指掌，并认为他毫无疑问会热衷于利用这些与布尔什维克主义进行斗争，而当时布尔什维克主义被视为对印度乃至整个大英帝国的主要威胁。此外，众所周知，德里情报局与军情五处关系密切，都同样关注布尔什维克主义。如果蒂格 – 琼斯是皮特里的伦敦代表，那么军情五处——拥有 2.5 万份政治活动分子的个人档案、全球性的联络网络以及绝密的通讯系统——可以成为一个理想的基地，来从外部观察那些为印度制造麻烦的人。同样，他也可能是皮特里与英国情报机构的联络人。无论是哪种情况，这都有助于解释那个写给“辛克莱少校，军情五处”的神秘信封。

在他死后曝光的其他文件表明，他在这段时间里，对中东和远东进行了一些无法解释的访问。其中一次旅行是在 1926 年进行的，他独自驾车穿越波斯。表面上是代表一些英国公司调查在波斯的贸易机会。然而，由于他对商业的了解几乎为零，他似乎更有可能是被派去调查苏维埃在那里的渗透程度的。考虑到他会说流利的波斯语和俄语，以及他对布尔什维克策略的了解，他是执行这样一项任务的不二人选。由于波斯靠近印度和阿富汗，德里特别想知道布尔什维克在那里的动向。蒂格 – 琼斯的商业外衣给了他一个合理的借口，让他可以问无数个问题，并在一个做这种行为总是招致怀疑的地区建立起关系。他在旅途中驾着一辆福特 A 型车，经过了波斯的许多城镇和村庄。这些地方连起来刚好跨越整个国家，从位于西北靠近俄罗斯边境的大不里士，到位于东南部与印度交界的扎黑丹。这是他在《波斯历险记》（*Adrentures in Persia*）中描写的旅行，这本书在他去世后不久得以出版。用罗纳德 · 辛克莱这个名字写成的这本书丝毫没有暗示此次任务除了纯粹的商业目的外，还有任何其他的目的。他那一代的人比他们的一些后辈更加严格地遵守着《官方保密法》。

尽管他在两次世界大战之间的活动仍被保密，但人们对他在第二次世界大战中的行动了解得更多一些，当时莫斯科那些指控他的人突然发现自己成了英国的临时盟友。1941 年，52 岁的蒂格－琼斯被派往英国驻纽约总领事馆，官方上是担任副领事，但实际上是情报官员。彼得·埃利斯回忆说，他看到蒂格－琼斯从英国情报机构的纽约总部出来时大吃了一惊，当时他自己也在那里工作。然而，情报世界中人们总是来来去去，人们都学会了不问太多问题。

战争结束后，他漫长的情报生涯终于结束了。蒂格－琼斯/罗纳德·辛克莱和他的第二任妻子——因为他和瓦丽娅早已离婚——退休后去了佛罗里达，后来搬到了西班牙。他妻子的健康状况每况愈下——她患有帕金森综合征——迫使他们返回英国，不久后她在英国去世了。现年 80 多岁的瓦丽娅听说他失去了妻子，与他取得了联系。他发现她在伦敦住的条件非常艰苦，便立即邀请她来自己在普利茅斯的养老院住并给她安排了单独的房间，费用由他承担，这样他就可以和她在一起度过最后的日子，那一天显然已经不远了。

瓦丽娅不经意间为他们的非凡过去提供过线索，不过当时没人明白它的意思。蒂格－琼斯每天早上都会走到她住的那边，拉着她的手，温柔地跟她聊天，一坐就是几个小时。她总是叫他“雷金”——而不是像其他人一样叫他“罗尼”。这让一直细心照顾蒂格－琼斯的护士安妮·兰德尔感到困惑不已。几个月后，瓦丽娅死于肺炎。当兰德尔发现了他的真名，并从《纽约时报》上的讣告得知了他的非凡职业生涯时，她才明白了这个称呼的意思。

蒂格－琼斯认为，他把自己的秘密带到了坟墓里，但在他死后，他的外衣还是最终被揭开。于是，曾经为英王、德皇、苏丹和君士坦丁堡东部的沙皇进行过大博弈的那一代人中的最后一个也成了历史。

后 记

“这二十六个人的血永远不会冷却——永远不会！”

——弗拉基米尔·马雅可夫斯基，

革命的诗人，《东方破晓》，1924

在我写这本书的时候，随着苏联在高加索和特兰斯卡斯皮亚地区的统治崩溃，重大事件仍在发生着，到这本书出版的时候，在这个高度动荡的地区可能已经发生了更多的事情。在莫斯科昔日疆域的废墟中，已经涌现出了几个新的国家。长久以来受到压制的古老纷争和冲突，如今又被血腥地重新激起，而外部势力则在这个石油和矿产丰富的地区，争夺政治、经济或宗教的权力。历史又回到了大熔炉里，几乎任何事情都有可能发生。

1984 年秋，我第一次访问巴库时，它仍牢牢地掌握在苏联手中。城市生活的各个方面都铭记着这 26 位政委英雄，每一位游客，都会去参观许多缅怀他们的纪念碑。他们的痕迹几乎无处不在，外国人时时刻刻都在被提醒着是英国人——尤其是蒂格 - 琼斯——造成了他们的殉难。当我不够敏感地提出质疑，礼貌地询问证据时，我发现自己受到了冷遇。有关此事的书籍显然只能在当地阅读，所以在我离开之前，这些书籍被小心翼翼地从我的酒店房间里拿走了。

1991年春天，正当高加索民众开始挣脱苏联的枷锁之时，我又去了那里，却发现人们对革命英雄的态度发生了巨大的变化。不久前，俄罗斯军队杀害了170名穆斯林示威者，之后阿塞拜疆人对他们的莫斯科主子压抑已久的愤怒爆发成了暴力。一群愤怒的暴民谴责邵武勉及其他政委是俄罗斯帝国主义的走狗，是他们给这座城市带来了70多年的压迫，这些人还突然袭击了埋葬着那26人的广场，破坏了那里的纪念碑。得知邵武勉以及一些其他政委是亚美尼亚人之后，这群人的情绪更加高涨，因为他们讨厌亚美尼亚人，这是世人都非常清楚的。

我第一次去巴库的时候，广场周围有26座纪念半身像，但现在它们已经不见了，而描绘行刑现场的红色花岗岩浮雕也成了碎片。当局心领神会，希望能避免更多的麻烦。以邵武勉命名的一条街和一座地铁站已经更换名字了，邵武勉和其他政委的纪念公寓也被关闭了。所有这一切，甚至更多，显然都是为了安抚反亚美尼亚情绪。这些暴力的本性一旦释放出来，就可以从城市中心被烧毁的前亚美尼亚大教堂的外墙上看到。随后，超过30万亚美尼亚人——实际上是整个社区——逃离了这座城市。尽管议会大楼周围有俄军坦克，街上也有俄军士兵，但由于担心遭到报复，俄罗斯的家庭也开始撤离。如我们所见，巴库发生了许多屠杀。

我从巴库出发，飞越里海，来到克拉斯诺沃茨克，正是在这里，政委们于1918年9月不幸地落入了争夺权力的对手手中。克拉斯诺沃茨克的气氛没那么紧张，人们也没那么气愤。穆斯林和亚美尼亚群体之间的关系较好。此外，巴库的政委不是本地人，因此他们在克拉斯诺沃茨克激起的情绪比在巴库要少。街上没有俄军的踪影。自从1919年春天英国军队离开了特兰斯卡斯皮亚之后，克拉斯诺沃茨克才刚刚第一次正式对外国人开放，但是这个悲伤的小镇没什么能够吸引外人的地方。

我发现，在阿什哈巴德决定巴库政委的命运何去何从时，库恩司令曾把他们关押在一座法院小楼，这座小楼已经变成了一个简单的纪念博物馆或神社，以纪念他们。门口的院子里燃烧着永恒的火焰。那间关押过他们的阴森森公共牢房保存得跟那个阴沉的早晨一模一样。他们正是从那里被押往火车站，最终走向了自己的命运。其中一个展厅的显著位置悬挂着布罗德斯基描绘行刑现场的戏剧性画作，上面能够清晰地看到身穿制服的英国军官，而政委们则摆出不屈的姿态。玻璃柜里有一份《消失的间谍》的副本，里面有蒂格－琼斯对政委死亡事件的描述，还有我写的介绍和后记。我早些时候把这个副本寄给了博物馆馆长。氛围已经发生了变化，我对此事的描述已被翻译成俄文，并不加任何评论地连载在当地日报《克拉斯诺沃茨克工人报》（*Krasnovodsk Worker*）上。因此，我和我的妻子被正式邀请到克拉斯诺沃茨克参观这个博物馆。我还主动要求参观了卡拉库姆沙漠中那个偏远的地方，就在那里，政委们被从火车上拖下来，然后被枪杀了。

我们被告知，我们几乎肯定是第一批得到允许去那里的西方人。我们在博物馆馆长、一名当地的共产党官员和克拉斯诺沃茨克新闻和电视台代表的陪同下，乘坐一小队车辆出发了，开始3个小时的沙漠之旅，前往行刑现场。在那里的单轨铁路线旁边，我们发现了一座小小的混凝土纪念碑，上面有一颗红星。这里正是处决的地点。沿着铁路线再走半英里，我们看到了一座以政委命名的无人值守的铁路停车站，这里矗立着一座更大、令人印象更深刻的纪念碑。上面除了列出他们所有人的名字外，还刻有一段铭文，明确地指责“英国帝国主义者”谋杀了他们。

跟着被判死刑的人的脚步，我们这一小群人爬上堤岸，穿过沙丘，来到他们面对行刑队的地方。没有人多说什么——无论是英国人、俄国人还是土库曼人，因为我们都沉浸在自己的思绪里。尽管这26名受害者当时是英国的死敌，但站在这个曾经血迹斑斑的地方，试图想象那个可怕的场景，还是既令人难忘，又令人感叹。我想到了邵武勉，他是一个顾家的知识分子，追寻一个他认为更好的世界，他儿子曾和帝国主义的特工麦克唐纳一起玩火车，而他自己则在处理革命的事宜。那个儿子后来访问了这个地方，找到了杀害他父亲的刽子手留下的空弹壳。我捡起一把沙子和一块鹅卵石，作为我这次访问这个阴暗地方的纪念品。

之后我再也没去过巴库或克拉斯诺沃茨克，但是我知道，对这些昔日英雄的抹杀和去神话化，现在实际上已经完成了。在他们的家乡巴库，他们依然躺在广场下面，但除此之外，所有其他关于他们的痕迹几乎都被摧毁了。曾经矗立在他们集体坟墓上的巨大而令人印象深刻的纪念碑尽管在愤怒的暴民对广场的攻击中幸存下来，上面的铭文却已经被移除了，纪念他们的永恒火焰也已经熄灭。那个曾经神圣的广场，以前每隔一小时就会响起献给布尔什维克烈士的安魂曲，如今却寂静得可怕。在里海对岸，克拉斯诺沃茨克的法院小楼博物馆已经关闭，其文物被并入了附近的历史博物馆。毫无疑问，不久之后这些也会消失，或者至少它们的标签上会有一个非常不同的故事。

参考文献

本书参考引用了许多已出版或未出版的材料。下列参考文献虽然远非详尽无遗，但也包含所有我认为特别有价值的书籍和文章。除特别说明之外，它们都是在伦敦出版的。我也大量引用了那个时代的英国秘密档案，这些档案今天可以在印度事务部图书馆以及英国国家档案局查到。

Aaronsohn, Alexander, *With the Turks in Palestine*(1916).

Adamec, Ludwig, *Afghanistan, 1900-1923. A Diplomatic History*(1967).

——, *Afghanistan's Foreign Affairs to the Mid- Twentieth Century*(1974).

Agayev, Emil, *Baku. A Guide*(Moscow, 1987).

Allen, W.E.D., & Muratoff, P., *Caucasian Battlefields. A History of the Wars on the Turco-Caucasian Border, 1828-1921*(1953).

Anderson, M.S., *The Eastern Question*(1966).

Andler, Charles, *Le Pangermanisme. Ses Plans d'Expansion Allemande dans le Monde*(Paris, 1915).

Anon., *Germany's Claim to Colonies, Royal Institute of International Affairs*, Paper No. 23(1938).

Antonius, George, *The Arab Awakening. The Story of the Arab National Movement*(1938).

Armstrong, H.C., *Unending Battle*(1934).

Arslanian, A.H., *The British Military Involvement in Transcaucasia, 1917-1919*(USA, 1974).

Aydemir, S.S., *Enver Pasa*, 3 vols.(Istanbul, 1971-8).

Baha, Lai, 'The North-West Frontier in the First World War', *Asian Affairs*(February 1970).

Barker, Brig. A.J., *The Neglected War. Mesopotamia, 1914-1918*(1967).

Barrier, N.G., *Banned. Controversial Literature and Political Control in British India, 1907-1945*(USA, 1974).

Beesly, Patrick, *Room 40. British Naval Intelligence, 1914-1918(1982).*

Benson, E.F., *Crescent & Iron Cross*(1918).

Berghahn, V.R., *Germany and the Approach of War in 1914*(1973).

Bernhardi, Gen. Friedrich von, *Germany and the Next War*(1912).

——, *Britain as Germany's Vassal*(1914).

Blacker, Capt. L.V.S., 'Travels in Turkestan, 1918-20', *Geographical Journal*(September 1921).

——, *On Secret Patrol in High Asia*(1922).

Blood-Ryan, H.W, *Franz von Papen*(1940).

Bose, A.C., 'Efforts of the Indian Revolutionaries at Securing German Arms during W.W.I.', *Calcutta Review*(January 1962).

——, *Indian Revolutionaries Abroad*(Patna, 1971).

Brailsford, H.N., *Turkey and the Roads to the East*(1916).

Brandenburg, Prof. Erich, *From Bismarck to the World War. German Foreign Policy, 1870-1914*(1927).

Bray, Major N.N.E., *Shifting Sands*(1934).

Brown, Emily, *Har Dayal. Hindu Revolutionary and Rationalist*(1975).

Buchan, John, *Greenmantle*(1916).

——, *Nelson's History of the War*, 24 vols.(1915-19).

Busch, Briton, *Britain and the Persian Gulf 1894-1914*(USA, 1967).

——, *Britain, India and the Arabs, 1914-21*(USA, 1971).

Candler, Edmund, *The Long Road to Baghdad*, 2 vols.(1919).

Cecil, Lamar, *The German Diplomatic Service, 1871-1914*(USA, 1976).

Central Asian Review. Various issues of this journal containing translations of articles from the Soviet Press(1959/60/61).

Cheradame, Andre, *The Baghdad Railway*, Central Asian Society(1911).

Childs, W.J., 'Germany in Asia Minor', *Blackwood's Magazine*(February 1916).

Chirol, Valentine, *The Middle Eastern Question. Or some Political Problems of*

Indian Defence(1903).

——, *Indian Unrest*(1910).

Coan, Frederick, *Yesterdays in Persia and Kurdistan*(USA, 1939).

Cohen, Stuart, *British Policy in Mesopotamia*(1903-1914, 1976).

Coole, W.W., & Potter, M.F. (eds.), *Thus Spake Germany*(1941).

Crampton, R.J., *The Hollow Detente. Anglo-German Relations in the Balkans, 1911-1914*, n.d. (1979).

Crutwell, C.R., *A History of the Great War*(1934).

Curzon, Hon. George, *Persia and the Persian Question*, 2 vols.(1892).

Datta, V.N., *Madan Lai Dhingra and the Revolutionary Movement*(Delhi, 1978).

Dayal, Har, *Forty-Four Months in Germany and Turkey, February 1915 to October 1918*(1920).

Derogy, Jacques, *Resistance & Revenge*(USA, 1990).

Dickson, Brig.-Gen. W.E., *East Persia. A Backwater of the Great War*(1924).

Dillon, Dr E.J., *A Scrap of Paper. The Inner History of German Diplomacy, and her Scheme of World-wide Conquest*(1914).

Djemal Pasha, *Memoirs of a Turkish Statesman, 1913—1919*, n.d. (1920).

Donohoe, Maj. M.H., *With the Persian Expedition*(1919).

Dunsterville, Maj. -Gen. L.C., *The Adventures of Dunsterforce*(1920).

——, 'From Baghdad to the Caspian in 1918', *Geographical Journal*(March 1921).

Dyer, Brig.-Gen. R., *The Raiders of the Sarhad*(1921).

Earle, Meade, *Turkey, the Great Powers and the Baghdad Railway*(USA, 1923).

Edmonds, C.J., 'The Persian Gulf Prelude to the Zimmermann Telegram', *Royal Central Asian Journal*(January 1960).

Einstein, Lewis, *Inside Constantinople. A Diplomatic Diary*(1917).

Ellis, Col. C.H., 'The Transcaspian Episode. Operations in Central Asia, 1918-1919', *Royal Central Asian Society Journal*(1959).

——, 'Operations in Transcaspia 1918—19 & the 26 Commissars Case', *Soviet Affairs*, No. 2(1959).

——, *The Transcaspian Episode, 1918—19*(1963).

Emin, Ahmet, *Turkey in the World War*(USA, 1930).

Essad-Bey, Mohammed, *Blood and Oil in the Orient*(1930).

Fatema, Nasrollah, *Diplomatic History of Persia, 1917-1923*(USA, 1952).

Fischer, Fritz, *Germany's Aims in the First World War*(1967).

——, *War of Illusions*(1975).

Fischer, Louis, *Oil Imperialism. The International Struggle for Petroleum*(USA, 1926).

——, *The Soviets in World Affairs*, 2 vols.(1930).

Foreign Office Handbook, *German Colonisation*(1919).

——, *The Pan-Islamic Movement*(1919).

——, *The Pan- Turanian Movement*(1919).

——, *The Rise of the Turks*(1919).

——, *The Rise of Islam and the Caliphate*(1919).

Fraser, David, *The Short Cut to India. A Journey along the Route of the Baghdad Railway*(1909).

Fraser, T.G., *The Intrigues of the German Government and the Ghadr Party against British Rule in India*, 1914—18, London Ph.D. thesis(1974-5).

——, 'Germany and Indian Revolution, 1914—1918', *Journal of Contemporary History*, Vol. 12.

——, 'India in Anglo-Japanese Relations during the First World War', *History*(October 1978).

French, Lt.-Col. F.J., *From Whitehall to the Caspian*, n.d. (1920s).

Friedman, Isaiah, *Germany, Turkey and Zionism, 1897-1918*(1977).

Frobenius, Col. H., *The German Empire's Hour of Destiny*(1914).

Fromkin, David, *A Peace to End all Peace. Creating the Modern Middle East, 1914-1922*(1989).

Gehrke, Ulrich, *Persien in der Deutschen Orientpolitik wahrend des ersten Weltkrieges*, 2 vols.(Stuttgart, 1960).

Geiss, Prof. Imanuel, *German Foreign Policy, 1871—1914*(1976).

Gillard, David, *The Struggle for Asia*, 1828-1914(1977).

Goltz, Kolmar von der, *Anatolische Ausfluge*(Berlin, 1896).

Gottlieb, W.W., *Studies in Secret Diplomacy during the First World War*(1957).

Gould, Sir Basil, *The Jewel in the Lotus. Recollections of an Indian Political*(1957).

Graves, Philip, *Briton and Turk*(1941).

——, *The Life of Sir Percy Cox*(1941).

Griesinger, Walter, *German Intrigues in Persia. The Diary of a German Agent. The Niedermayer Expedition through Persia to Afghanistan and India* (from

Griesinger's captured diary)(1918).

Grumbach, S., *Germany's Annexationist Aims*(1917).

Guha, A.C., *First Spark of Revolution. The Early Phase of India's Struggle for Independence, 1900—1920*, Bombay(1971).

Hale, K, *From Persian Uplands*(1920).

Hamilton, Angus, *Problems of the Middle East*(1909).

Hanssen, Hans, *Diary of a Dying Empire*(USA, 1955).

Hardinge, Lord, *My Indian Years*(1948).

Harper, R., & Miller, H., *Singapore Mutiny* [of 1915](Singapore, 1984).

Hartill, Leonard, *Men Are Like That*(1928).

Haslip, Joan, *The Sultan. The Life of Abdul Hamid II*(1958).

Helfferich, Karl, *Die Deutsche Turkenpolitik*, Berlin(1921).

Heller, Joseph, *British Policy towards the Ottoman Empire, 1908-1914*(1983).

Hentig, Otto von, *Meine Diplomatenfahrt ins Verschlossene Land*, Berlin(1918).

——, *Mein Leben — Eine Dienstreise*, Gottingen(1962).

Hopkirk, Peter, *Setting the East Ablaze. Lenin's Dream of an Empire in Asia*(1984).

——, *The Great Game. On Secret Service in High Asia*(1990).

Hopkirk, Peter, Prologue & Epilogue to *The Spy Who Disappeared. Diary of a Secret Mission to Russian Central Asia in 1918. See under* Teague-Jones.

Hostler, Charles, *Turkism and the Soviets*(1957).

Hovannisian, Richard, *Armenia on the Road to Independence, 1918*(USA, 1967).

Hurgronje, C. Snouck, *The Holy War Made in Germany*(USA, 1915).

——, *The Revolt in Arabia*(USA, 1917).

Isemonger, EC, and Slatterly, J., *An Account of the Ghadar Conspiracy, 1913—1915*(Lahore, 1919) (official police intelligence report).

Jackh, Ernest, *The Rising Crescent*(1944).

James, Capt. Frank, *Faraway Campaign*(1934).

Jastrow, Morris, *The War and the Baghdad Railway*(USA, 1917).

Kayaloff, Jacques, *The Fall of Baku*(USA, 1976).

Kazemzadeh, Firuz, *The Struggle for Transcaucasia, 1917-1921*(1951).

——, *Russia and Britain in Persia, 1864—1914. A Study in Imperialism*(USA, 1968).

Kedouri, Elie, *England and the Middle East. The Vital Years, 1914-1921*(1956).

Keer, Dhananjay, *Veer Savarkar*(Bombay, 1950).

Kenez, Peter, *Civil War in South Russia, 1919-1920*(USA, 1977).

Kennedy, Paul, *The Rise of the Anglo-German Antagonism, 1860-1914*(1980).

Ker, James, *Political Trouble in India — Confidential Report*(Calcutta, 1917).

Khairallah, Shereen, *Railways in the Middle East, 1856—1948. Political & Economic Background*(Beirut, 1991).

Knollys, Lt.-Col. D.E., 'Military Operations in Transcaspia, 1918-1919', *Journal of the Central Asian Society*(April 1926).

Kocabas, Suleyman, *Tarihte Turkler ve Almanlar. Pancermanizm'in 'Sark'a Dogru' Politikasi*(Istanbul, 1988).

Koeppen, E von, *Moltke in Kleinasien*(1883).

Kreyer, Maj. J. A., & Uloth, Capt. G., *The 28th Light Cavalry in Persia and Russian Turkistan, 1915—1920*(1926).

Kruger, Horst, 'Germany and Early Indian Revolutionaries', *Mainstream*(Delhi, January 1964).

Kumar, Ravinder, 'Records of the Government of India on the Berlin-Baghdad Railway Question', *Historical Journal*(1962), No. 1.

Landau, Jacob, *Pan-Turkism in Turkey. A Study in Irredentism*(1981).

Langer, William, *The Diplomacy of Imperialism, 1890-1902*, 2 vols.(USA, 1935).

Laushey, David, *Bengal Terrorism & the Marxist Left, 1905-1942*(Calcutta, 1975).

Lawrence, T.E., *Seven Pillars of Wisdom. A Triumph*(1935).

Le Rire. *The All Highest Goes to Jerusalem. Being the Diary of the German Emperor's Journey to the Holy Land* (a satire from the Paris humorist magazine). English translation(1918).

Lenczowski, George, *The Middle East in World Affairs*(USA, 1952).

Lewin, Evans, *The German Road to the East. An Account of the 'Drang Nach Osten' and of Teutonic Aims in the Near and Middle East*(1916).

MacDonell, Ranald, *'And Nothing Long'*(1938).

MacMunn, *Lt.-Gen. Sir George, Turmoil and Tragedy in India -1914 and After*(1935).

Malleson, Maj.-Gen. Sir Wilfrid, 'The British Military Mission to Turkestan, 1918-1920', *Journal of Central Asian Society*, Vol. 9(1922).

——, 'The Twenty-Six Commissars', *Fortnightly Review*(March 1933).

Malraux, Andre, *The Walnut Trees of Altenburg*, trans, (fiction: Turco-German Holy War)(1952).

Marlowe, John, *The Persian Gulf in the Twentieth Century*(1962).

——, *Late Victorian. The Life of Sir Arnold Wilson*(1967).

Marriott, Sir John, *The Eastern Question. An Historical Study in European Diplomacy*(Oxford, 1917).

Martin, Bradford, *German and Persian Diplomatic Relations, 1873-1912*(The Hague, 1959).

Marvey, S.M., *A Thousand Years of German Aggression*(1943).

Massie, Robert, *Dreadnought. Britain, Germany, and the Coming of the Great War*(1992).

Mathur, L.R, *Indian Revolutionary Movement in the United States of America*(Delhi, 1970).

Mejcher, Helmut, *Imperial Quest for Oil: Iraq, 1910-1928*(1976).

Melka, R.L., 'Max Freiherr von Oppenheim: Sixty Years of Scholarship and Political Intrigue in the Middle East', *Middle Eastern Studies*(January 1973).

Mitrokhin, Leonid, *Failure of Three Missions. British Efforts to Overthrow Soviet Government in Central Asia*(Moscow, 1987).

Moberly, Brig. -Gen. Frederick, *Operations in Persia*(1914-1919, 1929).

Moltke, Helmuth von, *Briefe iiber Zustdnde und Begebenheiten in der Tiirkei aus den jfahren 1835 bis 1839*(Berlin, 1911).

Morgenthau, Henry, *Secrets of the Bosphorus*(1918).

Morris, Prof. A.J. A., *The Scaremongers. The Advocacy of War and Rearmament, 1896-1914*(1984).

Morris, James, *The Hashemite Kings*(1959).

Mundy, Talbot, *Hira Singh's Tale* (fiction: set against Turco-German Holy War), n.d. (c. 1918).

Murphy, Lt.-Col. C.C.R., *Soldiers of the Prophet*(1921).

——, *A Mixed Bag*(1936).

Nassibian, Akaby, *Britain and the Armenian Question, 1915-1923*(1984).

Nazem, Hossein, *Russia and Great Britain in Iran, 1900-1914*(Teheran, 1975).

Newcombe, Capt. S.F., 'The Baghdad Railway', *Geographical Journal*(December 1914).

Niedermayer, Oskar von, *Afghanistan*(Leipzig, 1924).

——, *Unter der Glutsonne Irans*(Hamburg, 1925).

Noel, Lt.-Col. Edward, 'A Prisoner among the Jungali Bolsheviks', *On the Run: Escaping Tales*(1934).

Nogales, Rafael de, Four Years Beneath the Crescent(USA, 1926).

Oberling, Pierre, *The Qashqa'i Nomads of Fars*(The Hague, 1974).

O'Connor, Sir Frederick, *On the Frontier and Beyond*(1931).

O'Dwyer, Sir Michael, *India As I Knew It, 1885-1925*(1925).

Olson, William, *Anglo-Iranian Relations during World War I*(1984).

Ozyuksel, Murat, *Anadolu ve Bagdat Demiryollari*, Istanbul(1988).

Palmer, Alan, The Kaiser. *Warlord of the Second Reich*(1978).

Papen, Franz von, *Memoirs,* English trans.(1952).

Parfit, Canon J.T., *Twenty Years in Baghdad and Syria. Germany's Bid for the Mastery of the East*, n.d. (c.1915).

——, *The Romance of the Baghdad Railway*(1933).

Parmanand, Bhai, *The Story of My Life*(Delhi, 1982).

Pearce, Brian: important articles on Captain Reginald Teague-Jones and the fate of the 26 Commissars in the Soviet affairs journal *Sbornik*.

Pears, Sir Edwin, *Forty Years in Constantinople*(1916).

Persits, M.A., *Revolutionaries of India in Soviet Russia*(Moscow, 1983).

Pipes, Richard, *The Formation of the Soviet Union. Communism and Nationalism, 1917—1923*(USA, 1954).

Polovtsov, Gen. PA., *Glory and Downfall. Reminiscences of a Russian General Staff Officer*(1935).

Popplewell, Richard, 'The Surveillance of Indian Seditionists in North America, 1905-1915', *Intelligence and International Relations, 1900-1945*(1987).

Pratap, Raja Mahendra, 'My German Mission to High Asia. How I joined forces with the Kaiser to enlist Afghanistan against Great Britain', *Asia*(USA, May 1925).

——, *My Life Story of Fifty-Five Years*(Dehra Dun, 1947).

Price, M. Philips, *War and Revolution in Asiatic Russia*(1918).

Puri, Harish, *Ghadar Movement. Ideology, Organization & Strategy*(Amritsar, 1983).

Ramazani, Rouhollah, *The Foreign Policy of Iran, 1500—1941*(USA, 1966).

Ramsay, Sir William, *The Revolution in Constantinople and Turkey*(1916).

Rawlinson, Lt.-Col. A., *Adventures in the Near East, 1918—22*(1923).

Ribin, Valentin, *Zakaspii*. A 'revolutionary historical novel' (in Russian) accusing Captain Teague-Jones of murdering the Baku Commissars(Ashkhabad, 1987).

Ritter, Gerhard, T*he Sword and the Sceptre*, 4 vols.(USA, 1971-3).

[Ross, Sir Denison], *A Manual on the Turanians and Pan- Turanians*, Naval Staff Intelligence(1918).

Rothwell, V.H., 'Mesopotamia in British War Aims, 1914-1918', *Historical Journal*(June 1970).

——, 'The British Government and Japanese Military Assistance, 1914-1918', *History*(February 1971).

Rowlatt, Mr Justice, et al., *Sedition Committee Report*, Calcutta(1918).

Roy, M.N., *Memoirs*(Bombay, 1964).

Ryan, Sir Andrew, *The Last of the Dragomans*(1951).

Saleh, Dr Zaki, *Mesopotamia, 1600—1914. A Study in British Foreign Affairs*(Baghdad, 1957).

Sanders, Gen. Liman von, *Five Years in Turkey*(USA, 1927).

Sareen, Dr T.J., *Indian Revolutionary Movement Abroad, 1905-1920*(Delhi, 1979).

Sarkisyanz, Manuel, *A Modern History of Transcaucasian Armenia*(Leiden, 1975).

Sarolea, Charles, *The Baghdad Railway and German Expansion*(1907).

Savarkar, V.D., *The Indian War of Independence, 1857*(1909).

——, *The Story of My Transportation for Life*(Bombay, 1950).

Schaefer, C.A., *Deutsch-Türkische Freundschaft*(Stuttgart, 1914).

Schmitt, Bernadotte, *England and Germany, 1740—1914*(USA, 1916).

Schmitz-Kairo, Paul, *Die Arabische Revolution*(Leipzig, 1942).

Searight, Sarah, *Steaming East*(1991).

Seton-Watson, R.W., *German, Slav and Magyar*(1916).

Seymour, Dr Charles, *The Diplomatic Background of the War, 1870-1914*(USA, 1916).

Singh, Randhir, *The Ghadar Heroes. Forgotten Story of the Punjab Revolutionaries of 1914—15*(Bombay, 1945).

Singha, P.B., *Indian National Liberation Movement and Russia, 1905-17*(Delhi,

1975).

Skrine, Sir Clarmont, *World War in Iran*(1962).

Sokol, E.D., T*he Revolt of 1916 in Russian Central Asia*(USA, 1953).

Srivastava, Harindra, *Five Stormy Years. Savarkar in London*(Delhi, 1983).

Stanwood, Frederick, War, *Revolution Sf British Imperialism in Central Asia*(1983).

Stewart, Rhea, *Fire in Afghanistan, 1914-1929*(USA, 1973).

Strother, French, *Fighting Germany's Spies*(USA, 1919) (chapter on German-Hindu conspiracy).

Stuermer, Dr Harry, *Two War Years in Constantinople*(1917).

Suny, Ronald, *The Baku Commune, 1917-1918*(USA, 1972).

Swietochowski, Tadeusz, *Russian Azerbaijan, 1905—1920*(1985).

Sykes, Christopher, *Wassmuss. 'The German Lawrence'*(1936).

Sykes, Brig.-Gen. Sir Percy, 'South Persia and the Great War', *Geographical Journal*(August 1921).

——, *A History of Persia*, 2 vols., 3rd edn. (including First World War)(1930).

——, *A History of Afghanistan*, 2 vols.(1940).

Taylor, A.J.P., *Germany's First Bidfor Colonies*(1938).

——, *The Struggle for the Mastery of Europe, 1848-1918*(1954).

Teague-Jones, Reginald, *The Spy who Disappeared. Diary of a Secret Mission to Russian Central Asia in 1918* (Prologue & Epilogue by Peter Hopkirk) (1990).

Temple, Bernard, *The Place of Persia in World Politics*, Central Asian Society(1910).

Thomson, Sir Basil, *The Allied Secret Service in Greece*(1931）.

Tod, Col. J., 'The Malleson Mission to Transcaspia in 1918', *Journal of the Royal Central Asian Society*, Vol. 27(1940).

Townshend, Maj.-Gen. Sir Charles, *My Campaign in Mesopotamia*(1920).

Toynbee, Arnold, *Nationality and the War*(1915).

Treitsche, Heinrich von, *Origins of Prussianism*, English trans(1942).

Treloar, Sir William, *With the Kaiser in the East*(1915).

Trevor, Charles, *Drums of Asia*(1934) (novel set against Turco-German Holy War).

Trotsky, Leon, *Between Red and White*(1922).

Trumpener, Ulrich, *Germany and the Ottoman Empire, 1914-1918*(USA, 1968).

Tuchman, Barbara, *The Zimmermann Telegram*(1959).

Tuohy, Capt. Ferdinand, *The Secret Corps*(1920).

——, *The Crater of Mars*(1929).

Ullman, Richard, *Anglo-Soviet Relations, 1917-1921*, 3 vols.(1961/68/73).

Ussher, Dr Clarence, *An American Physician in Turkey*(USA, 1917).

Vogel, Renate, *Die Persien und Afghanexpedition Oskar Ritter von Niedermayers 1915/16*(Osnabruck, 1976).

Walker, C.J., Armenia. *The Survival of a Nation*(1980).

Weber, Frank, *Eagles on the Crescent*(USA, 1970).

Westrate, Bruce, *The Arab Bureau. British Policy in the Middle East, 1916-1920*(USA, 1992).

Wheeler, Col. Geoffrey (ed.), 'The Red Army in Turkestan', *Central Asian Review*, No. 1(1965).

——, 'Russia's Relations with Indian Emigres', *Central Asian Review*, No. 4(1967).

Wilson, Sir Arnold, *Loyalties. Mesopotamia, 1914—1917*(Oxford, 1930).

——, *Mesopotamia, 1918-1920. A Clash of Loyalties*(Oxford,1931).

Wilson, Jeremy, *Lawrence of Arabia*(1989).

Winstone, H.V.F., *The Illicit Adventure*(1982).

Wolff, J.B., *The Diplomatic History of the Baghdad Railway*(1936).

Woods, Charles, *The Cradle of the War. The Near East and Pan-Germanism*(1918).

Wright, Sir Denis, *The English Amongst the Persians, 1787-1921*(1977).

Wyman Bury, G., *Pan-Islam*(1919).

Ybert-Chabrier, Edith, 'Gilan, 1917-1920: The Jengelist Movement', *Central Asian Survey*(November 1983).

Yesenin, Sergei, 'Ballad of the Twenty-Six' (poem commemorating the Baku Commissars), *The Baku Worker*(September 22, 1925).

Yovanovitch, V., T*he Near Eastern Problem and the Pan- German Peril*(1915).

Zahm, J. A., *From Berlin to Bagdad and Babylon*(1922).

Zenkovsky, Serge, *Pan-Turkism and Islam in Russia*(1960).

Zugmayer, Dr Erich, *Eine Reise Durch Vorder-Asien im Jahre 1904*(Berlin, 1905).

——, *Eine Reise Durch Zentral-Asien im Jahre 1906*(Berlin, 1908).

出版后记

如果当年尼德迈尔一行人没有直接离开阿富汗，而是去了俄罗斯的中亚地区会发生什么？霍普柯克在书中提出过这个问题，然而历史容不得这样的假设。

四战之地的苦难、棋子在棋手手下的拨动、沉默在水面之下的中亚人群、大变大革的血与火，在这场可怕的新大博弈中，读者将会看到，几乎所有人最后都失败了。他们裹挟在互相制造的漩涡里，以最快的速度滑向各自的命运。

直到，忽然之间，棋子和棋手都平等地湮灭了，更多的故事仍会在日光之下迭起兴衰。本书接续大博弈时代而写，作者以最生动的语言将丰富的史料串连起来，让那段惊心动魄的故事重新浮上水面，展现了参与者们无与伦比的勇气与毅力。

服务热线：133-6631-2326 188-1142-1266

服务信箱：reader@hinabook.com

后浪出版公司

2020 年 8 月

图书在版编目（CIP）数据

新大博弈：一战中亚争霸记 / (英)彼得 · 霍普柯克著；邓财英译. -- 北京：民主与建设出版社, 2020.11（2023.9重印）

书名原文: On Secret Service East of Constantinople：The Plot to Bring Down the British Empire

ISBN 978-7-5139-3132-8

Ⅰ. ①新… Ⅱ. ①彼… ②邓… Ⅲ. ①第一次世界大战—历史②中亚—近代史 Ⅳ. ①K143②K360.4

中国版本图书馆CIP数据核字(2020)第137092号

版权登记号：01-2023-4171号

地图审图号：GS (2020) 2537号

新大博弈：一战中亚争霸记

XIN DABOYI：YIZHAN ZHONGYA ZHENGBAJI

著　　者	［英］彼得 · 霍普柯克	**译　　者**	邓财英
出版统筹	吴兴元	**责任编辑**	王　颂
特约编辑	王　敏	**营销推广**	ONEBOOK
装帧制造	墨白空间 · 陈威伸		
出版发行	民主与建设出版社有限责任公司		
电　　话	（010）59417747　59419778		
社　　址	北京市海淀区西三环中路 10 号望海楼 E 座 7 层		
邮　　编	100142		
印　　刷	北京盛通印刷股份有限公司		
版　　次	2020 年 11 月第 1 版		
印　　次	2023 年 9 月第 2 次印刷		
开　　本	889 毫米 ×1194 毫米　1/32		
印　　张	14		
字　　数	332 千字		
书　　号	ISBN 978-7-5139-3132-8		
定　　价	82.00 元		

注：如有印、装质量问题，请与出版社联系。